민사소송법 제1편

1905 제2·13권
보성전문학교 교과서번역사업 13
고려대학교 仁星기금 후원

민사소송법 제1편

民事訴訟法 第一編

최 진 지음
정영환 옮김

KOREA
UNIVERSITY
PRESS
고려대학교
출판문화원

인성기금

"인성기금은 유휘성 회장이
고려대학교에 기부하여 조성된 연구기금입니다"

머리말

2025년은 고려대학교 법학전문대학원의 매우 의미 있는 해이다. 육십갑자(甲子)를 2번째로 맞이하는 해이다. 인간이 2번째 회갑(回甲)을 맞이한다면 엄청난 행운이고 축하할 일이다. 학문의 분야에 있어서도 인간 못지아니하게 큰 의미가 있다고 생각한다. 2025년은 고려대학교 법학전문대학원이 2번째 회갑을 맞이하는 해로서 특별한 의미가 있으므로, 그동안의 학문적 노력과 업적을 돌아보고 그 의미를 재평가하여, 향후 고려대학교 법학전문대학원이 세계적인 로스쿨(School of Law)로 성장하는 토대로 삼아야 한다.

보성전문학교의 교과서를 번역하는 작업을 시작하게 된 것은 고려대학교가 개교 110주년을 맞이한 2015년 고려대학교와 대한민국의 역사가 의미 있게 교차하는 부분을 연구·정리한다는 목적으로 "1905년" 시리즈를 창설한 것에서 출발하였다. 법학전문대학원 차원에서 보성전문학교(普成專門學校) 교과서를 현대에 맞는 문체로 번역하는 사업을 시작한 것이 2017년부터이고, 법학전문대학원 명순구 교수의 제안으로 시작되었다. 이 자리를 빌려 명순구 교수의 훌륭한 제안에 감사드린다. 본인은 번역 작업을 2025년 2월부터 최근까지 집중적으로 하면서, 보성전문학교 시절의 교수님들의 학문에 대한 열정과 교육구국(教育救國)에 대한 일념(一念)이 가슴 깊이 느껴져서 매우 감사한 마음을 금할 수 없었다. 고려대학교 법학전문대학원이 현재 국내 최고의 법학교육기관으로 성장한 것이 그냥 된 것이 아니고, 보성전문학교 시절의 교수님들과 학생들의 피땀 어린 노력의 결과라는 것을 알게 되었다.

보성전문학교 교과서 번역 작업은 2017년에 《민법총론(民法總論)》(제2·1권)이 출간된 이후, 2018년 《물권법 제1부(物權法 第一部)》(제2·2권), 2019년 《국가학(國家學)》(제2·3권), 2020년 《행정법대의(行政法大意)》(제2·4권), 2021년 《물권법 제2부(物權法 第二部)》(제2·5권)와 《전시국제공법(戰時國際公法)》(제2·6권), 2023년 《채권법 제1부(債權法 第一部)》(제2·7권), 2024년 《채권법 제2부(갑)(債權法 第二部(甲))》(제2·8권), 2025년 《채권법 제3부(債權法 第三部)》(제2·9권), 《민사소송법 제2편(民事訴訟法 第二編)》(제2·10권), 《상속법·친족법론(相続法·親族法論)》(제2·11권)이 출간되었다. 나머지는 고려대학교 개교 120주년이 되는 2025년 올해에 마무리하려는 목표로 고려대학교 법학전문대학원 각 분야의 교수님들이 불철주야 노력하고 있음을 밝혀 둔다.

보성전문학교는 1905년 4월 3일 법률학과와 이재학과 2개 학과로 개교하였고, 같은 해 7월에는 야간학교이던 한성법학교를 인수하여 같은 해 9월부터는 주간과 야간학과를 동시에 운영하였다. 보성전문학교의 설립 배경을 보면 당시의 녹록치 아니한 일제의 침략 정책을 알 수 있다. 보성전문학교의 설립자 이용익 선생은 일제의 대한제국 보호국화를 막기 위하여 고종황제를 도와 친러정책을 펴다가 1904년 2월 러일전쟁이 발발하면서 일본에 납치되었고, 10개월간 그곳에 머물며 일본의 근대 문명을 직접 접하면서 나라를 지켜내는 것은 결국 근대적 식견을 가진 인재를 길러내는 것만이 유일한 방법이라고 생각한 것으로 보인다. 이용익 선생은 1904년 12월 일본으로부터 귀국하면서 많은 도서와 인쇄기기를 가지고 와 신해수(申海水), 김주병(金柱炳) 등과 편집소로 보성관(普成館), 인쇄소로 보성사(普成社)를 만들고, 교육기관으로 보성소학, 보성중학, 보성전문학교를 세웠다. 보성(普成)이라는 이름은 고종 황제가 직접 하사하였는데 "널리 사람다움(인간성, 人間性)을 열어 이루게 한다"는 뜻으로 매우 깊은 의미를 가진 것으로 사료된다. 고종황제는 보성전문학교의 설립자금과 운영자금 등 경비를 개교 이후 1910년까지 자신의 내탕금(內帑金)으로 지원하였는데, 보성전문학교의 건학이념이 교육구국을 표방한 것도 의미심장하다고 본다.

당시 보성전문학교의 법률학과의 교수진과 교과목을 보면 당시의 법관양성소와 달리 민족의 위기에서 나라를 구하는 인재를 양성하려는 분명한 목표가 있었던 것으로 보인다. 이것은 대한제국에서 실시한 1907년 제1회 변호사시험의 결과, 1908년 제2회 변호사시험의 결과, 1909년 제1회 사법시험의 결과를 보면 명백하다. 1907년 6월 24일 법부에서 실시한 제1회 변호사시험 합격자 6인(이항종, 장택환, 허헌, 옥동규, 계명기, 이종성) 전원이 보성전문학교 출신이고, 1908년 11월 16일에 실시한 제2회 변호사시험 합격자 4인(황철수, 윤세영, 정구창, 이정) 모두 보성전문학교 출신이다. 또한 대한제국 사법시험규칙에 따라 1909년 10월 13일 실시한 제1회 사법시험에 200명이 응시하여 최종 7명이 합격하였는데, 보성전문학교 출신이 4명(정준모, 류완영, 엄식, 윤세용)이고, 법관양성소 출신은 2명(김기남, 이규남), 기타 1명(이종하)이었다.

보성전문학교 개교 후 초창기의 민사소송법 강의 내용은 대체로 다음과 같다. 제1편에서는 소송과 민사소송의 의의, 재판소, 당사자, 소송절차를, 제2편은 소송절차로서 제1심 재판소의 정식절차와 약식절차를, 제3편은 상소절차로서 항소, 상고, 항고 등 확정되지 아니한 재판에 대한 구제방법 및 절차를, 제4편은 재심절차로서 확정된 재판에 대한 비상구제 방법 및 절차를, 제5편은 증서 및 환어음 소송절차로서 어음 및 기타 일반 증서에 관한 소송절차를, 제6편은 강제집행 절차로서 확정재판을 기초로 하여 권리의 신장, 의무의 이행을 직접 또는 강제로 실행하는 절차를, 제7편은 공시최고절차로서 실종 또는 부재자가 된 채무자에 대하여 권리를 유보하는 절차를, 제8편은 중재계약에 관한 절차로서 당사자가 다투는 사권관계를 국가기관에 의뢰하여 해결 또는 구제하지 아니하고 특정한 중재인에게 위탁 해결하는 절차를 각각 설명하고 있다. 보성전문학교 초창기의 민사소송법 제1편은 홍재기와 최진이 강의한 것으로 보이고, 제2편 내지 제5편은 주정균이 강의한 것으로 보인다. 나머지 제6편 내지 8편을 강의한 사람이 누구인지는 정확히 알 수 없다.

본인이 번역을 담당하고 있는 최진 명의의《민사소송법 제

1편》은 총 222면의 홍재기 명의의 《민사소송법 제1편》에 기초하여, 총 323면으로 증보한 것이므로 최진 명의의 《민사소송법 제1편》은 정확히 말하면 홍재기와 최진의 공저로 보는 것이 타당하므로, 강사(교수) 홍재기와 최진 모두를 이하에서 살펴보도록 하겠다.

(1) 홍재기 명의의 《민사소송법 제1편》—대한민국 최초의 민사소송법 교과서

1905년 보성전문학교 개교 시부터 1919년 전의 강의 교재로서 현재까지 발견된 최초의 민사소송법 교재로는 홍재기 강사 명의의 《민사소송법 제1편》이 있다. 홍재기 명의의 《민사소송법 제1편》은 우리나라 최초의 민사소송법 교과서로 평가되고, 출판소는 보성전문학교와 같은 계열인 보성사이며, 홍재기는 보성전문학교가 개교한 1905년 4월 3일부터 민사소송법을 강의한 것으로 보아 출판 시기는 1905년 내지 1906년인 것으로 보인다.

위 민사소송법 교과서는 총 222면이고, 국문과 한문이 혼용되고 있는데 한문이 많이 쓰여서 현재 쉽게 읽기는 어렵다. 그래서 고려대학교 법과대학 및 법학전문대학원에서는 창립 120주년을 기념하여 번역에 준하는 작업을 하고 있다. 그 내용을 간단히 보면 '서론(제1장 소송의 본의, 제2장 민사소송의 본의·목적 및 관계, 제3장 민사소송법의 본의 및 기타 지위, 제4장 민사소송법의 원칙), 제1편 총칙 제1장 재판소(제1절 재판권 내지 재판기관, 제2절 재판소의 관할, 제3절 재판소 직원의 권능), 제2장 당사자(제1절 당사자의 의의 및 당사자의 능력, 제2절 소송능력, 제3절 공동소송인, 제4절 제삼자의 소송참가, 제5절 소송대리인 및 보좌인, 제6절 소송비용, 제7절 보증-담보, 제8절 소송의 구조), 제3장 소송절차(제1절 구두변론 및 준비서면, 제2절 송달, 제3절 기일 및 기간, 제4절 해태[懈怠]의 결과 및 원상회복, 제5절 소송절차의 정지)'로 구성되어 있다. 1905년 내지 1906년에 쓴 민사소송법 교과서이고 그 당시의 일본의 자료에 기초한 것으로 보이지만 매우 정확하고 잘 서술된 교과서로 평가된다.

위 민사소송법 교과서의 저자 홍재기는 1873년 10월 26일 서울 관철동 62번지에서 홍정섭의 아들로 태어났다.[1] 1895년 8월 28일 안동관찰부 주사(判任官 8등)로 내무부로부터 임관되었지만 임관한 지 3개월도 채 되지 아니한 11월 18일에 의원면관하고 일본 관비유학생 시험에 합격하여, 이듬해 6월 26일 동경으로 유학을 떠나 그해 9월 13일 동경의 백과학교(百科學校)에 입학하여 1899년 9월 11일 졸업하였고, 같은 해 동경법학원에 입학하여 1902년 7월 11일 졸업하였으며, 같은 해 8월 10일부터 12월 12일까지 요코하마 지방재판소에서 사무견습을 하였다.[2] 같은 해 12월 21일 미국으로 유학을 떠났고, 1903년 1월 14일부터 1904년 12월 24일까지 로스앤젤레스의 킬리(Killy) 중학교에서 영어와 일반학문을 공부하면서 미국 유학생 친목회 회장 등의 활동을 하였다.[3]

홍재기는 1905년 1월 21일 서울로 돌아와 같은 해 8월 8일부터 보성전문학교 강사, 같은 달 12일 법률기초위원으로 임명되었고, 같은 해 12월 13일에는 법관양성소 교관, 같은 달

1 최종고, 《한국의 법률가》(서울대학교출판부, 2007), 41면.
2 위의 책, 41면.
3 위의 책, 42면.

15일에는 변호사 시험위원에 위촉되었으며, 1907년 3월 29일에는 한성재판소 판사로 임용되었다.[4] 같은 해 6월 20일 평리원 검사로 임명되어 활동하다가 같은 해 12월 12일 의원면직 후 같은 달 30일 제1호 변호사 인가를 받아 우리나라 최초의 변호사가 되었다.[5] 1909년 11월 21일에는 다시 판사로 전임하여 대심원 판사로 임명되었고, 1910년 1월 11일에는 경성공서원(항소심) 판사직도 겸임하였다.[6] 같은 해 2월 12일에는 한국 최초로 법학을 배운 111명이 모여 법학 강연회, 무료변론, 논문발표와 회지 발간을 목적으로 한 학회인 '법학협회'[7]의 회장에 당선되기도 하였다.[8] 홍재기는 일제 치하에서는 꾸준히 변호사로 활동하면서 당시 일제하의 억압된 상태 속에서도 서럽고 가난한 한국 민중과 함께 삶을 영위한 것으로 보인다.[9] 해방 이후 75세의 고령임에도 전주지방법원 정읍지원장으로 판사 발령을 받았는데, 이것은 광복된 대한민국의 법을 법률가로서 직접 집행해 보고 싶었던 노년의 충정으로 보인다.[10] 그는 1950년 6·25 당시 인민군에 피살된 것으로 전해진다. 그는 우리나라 초창기 법률가로서, 또 일제 치하에서 보성전문학교에서 법을 가르치고, 판사와 변호사로서 법을 통하여 민족의 애환과 역사의 현장에서 살아낸 진정한 법률가이며 애국지사라고 사료된다.[11]

---

4 김효전, 《법관양성소와 근대한국》(소명출판, 2014), 15면.
5 최종고, 앞의 책, 43면.
6 위의 책, 43-44면.
7 법학협회는 1908년 3월경에 결성된 것으로 보인다.
8 최종고, 앞의 책, 44면.
9 위의 책, 45면.
10 위의 책, 45면.
11 김효전, 앞의 책, 327면.

(2) 최진 명의의 《민사소송법 제1편》

최진(崔鎭) 명의의 《민사소송법 제1편》은 위 홍재기 명의의 《민사소송법 제1편》을 받아 그 내용을 알차게 만들고 깊이를 더한 교과서로 평가된다. 최진 명의의 《민사소송법 제1편》은 총 323면으로 되어 있다.[12] 교과서 내용 중 일본의 다이쇼(大正) 연호가 나오는 곳이 많은 점에 비추어 보면, 1910년 이후에 위 홍재기 명의의 《민사소송법 제1편》 교과서를 증보하여 발간된 것으로 보인다. 특히 교과서의 목차가 홍재기 명의의 《민사소송법 제1편》과 동일하지만 그 면수가 101면 증보되었고 내용이 매우 자세히 기술되어 있다는 점을 보면 그렇게 추정된다.

증보저자 최진의 일생을 간단히 살펴보면 다음과 같다. 최진은 1876년 12월 18일 출생하였고, 비교적 부유한 가정에서 삼남 중 이남으로 태어나 집에서 한문을 공부한 후 1886년 일본으로 건너가 세이코쿠학교(正鵠學校)에서 일본어와 신학문을 공부하였고, 귀국 후에는 1898년 한양학교를 설립하여 교장이 되기도 하였다.[13] 최진은 1900년 1월에 다시 도일하여 오사카(大阪)의 다이세이학관(泰西學館)에 입학하여 일본어와 보통학과를 배운 후에 1902년 6월 오사카시 사립 간자이대학(關西大學)의 법률학과에 입학하여 1905년 7월 10일 졸업하였다.[14] 최진은 귀국 후인 1906년 8월 28일 법관양성소 교관으로 임명되었다가 같은 해 11월 13일 의원면직 하였고, 같은 해 12월

12 최진, 《민사소송법 제1편》(보성사, 1910년 이후에 출판된 것으로 추정됨).
13 김효전, 앞의 책, 324면.
14 위의 책, 324면.

1일에는 창원부 참서관에 임명되고 겸임으로 창원항재판소 검사가 되었다가, 1907년 3월에는 중추원 부찬의에 임명되어 서울로 올라왔고, 1907년 8월에는 한성재판소 판사로 임용되었다.[15] 1908년에는 법부 서기관으로 전임되었다가 같은 해 9월 15일에 변호사 등록을 하였다.[16] 최진은 1908년 3월 15일 우리나라 최초의 법률을 배운 사람들의 학회인 '법률학회'의 창립 멤버로 참여하였다.[17] 법률학회는 초창기 법률가들이 힘을 합쳐서 법학연구와 법의 대중화를 위하여 노력하기로 한 획기적인 사건으로 평가된다.[18] 그런데 법률학회의 활동은 1910년 한일합방과 함께 활동이 중단될 정도로 냉각기를 가지게 되었는데, 최진은 1915년 법률협회를 재결성하여 같은 해 6월 보성전문학교에서 개최된 총회에서 회장으로 당선되었고, 종전의 《법률협회잡지》의 이름을 《법학계(法學界)》로 바꾸어 제1호부터 제6호까지 어려운 상황 속에서 발간하는 데 큰 기여를 하였다.[19] 최진은 1908년 변호사 개업 이후 법관양성소의 교관과 한성재판소 판사, 법률협회를 비슷한 시기에 같이 활동하던 홍재기의 뒤를 이어 보성전문학교에서 민사소송법(제1편)을 강의하면서 홍재기의 《민사소송법 제1편》을 증보하여 내용을 충실하게 한 것으로 추정된다.

변호사 최진은 1913년에는 경성 제2변호사회 회장에 당선되었는데, 일제는 당시 경성에 있던 일본인 변호사로 구성되

15 위의 책, 325면.
16 위의 책, 325면; 최종고, 앞의 책, 75면.
17 최종고, 앞의 책, 44면.
18 위의 책, 75면.
19 위의 책, 77-78면.

어 있는 경성 제1변호사회와 한국인 변호사로 구성되어 있던 경성 제2변호사회를 통합하여 일본인 변호사가 주도권을 갖게 하려고 많은 압력을 넣었으나 한국인 변호사들이 이를 완강히 거부하여 제2변호사회가 유지되어 나갔던 것이다.[20] 최진은 변호사로서 식민지 치하의 조선인의 권익 신장을 위하여 많은 활약을 하였다.[21] 변호사 최진은 1909년 동양척식회사에 토지를 빼앗긴 1,700명의 농민을 위하여 동양척식회사를 상대로 토지소유권이전등기말소의 소를 제기하여 승소한 사건과 1919년 3·1운동으로 손병희 등 48명이 내란죄로 기소된 사건에서 1920년 8월 9일 절차상의 잘못을 이유로 공소기각 판결을 받아낸 것으로 유명하다.[22]

이상에서 보성전문학교 초창기 교과서인《민사소송법 제1편》의 내용과 저자들의 경력을 통하여 그들의 삶의 궤적을 살펴보았다. 일제하 어려운 상황 속에서도 이에 굴하지 아니하고, 법학을 연구하고 가르쳐 인재를 양성하여 나라를 구하려고 치열하게 사셨고, 또 판사와 변호사로서 삶 속에서 민중의 어려움을 몸소 체험하며 법률을 통한 독립운동을 하신 홍재기, 최진 두 분 교수님께 머리 숙여 감사드린다. 후학들이 이번 번역사업을 통하여 보성전문학교 시절의 교수님들의 뜻을 잘 알았으므로, 그 숭고한 정신을 더욱 발전시켜 고려대학교 법학전문대학원을 세계적인 로스쿨로 발전시켜 나갈 것을 다짐한다.

---

20 위의 책, 78면.
21 김효전, 앞의 책, 325면.
22 최종고, 앞의 책, 81-83면.

마지막으로 이 번역 사업을 할 수 있도록 고려대학교 법학전문대학원에 연구진흥기금을 흔쾌히 내어주신 유휘성 회장님께 진심으로 감사드리며, 건강과 사업의 번창이 항상 함께 하시길 기도드립니다.

2025년 4월

고려대학교 법학전문대학원 연구실에서

옮긴이 정영환 드림

차례

民事訴訟法(第一編)

講師 崔鎭

緒論

第一章 訴訟本義

人類의共同生存을安全케ᄒᆞᆯ진ᄃᆡ社會의秩序를確實이維持케ᄒᆞᆷ이必要ᄒᆞ니國家ᄂᆞᆫ秩序의維持者됨으로共同生存의各人을對ᄒᆞ야凡於生存關係에其針路를指示ᄒᆞᄂᆞᆫ法規를設定ᄒᆞᆷ에만限ᄒᆞ야滿足지못ᄒᆞ다ᄒᆞᆯ지라故로各人을保護ᄒᆞ기爲ᄒᆞ야機關(官府)을設ᄒᆞ고其職分을實行케ᄒᆞ되如何ᄒᆞᆫ境遇에如何ᄒᆞᆫ方法으로其職分을實行ᄒᆞᆷ이可ᄒᆞ다ᄒᆞᄂᆞᆫ法規에依ᄒᆞ야其秩序의維持를保護ᄒᆞᆷ에行働을ᄒᆞ게ᄒᆞ니此官府行働을廣義行政이라稱ᄒᆞ며又廣義行政을二種에分ᄒᆞ야一은司法이라ᄒᆞ고一은狹義의行政이라ᄒᆞᄂᆞ니蓋司法이란者ᄂᆞᆫ國家機關의裁判所가秩序維持의保護에關ᄒᆞ야職分을實行ᄒᆞᆷ을謂ᄒᆞᆷ이오狹義의行政이란者ᄂᆞᆫ裁判所以外의國家機關이秩序維持의保護에關ᄒᆞ야職分을實行ᄒᆞᆷ을謂ᄒᆞᆷ이라然則司法의目的은何를謂ᄒᆞᆷ인고ᄒᆞ면卽民事와刑事의二者에在ᄒᆞᆷ이니刑事ᄂᆞᆫ

민사소송법(제1편)

최 진

서론

제1장 소송의 본의(本義)*

인간의 공동생존을 안전케 하려면 사회질서를 확실히 유지케 함이 필요하다. 국가가 질서의 유지자가 됨으로써 함께 생활하는 각각의 개인에 대하여 공동생활의 기준을 제시하는 법규를 제정하는 것만으로는 부족하다. 따라서 각각의 개인을 보호하기 위하여 국가기관을 만들고 그 직분을 행사하게 하되, 어떤 경우에 어떠한 방법으로 그 직분을 행사하는 것이 가능하다는 것을 법규에 의하도록 함으로써 질서의 유지를 보호하는 국가기관의 행위를 하게 한다. 이러한 국가기관의 행위를 광의의 행정이라 한다. 광의의 행정은 2가지로 나눌 수 있다. 그 하나는 사법(司法)이라 하고, 나머지는 협의의 행정이라 한다. 사법이라는 것은 국가기관인 재판소가 질서유지의 보호에 관하여 직분을 행사하는 것이고, 협의의 행정이라 함은 재판소 이외의 국가기관이 질서유지의 보호를 위하여 직분을 행사하는 것이다. 따라서 사법의 목적은 민사와 형사에 관한 직분을 행사하는 것이다. 형사(刑事)는

* 본의(本義)는 의의(意義)와 약간 다른 의미로 '근본적인 뜻, 진정한 뜻'이라는 것이므로, 저자의 뜻에 따라 본의를 그대로 쓰기로 한다.

秩序를害ᄒᆞᄂᆞᆫ犯行에對ᄒᆞ야刑罰을科ᄒᆞᆷ인즉此ᄂᆞᆫ直接으로國家利益을爲ᄒᆞᆷ에在ᄒᆞ며民事ᄂᆞᆫ一私人의私益을保護ᄒᆞᆷ인즉此ᄂᆞᆫ直接으로國家利益을爲ᄒᆞᆷ에在ᄒᆞ며民事ᄂᆞᆫ一私人의私益을保護ᄒᆞᆷ인즉此ᄂᆞᆫ直接으로一私人의私益을爲ᄒᆞᆷ에在ᄒᆞ니二者ㅣ俱是裁判所機關에依ᄒᆞ야行ᄒᆞᄂᆞᆫ統治權의作用이라ᄒᆞᆯ지라故로民事와刑事의目的을達ᄒᆞ기爲ᄒᆞ야權利上實行에保護ᄒᆞᄂᆞᆫ方法을定ᄒᆞᆷ에完備ᄒᆞᆫ節次가不可不有ㅣ니此節次中에各人私益의實行保護에關ᄒᆞᆫ節次法을民事訴訟法이라ᄒᆞᆯ지나吾人이民事訴訟法의如何ᄒᆞᆷ을能히講究코져ᄒᆞ면民事訴訟을先此解得ᄒᆞᆷ만갓지못ᄒᆞ며又民事訴訟의如何ᄒᆞᆷ을可히解得코져ᄒᆞ면訴訟을不可不先知라故로本講緖論에訴訟本義를先說ᄒᆞᆫ所以니라

第一 訴訟

訴訟이란者ᄂᆞᆫ權利保護의方法이니權利侵反에對ᄒᆞ야國家機關에向ᄒᆞ야其實行에法律上保護ᄒᆞᆷ을要求ᄒᆞᄂᆞᆫ方法이라法律에所謂權利란者ᄂᆞᆫ法律上實行에保護가存在ᄒᆞᆷ이必要ᄒᆞ니自然이生ᄒᆞᆫ權利損害ᄂᆞᆫ法律에依ᄒᆞ야本是推問ᄒᆞᆯ바ㅣ아니나人爲로生ᄒᆞᆫ權利侵反은法律이此를排斥ᄒᆞ고其實行에不可不保護ᄒᆞᆯ

질서를 해치는 범죄행위에 대하여 형벌을 가하는 것이고 2차적으로 국가이익을 위한 것이며, 민사는 한 개인의 사익을 보호하는 것이고 2차적으로 국가이익을 위한 것이다. 민사라는 것은 1차적으로 한 개인의 사익을 보호하는 것이고 2차적으로는 재판소 기관에 의하여 행하는 통치권의 작용이라 할 것이다. 그러나 민사와 형사의 목적을 달성하기 위하여 권리행사를 보호하는 방법을 정함에 완전한 절차가 존재하기 어렵지만, 그 절차 중 각 개인의 권리의 행사를 보호하기 위한 절차를 민사소송법(民事訴訟法)이라고 한다. 우리가 민사소송법을 잘 강의하려면 민사소송(民事訴訟)에 관하여 잘 이해하여야 하고, 민사소송을 잘 알려고 하면 소송(訴訟)에 관하여 먼저 알아야 한다. 따라서 본서 서론에서 소송의 의의를 설명하였다.

제1 소송

소송이라 함은 권리보호의 방법이다. 권리침해에 대하여 국가기관에 대하여 그 행사의 법률상의 보호를 요구하는 방법이다. 법률에서 소위 권리라고 하는 것은 법률상 행사를 함에 보호가 필요하지만 자연적으로 발생한 권리상의 손해는 책임을 물을 수 없지만 인위적으로 발생한 권리침해는 법률에 의하여 이를 배제하고 그 권리행사를 보호하여야 한다.

지니若法律이其實行에保護가無ᄒᆞ면事實上如何ᄒᆞᆫ勢力과如何ᄒᆞᆫ利益을享有ᄒᆞᆯ지라도法律上權利라指稱ᄒᆞᆷ을不得ᄒᆞᆯ지라然ᄒᆞ나法律이保護ᄒᆞᄂᆞᆫ限度에至ᄒᆞ야ᄂᆞᆫ其法律의發達ᄒᆞᆷ에從ᄒᆞ야廣狹의差異가自有ᄒᆞ니私法上權利에關ᄒᆞ야ᄂᆞᆫ其保護의設備가完全ᄒᆞ나公法上에關ᄒᆞ야ᄂᆞᆫ權力服從의關係만認定ᄒᆞ고權利上保護의方法은不備ᄒᆞ니要컨ᄃᆡ其限度의廣狹을不拘ᄒᆞ고法律上實行에保護ᄒᆞᄂᆞᆫ權利를法律에所謂權利라稱ᄒᆞᄂᆞ니라

法律의源이國家에在ᄒᆞ니法律上保護의任務도亦是國家에在ᄒᆞ며且權利實行을保護ᄒᆞ기爲ᄒᆞᆷ에ᄂᆞᆫ强制威力을必求ᄒᆞᄂᆞ니此威力의行使도國權에專屬ᄒᆞᆫ지라故로法律上에權利가有ᄒᆞᆫ者ㅣ侵反을受ᄒᆞᆫ時ᄂᆞᆫ即時侵反ᄒᆞᆫ者를對ᄒᆞ야國家機關에向ᄒᆞ야其實行에保護ᄒᆞᆷ을要求ᄒᆞᆯ지라此權利를保護ᄒᆞᄂᆞᆫ方法은國家威力에만限ᄒᆞᆷ이아니며又其保護ᄂᆞᆫ權利實行에만限ᄒᆞᆷ이아니라亦是權利存在에도保護ᄒᆞᆷ이有ᄒᆞ니公法上에ᄂᆞᆫ此等設備가不完全ᄒᆞ나私法上權利에ᄂᆞᆫ設備가完全ᄒᆞ고發達이至大ᄒᆞ야其關係가民事訴訟에最多ᄒᆞᆫ故로以下法律上私權保護에對ᄒᆞ야略論코져ᄒᆞ노라

만약 법률이 그 권리행사의 보호를 못한다면 사실상의 힘과 이익을 향유할지라도 법률상의 권리라고 할 수 없다. 하지만 법률이 보호하는 정도는 그 법률의 발전 정도에 따라 정도의 차이가 있다. 사법상의 권리에 관하여는 그 보호의 장치가 비교적 완전하지만 공법상의 권리에 관하여는 권력복종의 관계만 인정하고 권리보호의 방법은 준비되어 있지 아니하다. 그러나 그 범위의 차이에도 불구하고 법률상 그 권리행사를 보호하는 권리를 소위 권리(權利)라고 부른다.

법률의 근원은 국가이기 때문에 법률상 보호의 임무도 국가에게 있고 그 권리행사를 보호하기 위하여 강제력이 필요한데 그 강제력의 행사도 국가에 전속(專屬)하게 된다. 그렇기 때문에 법률상의 권리를 가진 자가 권리침해를 받은 경우 즉시 침해자에 대하여 국가기관에 그 권리행사의 보호를 요구할 수 있다. 그 권리를 보호하는 방법은 국가의 강제력에 한정하거나 권리행사의 보호 만에 있는 것이 아니고 그 권리존재의 보호함에도 있는 것이다. 공법상의 권리보호는 불완전하지만 사법상 권리에 관하여는 설비가 완전하고 크게 발전하여 그러한 관계가 민사소송에 가장 많다. 그러므로 이하에서는 법률상 사권보호에 대하여 간략히 논의하려고 한다.

第二 法律上私權保護

凡私法上權利ᄂᆞᆫ任意의處分을許與ᄒᆞᄂᆞᆫ故로設或權利의侵反이有ᄒᆞᆯ지라도其保護를國家機關에對ᄒᆞ야반다시强要만ᄒᆞᆯ바ㅣ아니며又其保護方法도亦是一訴訟에만限ᄒᆞᆯ바ㅣ아니이라

一 法律이認ᄒᆞᆫ自衛權의實行　權利保護ᄂᆞᆫ國家의任務라ᄒᆞᆷ은前述ᄒᆞᆫ바와如ᄒᆞ나時를因ᄒᆞ야國家保護를要求ᄒᆞᆯ間隙이無ᄒᆞᆫ境遇에ᄂᆞᆫ其權利를保護ᄒᆞ기爲ᄒᆞ야防衛權을認許ᄒᆞ야自行케ᄒᆞᆫ지라盖司法制度가不完全ᄒᆞᆫ時代에ᄂᆞᆫ人民이各其實行으로써自己의權利를保護ᄒᆞ얏스나此實力의防衛ᄂᆞᆫ徒其腕力으로優勝劣敗에歸着ᄒᆞ야眞誠ᄒᆞᆫ權利의實行이能히完全치못ᄒᆞ더니國家機關이具備ᄒᆞ고司法制度가完全ᄒᆞᆷ에從ᄒᆞ야自衛權의範圍가漸漸減縮ᄒᆞᆷ으로極히急迫ᄒᆞᆫ境遇에限ᄒᆞ야此를認定ᄒᆞᆷ에不過ᄒᆞᆫ지라然ᄒᆞ나現今에ᄂᆞᆫ惟其他人의不法行爲에原因으로不得已ᄒᆞᆫ境遇에만權利의防衛를認定ᄒᆞᆫ지라（日本民法第七二〇條參照）故로此狹隘ᄒᆞᆫ範圍內에셔各人은其自衛權實行에依ᄒᆞ야權利의保護를得ᄒᆞᆯᄲᅮᆫ이니라

제2 법률상의 사권보호

모든 사법상의 권리는 임의로 처분할 수 있기 때문에 설사 권리의 침해가 있을지라도 반드시 그 보호를 국가기관에 대하여만 할 것이 아니고, 그 보호방법도 소송에 한정되어 있는 것이 아니다.

1. 법률이 인정한 자위권의 실행

권리보호가 국가의 임무라는 것은 전술한 바와 같지만 국가보호를 구할 시간이 없는 경우에는 그 권리를 보호하기 위하여 자위권(自衛權)을 인정하여 스스로 행할 수 있도록 하고 있다. 그런데 사법제도가 불완전한 시대에는 권리자가 스스로 권리를 행사하여 보호를 하였지만 그 실력에 의한 방위는 힘의 우열에 따라 승패가 결정되기 때문에 진정한 권리의 행사가 완전하지 아니하였다. 따라서 국가기관이 갖추어 지고 사법제도가 완전해짐에 따라 자위권의 범위가 줄어들게 되어 매우 급박한 경우에 한하여 인정하게 되었다. 현재에는 타인의 불법행위에 따른 부득이 한 경우에만 스스로의 권리에 대한 방위를 인정하고 있다(일본민법 제720조 참조). 그러므로 권리자는 좁은 범위 내에서 자위권을 행사하여 자신의 권리를 보호할 수 있다.

二　法律上의權利保護　自衛權에依ᄒᆞ야權利를保護ᄒᆞᆷ은實노變例에屬ᄒᆞᆷ이니眞誠ᄒᆞᆫ私權의保護ᄂᆞᆫ法律上保護에不可不依憑ᄒᆞᆯ지니其法律上의私權保護ᄂᆞᆫ法律所定에從ᄒᆞ야國家의權力으로써保護를ᄒᆞᄂᆞᆫ故로此保護ᄂᆞᆫ반다시法律에準據ᄒᆞ야可行ᄒᆞ되便宜上의處分은不許ᄒᆞᄂᆞᆫ지라此法律上의私權保護에二種이有ᄒᆞ니即私權實行에關ᄒᆞᆫ保護及私權存在에關ᄒᆞᆫ保護라

甲　私權實行에關ᄒᆞᆫ法律上의保護란者ᄂᆞᆫ私權을否認ᄒᆞ거나侵害ᄒᆞ거나又其實行을不肯ᄒᆞᄂᆞᆫ者ㅣ有ᄒᆞᆫ時ᄂᆞᆫ此等에對ᄒᆞ야其實行의保護를國家機關에게要求ᄒᆞᄂᆞ니此要求에依ᄒᆞ야國家機關이與ᄒᆞᄂᆞᆫ保護를稱謂ᄒᆞᆷ이라私權實行의保護를要求ᄒᆞᄂᆞᆫ方法은即訴訟이니其要求가私權에關ᄒᆞᆫ故로此를民事訴訟이라稱ᄒᆞᆷ이라

乙　私權存在에關ᄒᆞᆫ法律上에保護란者ᄂᆞᆫ私權의侵反이아니며又特定人에對ᄒᆞ야私權의實行을行코져ᄒᆞᆷ도아니오惟其存在를保全케ᄒᆞ기爲ᄒᆞ야國家機關의保護를要求ᄒᆞᆷ이니此要求에依ᄒᆞ야國家機關이與ᄒᆞᄂᆞᆫ保護를稱謂ᄒᆞᆷ이라國家가法律에准據ᄒᆞ야此保護를與ᄒᆞᄂᆞᆫ者를非訟事件이라ᄒᆞ니

2. 법률상의 권리보호

자위권에 의한 권리의 보호는 매우 예외에 속한 것이고 진정한 사권의 보호는 법률상 보호가 불가결 한 것이고, 그 법률상의 사권보호는 법률이 정한 바에 따라야 하고 국가의 권력으로써 보호하게 된다. 따라서 그 보호는 반드시 법률에 근거하여야 가능하고 임의적 처분은 허용되지 아니한다. 그 법률상의 사권보호는 2가지 종류가 있는데, 사권실행에 대한 보호와 사권존재에 대한 보호가 그것이다.

갑. 사권실행에 관한 법률상의 보호라고 함은 사권을 부인하거나 침해하는 경우 또는 권리행사를 인정하지 아니하는 자가 있는 때에 그들에 대하여 그 실행의 보호를 국가기관에게 요구하고 국가기관이 그 요구에 따라 부여하는 보호를 의미하는 것이다. 사권실행의 보호를 구하는 방법이 소송이고, 그 요구가 사권에 관한 것이므로 민사소송이라고 칭하는 것이다.

을. 사권존재에 관한 법률상의 보호라고 함은 사권의 침해 또는 특정인에 대하여 사권의 실행을 하고자 하는 것이 아니고 오직 그 존재를 보전케 하려고 국가기관의 보호를 요구하고 그 요구에 의하여 국가기관이 주는 보호를 말한다. 국가가 법률에 준거하여 그 보호를 부여하는 것을 비송사건(非訟事件)이라 한다.

假令登記事務와如ᄒᆞᆫ者ㅣ라非訟事件은國家가保護ᄒᆞᆯ지라도亦是法律上私權保護의方法인즉此를行ᄒᆞᆷ에도반다시法律에准據ᄒᆞᆷ이可ᄒᆞᆫ故로法律에不依ᄒᆞᄂᆞᆫ便宜上處分은決코不許ᄒᆞᆷ이라此是單純ᄒᆞᆫ行政處分과差異ᄒᆞᆫ點인故로國家機關中에特別히司法機關에屬ᄒᆞ게ᄒᆞᆫ所以나此非訟事件의境遇와訴訟의境遇가殊異ᄒᆞ야特定ᄒᆞᆫ相對人이無ᄒᆞ며又其保護方法도權利의實行을命ᄒᆞᆷ이아니오唯是其存在를保全ᄒᆞᆷ에止ᄒᆞᆯ뿐이라然이나此二者間에分界ᄂᆞᆫ各國法制가不同ᄒᆞ야或訴訟事件에可屬ᄒᆞᆯ者를非訟事件이라稱謂ᄒᆞ며又非訟事件에可屬ᄒᆞᆯ者를訴訟事件이라稱謂ᄒᆞᄂᆞᆫ者ㅣ不尠ᄒᆞ니라

非訟事件의性質에關ᄒᆞ야余의所見은前述과如ᄒᆞ나此에關ᄒᆞᆫ學說이不一ᄒᆞ니或은單純ᄒᆞᆫ行政事件이나沿革上司法機關에屬ᄒᆞ게ᄒᆞᆷ이라ᄒᆞ며或은此保護ᄂᆞᆫ私權保護의一種方法이나全是訴訟境遇와無異ᄒᆞ다ᄒᆞ나該事件도亦是法律에準據ᄒᆞ야保護를與ᄒᆞ니此를單純ᄒᆞᆫ行政事務라ᄒᆞᆷ은穩當치못ᄒᆞ며又其保護를與ᄒᆞᆯ境遇와其目的이訴訟과殊異ᄒᆞᆫ즉此를訴訟과同一

등기사무와 같은 것이 여기에 해당한다. 비송사건은 국가가 보호할지라도 역시 법률상의 사권보호의 방법이므로 그것을 행함에는 반드시 법률에 준거하여야 한다. 따라서 법률에 의하지 아니한 편의상처분은 결코 허용되지 아니한다. 그것이 단순한 행정처분과의 차이점이다. 이러한 이유로 국가기관 중에서 특별히 사법기관에 속하게 하였다. 그 비송사건의 경우는 소송사건의 경우와 많이 달라서 상대방이 없고 또 그 보호방법도 권리의 실행을 명하는 것이 아니고 오로지 그 존재를 보전케 함에 그친다. 그러나 양자 사이의 경계는 각국의 법제에 따라 같이 아니하여 혹 소송사건에 속하는 것이 비송사건에 속하기도 하고 또는 비송사건에 속하는 것이 소송사건에 속하기도 하는 경우도 적지 않다.

비송사건의 성질에 관하여 저자의 견해는 전술한 바와 같지만 이에 관하여는 학설이 대립된다. 단순한 행정사건이지만 연혁적으로 사법기관에 속한 것이라거나 또는 그 보호는 사권보호의 방법 중의 하나로서 소송과 다르지 아니한다고 한다. 하지만 비송사건도 법률에 준거하여 보호하는 것이므로 단순한 행정사무라고 하는 것은 온당치 못하며 또 그 보호를 주어야 할 경우와 목적이 소송과 많이 다르므로 그것을 소송과 동일

ᄒᆞ다ᄒᆞᆷ을不得ᄒᆞᆯ지라然則非訟事件은行政事件이아니며又訴訟事件도아니오此ᄂᆞᆫ法律에准據ᄒᆞᄂᆞᆫ一種의私權保護라故로司法機關에可屬ᄒᆞᆯ事件이라ᄒᆞᆷ이妥當ᄒᆞᆷ으로信ᄒᆞ노라

三　私權은法律上의保護를必求ᄒᆞᆷ을不要ᄒᆞᆷ이라　元來私權은任意處分을許與ᄒᆞᄂᆞᆫ故로保全及實行에關ᄒᆞᆫ私權이라도法律에制限이無ᄒᆞᆫ範圍內에ᄂᆞᆫ任意의方法에依ᄒᆞᆷ을得ᄒᆞ니公法上의關係와全異ᄒᆞᆫ바ㅣ라其身分上公益에關ᄒᆞᆫ者假令推定相續人의相續拋棄禁止와如ᄒᆞᆫ任意의處分은不許ᄒᆞ나法律上如斯ᄒᆞᆫ制限이無ᄒᆞᆫ私權上의權利ᄂᆞᆫ任意處分을行得ᄒᆞᄂᆞᆫ故로對此ᄒᆞ야侵反이有ᄒᆞᆯ지라도法律上의保護를藉借치아니ᄒᆞ고任意의調停法을取得ᄒᆞᄂᆞᆫ方法이如左ᄒᆞ니

甲　承認及拋棄　私權을侵反ᄒᆞᄂᆞᆫ者ㅣ有ᄒᆞᆫ時에其權利를主張ᄒᆞᄂᆞᆫ者ㅣ此를拋棄ᄒᆞᆷ을得ᄒᆞ며又相對者의主張ᄒᆞᄂᆞᆫ權利를承認ᄒᆞᆷ을得ᄒᆞ고且法律上의保護를求ᄒᆞ기爲ᄒᆞ야旣爲起訴ᄒᆞᆫ後라도亦是此를拋棄ᄒᆞ며又承認ᄒᆞᆷ을得ᄒᆞ되任意의處分을不許ᄒᆞᄂᆞᆫ私權은此限에不在ᄒᆞᆷ이라

하다고 할 수 없다. 그런즉 비송사건은 행정사건이 아니며 또한 소송사건도 아니고 그것은 법률에 준거하는 사권보호의 일종이라 하는 것이 타당하다고 믿는다.

3. 사권은 법률상의 보호를 꼭 구할 필요가 없음

원래 사권은 임의처분이 가능하다. 따라서 보전 및 실행에 관한 사권이라도 법률의 제한이 없는 범위 내에서 임의의 방법에 의할 수 있어 공법상의 관계와 완전히 다르다. 신분상 공익에 관한 자 가령 추정상속인의 상속포기금지와 같은 것은 임의처분이 허용되지 아니하지만 법률상 그러한 제한이 없는 사법상의 권리는 임의처분을 할 수 있다. 한편 위반이 있을지라도 법률상의 보호를 받지 아니하고 자유로운 조정법(調停法)을 취득하는 방법이 아래와 같이 있다.

갑. 승인 및 포기

사권을 위반하는 자가 있는 때에 그 권리를 주장하는 자는 그것을 포기하게 하거나 상대방이 권리를 승인하도록 하거나, 법률상의 보호를 구하기 위하여 이미 소를 제기한 후라도 역시 그것의 포기 또는 승인을 얻을 수 있다. 하지만 임의의 처분을 불허하는 사권은 그러하지 아니하다.

乙 和解 有爭ᄒᆞᆫ權利에當事者ᄂᆞᆫ各其一部의承認及抛棄를表示ᄒᆞ고其法律關係의確定을爲ᄒᆞ야締約ᄒᆞᆷ을得ᄒᆞ니此를稱曰和解라ᄒᆞᆷ이라 此和解ᄂᆞᆫ一種의契約으로權利의一部를抛棄ᄒᆞᆷ인즉抛棄ᄒᆞᆯ만ᄒᆞᆫ權利가아니면此를抛棄치못ᄒᆞ고其和解를行得ᄒᆞᆯ만ᄒᆞᆫ以上에ᄂᆞᆫ法律上의保護를求ᄒᆞ기爲ᄒᆞ야訴訟을提起ᄒᆞᆫ後라도此를行得ᄒᆞᄂᆞ니其訴訟中에裁判官面前에셔行得ᄒᆞᆫ和解ᄂᆞᆫ單純ᄒᆞᆫ任意의處分과異ᄒᆞ야法律上保護의一種인故로强制執行을行得ᄒᆞᆷ이라

丙 仲裁 有爭ᄒᆞᆫ權利에當事者ᄂᆞᆫ國家機關에不依ᄒᆞ고第三者의判定을相受ᄒᆞ기爲ᄒᆞ야締約ᄒᆞᆷ을得ᄒᆞ니此를稱曰仲裁契約이라ᄒᆞᆷ이라此契約에依ᄒᆞ야仲裁人이表示ᄒᆞᆫ判定을仲裁判斷이라ᄒᆞ니仲裁契約은任意의契約인故로一般法律行爲의原則에遵依ᄒᆞᆯ거시며又仲裁判斷은一個人의意見에不過ᄒᆞᆷ인즉法律上의保護를與ᄒᆞᆯ者ㅣ아니라故로仲裁人은其判斷ᄒᆞᆷ에반다시法律을適用ᄒᆞᆷ은不要ᄒᆞ고任意로爭點을調停ᄒᆞᄂᆞᆫ目的으로公平ᄒᆞᆫ判定을得行ᄒᆞ고當事者ᄂᆞᆫ仲裁契約에依ᄒᆞ야國家機關의法律上保護에不依

을. 화해

분쟁이 있는 당사자가 각각 일부의 승인 및 포기를 표시하고 그 법률관계의 확정을 위하여 약정하는 것을 화해라 한다. 화해는 일종의 계약으로 권리의 일부를 포기하는 것이다. 포기할만한 권리가 아니면 그것을 포기할 수 없다. 화해할 수 있는 이상 법률상의 보호를 구하기 위하여 소송을 제기한 후에도 화해할 수 있다. 소송 중 재판관의 면전에서 화해가 이루어진 경우에는 단순한 임의의 처분과 달리 법률상 보호의 일종인 강제집행을 할 수 있다.

병. 중재

분쟁이 있는 권리에 당사자가 국가기관에 의뢰하지 아니하고 제삼자의 판정을 서로 받기로 약정을 체결한 경우로서 이를 중재계약(仲裁契約)이라 한다. 중재계약에 따라 중재인이 표시한 판정을 중재판정이라고 한다. 중재계약은 임의의 계약이므로 일반 법률행위의 원칙에 따라야 하고 또 중재판정은 일개인의 의견에 불과하여 법률상의 보호를 줄 것은 아니다. 따라서 중재인은 그 판단함에 있어서 반드시 법률을 적용함을 필요하지 아니하고 임의로 쟁점을 조정할 목적으로 공평한 판정을 하고 당사자는 중재계약에 따라 국가기관의 법률상보호에 의하지 아니하고

ᄒᆞ고其判斷에拘束을受ᄒᆞ니此仲裁判斷은法律上의保護가無홈으로써此를訴訟이라謂치못ᄒᆞ나民事訴訟法中에此節次를規定홈은立法上便宜를爲홈이오且仲裁判斷의繳消及仲裁判斷의强制執行은一般訴訟과同一ᄒᆞᆫ節次에行케ᄒᆞᆯ目的으로本法中第八編에加홈이니라

第二章　民事訴訟本義目的及其關係

前章에訴訟及私權保護의如何홈을攻究ᄒᆞᆫ지라此에依ᄒᆞ야民事訴訟이如何홈을推知ᄒᆞ기不難ᄒᆞᆯ지라以下民事訴訟의本義目的及其關係를畧述코져ᄒᆞ노라

第一　民事訴訟本義及目的

民事訴訟이란者ᄂᆞᆫ私權을侵反ᄒᆞᄂᆞᆫ者ㅣ有ᄒᆞᆯ時에國家機關에向ᄒᆞ야法律上實行의保護를求ᄒᆞᄂᆞᆫ方法이라此를分析ᄒᆞ야說明ᄒᆞ면

一　民事訴訟은法律上의保護를可受ᄒᆞᆯ權利의侵反을主張홈을要홈이라　訴訟은權利侵反에對ᄒᆞᆫ法律上保護法인즉民事訴訟에도其事由가有홈은不言可明이나其權利及侵反의事實은眞誠ᄒᆞ다必稱ᄒᆞ지못ᄒᆞᆯ境遇라도訴訟이不無其成이니何故오其權利의存在與否와事實의存在有無ᄂᆞᆫ訴訟上判定結果

그 판정에 구속을 받는 것이다. 이 중재판정은 법률상의 보호가 아니므로 소송이라 할 수 없지만 민사소송법 중에 이 절차를 규정한 것은 입법상의 편의를 위한 것이다. 또한 중재판정의 취소와 중재판정의 강제집행을 일반 소송과 동일한 절차에서 행할 목적으로 본법* 제8편에 규정하고 있다.

제2장 민사소송의 본의, 목적 및 그 관계

제1장에서 소송 및 사권보호가 무엇인지 살펴보았다. 이것에 기초하면 민사소송이 무엇인지 알기가 어렵지 아니할 것이다. 이하에서는 민사소송의 본의, 목적 및 그 관계를 설명하겠다.

제1 민사소송의 본의 및 목적

민사소송이라 함은 사권을 침해하는 자가 있는 때에 국가기관에 대하여 법률상 실행의 보호를 구하는 방법을 의미한다. 이를 나누어 설명하겠다.

1. 민사소송은 법률상의 보호를 받을 권리의 위반을 주장하여야 한다.

소송은 권리침해에 대한 법률상 보호방법이므로 민사소송에도 그 사유가 있어야 함이 명백하다. 그 권리 및 침해의 사실은 맞지만 충분히 설명하지 못하는 경우에도 소송을 할 수 있으므로 그 권리의 존재여부와 사실의 존재유무는 소송상의 판정 결과

* 1891년 1월 1일부터 시행된 일본 구민사소송법을 의미하는 것으로 보인다.

에依ᄒᆞ야可히確定되ᄂᆞᆫ所以며其權利侵反을主張ᄒᆞᆷ에爭의必有를不要ᄒᆞ니何故오相對人이其權利ᄂᆞᆫ認ᄒᆞᆯ지라도其實行을不肯ᄒᆞᄂᆞᆫ時ᄂᆞᆫ侵反으로써起訴ᄒᆞᆷ을可得ᄒᆞᆯ所以라盖權利의侵反은其權利가回復되지못ᄒᆞᆷ이必要ᄒᆞ니若旣回復된以上에ᄂᆞᆫ保護를求ᄒᆞᆯ必要가無ᄒᆞ며因ᄒᆞ야訴訟을提起ᄒᆞᆯ理由가無ᄒᆞᆯ지라訴를提起ᄒᆞᆫ後라도其權利를回復ᄒᆞ얏스면訴訟進行을不得ᄒᆞᆷ이라

二 民事訴訟은權利를侵反ᄒᆞᆫ特定의相對人을對ᄒᆞ야其權利를主張ᄒᆞᆷ을要ᄒᆞᆷ이라 相對人이無ᄒᆞ면訴訟이無ᄒᆞ다ᄒᆞᄂᆞᆫ格言이有ᄒᆞ니極히特定ᄒᆞᆫ境遇에公示催告節次와如히明確지못ᄒᆞᆫ相對人에對ᄒᆞ야訴訟ᄒᆞᄂᆞᆫ境遇도有ᄒᆞ나此ᄂᆞᆫ變例에屬ᄒᆞᆷ이라故로一般民事訴訟에ᄂᆞᆫ特定ᄒᆞᆫ相對人이存在ᄒᆞᆷ을原則이라ᄒᆞ니此特定ᄒᆞᆫ相對人이無ᄒᆞ고唯是權利의存在를保全ᄒᆞ기爲ᄒᆞ야法律上保護를求ᄒᆞᄂᆞᆫ者ᄂᆞᆫ是乃非訴事件이오訴訟은아니며且破産事件은訴訟事件이라ᄒᆞᆯᄂᆞᆫ지非訟事件이라ᄒᆞᆯᄂᆞᆫ지卽一問題라日本裁判所構成法第二十八條에ᄂᆞᆫ破産事件의管轄을特定ᄒᆞ얏스니是ᄂᆞᆫ訴訟事件과同視ᄒᆞᆷ이아니오且破産事件의申請에關ᄒᆞᆫ印紙ᄂᆞᆫ訴訟印紙法에不依ᄒᆞ고商事非訟事件印紙法

에 의하여 확정된다. 그 권리침해를 주장함에 있어서 분쟁이 있다는 것은 필요하지 아니하다. 그런 이유로 상대방이 그 권리는 인정할지라도 그 권리의 행사를 인정하지 아니하는 경우도 위반으로 소를 제기할 수 있다. 권리의 위반은 그 권리가 회복되지 않았어야 한다. 만약 이미 회복된 이상 보호를 구할 필요가 없어 소송을 제기할 이유가 없다. 소송을 제기한 후라도 그 권리가 회복된 경우에는 소송 진행을 할 수 없을 것이다.

2. 민사소송은 권리를 위반한 특정한 상대방에 대하여 그 권리를 주장할 필요가 있다.

"상대방이 없으면 소송이 없다"는 격언이 있다. 매우 특별한 경우인 공시최고절차에서와 같이 명확하지 못한 상대방에 대하여 소송을 제기하는 경우도 있지만 이것은 특별한 예외에 속하는 경우이다. 따라서 일반 민사소송에서는 특정한 상대방이 존재하는 것이 원칙이다. 특정한 상대방이 없이 오직 권리의 존재를 보전하기 위하여 법률상의 보호를 구하는 것은 비송사건이라 하고 소송은 아니다. 또 파산사건이 소송사건인지 비송사건인지가 문제된다. 일본재판소구성법 제28조에서는 파산사건의 관할을 특정하였고, 소송사건과 같이 보지 아니하였다. 또 파산사건의 신청 시의 인지(印紙)는 소송인지법에 의하지 아니하고 상사비송사건인지법

（日本明治二十三年法律第六十六號）에依ᄒᆞ야貼用ᄒᆞ게ᄒᆞ니此ᄂᆞᆫ法律이訴訟事件으로看做홈이아니라故로日本大審院에서破産事件을非訟事件으로看做ᄒᆞᆫ判例가有ᄒᆞ니라

三 民事訴訟은國家機關에向ᄒᆞ야保護의請求라訴訟은法律上의權利保護라此法律上의權利保護ᄂᆞᆫ國家司法機關에屬홈이라既述ᄒᆞᆫ바ㅣ라民事訴訟도此와所異가亦無ᄒᆞᆫ故로國家機關에不依ᄒᆞᄂᆞᆫ仲裁判斷은訴訟이라홈을不得ᄒᆞᆯ지라國家가法律을從ᄒᆞ야保護ᄒᆞᄂᆞᆫ節次가有二ᄒᆞ니

甲 判決 保護를求ᄒᆞᄂᆞᆫ法律關係에法律을適用ᄒᆞ야權利의存否를認定ᄒᆞ고此를宣示홈이니此宣示ᄂᆞᆫ一定ᄒᆞᆫ形式으로强制力을有홈이라

乙 執行 國家機關은其宣示에基ᄒᆞ야威力으로此를實行ᄒᆞ야保護의實効를顯著케ᄒᆞᄂᆞ니其保護에ᄂᆞᆫ判定으로惟足ᄒᆞ다ᄒᆞ고執行은不要홈이有ᄒᆞ니假令權利의確認이如是ᄒᆞ니라

四 民事訴訟의目的은私權에對ᄒᆞ야保護要求에存在홈이라 民事訴訟은法律上私權保護에存在홈으로其目的이私權關係에存在홈은不言可明이라私

(일본 메이지 23년 법률 제66호)에 따라 인지를 붙이도록 하였다. 이는 법률이 파산사건을 소송사건으로 간주하지 아니하였고, 따라서 일본대심원에서 파산사건을 비송사건으로 간주하는 판례가 있다.

3. 민사소송은 국가기관에 대한 보호의 청구이므로 소송은 법률상의 권리보호이다.

이 법률상의 권리보호라고 함은 전술한 바와 같이 국가사법기관에서 관장한다. 민사소송도 이것과 다르지 아니하다. 국가기관에서 하는 것이 아닌 중재판정은 소송이라 할 수 없다. 국가가 법률에 따라 보호하는 절차가 2개 있다.

갑. 판결

보호를 구하는 법률관계에 법률을 적용하여 권리의 존부를 인정하고 이를 선고하게 된다. 그 선고를 통하여 판결은 일정한 형식으로 강제력을 갖게 된다.

을. 집행

국가기관은 그 판결에 기하여 강제력으로 이것을 집행하여 보호의 실효를 달성할 수 있다. 그 보호에는 판결로서 충분하고 집행이 필요 없는 경우도 있는데 가령 권리의 확인이 그것이다.

4. 민사소송의 목적은 사권에 대한 보호요구에 있다.

민사소송은 법률상 사권보호에 있어 그 목적이 사권관계(私權關係)에 있다는 것은 말할 필요도 없이 명백하다.

權關係는財産上關係로生홈도有ᄒᆞ며或身分上關係로生홈도有ᄒᆞ니第一民法商法等規定에依ᄒᆞ야多生홈이라然ᄒᆞ나私法規定中에도公權에關ᄒᆞᆫ規定이有ᄒᆞ며公法中에도私權에關ᄒᆞᆫ規定이混同ᄒᆞᆫ者ㅣ多有ᄒᆞᆫ故로法典規定에依ᄒᆞ야此를區別ᄒᆞ기不能ᄒᆞ며又公法人도私權을享有ᄒᆞ며又一私人도公權을享有홈으로人에依ᄒᆞ야도亦是區別ᄒᆞ기不能ᄒᆞᆫ지라此公權私權의區別은由來法律上一大疑問이나明確ᄒᆞᆫ分界는尤極難望이라裁判所搆成法은私權에向ᄒᆞᆫ訴訟及非訟事件을民事라稱ᄒᆞ야公法上의刑事와區別ᄒᆞ고由是로私權에關ᄒᆞᆫ訴訟을民事訴訟이라稱홈이라盖公法上刑罰權의實行을目的ᄒᆞᆫ刑事와民事의限界는其目的에依ᄒᆞ야分界ᄒᆞ기容易ᄒᆞ나民事々件과行政事件의分界에는學說이不一ᄒᆞ니此分界는諸君이公法上硏究에解得ᄒᆞᆯ지나余는此區別을槪擧ᄒᆞ면法律下에在ᄒᆞ야對等으로保護를被受ᄒᆞ는關係를私權關係라ᄒᆞ며國家의權力行使에對ᄒᆞᆫ關係를公權關係라ᄒᆞ고其刑罰權實行의的홈은刑事々件이라ᄒᆞ며其他의處分은行政事件이라ᄒᆞ노라

民事訴訟의目的은私權保護에在ᄒᆞᆫ故로公權上의關係로其保護의方法이公

사권관계라 함은 재산상 관계나 신분상 관계로 발생할 수 있다. 민법·상법 등의 규정에서 가장 많이 발생한다. 하지만 사법규정 중에도 공권에 관한 규정이 있고, 공법 중에서도 사권에 관한 규정이 혼재하는 경우가 많으므로 법전규정에 따라 이를 구별하는 것은 불가능하다. 또 공법인도 사권을 향유하고, 일반 사인도 공권을 향유함으로 인(人)에 따라 구분하는 것도 역시 불가능하다. 공권과 사권의 구별은 유래하는 법률에 비추어 일대 의문이므로 명확히 한계를 정하는 것이 매우 어렵다. 재판소구성법은 사권에 대한 소송 및 비송사건을 민사라고 칭하여 공법상의 형사와 구별하고 있다. 따라서 사권에 관한 소송을 민사소송이라 한다. 공법상 형벌권의 실행을 목적으로 하는 형사와 민사의 한계는 그 목적에 의하여 쉽게 구별될 수 있지만, 민사사건과 행정사건의 경계는 나누는 것은 학설이 일치되지 아니한다. 그 경계는 제군(諸君)들이 공법상 연구에서 이해할 수 있겠지만 본인이 그 구별을 해본다면 법률 하에서 대등한 보호를 주고받는 관계를 사권관계라고 한다. 국가의 권력행사에 대한 관계를 공권관계라 하고, 그 형벌권 행사를 목적으로 하는 것을 형사사건이라 하며, 기타의 처분은 행정사건이라 한다.

민사소송의 목적은 사권보호에 있으므로 공권상의 관계로 그 보호방법이

法上에規定이無ᄒᆞ다ᄒᆞ고此ᄅᆞᆯ民事로速斷處理ᄒᆞᆷ은不可ᄒᆞᆯ지라假令行政裁判의境遇에公權上關係로此ᄅᆞᆯ提起치못ᄒᆞᆷ이不尠ᄒᆞ나然ᄒᆞ나行政裁判을行得지못ᄒᆞᆷ을不忍ᄒᆞ고公權關係ᄅᆞᆯ民事訴訟으로提出ᄒᆞᆷ은不得ᄒᆞᆷ이라ᄒᆞ노라

以上論述ᄒᆞᆫ바ᄂᆞᆫ民事訴訟의本義及目的을講了ᄒᆞᆷ으로以下民事訴訟上關係ᄅᆞᆯ論述코져ᄒᆞ노라

第二 民事訴訟上關係

民事訴訟에ᄂᆞᆫ權利ᄅᆞᆯ主張ᄒᆞᄂᆞᆫ者와權利ᄅᆞᆯ對抗ᄒᆞᄂᆞᆫ者ㅣ有ᄒᆞ니法律上保護ᄅᆞᆯ與ᄒᆞᄂᆞᆫ國家機關이其間에介入ᄒᆞ야民事訴訟의關係가生ᄒᆞᆷ이라

一、民事訴訟主體

甲當事者　民事訴訟의主體로權利ᄅᆞᆯ主張ᄒᆞᄂᆞᆫ者ᄅᆞᆯ原告라ᄒᆞ고此ᄅᆞᆯ對抗ᄒᆞᄂᆞᆫ者ᄅᆞᆯ被告라ᄒᆞᆷ이라

乙裁判所　法律上의保護ᄅᆞᆯ與ᄒᆞᄂᆞᆫ國家機關을裁判所라稱ᄒᆞ니此ᄂᆞᆫ法律上保護機關이라其行動은法律에不可不準據인故로他行政機關과同一치못ᄒᆞᆷ이라何者오憲法上特別機關에屬ᄒᆞ게ᄒᆞ야嚴正獨立을維持ᄒᆞ고其行動

공법상의 규정에 없다고 하여 이를 민사로 속단하여 처리할 수는 없다. 가령 행정재판의 경우에 공권상관계로 이를 제기치 못하는 경우가 적지 않다. 이러한 이유로 행정재판을 할 수 없다는 이유로 공권관계를 민사소송으로 제기하는 것을 인정할 수 없다. 이상에서 민사소송의 본의 및 목적을 설명하였고 이하에서는 민사소송상 관계를 논술하겠다.

제2 민사소송상의 관계

민사소송에서는 권리를 주장하는 자와 권리에 대항하는 자가 있고, 법률상보호를 주는 국가기관이 당사자 사이에 개입하여 민사소송상 관계가 형성된다.

1. 민사소송의 주체

갑. 당사자

민사소송의 주체로 권리를 주장하는 자를 원고라 하고 이에 대항하는 자를 피고라 한다.

을. 재판소

법률상의 보호를 부여하는 국가기관을 재판소라고 한다. 이는 법률상 보호기관으로 그 행동은 법률에 준거하는 것이 가능하지 아니하므로 다른 행정기관과 동일하지 아니하다. 어떤 사람은 헌법상 특별기관에 속하게 하여 엄정독립을 유지하고 그 행동을

을法律上에專依ᄒᆞᆫ所以니라

二、民事訴訟關係　民事訴訟은主體된當事者와裁判所間에生ᄒᆞ는關係를謂ᄒᆞᆷ인즉當事者兩方間에存在ᄒᆞᆫ實體上權利義務關係以外에特別ᄒᆞᆫ關係를生ᄒᆞᆷ이라此關係는權利保護를請求ᄒᆞ는者ㅣ有ᄒᆞᆷ에依ᄒᆞ야生ᄒᆞᆷ인즉實體上法律存在에依ᄒᆞ야生ᄒᆞ는바ㅣ아니라故로民事訴訟法의所管으로生ᄒᆞ는形式法의關係를民事訴訟關係라稱ᄒᆞᆷ이오此關係에對ᄒᆞ야裁判所의行動을審問、証據調査、其他訴訟進行의期日指定等과判決、執行이라謂ᄒᆞ니此關係에動作ᄒᆞ는行爲를訴訟行爲라ᄒᆞ며當事者間에動作ᄒᆞ는行爲를當事者訴訟行爲라ᄒᆞᄂᆞ니此等行爲도亦是民事訴訟規定에依ᄒᆞᆷ을要ᄒᆞ는故로此法律에任意拋棄를許ᄒᆞᆫ外에此法律을不從ᄒᆞᆫ訴訟行爲는其効力이全無ᄒᆞᆫ지라此訴訟行爲는實體上私權關係를生ᄒᆞᆷ이아니오唯其訴訟上關係만生ᄒᆞᆷ이니其訴訟行爲는原告로言ᄒᆞ면起訴와攻擊이며被告로言ᄒᆞ면抗辯의防禦等類ㅣ니其他訴訟進行의行爲는不遑枚擧ᄒᆞᆷ이라

第三民事訴訟種類

법률에 전적으로 의존하여야 한다고도 한다.

2. 민사소송관계

민사소송관계는 주체된 당사자와 재판소 사이에 생기는 관계를 말한다. 당사자 사이에 존재하는 실체법상의 권리의무관계 이외에 특별한 관계가 발생한다. 그 관계는 권리보호를 청구하는 자에 의하여 발생하지만 실체법상의 법률존재에 의하여 발생하는 것이 아니다. 따라서 민사소송법의 소관으로 발생하는 절차법*의 관계를 민사소송관계라 한다. 이 관계에 대하여 재판소의 행동을 심문(審問), 증거조사, 기타 소송진행의 기일지정 등과 판결, 집행이라 한다. 그 관계에 작동하는 행위를 소송행위라고 하고, 당사자 사이에 작동하는 행위를 당사자의 소송행위라고 한다. 이러한 행위는 역시 민사소송규정에 의하여야 한다. 따라서 이 법률에서 임의포기를 인정한 외에 이 법률을 따르지 아니한 소송행위는 그 효력이 없다고 할 것이다. 이 소송행위는 실체상의 사권관계를 발생케 하는 것이 아니고 오직 소송상의 관계만이 발생한다. 그 소송행위는 원고로 말할 것 같으면 소제기와 공격방법이고, 피고는 항변의 방어방법 등이며, 기타 소송진행의 행위도 많이 있다.

제3 민사소송의 종류

* 원문에서는 형식법(形式法)이라 표현하고 있다.

民事訴訟에ᄂᆞᆫ其保護를求ᄒᆞᄂᆞᆫ權利의種類卽其範圍에依ᄒᆞ야各種의區別이有ᄒᆞ고又其種類에依ᄒᆞ야法律適用이異ᄒᆞᆫ故로其種類를略述코져ᄒᆞ노라

一、確認訴訟、履行訴訟、否認ᄒᆞᆫ權利의存否確認만求ᄒᆞᄂᆞᆫ訴訟은積極的으로其成立의確定을求ᄒᆞᆷ과消極的으로成立無効의確定을求ᄒᆞᆷ을不問ᄒᆞ고此請求를確認訴訟이라稱ᄒᆞ며又侵害를被受ᄒᆞᆫ權利履行을求ᄒᆞ며物品의給付와行爲의實行을求ᄒᆞᄂᆞᆫ者를履行訴訟이라稱ᄒᆞᆷ이라確認訴訟은法律關係를認定ᄒᆞᆷ에足ᄒᆞ니執行行爲를不要ᄒᆞ며履行訴訟은權利를唯其確定ᄒᆞᆷ에만不足ᄒᆞ고其確定ᄒᆞᆫ權利를實ᄒᆞᆷ에必要ᄒᆞᆷ이라故로義務者가其裁判에基ᄒᆞ야任意의履行을不爲ᄒᆞᄂᆞᆫ時ᄂᆞᆫ强制執行의方法으로權利者를滿足케ᄒᆞᆷ으로써目的ᄒᆞᆷ이라

二、財產上訴訟、身分上訴訟、私法上에ᄂᆞᆫ財產上權利가有ᄒᆞ고身分上權利가有ᄒᆞ니財產權에基ᄒᆞᆫ訴訟을財產上訴訟이라稱ᄒᆞ고身分上에基ᄒᆞᆫ訴訟을身分上訴訟이라稱ᄒᆞ니身分上訴訟은事係公益ᄒᆞᆫ故로特히人事訴訟節次法을設定ᄒᆞ고管理케ᄒᆞᆷ이라

민사소송은 보호를 구하는 권리의 종류 및 범위에 의하여 각종의 구별이 있고, 그 종류에 따라 법률적용이 달라지므로 그 종류를 약술하겠다.

1. 확인소송, 이행소송

부인한 권리의 존부확인만을 구하는 소송은 적극적으로 그 성립의 확정을 구함과 소극적으로 성립 무효의 확정을 구함을 불문하고 확인소송이라 칭한다. 침해를 당한 권리의 이행을 구하며 물품의 급부와 행위의 실행을 구하는 것을 이행소송이라고 한다. 확인소송은 법률관계를 인정함에 족하고, 집행행위를 구하지 아니한다. 반면 이행소송은 그 권리의 확정만으로 부족하고 그 확정된 권리를 실행함이 필요하다. 따라서 의무자가 그 재판에 기하여 임의로 이행하지 아니할 경우에는 강제집행의 방법으로 권리자를 만족케 함을 목적으로 한다.

2. 재산상소송, 신분상소송

사법상에는 재산상권리와 신분상권리가 있다. 재산권에 기한 소송을 재산상소송이라 하고, 신분상에 기한 소송을 신분상소송이라고 한다. 신분상소송은 공익과 관련이 되므로 특히 인사소송절차법을 정하여 관리케 하고 있다.

三、物上訴訟、對人訴訟、此區別은財產上訴訟區別에物權訴訟을物上訴訟이라稱ᄒᆞ고債權訴訟을對人訴訟이라稱ᄒᆞ니羅馬法時代에ᄂᆞᆫ此區別이訴訟上에重要ᄒᆞ얏스나現今時代에ᄂᆞᆫ此區別이必要치아니ᄒᆞ고唯其裁判所管轄에만必要ᄒᆞᆷ이니라

四、本權訴訟、占有訴訟、此區別은物上訴訟中區別이니本權訴訟이란者ᄂᆞᆫ占有以外의物權에基ᄒᆞᆫ訴訟을謂ᄒᆞᆷ이며占有訴訟이란者ᄂᆞᆫ占有權에基ᄒᆞᆫ訴訟을謂ᄒᆞᆷ이니即占有保持의訴、占有保全의訴、占有回收의訴를謂ᄒᆞᆷ이라

五、直接履行訴訟、間接履行訴訟、此區別은履行訴訟의區別이니原來權利ᄂᆞᆫ其本旨에從ᄒᆞ야履行ᄒᆞᆷ을要ᄒᆞᆯ지라然ᄒᆞ나時或權利의侵害가原狀에回復ᄒᆞᆷ이不能ᄒᆞᆷ으로其本旨에從ᄒᆞ야直接의履行ᄒᆞᆷ이不能ᄒᆞᆯ時가有ᄒᆞ니如此ᄒᆞᆫ境遇에ᄂᆞᆫ損害賠償ᄒᆞᄂᆞᆫ權利가有ᄒᆞᆫ지라其賠償은金錢으로計算ᄒᆞᆷ이原則이니其本旨에從ᄒᆞ야履行을求ᄒᆞᆷ을直接履行訴訟이라稱ᄒᆞ며損害賠償을求ᄒᆞᆷ을間接履行訴訟이라稱ᄒᆞᆷ이라此區別은訴訟上實用이極少ᄒᆞ나唯其賠償의請求ᄂᆞᆫ新生ᄒᆞᆫ權利가아니오原權利의効力으로認ᄒᆞᄂᆞᆫ故로訴訟物의權利를拘

3. 물상소송(物上訴訟), 대인소송

이 구별은 재산상소송을 나누어 물권소송(物權訴訟)을 물상소송이라고 하고, 채권소송(債權訴訟)을 대인소송이라고 한다. 이 구별은 로마법 시대에는 소송상 중요하였지만 현재에는 그 구별이 필요치 아니하고, 다만 재판소 관할에만 필요하다.

4. 본권소송, 점유소송

이 구별은 물상소송을 나눈 것이다. 본권소송이란 점유 이외의 물권에 기한 소송을 말하고, 점유소송은 점유권에 기한 소송을 의미한다. 점유소송은 점유유지의 소, 점유보전의 소, 점유회복의 소를 말한다.

5. 직접이행소송, 간접이행소송

이 구별은 이행소송을 나눈 것이다. 원래 권리는 그 본지에 따라 이행함을 요하지만 혹시 권리의 침해로 인하여 원상회복이 불능하여 그 본지에 따른 직접의 이행이 불능할 수 있다. 이러한 경우에는 손해배상을 받을 수 있는 권리가 생기고, 그 배상은 금전으로 계산함이 원칙이다. 그 본지에 따라 이행을 구하는 소송을 직접이행소송이라고 하고, 손해배상을 구하는 것을 간접이행소송이라 한다. 이 구별은 실제 소송상 이용의 면에서 보면 매우 적지만, 다만 배상의 청구는 새롭게 발생한 권리가 아니고 원권리(原權利)의 효력으로 인한 것이므로 소송물의 권리를 청구한 후에

東ᄒᆞᆫ後에其目的物이滅盡ᄒᆞᆫ時ᄂᆞᆫ損害賠償으로改定ᄒᆞᆯ자라도訴의變更으로ᄂᆞᆫ做看치아니ᄒᆞᆷ이라

第三章　民事訴訟法本義及其地位

前章에訴訟及民事訴訟이何如ᄒᆞᆷ을釋明ᄒᆞᆷ으로今에民事訴訟法의本義及其地位ᄅᆞᆯ論述코져ᄒᆞ노라

第一民事訴訟法本義

民事訴訟法이란者ᄂᆞᆫ國家司法機關의所爲니法律上私權實行을保護即民事訴訟을處理ᄒᆞᄂᆞᆫ形式法이라謂ᄒᆞᆷ이라民事訴訟法의本義가如斯ᄒᆞᆫ故로法律이有ᄒᆞᆫ以上에ᄂᆞᆫ此에依ᄒᆞ야統轄ᄒᆞᆯ關係가存在ᄒᆞᆷ이必要ᄒᆞ니民事訴訟法에統轄ᄒᆞᆯ者ᄂᆞᆫ即民事訴訟의關係라民事訴訟은法律上私權實行의保護ᄅᆞᆯ國家機關에게請求ᄒᆞᄂᆞᆫ事라ᄒᆞᆷ은前章에屢述바ㅣ라此法律上保護의節次ᄂᆞᆫ法律規定에準據ᄒᆞᆯ지라故로事件이行政에關ᄒᆞᆫ者와特別裁判所에屬ᄒᆞᆫ者ᄂᆞᆫ此法에論ᄒᆞᆯ바ㅣ아니오此等規定이無ᄒᆞᆫ普通裁判所에關ᄒᆞᆫ事件만適用ᄒᆞᆷ이라

第二民事訴訟法地位

그 목적물이 멸실된 경우 손해배상으로 바꾸는 것은 소의 변경으로 간주하지 아니한다.

제3장 민사소송법의 본의 및 지위

제2장에서 소송 및 민사소송이 무엇인지 명확히 살펴보았으므로 본장에서는 민사소송법의 의의 및 그 지위에 관하여 설명하겠다.

제1 민사소송법의 본의

민사소송법이라 함은 국가 사법기관의 행위로서 법률상 사권실행의 보호 즉 민사소송을 처리하는 절차법을 말한다. 민사소송법의 의의가 이와 같기에 법률이 있는 이상 이에 의하여 통일적으로 처리할 관계가 필요하다. 민사소송법에서 통일적으로 처리할 것은 민사소송의 관계이다. 민사소송은 법률상 사권실행의 보호를 국가기관에게 청구하는 것이라는 것은 제2장에서 여러 번 설명하였다. 이 법률상 보호의 절차는 법률규정에 준거하여야 하므로 사건이 행정에 관한 경우와 특별재판소에 속한 경우는 이 법에서 논할 바가 아니고, 이러한 규정이 없는 보통재판소에 관한 사건만 적용한다.

제2 민사소송법의 지위

凡法律에公法과私法의區別이有ᄒᆞ며又實體法과形式法의差別이有ᄒᆞ니本法은何法에屬ᄒᆞᆯ는지此를論究ᄒᆞᆷ이極히必要ᄒᆞᆫ故로以下에說明코져ᄒᆞ노라

一、民事訴訟法은公法이라　元來公法과私法의分界는甚히明確치못ᄒᆞᆫ故로學說이不一ᄒᆞ나國家와國家의關係又其國家와一私人의關係를規定ᄒᆞᆫ者는公法이라稱ᄒᆞ고私人互相間의權利關係를定ᄒᆞᆫ者는私法이라稱ᄒᆞᆷ이定說이라ᄒᆞᆷ을可得ᄒᆞᆯ지라民事訴訟法은國家機關과私人關係를定ᄒᆞ야國家事務施行의節次를規定ᄒᆞᆷ인故로此를不可不公法이라稱謂ᄒᆞᆯ지라然ᄒᆞ나民事訴訟法을公法이아니라ᄒᆞ는者ㅣ多有ᄒᆞ니或曰任意法의多ᄒᆞᆷ으로私法이라稱ᄒᆞ며或曰私權保護의形式法이라ᄒᆞᆷ으로私法이라主論ᄒᆞ는者ㅣ多有ᄒᆞᆫ지라然ᄒᆞ나現今에獨逸新法理를研究ᄒᆞᆷ을因ᄒᆞ야此等學說이全變ᄒᆞ야此를公法이라ᄒᆞ는學說이一致ᄒᆞᆷ과如ᄒᆞᆫ지라盖任意法은私法을必稱ᄒᆞᆷ이아니오私權保護에形式法이라稱ᄒᆞᆯ지라도國家機關을拘束ᄒᆞ는者는私法이라稱ᄒᆞ기不能ᄒᆞᆯ지라本法規定中에도種種私法에屬ᄒᆞᆫ規定이不無ᄒᆞ나此는唯其立法者의便宜에依ᄒᆞ야編入ᄒᆞᆫ特例而已라ᄒᆞ노라

모든 법률에는 공법(公法)과 사법(私法)의 구별이 있고, 또 실체법과 절차법이 구분이 있다. 따라서 민사소송법이 공법과 사법, 실체법과 절차법 중 어디에 해당하는 가를 알아보는 것이 매우 중요하므로 이하에서 이를 설명하려고 한다.

1. 민사소송법은 공법이다.

원래 공법과 사법의 구별이 명확하지 아니하여 학설이 대립된다. 통상 공법이라 함은 국가와 국가 간의 관계 또는 국가와 사인(私人) 간의 관계를 규율하는 것이고, 사법은 사인 상호 간의 권리관계를 규율하는 것이라는 것이 통설이다. 민사소송법은 국가기관과 사인관계를 규정하여 국가사무 시행의 절차를 정하고 있기 때문에 필연적으로 공법이라 칭하는 것이 자연스럽고 다수의 견해이다. 그러나 당사자가 자유롭게 처분할 수 있는 임의법적 요소가 많기 때문에 또는 민사소송법이 사권보호의 절차법이라는 이유로 사법이라고 주장하는 견해도 있었다. 그러나 현재 독일의 신법리를 연구하면서 민사소송법이 사법이라는 견해들은 없고 일치하여 공법이라고 한다. 따라서 이제는 임의법은 사법과 일치된 개념이 아니고 사권보호의 절차법이라고 할지라도 국가기관을 구속하는 경우에는 사법이라고 부르는 것은 불가능한 것이다. 민사소송법 규정 중 종종 사법에 속한 규정이 있다고 하여도 그것은 오로지 입법자의 편의에 의하여 규정한 특례 규정으로 보아야 한다.

一、民事訴訟法은形式法이라　實體法은主된權利關係를定ᄒᆞᆫ法律을謂ᄒᆞᆷ이오形式法은主된法律上權利實施에關ᄒᆞᆫ節次法을謂ᄒᆞᆷ이라假令憲法刑法民法商法等은實體法이오刑事訴訟法行政裁判法非訟事件節次法等은形式法이라故로本法도形式法에一種이니其實體法卽民法等에規定된關係는刑法과刑事訴訟法에關係와如ᄒᆞᆫ지라然ᄒᆞ나立法上保宜를爲ᄒᆞ야實體法에도形式法의規定을混同ᄒᆞᆷ이或有ᄒᆞ고形式法에도實體法의規定을混同ᄒᆞᆷ이或有ᄒᆞ니本法에도亦是混同된規定이不少ᄒᆞ니라

第四章　民事訴訟法原則

訴訟은訴를提起ᄒᆞ는者ㅣ有ᄒᆞᆷ에依ᄒᆞ야生ᄒᆞᆷ은前述ᄒᆞᆫ바ㅣ라故로訴가無ᄒᆞ면訴訟이有ᄒᆞᆯ理가無ᄒᆞ고因ᄒᆞ야裁判所의審判이不無ᄒᆞᆯ지라蓋無訴면不理라ᄒᆞ는原則은民事訴訟法에其實行이已久ᄒᆞᆫ지라然ᄒᆞ나刑事訴訟法은近代에至ᄒᆞ록訴와審判을混同ᄒᆞ야裁判官은無訴를不拘ᄒᆞ고犯罪를搜查ᄒᆞ며審判을遂行ᄒᆞᆷ이有ᄒᆞᆫ지라然ᄒᆞ나國家機關權限을分明케ᄒᆞ야起訴ᄒᆞ는機關과審判ᄒᆞ는機關을各各分離ᄒᆞ야無訴면不理라ᄒᆞ는原則을刑事訴訟에도適用ᄒᆞᆷ에至ᄒᆞᆫ지라

2. 민사소송법은 절차법이다.

실체법은 주된 권리관계를 정하는 법률이고, 절차법은 주된 법률상 권리실시에 관한 절차법을 말한다. 가령 헌법·형법·민법·상법 등은 실체법이고, 형사소송법·행정소송법·비송사건절차법 등은 절차법인 것이다. 이런 이유로 민사소송법도 절차법의 일종이기 때문에 실체법인 민법 등과의 관계는 형법과 형사소송법의 관계와 같다고 할 것이다. 그런데 입법상 편의를 위하여 실체법에 절차법의 규정이 종종 있고, 절차법에 실체법 규정이 일부 들어가 있다. 이와 같이 민사소송법에도 민법 등의 실체법 규정이 다소 존재한다.

제4장 민사소송법의 원칙

앞에서 설명한 바와 같이 소송은 소의 제기가 있어야 한다. 그러므로 소가 없으면 소송이 존재하지 아니하고 법원의 재판도 없게 된다. 따라서 소송이 없으면 법원은 심리할 수 없다는 원칙은 민사소송법에 오래되고 당연한 원칙이다. 하지만 형사소송법에 있어서는 근대에 이르도록 소와 심판을 혼동하여 재판관은 소가 없음에도 범죄를 수사하여 심판을 수행하는 경우가 있었다. 하지만 근대에 이르러 국가기관의 권한을 분명케 하여 기소하는 기관과 심판하는 기관을 각각 분리하여 소가 없으면 심리할 수 없다는 원칙을 형사소송법에서도 적용하게 되었다.

是故로今日에ᄂᆞᆫ無訴면不理라홈은訴訟法上의原則이라ᄒᆞ나訴訟性質에必然ᄒᆞ다홈이寧可適當이라홀지라故로此를特別이訴訟法의原則으로講究홀必要가無ᄒᆞ며尤其民事訴訟은不干涉主義를採用ᄒᆞ고刑事訴訟은干涉主義를採用ᄒᆞᄂᆞᆫ故로其訴를審判ᄒᆞᄂᆞᆫ範圍에廣狹의差異가有홈은多言을不要ᄒᆞ고自明홀지라

今此說明ᄒᆞᆫ以外에도多數의原則이有ᄒᆞ니其原則에各國法制主義가不同ᄒᆞ나其採用ᄒᆞᄂᆞᆫ主義ᄂᆞᆫ訴訟法全體規定에關係된즉此를解釋適用上에注意홈이最要홀지라自是로民事訴訟法의重要ᄒᆞᆫ原則을論ᄒᆞ야日本民事訴訟法의採用ᄒᆞᆫ原則을說明코져ᄒᆞ노라

第一 不干涉主義

不干涉이란者ᄂᆞᆫ干涉主義의原則에相對ᄒᆞᆫ者ㅣ라夫刑事訴訟法은公法을實用ᄒᆞᄂᆞᆫ形式法인故로干涉主義를採用ᄒᆞ나民事訴訟法은私權保護에關ᄒᆞᆫ形式法인故로不干涉主義를採用홈이妥當홀지라凡私權은當事者任意의處分을許홈으로其權利主張及攻擊防禦의方法을一一히當事者意思에放任홈이可홀지라此

그런 이유로 현재에는 소가 없으면 심리할 수 없다는 것이 소송법상의 원칙이라고 할 수 있다. 하지만 소송의 성질에 비추어 너무나 당연한 것이므로 특별히 소송상의 원칙으로 연구하여 강의할 필요는 없다고 할 것이다. 하지만 민사소송법은 불간섭주의*를 채택하고 있고, 형사소송법은 간섭주의**를 채택하고 있기 때문에 소의 심판 범위에 대한 광협의 차이가 있는 것은 너무나 당연한 것이라고 본다. 지금 설명한 이외에도 다수의 원칙이 있지만 그 원칙은 각국의 법제가 취하는 원칙이 동일하지 아니하지만 그 채택하는 원칙은 소송법 전체규정에 관계된 것으로 해석 및 적용상에 매우 중요하다. 그렇기 때문에 민사소송법의 중요한 원칙은 일본 민사소송법에서 채택한 원칙에 기초하여 설명하도록 하겠다.

제1 불간섭주의

불간섭주의(不干涉主義)라고 함은 간섭주의에 대응하는 개념이다. 형사소송법은 공법을 적용하는 절차법이기 때문에 간섭주의를 채택하고 있지만, 민사소송법은 사권보호에 관한 절차법이므로 불간섭주의를 채택하는 것이 당연한 것이다. 사권(私權)은 모두 당사자의 임의로운 처분을 허용하고 있기 때문에 그 권리주장과 공격방어의 방법을 모두 당사자에게 맡기는 것이 가능하다. 그렇지

* 불간섭주의는 시스템 전체적인 면에서는 당사자주의로 해석하면 타당하고 소송절차 진행에 있어서는 처분권주의와 변론주의를 포함한다고 보면 된다.
** 간섭주의는 법원의 간섭을 말하고 있어 직권주의로 보면 된다.

못ᄒᆞᆷ으로其眞正ᄒᆞᆫ事實에不合ᄒᆞᆫ判定이有ᄒᆞᆷ을難免ᄒᆞᆯ지며又其攻擊防禦의方法이迂拙ᄒᆞᆷ으로完全ᄒᆞᆫ權利伸張을不得ᄒᆞᆯ지라然ᄒᆞ나民事의判決은其効力이第三者에不及ᄒᆞ고利害所關은當事者에게만專屬ᄒᆞᄂᆞ니故로眞正치못ᄒᆞᆫ事實을確定ᄒᆞᆯ지라도當事者任意處分의結果인즉公益에ᄂᆞᆫ所害가本無ᄒᆞ나唯此主義에可慮ᄒᆞᆯ者ᄂᆞᆫ權利主張의方法이迂拙ᄒᆞ야自權을能히伸長치못ᄒᆞᆯ弊가不無ᄒᆞᆯ뿐이라是故로此主義ᄂᆞᆫ文化의發達이不足ᄒᆞᆫ國에ᄂᆞᆫ適當ᄒᆞᆫ制度가아니나國民의文化가旣進ᄒᆞᆫ國에ᄂᆞᆫ適當ᄒᆞᆫ制度라ᄒᆞᆷ이理論에最適ᄒᆞᆷ으로日本國에도本法實施以前에ᄂᆞᆫ干涉主義ᄅᆞᆯ採用ᄒᆞ얏스나其實施當時에國民의文化程度가不干涉主義ᄅᆞᆯ採用ᄒᆞᆷ이適當ᄒᆞᆷ으로認ᄒᆞ야此原則을採用ᄒᆞᆷ이라以下에不干涉主義로生ᄒᆞᄂᆞᆫ各種의効果ᄅᆞᆯ說明ᄒᆞ고兼ᄒᆞ야一二變例ᄅᆞᆯ略述코져ᄒᆞ노라

一、裁判所ᄂᆞᆫ當事者가申提치아니ᄒᆞᆫ事項은職權으로此ᄅᆞᆯ調査치아니ᄒᆞᆷ이原則이라

訴訟進行中에攻擊防禦及擧証方法等은一一히當事者意思에自任ᄒᆞ게ᄒᆞ고職權으로此ᄅᆞᆯ調査치아니ᄒᆞᆷ이라然ᄒᆞ나辯論을指揮ᄒᆞ며不分明ᄒᆞᆫ點을釋明

못하면 진실에 부합하지 아니한 판결이 나오는 것을 피할 수 없고, 또 그 공격방어의 방법이 늦게 제출하여 완전한 권리 실현을 얻지 못하는 것은 당연할지라도, 민사판결의 효력은 제삼자에게 미치지 아니하고 이해관련 당사자에게만 미치기 때문에 진실하지 못한 사실이 확정된다고 하여도 이것은 당사자 임의처분의 결과이므로 공익과는 무관한 것이다. 오직 이 원칙이 고려할 것은 권리주장의 방법이 늦게 제출되어 자신의 권리를 제대로 주장하지 못한 잘못이 있는지 여부이다. 이러한 이유로 당사자주의는 국민의 문화가 발전한 나라에서는 적당한 제도라고 할 수 있다. 일본국에서도 민사소송법 실시 이전에는 직권주의를 채용하였으나, 그 실시 당시에는 국민의 문화정도가 당사자주의를 채택하는 것이 적당함이 인정되어 당사자주의를 채용하게 되었다. 이하에서는 당사자주의로부터 발생하는 각종 효과를 설명하고 겸하여 1-2개의 예외를 약술하고자 한다.

1. 재판소는 당사자가 신청하지 아니한 사항은 직권으로 이를 조사하지 아니함이 원칙이다.

소송진행 중에 공격방어방법 및 증거방법 등은 모두 당사자의 의사에 따르고 직권으로 이를 조사하지 아니함이 당연하다. 하지만 변론을 지휘하면서 불분명한 점을 석명

ᄒᆞ게ᄒᆞ며辯論을分離나合併ᄒᆞᆷ은訴訟整理에關ᄒᆞᆷ이니裁判所職權에屬ᄒᆞᆯ지라故로當事者申提가無ᄒᆞᆯ지라도此ᄅᆞᆯ職權上으로可히行得ᄒᆞᆷ이라

右說明ᄒᆞᆫ以外에法律노調査ᄅᆞᆯ命ᄒᆞ고又其訴訟節次上要件으로當事者의合意와放棄ᄅᆞᆯ不許ᄒᆞᄂᆞᆫ規定에對ᄒᆞ야此ᄅᆞᆯ違背ᄒᆞᄂᆞᆫ時ᄂᆞᆫ其行爲가無効에歸着ᄒᆞᆯ지라如斯ᄒᆞᆫ境遇에ᄂᆞᆫ職權으로此ᄅᆞᆯ調査ᄒᆞ야其訴訟節次로써無効ᄒᆞᆷ에不歸토록不可不用力이며又其人事訴訟節次法에公益上의理由로身分을維持ᄒᆞ기爲ᄒᆞ야職權으로證據ᄅᆞᆯ調査ᄒᆞᆷ이一大變例ᄅᆞᆯ認ᄒᆞᆷ이라

二、裁判所ᄂᆞᆫ申提치아니ᄒᆞᆫ事物을當事者에게歸屬ᄒᆞ게ᄒᆞᆷ이不可ᄒᆞᆷ이라尤其變例에訴訟費用과民法規定에依ᄒᆞ야裁判上離婚의判決을宣示ᄒᆞᆫ時ᄂᆞᆫ其費用과其子의處分은申提가無ᄒᆞ나職權으로裁判ᄒᆞᆷ을得ᄒᆞᆷ이라（民訴第二三一條民第八一九条照）

第二本人訴訟主義

民事訴訟에本人訴訟主義와辯護士訴訟主義及代書師訴訟主義의三種이有ᄒᆞ니英法等國에서ᄂᆞᆫ代書師란者가有ᄒᆞ야訴狀及答辯書等의製作事務ᄅᆞᆯ擔當ᄒᆞ

하게 하며, 변론의 분리 또는 병합을 함은 소송정리를 하는 것이므로 재판소 직권에 속한 것이므로 당사자의 신청과 관련 없이 이를 직권으로 행할 수 있다. 이외에도 법률의 조사를 명하거나 또는 그 소송절차상 요건으로 당사자의 합의와 포기를 허용하지 아니하는 규정에 대하여 이를 위반하는 때에는 그 행위는 무효라고 할 것이므로 이러한 경우에는 직권으로 이것을 조사하여 그 소송절차가 무효가 되지 아니하도록 권한을 행사하여야 하며 또한 그 인사소송절차법에 공익상의 이유로 신분을 유지하기 위하여 직권으로 증거를 조사하는 것이 첫 번째 예외이다.

2. 재판소는 신청하지 아니한 청구*를 당사자에게 인정할 수 없다.

하지만 그 예외로서 소송비용과 민법 규정에 의하여 재판상 이혼의 판결을 선고하는 경우에는 그 비용과 자(子)에 대한 처분은 신청과 무관하게 직권으로 재판할 수 있다(민소 제1221조, 민법 제819조 참조).

제2 본인소송주의

민사소송에는 본인소송주의, 변호사소송주의, 대서사(大書師)**소송주의 3가지 종류가 있다. 프랑스 등 국가에서는 대서사가 있어서 소장 내지 답변서 등의 작성사무를 담당하

---

* 원문에서는 사물(事物)이라고 표현하고 있으나, 청구 즉 소송물을 의미한다고 보인다.

** 변호사 외에 법무사 등이 소송에 관여하는 경우를 지칭하는 것을 의미한다.

니訴訟을提起ᄒᆞᆯ者는반다시此에不得不依賴ᄒᆞᆯ義務가有ᄒᆞ고辯護士는法庭에셔唯其辯論을行ᄒᆞᆯ뿐이라此에反ᄒᆞ야德國에셔는辯護士訴訟主義를採用ᄒᆞ야區裁判所를除ᄒᆞᆫ外에는반다시辯護士로써訴訟을代行ᄒᆞ게ᄒᆞ니此를强制的辯護士訴訟主義라稱ᄒᆞᆷ이라代書師가無ᄒᆞᆫ故로英法等國에셔代書師가製作ᄒᆞ는訴狀及其送達의節次를皆是辯護士가行作ᄒᆞᆷ이라日本民事訴訟法도本人訴訟主義를採用ᄒᆞ야本人이訴訟을躬行ᄒᆞᆷ이原則이니惟其躬行치아니ᄒᆞ는時에만限ᄒᆞ야辯護士로代行ᄒᆞ게ᄒᆞ나其區裁判所訴訟代理人은辯護士에만不限ᄒᆞ니此는例外를設ᄒᆞᆷ이라如斯히本人訴訟主義를採用ᄒᆞᆫ所以는原來日本國에强制的辯護士訴訟과代書師訴訟의慣例가曾無ᄒᆞᆷ에在ᄒᆞ니若此主義를採用ᄒᆞ는時는訴訟을躬行코져ᄒᆞ나此를能行치못ᄒᆞᆯ境遇가有ᄒᆞᆯ지라故로本人의自由를尊重ᄒᆞᆷ과無免許代人의弊害를避ᄒᆞ기爲ᄒᆞ야本人이訴訟을躬行치아니ᄒᆞ는時는辯護士에게不可不依賴라ᄒᆞ는折衷主義를採用ᄒᆞᆫ지라然ᄒᆞ나專門의法律家가아니면訴訟行爲를完全히行ᄒᆞ야勝訴ᄒᆞᆷ은到底히難期커든況法制上急速의進步와法令의日增月加ᄒᆞ는彼日本國이리오開明의機運은分業의必要가益生ᄒᆞ

니 소송을 제기하는 사람은 반드시 대서사에게 반드시 의뢰할 의무가 있고, 변호사는 법정에서 오직 변론을 행할 뿐이다. 반면 독일(德國)에서는 변호사채용주의를 취하고 있어 구재판소(區裁判所)를 제외하고는 반드시 변호사가 소송을 대행하여야 한다. 이를 강제적 변호사소송주의라고 한다. 독일에서는 대서사가 존재하지 아니하므로 프랑스 등 국가에서 대서사가 작성하는 소장 및 그 송달의 절차를 모두 담당 변호사가 하게 된다. 일본 민사소송법도 본인소송주의를 채택하고 있으므로 본인이 소송을 수행함이 원칙이고 그것이 여의치 아니하는 때에 한하여 변호사가 대행하게 하지만, 구재판소 소송대리인은 변호사만이 한정하지 아니한다는 예외를 두고 있다. 이와 같이 본인소송주의를 채용한 것은 본래 일본에는 강제적 변호사소송과 대서사소송의 관례가 존재하지 아니하므로 본인이 소송을 수행하고자 하나 이것이 여의치 못할 경우가 있을 수 있기 때문에, 본인의 자유를 존중함과 무면허대인의 폐해를 피하기 위하여 본인이 소송을 수행하지 아니하는 때에는 반드시 변호사에게 소송을 의뢰하도록 절충주의를 채용하게 되었다. 당연히 전문의 법률가가 아니면 소송행위를 완전히 행사하여 승소하는 것을 기대하는 것이 어렵다. 현재 법제의 신속한 발전과 법령이 급속히 증가하는 일본에서 문명의 발전을 위해서는 분업의 필요가 늘어나고야各其專門家에依賴ᄒᆞ야處事ᄒᆞᆷ이適當ᄒᆞᆯ지라故로事에嫺熟지못ᄒᆞᆫ本人은訴訟을躬行ᄒᆞᆷ은煩勞만徒費ᄒᆞᆯ지니此ᄂᆞᆫ一般經濟上에不利ᄒᆞᆷ이라假令完全ᄒᆞᆫ辯護士訴訟主義를採用ᄒᆞᆷ은不得ᄒᆞᆯ지라도唯其法律問題만關ᄒᆞᄂᆞᆫ上告審에서ᄂᆞᆫ辯護士訴訟主義를採用ᄒᆞᆷ이適當ᄒᆞᆷ으로信ᄒᆞ노라

第三審理公開主義

審理公開ᄂᆞᆫ日本憲法에明示ᄒᆞᆫ바一大原則이라民事와刑事를不問ᄒᆞ고訴訟의公平을維持ᄒᆞᆯ目的으로發生ᄒᆞᆫ原則이니此原則은口頭辯論에基ᄒᆞᆫ審理原則도亦是包含ᄒᆞᆯ지나書面審理를許ᄒᆞᄂᆞᆫ境遇에ᄂᆞᆫ此를行得지못ᄒᆞᆯ지라其詳細ᄒᆞᆫ說明은追後口頭辯論主義를論及ᄒᆞᆯ時에說明코져ᄒᆞ노라

此審理公開의原則은安寧과風俗에妨害될念慮가有ᄒᆞᆫ時와又其法律이此를禁止ᄒᆞᆷ을許ᄒᆞᆫ時ᄂᆞᆫ裁判所ᄂᆞᆫ決定으로此를禁止ᄒᆞᆷ을可得ᄒᆞᆯ지나但其判決을宣示ᄒᆞᄂᆞᆫ境遇에ᄂᆞᆫ此를반다시不可不公開ᄒᆞᆷ이라

第四原被對等主義

原告와被告가對等됨은訴訟上原則이라故로法律은一便의偏倚ᄒᆞᆷ을不許ᄒᆞ나

각 분야의 전문가에게 의뢰하여 처리하는 것이 적당하다. 그러므로 사건을 충분히 알지 못한 본인에게 소송을 수행하게 하는 것은 쓸데없는 노력과 비용을 들이게 되기 때문에 이것은 일반 경제상 유익한 것이 아니다. 그러나 완전한 변호사강제주의를 채용하는 것이 어렵다고 할지라도 오로지 법률문제만을 다루는 상고심에서는 변호사강제주의를 채용하는 것이 적당하다고 믿는다.

제3 심리공개주의

심리공개는 일본헌법에 명시된 가장 큰 원칙이다. 민사와 형사를 불문하고 소송의 공평을 유지할 목적으로 생긴 원칙이다. 이 원칙은 구두변론에 기초한 심리원칙에 당연히 포함되지만 서면심리가 허용된 경우에는 이 원칙이 적용되지 아니한다. 여기에 대한 상세한 설명은 이하 구두변론주의를 논하면서 설명하도록 하겠다. 이러한 변론공개의 원칙은 안녕과 풍속을 방해할 염려가 있는 경우와 해당 법률이 이것을 금지하는 것을 허용한 경우에는 법원은 결정으로 이를 금지할 수 있다. 다만 그 판결을 선고하는 경우에는 이를 반드시 공개하여야 한다.

제4 원·피고의 대등주의

원고와 피고가 평등하다는 것은 소송상 원칙이다. 따라서 법률은 한쪽 당사자를 편드는 것이 허용되지 아니한데나此는公平을維持ᄒᆞ는所以라夫裁判官의職務上除斥과回避도亦其原則을確實케ᄒᆞ기를爲홈이니今此原則으로生ᄒᆞ는効果를擧ᄒᆞᆯ진ᄃᆡ如左홈이라

一、片言으로判定을不可行得홈이原則이라　故로訴訟上에當事者가互相論辯홈이通則이니此互相論辯은對質口頭辯論이最適홈이라然ᄒᆞ나變例가有ᄒᆞ니相對者가缺席ᄒᆞᆫ境遇에一便陳述만聽ᄒᆞ고闕席判決을即行ᄒᆞᆯ境遇와（民訴二四六條二四七條二四八條參照）又特種申請에依ᄒᆞ야口頭辯論을不要ᄒᆞ고裁判ᄒᆞ는境遇가有ᄒᆞ니此等은相對者의陳述機會를不與홈이오且事係急速홈에關ᄒᆞᆫ變例ㅣ니라

二、訴訟上當事者의一便만特別ᄒᆞᆫ責任을負擔케ᄒᆞ며或其負擔을免케아니홈이原則이라　但證據上原則으로利益을主張ᄒᆞ는者는擧証責任이有ᄒᆞᆫ故로原告는多數ᄒᆞᆫ境遇에被告에比ᄒᆞ야困難ᄒᆞᆫ位置에在ᄒᆞ나此是權利主張者로生ᄒᆞ는自然結果ㅣ니此를變例로同視치못ᄒᆞᆯ지라本法規定中赤貧者에게裁判費用의假免除를與ᄒᆞ기爲ᄒᆞ야訴訟上救助에關ᄒᆞᆫ規定이有ᄒᆞ니一見ᄒᆞᆫ즉對等의原則과相反ᄒᆞᆫ듯ᄒᆞ나此를深究ᄒᆞ면赤貧ᄒᆞ야裁判費用을支出치못ᄒᆞ

이는 공평을 유지하기 위한 것이다. 재판장의 직무상 제척과 회피도 이 원칙을 확실하게 하기 위한 것이다. 이하 이 원칙의 효과는 다음과 같다.

1. 한쪽 당사자의 주장만으로 판결할 수 없다는 원칙이다.

따라서 소송상 당사자가 상호 변론하는 것이 통상의 방법이고, 상호변론은 대질 구두변론이 가장 적당하다. 하지만 그 예외가 있는데 상대방이 결석한 경우에 당사자 일방의 진술만을 듣고 즉시 궐석판결을 하는 경우(민소 제246, 247, 248조 참조) 또는 특별한 신청에 의하여 구두변론을 할 필요 없이 재판을 하는 경우이다. 이러한 것 등은 상대방에게 진술기회를 주지 아니하는 것으로 오로지 사건의 긴급함으로 인정하는 예외인 것이다.

2. 소송상 당사자 일방에게 특별한 책임을 부담케 하거나 혹은 그 부담을 면하게 하지 아니하게 함이 원칙이다.

다만 증거상의 원칙으로 이익을 주장하는 자는 증명책임(입증책임)이 있다. 따라서 원고는 많은 경우에 피고에 비하여 곤란한 위치에 놓이게 되지만 이것은 권리주장자로서 당연한 결과이다. 이것은 예외와 같이 볼 수 없을지라도 본법 규정 중 가난한 자에게 재판비용의 일시 면제를 주기위하여 소송상구제에 관한 규정이 있다. 일견 보면 대등의 원칙과 상반되는 것이 보일지라고 깊이 생각해 보면 가난하여 재판비용을 지출하지 못한는結果로訴訟을行得치못ᄒᆞ게ᄒᆞ면對等本旨에實返悖戾될지라故로赤貧者에게裁判費用의救助를與ᄒᆞᆷ은對等原則에寧所適當이라可稱ᄒᆞᆯ지라

右對等原則은日本民法에內外人의私權享有를平等으로旣認ᄒᆞ얏스니（民法第二條）訴訟十에도此를區別치아니ᄒᆞᆷ이當然ᄒᆞ나民事訴訟法에는外國人이原告될境遇에訴訟費用을立保ᄒᆞ게ᄒᆞᆫ規定이有ᄒᆞᆫ지라（民訴第八七條以下參照）此是對等原則에適當與否는多少疑問이될지라此疑問은日後保証事項을講述ᄒᆞᆯ時에詳論코져ᄒᆞ노라

第五自由心證主義

訴訟上判定에其證據의取捨及判斷을裁判官自由에任ᄒᆞᆷ은自由心證主義라謂ᄒᆞ며証據効力을限定ᄒᆞ야心証의範圍를制限ᄒᆞᆷ이有ᄒᆞ니此를心証制限主義라謂ᄒᆞᆷ이라德國訴訟法은自由心證主義를採用ᄒᆞ고法國法에는證據의効力을制限ᄒᆞ는者ㅣ多ᄒᆞᆫ지라日本現行民事訴訟法은自由心証主義를採用ᄒᆞ야第二百十七條에此를規定ᄒᆞᆷ이라

自由心証主義라도全然히無制限ᄒᆞᆷ은아니라故로多少의制限을受ᄒᆞᆷ이有ᄒᆞ

결과 소송을 수행할 수 없게 한다면 대등주의의 본지에 반하게 된다. 따라서 가난한 자에게 재판비용의 구조를 주는 것은 대등원칙에 맞고 적당하다고 할 것이다. 이러한 대등주의는 일본민법에 내외국인의 사권향유를 평등하게 하도록 인정하고 있으므로(민법 제2조), 소송에서도 이를 구별하지 아니하는 것이 당연하지만 민사소송법에는 외국인이 원고가 될 경우에는 소송비용을 납부하게 하는 규정이 있다(민소 제87조 이하 참조). 이것이 대등원칙에 적당한지 여부는 다소 의문이 있을지라도 이러한 의문은 이하 보증사항을 강의할 때에 자세히 논하게로 한다.

제5 자유심증주의

소송상 판결에 그 증거의 취사선택 및 판단은 법관의 자유에 의한다는 것이 자유심증주의라고 한다. 증거의 효력을 한정하여 심증의 범위를 제한할 수 있는데 이를 심증제한주의라고 한다. 독일소송법은 자유심증주의를 채용하고 있고, 일본소송법에는 증거의 효력을 제한하는 경우가 많지만 일본 현행 민사소송법은 자유심증주의를 채용하여 제217조에 이를 규정하고 있다.

자유심증주의라도 당연히 무제한인 것은 아니므로 다소의 제약이 따른다.

나

一、實體上証據의爲不爲가疑問될時는實體法의規定에反ᄒᆞᆷ을不得ᄒᆞᆷ이라

此는日本民事訴訟法第二百十七條에民法又는此法律規定에不反云云이라定ᄒᆞᆫ所以라民法施行法第四條에私署證書는確定日附가아니면第三者를對抗ᄒᆞᆷ을不得ᄒᆞᆷ이라ᄒᆞᆫ故로此에違反된証書는証據力이無ᄒᆞᆷ은不言自明이며公證人規則第三條에公証人이製作ᄒᆞᆫ公正証書는完全ᄒᆞᆫ證據라云云ᄒᆞ얏스니公正証書는其成立ᄒᆞᆫ時는確定되는故로此를眞正ᄒᆞᆷ으로不可不認定이며且公書는公正証書로만認準ᄒᆞᆯ뿐아니라當該官吏가法令에依ᄒᆞ야正式으로作成ᄒᆞᆫ書面은眞正ᄒᆞᆫ性質을有ᄒᆞᆷ이라云ᄒᆞᆯ지라

二、心証은其訴訟辯論及証據調査의結果됨을要ᄒᆞᆷ이라

三、心證은判決에此를說明ᄒᆞᆷ이本則이라ᄒᆞᆷ이라

第六口頭辯論主義

訴訟上審理에口頭辯論主義와書面審理主義가有ᄒᆞ니書面審理主義는當事者가訴狀答辯書又는抗辯書再答書等을互相提出ᄒᆞ야此를交換ᄒᆞ게ᄒᆞ야各書面

1. 실체법상 증거의 존부가 의문 시 되는 경우에는 실체법의 규정에 반하여 허용되지 아니한다.

이는 일본 민사소송법 제277조에 민법 또는 이 법률규정에 반하지 말아야 한다고 규정하고 있기 때문이다. 민법 시행법 제4조에 사서증서는 확정일자가 아니면 제삼자에게 대항할 수 없다고 정하고 있어 이에 위반한 증서는 증거력이 없다는 것은 명백하다. 공증인규칙 제3조에서 공증인이 작성한 공정증서는 완전한 증거라고 하였으므로 공정증서는 그 성립 시에 확정되기 때문에 이를 진정한 것으로 하는 것을 인정하지 아니할 수 없는 것이다. 그리고 공문서라는 것은 공정증서 외에 해당 관리가 법령에 의하여 정식으로 작성한 서면은 진정한 성질을 가지고 있다고 할 것이다.

2. 심증은 해당 소송의 변론 내지 증거조사의 결과로 형성하여야 한다.

3. 심증은 판결에 이를 설명하는 것이 원칙이다.

제6 구두변론주의

소송상 심리에는 구두변론주의와 서면심리주의가 있다. 서면심리주의라고 함은 당사자가 소장·답변서 또는 항변서·재답변 등을 상호 제출하여 이를 교환하게 하여 각 서면

上에意見을陳述ᄒᆞ고裁判官은其書面에依ᄒᆞ야審理判決홈을謂홈이라口頭辯論主義ᄂᆞᆫ準備ᄒᆞ기爲ᄒᆞ야書面을用ᄒᆞ나判決基本은盡是當事者兩方의口頭上辯論을聽ᄒᆞ야裁判홈을謂홈이라此兩主義ᄂᆞᆫ得失이各有一理ᄒᆞ나唯其事理에適合ᄒᆞ고利多害小ᄒᆞᆫ主義를採用ᄒᆯ지니日本舊來習慣은書面審理主義를用ᄒᆞ고幾分은口頭의辯論을加ᄒᆞᆫ지라從前에書面主義를用ᄒᆞᆫ時代의實驗을溯考ᄒᆞ니此主義의利益은主張事實의遺漏홈을可免ᄒᆯ지나無用의書類가浩繁ᄒᆞ며且公開原則을完全히實行홈을不得ᄒᆞ며其審理ᄂᆞᆫ間接이되야直接으로自由心證을不得ᄒᆯ지라然ᄒᆞ나口頭辯論主義ᄂᆞᆫ公開原則을完全히實行홈을可得ᄒᆞ며互相對質ᄒᆞ야辯論홈을得ᄒᆯ지니當事者辯論証人供述等을裁判官이直接으로此를聽取ᄒᆞ야自由의心証을得홈에取適ᄒᆞᆫ지라故로本法은口頭辯論主義를採用ᄒᆞ니即第百三條에判決裁判所의當事者辯論은口頭로홈이라規定ᄒᆞᆫ所以라此原則에從ᄒᆯ지라도絶對的으로書面을不用이라홈은아니니此를用ᄒᆯ지라도唯其準備ᄒᆞ기爲ᄒᆞ야記載ᄒᆞ나口頭辯論에基因ᄒᆞ야陳述치아니ᄒᆞ면其審理를不行홈이라

상에 의견을 진술하고 법관은 그 서면에 의하여 심리·판결하는 것을 말한다. 반면 구술변론주의는 변론을 준비하기 위하여 서면을 이용하나 판결의 기본은 당사자 쌍방이 실시한 구두상 변론을 듣고 재판을 하는 것을 의미한다. 양 주의의 장단점이 있지만 오직 사리에 적합하고 장점이 많고 단점이 적은 주의를 채택하여야 한다. 일본의 오랜 관습은 서면심리주의를 사용하고 일부 구두 변론을 인정하였다. 종래 서면주의를 쓰던 시대의 실험을 고찰해 보니 이 주의의 장점은 주장사실의 누락을 막을 수 있지만 쓸데없는 서류가 너무 많이 제출되어 공개주의를 완전히 실행하는 것을 어렵게 하며 그 심리가 간접적으로 되어 자유심증을 할 수 없게 한다. 하지만 구두변론주의는 공개주의를 완전히 실행할 수 있게 하며, 상호 대질하여 변론을 할 수 있게 된다. 당사자와 변론증인의 진술과 증언 등을 법관이 직접 이를 청취하여 자유롭게 심증을 형성하기에 최적이다. 따라서 본법은 구두변론주의를 채용하여 제103조에 판결재판소의 당사자 변론은 구두로 하여야 한다고 규정하고 있는 이유인 것이다. 하지만 이 원칙을 따를지라도 서면을 절대적으로 사용할 수 없다는 것이 아니고 이를 사용할지라도 오직 그 준비하기 위하여 기재하는 것이고 구두변론에서 진술하지 아니하면 심리를 할 수 없다는 것이다.

右口頭辯論主義는民事訴訟法上各種의原則實行에最適ᄒᆞ니此主義本旨의骨髓가되는者ㅣ如左ᄒᆞᆷ이라

一 辯論公開의原則實行 眞正ᄒᆞᆫ公開는口頭辯論이아니면實行ᄒᆞ기難ᄒᆞ나니書面審理는裁判官은此를查閱ᄒᆞ야其關係를可知ᄒᆞᆯ지나一般에其審理는公開ᄒᆞᆷ을不得ᄒᆞᆯ지라

二 當事者互相의對質辯論 當事者兩方을出廷ᄒᆞ게ᄒᆞ야互相辯論을ᄒᆞ게ᄒᆞ고一方의陳述만不依ᄒᆞ며其相對者의攻擊과防禦ᄒᆞᆯ機會를必與ᄒᆞᆷ이可ᄒᆞ니是는原被對等原則을實行ᄒᆞ는所以니라

三 直接辯論 口頭辯論主義는此를直接辯論主義라謂ᄒᆞ니裁判官面前에셔直接으로口頭의辯論이아니면辯論은口頭라ᄒᆞ는原則에從ᄒᆞᆷ을不得ᄒᆞᆷ이라故로當事者의提出ᄒᆞᆫ書面과裁判官의報告書(受命判事와受托判事의取調ᄒᆞᆫ報告書도包含ᄒᆞᆷ)에如何ᄒᆞᆫ記載든지裁判官面前에셔當事者가口頭로此를援用ᄒᆞ야直接으로辯論ᄒᆞᆫ者ㅣ아니면裁判所는申提가無ᄒᆞᆷ으로看做ᄒᆞ고此를不顧ᄒᆞᆷ이라然ᄒᆞ나訴狀、控訴狀、上告狀及故障申提書의提出과送達에

이러한 구두변론주의는 민사소송법상 각종 원칙의 실행에 적합한데, 구두변론주의의 골자는 다음과 같다.

1. 변론공개의 원칙의 실행

진정한 공개는 구두변론이 아니면 실행하기 어렵다. 서면심리는 법관이 이를 조사·열람하여 그 관계를 알 수 있지만, 일반에게 그 심리를 공개할 수는 없다.

2. 당사자상호 대질변론

당사자 쌍방을 법정에 출석하게 하여 상호 변론을 하게 함으로써 당사자 일방의 진술에만 의존하지 아니하며, 그 상대방에게 공격과 방어를 할 기회를 필수적으로 주는 것이 가능하다. 이는 당사자대등주의를 실현하는 것이다.

3. 직접변론

구술변론주의는 직접변론주의라고 하는데 이는 법관 면전에서 직접 구술의 변론이 아니면 이 변론은 구두로 하는 원칙에 따른 것이 아닌 것이다. 따라서 당사자가 제출한 서면과 재판관의 보고서(수명판사와 수탁판사가 조사한 보고서를 포함함)에 기재된 내용을 재판관의 면전에서 당사자가 구두로 이를 원용하여 변론한 것이 아니면 재판소는 신청과 제출이 없는 것으로 간주하고 이를 고려해서는 안 된다. 그러나 소장, 항소장, 상고장 내지 고장신제서(故障申提書)의 제출과 송달에

依ᄒᆞ야權利拘束을生ᄒᆞ며又其上訴의提起、故障申提의效力을生홈과如ᄒᆞᆫ書面은此限에不在홈이니此等은書面을要홈이라（民訴第一九〇條第二五六條第四〇一條第四三八條參照）

四 口頭의申提와口頭의陳述만判決에基本이됨이라 故로判決은口頭의申提範圍內에서行ᄒᆞ며心証의自由도亦其陳述과證據調査의範圍內에서得홈이라

五 判決의基本된辯論에臨席ᄒᆞᆫ判事에限ᄒᆞ야裁判을行홈이라 當事者에게直接의辯論을聽ᄒᆞ야記臆ᄒᆞ는判事가評議를遂ᄒᆞ야裁判홈이라（民訴第二三二條參照） 若數回辯論을行ᄒᆞᆫ後에判事의變更이有ᄒᆞᆫ時는何時의辯論을基本된辯論이라定ᄒᆞᆯ는지學者間에議論이有ᄒᆞ나此를緖論에攻究홈은混雜홈으로後日에讓ᄒᆞ노라

以上所述ᄒᆞᆫ口頭辯論의原則은判決裁判所의辯論에不可不嚴守ᄒᆞᆯ者ㅣ나其他申請等의節次는此를嚴守치아니ᄒᆞᄂᆞ니此種事項은口頭辯論의經否를裁判官意見에任ᄒᆞᆫ事項이有ᄒᆞ고（民訴第二八條第三七條第五七條第八三條第八四

의하여 권리구속이 발생하며 또한 그 상소의 제기, 고장신제의 효력이 발생함과 같은 서면은 이 한도에서 재판관이 존재하지 아니하므로 이러한 것 등은 서면이 필요하다(민소 제190조, 제256조, 제401조, 제438조 참조).

4. 구두의 신청과 구두의 진술만이 판결의 기초가 된다.

따라서 판결의 구두의 신청 범위 내에서 행하며, 심증의 자유도 역시 그 진술과 증거조사의 범위 내에서 가능하다.

5. 판결의 기본 된 변론에 참석한 판사에 한하여 재판을 할 수 있다.

당사자에게 직접 변론을 듣고 기억하는 판사가 합의에 참여하여 재판을 할 수 있다(민소 제232조 참조). 만약 수회 변론을 한 후에 판사의 변경이 있는 경우에는 언제의 변론을 기본된 변론으로 정할 것인지는 학자들 사이에 의논이 있지만 이를 여기에서 다루는 것은 복잡할 수 있어 나중에 논하기로 한다. 이상에서 설명한 구두변론의 원칙은 판결법원의 변론에 지키기 어려운 경우나 신청 등의 절차에서는 이를 지키지 아니할 수 있는데, 이러한 종류의 사항은 구두변론의 시행 여부를 법관의 의견에 맡긴 사항이 있고(민소 제28조, 제37조, 제57조, 제83조, 제84조,

條第八五條第一〇一條第一七一條第一八五條第二四一條第二五五條第三〇五條第三二三條第三六八條第四六二條第五〇〇條第五一二條第五四三條第五四四條第五四七條第七三三條第七三四條第七三五條參照) 時或口頭辯論을經치아니ᄒᆞ고此를可行ᄒᆞᆯ事를定ᄒᆞᆷ이有ᄒᆞᆫ지라 (民訴第四〇條參照)

第七 間接送達主義

訴訟上에書類送達과呼出節次ᄂᆞᆫ權利消長에最重ᄒᆞᆫ事項이라此를當事者行爲에任ᄒᆞᄂᆞᆫ主義와裁判所行爲에任ᄒᆞᄂᆞᆫ二種의主義가有ᄒᆞ니前者ᄂᆞᆫ德國에셔採用ᄒᆞᄂᆞᆫ主義니當事者ᄂᆞᆫ相對者에게對ᄒᆞ야書類를送達ᄒᆞᆷ에ᄂᆞᆫ直接으로執達吏에게委任ᄒᆞ야此를行ᄒᆞ게ᄒᆞ고法國은書類送達은代書師의所任이라ᄒᆞ고日本民事訴訟法은後者의主義에從ᄒᆞ야書類와呼出等은裁判所書記의職權으로此를送達ᄒᆞ게ᄒᆞ니(民訴一三六條參照) 前者ᄂᆞᆫ直接送達이라謂ᄒᆞ고後者ᄂᆞᆫ間接送達이라謂ᄒᆞᆷ이라此兩主義의良否ᄂᆞᆫ理論上問題라ᄒᆞᆯ지나便宜와安全上問題라ᄒᆞᆷ이寧所適合ᄒᆞ니本人訴訟에依ᄒᆞᆯ時ᄂᆞᆫ第一의直接送達主義ᄂᆞᆫ誤錯ᄒᆞᆯ危險을不免ᄒᆞᆯ지라故로本法에ᄂᆞᆫ第二의間接送達主義를採用ᄒᆞᆷ이니此ᄂᆞᆫ從來習慣

제85조, 제101조, 제171조, 제185조, 제241조, 제255조, 제305조, 제323조, 제368조, 제462조, 제500조, 제512조, 제543조, 제544조, 제547조, 제733조, 제734조, 제735조 참조), 또는 구두변론을 거치지 아니하고 이를 행하는 것이 가능한 일을 정한 것도 있다(민소 제40조 참조).

제7 간접송달주의

소송상 서류송달과 기일통지절차는 권리의 소멸과 존속에 가장 중요한 사항이므로 이를 당사자행위에 맡기는 주의와 법원의 행위에 일임하는 2가지 주의가 존재한다. 전자는 독일에서 채택하고 있는 주의인데 당사자는 상대방에 대하여 서류를 송달함에 있어서는 직접 집달리에게 위임하여 이를 행하여야 하고, 프랑스에서 서류송달은 대사서의 업무이다. 일본 민사소송법은 법원에서 하는 주의에 따라 서류와 당사자의 소환 등은 법원서기의 직권으로 이를 송달하게 하고 있다(민소 136조 참조). 전자는 직접송달이라고 하고 후자는 간접송달이라고 칭한다. 이 양 주의의 장단점은 이론상 문제라고 할지라도 안전상의 문제라고 하는 것이 적합할 것이다. 본인소송의 경우에는 전자인 직접송달주의는 착오의 위험이 있다고 할 것이므로 본법에서는 제2조에서 간접송달주의를 채용하고 있다. 이는 종래 관습

에依ᄒᆞᆷ이며且本人訴訟主意를採用ᄒᆞᆫ結果라ᄒᆞ노라

以上은民事訴訟法原則에重要ᄒᆞᆫ事項를論述ᄒᆞ얏스니緒論에所述ᄒᆞᆯ者ᄂᆞᆫ終了ᄒᆞᆫ지라自此로本論을講述ᄒᆞᆯ지니其順序ᄂᆞᆫ訴訟關係에主体된裁判所와當事者를要ᄒᆞᄂᆞᆫ故로先此二者를研究ᄒᆞᆯ지라民事訴訟法의編次도第一編을裁判所當事者及訴訟節次를三章에區別ᄒᆞᆷ인즉其順序를從ᄒᆞ야攷究코져ᄒᆞ노라

第一編 總則

第一章 裁判所

裁判所란者ᄂᆞᆫ裁判權을實施ᄒᆞᄂᆞᆫ國家機關을謂ᄒᆞᆷ이니裁判權이란者ᄂᆞᆫ法律을適用ᄒᆞ야權利를認定ᄒᆞ며又其威力이有ᄒᆞᆫ實行을ᄒᆞᄂᆞᆫ權力即法律上權利保護를ᄒᆞᄂᆞᆫ國權을謂ᄒᆞᆷ이라此裁判權은何故로國權一部에屬ᄒᆞ며其國權中에如何ᄒᆞᆫ地位와如何ᄒᆞᆫ範圍를占有ᄒᆞ며又其行動과此를行ᄒᆞᄂᆞᆫ機關의組織如何를研究ᄒᆞᆷ은國權上問題나訴訟法을研究ᄒᆞᆷ에必要ᄒᆞᆫ點이有ᄒᆞ니日本各處法律學校에서裁判所構成法을講義ᄒᆞᆷ이無ᄒᆞᆫ故로裁判所構成法에依ᄒᆞ야裁判權及裁判

에 의함이고 또 본인소송주의를 채용한 결과라 할 것이다.

이상에서 민사소송법의 원칙에 중요한 사항을 설명하였으므로 서론에서 서술한 것을 마무리 하였다. 이후로는 본론을 설명하겠고 그 순서는 소송관계의 주체인 법원과 당사자가 필요하기 때문에 우선 법원과 당사자 부분을 연구하겠다. 민사소송법의 목차도 제1편에서 법원과 당사자 내지 소송절차를 3장으로 나누어 그 순서에 따라 설명하겠다.

제1편 총칙

제1장 재판소

재판소라 함은 재판권을 행사하는 국가기관을 말한다. 재판권이라는 것은 법률을 적용하여 권리를 인정하며 또한 그 효력이 있는 것을 실행하는 권력 즉 법률상 권리보호를 하는 국가의 힘을 의미한다. 이 재판권은 이러한 이유로 국가권력의 일부에 속하며 그 국가의 권력 중에 어떤 지위와 범위를 갖고 있고 또한 그 행동과 이를 행하는 기관의 조직을 어떻게 할 것인지를 연구하는 국가권력상의 문제이지만 소송법을 연구함에 필요한 부분이 있다고 할 것이다. 일본 각지의 법률학교에서 재판소구성법을 강의하고 있지 아니하여 여기에서는 재판소구성법에 따라 재판권 및 재판

機關이란一節을置ᄒᆞ고此를說明코져ᄒᆞ노라

第一節　裁判權及裁判機關

第一　裁判權

法律을適用ᄒᆞ야權利를認定ᄒᆞᆷ은國家만行ᄒᆞᆷ이아니나權利認定을國權의作用이아니면此를行치못ᄒᆞᆷ이라故로眞正ᄒᆞᆫ法律上權利를保護ᄒᆞᄂᆞᆫ裁判權은國家에必屬ᄒᆞᆯ지라古代에外國에셔ᄂᆞᆫ此裁判權을寺院이나其他自治体에屬ᄒᆞ게ᄒᆞ얏스나國權은國家에屬ᄒᆞ게ᄒᆞᆷ이可ᄒᆞᆫ故로現今에ᄂᆞᆫ裁判權을國家에專屬ᄒᆞᆷ이라

（附言）廣義로裁判權이라ᄒᆞᄂᆞᆫ時ᄂᆞᆫ唯其私權保護及刑罰權實施에關ᄒᆞᆯ뿐아니라其他公法上에關ᄒᆞᆫ者도包含이되나此等은民事訴訟法에關係가無ᄒᆞᆫ故로本法에關係가有ᄒᆞᆫ事項에만攻究코져ᄒᆞ노라

國權上으로國家에屬ᄒᆞᆫ裁判權이라稱ᄒᆞ야司法權이라ᄒᆞ니此司法이란者ᄂᆞᆫ法律을適用ᄒᆞ야權利를認定ᄒᆞᆷ으로法律上權利保護ᄒᆞᆷ을謂ᄒᆞᆷ인즉其作用은特別ᄒᆡ保護를求ᄒᆞᄂᆞᆫ者ㅣ有ᄒᆞᆷ을由ᄒᆞ야發生ᄒᆞ니此를法律에準據ᄒᆞ야行ᄒᆞ며法律

기관을 1절에서 설명하도록 하겠다.

제1절 재판권 및 재판기관

제1 재판권

법률을 적용하여 권리를 인정하는 것은 국가만이 행하는 것은 아니지만 권리인정을 국가권력의 작용이 아니면 이를 행사할 수 없다. 따라서 진정한 법률상의 권리를 보호하는 재판권은 국가에 반드시 속한다고 할 것이다. 고대 외국에서는 재판권을 사원이나 기타 자치단체에 속하게 하였으나 국가권력은 국가에 속하게 하는 것이 가능하기 때문에 현재에는 재판권은 국가에 전속된다.

부언(附言): 광의로 재판권이라고 함은 사권보호 내지 형벌권 행사에 관한 것뿐만 아니라 기타 공법상에 관한 경우도 포함되지만, 기타 공법상에 관한 경우 등은 민사소송법에 관련이 없으므로 여기에서는 본법에 관계가 있는 사항에 한하여 설명하기로 한다.

국가권력상으로 국가에 속한 재판권을 사법권이라 한다. 사법권이라 함은 법률을 적용하여 권리를 인정함으로 법률상 권리보호를 하는 것을 말한다. 그 작용은 특별히 보호를 구하는 자가 있어야 발생하며, 이를 법률에 준거하여 행하며 법률을維持홈이必要홈이라是以로他의行政과갓치法의不禁ᄒᆞᄂᆞᆫ範圍內에셔國家의必要行爲를作ᄒᆞᄂᆞᆫ者와其行動을異ᄒᆞ게ᄒᆞᄂᆞᆫ故로司法은國法上特別ᄒᆞᆫ地位를占得홈이라然ᄒᆞ나特占홈으로써一個獨立의權力이라謂치못홀지라元來國權은歸一홈으로分離홈이아인즉一時法國學說에立法行政司法의三權分立論은本是正當치못ᄒᆞ나國權作用에特別이有ᄒᆞᆫ故로此를分歧ᄒᆞ야特別機關으로管掌ᄒᆞ게홈은當然홈이라

進化ᄒᆞᆫ憲法制度에ᄂᆞᆫ司法權은單純ᄒᆞᆫ行政과分歧ᄒᆞ야特種機關에委任ᄒᆞᆫ지라日本明治維新初에ᄂᆞᆫ行政機關과司法機關을分別치못ᄒᆞ얏스나裁判所란司法機關을設寘홈에至ᄒᆞ야始其分界를明定ᄒᆞ얏스며且憲法制定홈에至ᄒᆞ야司法과行政이別個機關에全屬ᄒᆞ고別個作用을行ᄒᆞᄂᆞ니라

如斯히一般行政과司法은其作用을特異ᄒᆞ게홈이니若其相侵ᄒᆞᄂᆞᆫ時ᄂᆞᆫ其弊害가不尠ᄒᆞ고權力의濫用을生ᄒᆞ야嚴正히法律을適用ᄒᆞ야眞正ᄒᆞᆫ權利를保護홈을不得홀지라故로此로別個機關에屬ᄒᆞ게ᄒᆞᆫ外에司法으로獨立ᄒᆞ게ᄒᆞ야他의干涉을不受ᄒᆞ고嚴正ᄒᆞᆫ法 律適用을ᄒᆞ기爲ᄒᆞ야 憲法 上左開制度 를確定ᄒᆞᆫ지

을 유지하는 것이 필요하기 때문이다. 이런 이유로 다른 행정에서는 법이 금지하지 아니하는 범위 내에서 국가가 필요한 행위를 하는 경우와 달리 그 행동을 하게 하는 이유로 사법(司法)은 국법상 특별한 지위를 갖게 된다. 하지만 이를 특별히 가지고 있다고 하여도 1개의 독립된 권리라고 할 수 없다. 원래 국가권력은 하나이고 분리함이 아니기 때문이다. 일시 프랑스의 학설에서 주장되는 입법·행정·사법의 삼권분립론은 본시 정당하지 못하지만, 국가권력의 작용 중에 사법권이 특별히 존재하기 때문에 이를 나누어 특별기관으로 관장하게 함은 당연하다고 할 것이다.

진화된 헌법제도하에서는 사법권은 단순한 행정과 나누어 특종기관에 위임하고 있다. 일본 메이지유신 초에는 행정기관과 사법기관을 나누지 못하였지만 재판소라는 사법기관을 설치한 후에 이르러 그 분계를 명확히 하여, 이제 헌법제정 함에 이르게 사법과 행정이 다른 기관에 전속하게 하여 서로 다른 작용을 행하고 있다. 이런 이유로 일반행정과 사법은 그 작용을 특별히 달리 하게 함이니, 만약 서로 침해하는 경우에는 그 폐해가 적지 않고 권력의 남용이 발생하여 엄정하게 법률을 적용할 수 없어 진정한 권리를 보호할 수 없게 된다. 따라서 이를 개별기관에 귀속하게 하는 외에 사법으로 독립하게 하여 다른 기관의 간섭을 받지 않고 엄정한 법률적용을 위하여 헌법상 다음의 제도를 확정하였다.

라

一、司法權은法律에依ᄒᆞ야此를行ᄒᆞᆷ(憲法第五七條叅照)裁判은法律에準據ᄒᆞ야此를適用ᄒᆞᆷ이오決코便宜處分을不許ᄒᆞᆷ이라

二、裁判所構成은法律노此를定ᄒᆞᆷ(憲法第五七條叅照)行政官廳과곳치行政上命令으로써此를定ᄒᆞ고任意로左右ᄒᆞᆷ을不得ᄒᆞ게ᄒᆞᆷ이라

三、特別裁判所에屬ᄒᆞᆯ者ᄂᆞᆫ法律로此를定ᄒᆞᆷ(憲法六〇條叅照)特別裁判所를設ᄒᆞ고普通裁判所의裁判을受ᄒᆞᄂᆞᆫ權을奪치못ᄒᆞᆷ이라(憲法第二四條叅照)

四、裁判官의資格을法律노此를定ᄒᆞᆷ(憲法第五八條叅照)

五、裁判官은刑法의宣告와懲戒의處分에依ᄒᆞᄂᆞᆫ以外에ᄂᆞᆫ免職ᄒᆞᆷ이無ᄒᆞᆷ(憲法第五八條第二項叅照)裁判官으로權力의干涉을避ᄒᆞ야獨立의判定을行ᄒᆞ게ᄒᆞᆷ이라

六、審理裁判을公開ᄒᆞᆷ(憲法第五九條叅照)裁判의公平을維持ᄒᆞᆯ目的으로公開라ᄒᆞᆷ은前述ᄒᆞᆫ바ㅣ라

裁判權을國權의一部로攷究ᄒᆞ면以上論述ᄒᆞᆫ事項과如ᄒᆞ니此를訴訟上의作用

1. 사법권은 법률에 의하여 이를 행한다(헌법 제57조 참조). 이는 재판은 법률에 준거하여 이를 적용하는 것이고 결코 임의처분을 허락하지 아니한다.
2. 재판소 구성은 법률로 이를 정한다(헌법 제57조 참조). 이는 행정관청과 같이 행정상 명령으로 이를 정하고 임의로 좌우하는 것을 할 수 없게 하는 것이다.
3. 특별재판소에 속한 것은 법률로 이를 정한다(헌법 제60조 참조). 이는 행정상의 명령으로 특별재판소를 설치하여 보통재판소의 재판을 하는 권한을 탈취하지 못하게 하려는 것이다(헌법 제24조 참조).
4. 재판관의 자격은 이를 법률로 정한다(헌법 제58조 참조).
5. 재판관은 형사처벌 또는 징계처분에 의하는 이외에는 면직되지 아니한다(헌법 제58조 제2항 참조). 이는 재판관에게 권력의 간섭을 받지 아니하고 독립하여 재판을 행하게 하려는 것이다.
6. 심리와 판결은 공개하여야 한다(헌법 제59조 참조). 이는 재판의 공평을 유지할 목적으로 공개함은 앞서 설명한 바와 같다.

재판권을 국가권력의 일부로 연구하면 이상에서 설명한 사항과 같이 이를 소송상 작용

으로攻究ᄒᆞ면即左의行動이有ᄒᆞᆷ이라(學者此訴訟上의作用에關ᄒᆞᆫ裁判權을狹義의裁判權이라稱ᄒᆞᆷ)

一、判定權　法律을適用ᄒᆞ야威力이有ᄒᆞᆫ宣言을行ᄒᆞᆷ을謂ᄒᆞᆷ이라

二、執行權　宣言을實行ᄒᆞ야强制執行을ᄒᆞᄂᆞᆫ權을謂ᄒᆞᆷ이라

三、法廷秩序權　審理ᄒᆞᆷ에法廷의秩序를維持ᄒᆞᆷ도亦是裁判權의作用이라此權은合議裁判所에서ᄂᆞᆫ裁判長이主張ᄒᆞ야實施ᄒᆞᆷ이라(裁構第一〇四條乃至第一一三条照)

四、書類公証權　訴訟上成績은書類에登錄ᄒᆞ고此를保存ᄒᆞ며後證ᄒᆞᄂᆞ니其所任者ᄂᆞᆫ裁判所書記니라

第二　裁判機關

裁判權은國權의一部分이되ᄂᆞᆫ故로其行働을ᄒᆞᆷ에ᄂᆞᆫ國家機關이不可不有ᄒᆞᆯ지라此機關은即裁判所ㅣ니其裁判所의構成과此를構成ᄒᆞᄂᆞᆫ裁判官의資格은前述ᄒᆞᆷ과如히憲法規定에依ᄒᆞ야法律로써此를定ᄒᆞᄂᆞ니此法律은即裁判所構成法이라此에關ᄒᆞᆫ研究ᄂᆞᆫ國法에讓ᄒᆞ고余ᄂᆞᆫ唯是訴訟法과關係가有ᄒᆞᆫ數點을左

으로 연구하면 다음과 같은 효력이 있다(학자들은 이러한 소송상 작용에 관하여 협의의 재판권이라고 함).

1. **재판권**: 법률을 적용하여 효력이 있는 선고를 하는 것을 말한다.

2. **집행권**: 판결 선고를 실행하여 강제집행을 하는 권한을 말한다.

3. **법정질서권**: 심리를 함에 있어서 법정의 질서를 유지하는 것도 역시 재판권의 작용이다. 이러한 권한은 합의부에서는 재판장이 행사한다(재판소구성법 제104조 내지 제113조 참조).

4. **서류공증권**: 소송서류는 등록하고 이를 보존하며 후에 이를 증명하게 된다. 이는 재판소 서기의 업무이다.

제2 재판기관

재판권은 국가권력의 일부분이 되기 때문에 그 행함에 있어서 국가기관이 꼭 필요하다. 이 기관은 재판소이다. 그 재판소의 구성과 이를 구성하는 재판관의 자격은 앞에서 설명한 것같이 헌법규정에 의하여 법률로써 이를 정하는데 그 법률이 재판소구성법이다. 이에 관한 연구는 국법에서 하고 여기에서는 오직 소송법과 관련된 몇 가지 점을 다

에講究코져ᄒᆞ노라

一、裁判所를組織ᄒᆞᄂᆞᆫ職員

甲 判事 判事ᄂᆞᆫ他의補佐機關에不委ᄒᆞᄂᆞᆫ裁判權全部를實施ᄒᆞᄂᆞᆫ者ㅣ니裁判權作用中最重最要ᄒᆞᆫ判定權은判事가當行ᄒᆞᆷ이라

乙 裁判所書記 裁判所書記ᄂᆞᆫ書類의調製及其他法律에定ᄒᆞᆫ事務를行ᄒᆞᄂᆞᆫ者ㅣ니裁判權作用中書類公証權의一部를實行ᄒᆞᆷ이라

丙 執達吏 執達吏ᄂᆞᆫ書類送達의實施와執行의一部를當行ᄒᆞᆷ이라

丁 檢事 檢事ᄂᆞᆫ民事訴訟上裁判所의構成에必要ᄒᆞᆫ職員은아니라唯其公益上或種의民事訴訟에立會ᄒᆞ야其意見을陳述ᄒᆞᆯ뿐이라（裁搆第六條民訴第四二條人訴第五條叅照）

檢事ᄂᆞᆫ人事訴訟의原告나被告될時가有ᄒᆞ니此亦當事者인故로後節에詳論코져ᄒᆞ노라

二、裁判所의編成

裁判官이裁判權을實施ᄒᆞᆷ에一人이行ᄒᆞᄂᆞᆫ制度와數人이行ᄒᆞᄂᆞᆫ制度가有ᄒᆞ

음에서 설명하도록 하겠다.

1. 재판소의 구성 직원

갑. 판사: 판사는 다른 보좌기관에 위임하지 아니한 재판권 전부를 행사한다. 재판권 작용 중 가장 중요한 재판권은 당연히 판사가 행사한다.

을. 재판소서기: 재판소서기는 서류의 조제 및 다른 법률에 정한 사무를 행사한다. 재판권 작용 중 서류공증권의 일부를 행사한다.

병. 집달리: 집달리는 서류송달의 실시와 집행의 일부를 행사한다.

정. 검사: 검사는 민사소송상 재판소의 구성에 필요한 직원은 아니지만 오직 그 공익상 일정한 민사소송에 출석하여 의견을 진술할 수 있을 뿐이다(재판소구성법 제6조, 민소 제42조, 인사소송법 제5조 참조). 그러나 검사도 인사소송에 있어서 원고나 피고가 될 수가 있으므로, 다음 절에서 이를 자세히 설명하기로 한다.

2. 재판소의 구성

재판관이 재판권을 행사함에 있어서 1인이 하는 제도와 수인이 하는 제도가 있니前者는單獨制라稱ᄒᆞ고後者는合意制라稱홈이라此兩制度의良否는學說이有ᄒᆞ나單獨制는專擅에陷ᄒᆞ야私行의弊를難免이며合議制는所謂三人이集ᄒᆞ면互相吾師ㅣ라ᄒᆞ는諺言과ᄀᆞᆺ치協議ᄒᆞ야誤判이無ᄒᆞ며專擅의弊와私曲의害가無ᄒᆞᆫ지라然ᄒᆞ나此制度도亦是弊害가無홈이아니라單獨制에比ᄒᆞ면良制가되는故로日本裁判所搆成法은輕易ᄒᆞᆫ事件을處理ᄒᆞ는區裁判所는單獨制로ᄒᆞ고(裁搆第一一條叅照)地方裁判所以上은合議制로ᄒᆞᆫ지라(裁搆第一九條第三四條第四三條叅照)單獨制와合意制의差異는訴訟節次上許多ᄒᆞᆫ區別을生홈으로注意홈을要ᄒᆞ니合意制는數人의判事가有홈으로外部에對ᄒᆞ야其裁判所를代表ᄒᆞᆯ者를要ᄒᆞ며又法廷의秩序權을數人이各自行使ᄒᆞ면到底히秩序를維持ᄒᆞ기不能ᄒᆞᆯ지라故로如此ᄒᆞᆫ必要事項을爲ᄒᆞ야裁判長을定ᄒᆞ고其任에當ᄒᆞ게홈이라(裁搆第一〇八條民訴第一〇九條叅照)然ᄒᆞ나裁判長職權에屬지아니ᄒᆞᆫ事項은合意体에서此를行홈이라合意體는本是一個裁判所인즉裁判權을各自實施홈이아니라其意見을集合ᄒᆞ야一個의裁判所意見을ᄒᆞ는必要가生ᄒᆞ니此乃評議方法이有ᄒᆞᆫ所以라評議는秘密을

다. 전자는 단독제라고 하고, 후자는 합의제라고 한다. 양 제도의 장단점에 관하여 학설이 대립된다. 단독제는 전단에 빠져 독단적으로 행하는 폐단이 있고, 합의제는 소위 3명이 모여 상호 말로 합의하기 때문에 오판이 없고 전단의 폐단과 불공평이 없다고 할 수 있다. 하지만 양 제도 모두 폐해가 없는 것이 아니지만 합의제가 단독제에 비하여 장점이 있으므로 일본 재판소구성법에서는 가볍고 쉬운 사건을 처리하는 구(區)재판소는 단독제로 하고(재구 제11조 참조), 지방재판소 이상은 합의제로 하고 있다(재구 제19조, 제34조, 제43조 참조).

단독제와 합의제의 차이는 소송절차상 많은 차이가 있으므로 주의를 요한다. 합의제는 수인의 판사가 있고 외부에 대하여 그 재판소를 대표할 자가 필요하며 또 법정질서권을 수인이 각자 행사하면 도저히 질서를 유지하기 불가능하기 때문에 이러한 필요에 따라 재판장을 정하고 그 임무를 부여하고 있다(재구 제108조, 민소 제109조 참조). 그러나 재판장의 직권에 속하지 아니한 사항은 합의체에서 이를 행사하여야 한다. 합의체는 본래 1개 재판소이므로 재판권은 각자 행사하는 것이 아니라 그 의견을 합의하여 1개의 재판소 의견을 행사하는 것이 필요하다. 그래서 합의방법이 있는 것이고, 합의는 비밀을

守ᄒᆞᆷ을原則이라ᄒᆞ니裁判長이開議ᄒᆞ고地位最低ᄒᆞᆫ者로意見을提出ᄒᆞ게ᄒᆞ야過半數로써決ᄒᆞᆷ이라(裁搆第一一九條以下叅照)合議裁判所에도全員이直接으로訴訟上의行爲를ᄒᆞᆷ이不能ᄒᆞᆫ事情이有ᄒᆞᆯ時ᄂᆞᆫ其中一人에게受命判事를命ᄒᆞ야調査ᄒᆞ게ᄒᆞᆷ이有ᄒᆞ니此乃特例에屬ᄒᆞᆷ이라

三、裁判所의種類　國法上으로國家裁判機關의種類를分ᄒᆞᆯ時ᄂᆞᆫ各種의區別ᄒᆞᆷ을得ᄒᆞᆯ지나本節은本法에關ᄒᆞ야司法裁判所種類만區別코져ᄒᆞ노라

司法裁判所에ᄂᆞᆫ普通裁判所와特別裁判所가有ᄒᆞ니特別裁判所란者ᄂᆞᆫ司法裁判所中特種의事件을裁判ᄒᆞ기爲ᄒᆞ야法律이特別히設定ᄒᆞᆫ裁判所를謂ᄒᆞᆷ이니(憲法第六〇條叅照)歐洲各國에在ᄒᆞᆫ商事裁判所와如ᄒᆞᆫ者ᄂᆞᆫ此에屬ᄒᆞᆷ이라日本에셔도若商事裁判所를設ᄒᆞᆯ時ᄂᆞᆫ特別裁判所라稱ᄒᆞᆯ지나現今에司法裁判所中에特別裁判所ᄂᆞᆫ即軍事裁判所ㅣ니라

普通裁判所란者ᄂᆞᆫ一般의司法事務를處理ᄒᆞᄂᆞᆫ者인故로其一般의司法事務로普通司法裁判所의權限에屬ᄒᆞᆯ者ᄂᆞᆫ民事訴訟과非訴事件과刑事訴訟事件이라(裁搆第二條叅照)此普通裁判所에四種이有ᄒᆞ니區裁判所、地方裁判所、

지키는 것이 원칙이다. 재판장이 사건 토의를 시작하여 지위가 낮은 자로부터 의견을 제출하게 하여 과반수로써 결정한다(재구 제119조 이하 참조). 합의 재판소에도 전원이 직접 소송상의 행위를 하는 것이 불가능한 사정이 있을 때에는 그중 1인에게 수명판사를 명하여 조사하게 할 수 있지만 이것은 예외에 해당한다.

3. 재판소의 종류

국법상으로 국가 재판기관의 종류를 나눌 때에는 각종의 구별함이 있어야 하지만 본절에서는 본법에 관한 사법재판소의 종류만 구별하고자 한다. 사법재판소는 보통재판소와 특별재판소가 존재한다. 특별재판소라고 함은 사법재판소 중 특종의 사건을 재판하기 위하여 법률이 특별히 정한 재판소를 말한다(헌법 제60조 참조). 서구 각국에 있는 상사재판소와 같은 것이 여기에 속한다. 만약 일본에서도 상사재판소를 설치하는 경우에는 특별재판소라고 칭할 수 있지만 현재 일본의 사법재판소 중 특별재판소는 군사재판소만이 있다. 보통재판소라고 함은 일반의 사법사무를 처리하는 경우이므로 그 일반 사법사무로 보통사법재판소의 권한에 속하는 것은 민사소송, 비송사건과 형사소송사건이 있다(재구 제2조 참조). 보통재판소는 4종류가 있는데 구재판소, 지방재판소,

控訴院大審院이라(裁構第一條參照)普通裁判所를以上四種에分ᄒᆞᆫ必要는如何ᄒᆞᆫ고ᄒᆞ면其次第가如左ᄒᆞᆷ이라

(甲)事件의種類又는輕重에依ᄒᆞ야接近ᄒᆞᆫ裁判所에서簡易ᄒᆞᆫ節次에依ᄒᆞ야裁判ᄒᆞᆯ者와鄭重ᄒᆞᆫ節次에依ᄒᆞ야裁判ᄒᆞᆯ者의區別이有ᄒᆞ니此乃區裁判所와地方裁判所를設ᄒᆞᆫ所以니라

(乙)完全ᄒᆞᆫ司法制度에는覆審ᄒᆞ는制度를設ᄒᆞ야裁判所判定에對ᄒᆞ야不服이有ᄒᆞᆫ者는上訴ᄒᆞ는權利를與ᄒᆞ고上訴裁判所裁判에對ᄒᆞ야法律上問題는最高等裁判所에不服의申提ᄒᆞᆷ을許ᄒᆞ야法律의歸一ᄒᆞᆷ을計ᄒᆞ는制度를採用ᄒᆞᆫ지라最高等裁判所는大審院이오上訴裁判所는控訴院을設ᄒᆞᆫ所以니라

事件의性質及審級에何裁判所에서裁判ᄒᆞᆷ이可ᄒᆞ다ᄒᆞᆷ은裁判所管轄問題라同種의裁判所라도全國에唯一ᄒᆞᆷ은不能ᄒᆞᆫ故로最高等裁判所되는大審院을除ᄒᆞᆫ外에數個同種의裁判所를設ᄒᆞ야地域으로써其管轄을區分ᄒᆞᆫ지라其管轄의詳細ᄒᆞᆫ說明은後節에讓ᄒᆞ노라

공소원(控訴院)*, 대심원(大審院)**이 그것이다(재구 제1조 참조). 보통재판소를 이상 4종류로 나눌 필요 여부와 그 절차 순서는 다음과 같다.

갑. 사건의 종류 또는 경중에 의하여 가까운 재판소에서 간이 한 절차에 의하여 하는 재판의 경우와 정중한 절차에 의하여 재판하는 경우의 구별이 있다. 그렇기 때문에 구재판소와 지방재판소를 설치하게 된 것이다.

을. 완전한 사법제도를 위해서 복심(覆審)하는 제도를 두고 있어, 재판소 판결에 대하여 불복하는 자에게 상소하는 권리를 주고 있고, 상소재판소의 재판에 대하여는 법률상 문제에 관하여 최고등재판소에 불복을 신청할 수 있도록 하여 법률적용의 통일을 도모하는 제도를 채용하고 있다. 최고등재판소는 대심원이고 상소재판소로 공소원을 두고 있다.

사건의 성질 내지 심급에 어떤 재판소에서 재판하는 것이 타당한가 하는 문제는 재판소의 관할에 관한 문제이다. 같은 종류의 재판소라고 하여도 전국에 1개만 설치할 수 없으므로 최고등재판소인 대심원을 제외하고는 수개의 동종의 재판소를 설치하여 그 지역에 따라 관할을 구분하고 있다. 그 관할의 구분에 관한 상세한 설명은 다음 절에서 하도록 하겠다.

---

* 일본 항소심 법원을 의미한다.
** 일본 대법원을 의미한다.

四 裁判所의法律上共助 前述ᄒᆞᆷ과如히同種의裁判所中에ᄂᆞᆫ地域에依ᄒᆞ야其管轄을分ᄒᆞ나是를由ᄒᆞ야裁判權이分離ᄒᆞᆷ은아니라唯其裁判機關의行働을制限ᄒᆞᆯ뿐인故로各裁判所裁判權은全國에通ᄒᆞ야其効力을有ᄒᆞᆷ은勿論ᄒᆞᆯ지라然ᄒᆞ나此를管轄區域外에實施ᄒᆞᄂᆞᆫ時ᄂᆞᆫ其裁判所의權限을超ᄒᆞ야自行ᄒᆞᆷ을不得ᄒᆞᄂᆞ니法律은如此ᄒᆞᆫ境遇에ᄂᆞᆫ其管轄裁判所에囑託ᄒᆞᆷ을得ᄒᆞᆯ規定을設ᄒᆞᆫ지라此를稱ᄒᆞ야裁判所의法律上共助라謂ᄒᆞᆷ이라此法律上의共助ᄂᆞᆫ其管轄區裁判所에囑託ᄒᆞᆷ이니(裁構第一三一條叅照)此囑託을受ᄒᆞᆫ判事를指ᄒᆞ야受託判事라謂ᄒᆞᆷ이라此法律에共助를求得ᄒᆞᆯ境遇ᄂᆞᆫ法律에規定ᄒᆞᆫ事項에限ᄒᆞᆷ이니即訴訟事件에證據調査(民訴第二七三條第二九六條第三二二條第三五八條人第一二條第二六條第三九條叅照)執行行爲等이오(民訴第五五五條叅照) 非訴訟事件은非訴訟事件訴訟節次法第十二條의境遇等이라受託判事가其共助를行ᄒᆞᆷ은囑託을受ᄒᆞᆫ範圍內에止ᄒᆞ며法律上其施行의節次及權限를明示ᄒᆞᆷ이有ᄒᆞᆫ時ᄂᆞᆫ其規定에從ᄒᆞᆷ이라(民訴第二八〇條第二八二條第二八三條第三一九條第三〇〇條叅照)

4. 재판소의 법률상 공조

앞에서 설명한 것 같이 재판소 사이에는 지역에 의하여 그 관할을 나누고 있다. 이러한 이유는 재판권이 나누어 진 것이 아니라 단지 그 재판기관의 재판권 행사를 제한한 것뿐이다. 따라서 각 재판소의 재판권은 전국에 걸치며 그 효력을 가지고 있다. 하지만 이를 관할구역 이외에서 행사하는 경우에는 그 재판소의 권한을 넘는 것이므로 이를 행사할 수 없기 때문에 법률에서는 이러한 경우에 그 관할재판소에 촉탁(囑託)하는 규정을 두고 있다. 이것을 재판소의 법률상 공조라고 한다. 이 법률상의 공조는 그 관할재판소에 촉탁하여야 하고(재구 제131조 참조), 이 촉탁을 받은 판사를 수탁판사라고 한다. 이 규정에 의하여 법률상의 공조를 구하는 경우는 법률에 규정한 사항에 한하고 여기에는 소송사건의 증거조사(민소 제273조, 제296조, 제322조, 제358조, 제12조, 제26조, 제39조 참조), 집행행위 등(민소 제555조 참조), 비송사건(비송절차법 제12조 등) 등이 있다. 수탁판사는 그 공조를 행함에 있어서 촉탁 받은 범위 내에서 하여야 하고, 법률상 그 집행의 절차 내지 권한을 명시할 필요가 있는 경우에는 그 규정에 따라야 한다(민소 제280조, 제282조, 제283조, 제319조, 제300조 참조).

第二節 裁判所의管轄

裁判所의管轄은裁判所가其事件에裁判權을行得ᄒᆞᄂᆞᆫ限界를謂ᄒᆞᆷ이라非訟事件과刑事事件에도此와同然ᄒᆞ나本法에此를論ᄒᆞᆯ必要가無ᄒᆞ며又或事件이普通裁判所에屬ᄒᆞᆯᄂᆞᆫ지特別裁判所에屬ᄒᆞᆯᄂᆞᆫ지此를判斷ᄒᆞᆷ도亦裁判所管轄에關ᄒᆞᆫ事ㅣ나特別裁判所에屬ᄒᆞᆯ事項은特別法에明定ᄒᆞᆫ故로本法에論ᄒᆞᆯ必要가亦無ᄒᆞ니唯其講究ᄒᆞᆯ바ᄂᆞᆫ普通裁判所民事訴訟의管轄이라

元來裁判權의行使限界를定ᄒᆞᆷ은司法機關의權限을定ᄒᆞᆷ인즉法令으로此를定ᄒᆞ고法令은法律로此를定ᄒᆞᆷ이라ᄒᆞᆷ은日本憲法에明示ᄒᆞᆫ바ㅣ라（憲法第五七條叅照）此法律은即裁判所構成法及本法等이니此에依ᄒᆞ야定ᄒᆞᆫ管轄裁判所의裁判官은憲法에所謂法律에定ᄒᆞᆫ裁判官에該當ᄒᆞ며人民은此裁判所에셔裁判을受ᄒᆞᆷ이라（憲法第二四條叅照）其裁判所管轄에ᄂᆞᆫ數個의種類가有ᄒᆞ고又其管轄의行動에數種의體樣이有ᄒᆞ니

第一 裁判所의管轄種類

日本裁判所構成法에普通裁判所를四種에分ᄒᆞ야定ᄒᆞᆫ所以ᄂᆞᆫ事件性質輕重에

제2절 재판소의 관할

재판소의 관할은 재판소가 그 사건에 재판권을 행사하는 한계를 말한다. 비송사건과 형사사건도 이와 같지만 본법에서는 이를 논할 필요가 없다. 또 사건이 보통재판소에 속하는지 특별재판소에 속하는지 여부도 역시 재판소관할에 관한 것이지만 특별재판소에 속할 사항은 특별법에 명확히 규정하고 있기 때문에 본법에서 논할 필요가 없으므로, 여기에서는 보통재판소의 민사사건의 관할에 관하여 설명하겠다.

원래 재판권의 행사 한계를 정하는 것은 사법기관의 권한을 정하는 것이므로 법령으로 이를 정하게 된다. 법령은 법률로 이를 정한다고 하는 것은 일본 헌법에서 정한 바이다(헌법 제57조 참조). 이 법률에는 재판소구성법, 민사소송법 등을 말하고 이에 의하여 정한 관할 재판소의 재판관은 헌법에 소위 법률에 정한 재판관에 해당하며 국민은 이 재판소에서 재판을 받게 된다(헌법 제24조 참조). 그 재판소 관할에는 수개의 종류가 있고 또한 관할의 행사에 수개의 형태가 있다.

제1 재판소의 관할 종류

일본 재판소구성법에서 보통재판소를 4종류로 나누어 정하고 있는 이유는 사건의 성질과 경중에

依ᄒᆞᆫ必要와又其覆審制度를設ᄒᆞᆫ結果라故로此等裁判間에事件性質輕重과其審級의權限을定ᄒᆞᆷ이必要ᄒᆞ며又地域에依ᄒᆞ야同種의裁判所數個를設ᄒᆞᄂᆞᆫ故로其間에權限을定ᄒᆞᆷ이必要ᄒᆞ니是以로裁判所管轄에ᄂᆞᆫ二種의區別이有ᄒᆞᆷ이라

一、事物管轄　此ᄂᆞᆫ各種의裁判所管轄을定ᄒᆞᆷ이니其事由에依ᄒᆞ야二種의區別이有ᄒᆞᆷ이라

甲　事件의性質及輕重에依ᄒᆞᆫ管轄

乙　審級에依ᄒᆞᆫ管轄

二、土地管轄　同種裁判所中에其地域에依ᄒᆞ야其管轄을分ᄒᆞᆷ이라

右二種管轄中日本法律은事物管轄을裁判所構成法에規定ᄒᆞ고土地管轄을本法에規定ᄒᆞᆫ지라前者를構成法에規定ᄒᆞᆫ所以ᄂᆞᆫ權限에關係가有ᄒᆞᆫ緣故이며後者를本法에規定ᄒᆞᆫ所以ᄂᆞᆫ權限에關係가無ᄒᆞ고唯其地域區劃에依ᄒᆞ야區別ᄒᆞᄂᆞᆫ緣故ㅣ라然ᄒᆞ나立法論으로ᄂᆞᆫ此等의管轄規定은俱是本法에規定ᄒᆞᆷ이適當이라ᄒᆞᄂᆞᆫ議論이有ᄒᆞᆷ이라

의할 필요와 또 복심제도를 두고 있는 결과이다. 이러한 재판소 사이에 사건의 성질과 경중, 그 심급의 권한을 정할 필요가 있고 또한 지역에 따라 동종의 많은 재판소가 설치되어 있으므로, 그 사이에 권한을 정하는 것이 필요하다. 이러한 이유로 재판소 관할에는 2종류 즉 사물관할과 토지관할이 있다.

1. **사물관할**

이는 각종의 재판소 관할을 그 사유에 의하여 2종류로 나누어진다.

갑. 사물관할(사건의 성질과 경중에 의한 관할)

을. 심급관할(심급에 의한 관할)

2. **토지관할**

동종의 재판소 가운데 그 지역에 의하여 그 관할을 나눈 것이다. 일본 법률에서는 사물관할은 재판소구성법에 규정하고 있고, 토지관할은 민사소송법인 본법에 정하고 있다. 전자를 재판소구성법에 규정한 이유는 권한과 관련이 있기 때문이고, 후자를 본법에 정하고 있는 것은 권한과 관련이 없기 때문에 오직 그 지역구획에 의하여 구별한 것이다. 하지만 입법론으로는 이러한 관할규정 모두 본법인 민사소송법에 규정하는 것이 적당하다는 논의가 있다.

第二　裁判所管轄의竝立及移動

裁判所管轄은法律로써定ᄒᆞ나其管轄裁判所ᄂᆞᆫ惟一ᄒᆞᆷ과一定不變ᄒᆞᆷ이아니라法律上管轄權이無ᄒᆞᆫ裁判所라도第一審된時ᄂᆞᆫ當事者合意에依ᄒᆞ야管轄裁判所로裁判을行ᄒᆞᆷ이有ᄒᆞ니是乃民事訴訟法에特別ᄒᆞᆫ規定이라此點은後日管轄合意를陳述ᄒᆞᆯ時에攻究코져ᄒᆞ며又其法律에定ᄒᆞᆫ裁判所로數個竝立ᄒᆞᆯ時가有ᄒᆞ니如斯ᄒᆞᆫ境遇에何裁判所가管轄裁判所로裁判을行ᄒᆞᆯ가ᄒᆞ면原告選擇에依ᄒᆞ야起訴ᄒᆞᆯ時와裁判指定을要ᄒᆞᄂᆞᆫ境遇가有ᄒᆞ니是亦其事項을論ᄒᆞᆯ時에詳述코져ᄒᆞ노라

第三　裁判所專屬管轄

法律은公益上에必要가有ᄒᆞᆫ時ᄂᆞᆫ特定ᄒᆞᆫ裁判所에만管轄ᄒᆞ게ᄒᆞ고他裁判所ᄂᆞᆫ裁判ᄒᆞᆷ을不許ᄒᆞᄂᆞᆫ境遇가有ᄒᆞ니如此管轄에屬ᄒᆞᆫ者ᄂᆞᆫ當事者合意로써管轄을變更ᄒᆞ거나又其管轄裁判所가竝立ᄒᆞᆫ境遇에도原告選擇에依ᄒᆞ야起訴ᄒᆞᆷ을不得ᄒᆞ고此管轄을稱ᄒᆞ야專屬管轄이라謂ᄒᆞᆷ이라

右專屬管轄에二種이有ᄒᆞ니

제2 재판소의 관할의 병립*과 이동**

재판소의 관할은 법률로서 정하지만 그 관할 재판소가 유일하고 일정불변인 것은 아니다. 법률상 관할권이 없는 재판소라도 제1심의 경우에는 당사자의 합의에 의하여 관할재판소로서 재판을 할 수 있는데, 이는 민사소송법에 특별한 규정이 있다. 이 점에 관하여는 관할합의를 설명할 때에 보기로 한다. 또한 이 법률에 정한 재판소가 수개 경합하는 경우가 있는데 이러한 경우에는 어느 재판소가 관할재판소로서 재판을 할 것인지 여부는 원고의 선택에 의하여 소를 제기한 때와 재판지정을 요하는 경우가 있다. 이것 역시 해당 사항을 설명하는 곳에서 자세히 설명하기로 한다.

제3 재판소의 전속관할

법률은 공익상 필요가 존재하는 경우에는 특정한 재판소만이 관할을 행사하게 하고, 다른 재판소는 재판을 할 수 없게 하는 경우가 있다. 이와 같은 관할에 속하는 경우는 당사자의 합의로 관할을 변경할 수 없고 또 그 관할재판소가 경합하는 경우에도 원고의 선택에 의하여 소를 제기할 수 없는데, 이러한 관할을 전속관할이라고 한다. 전속관할에는 2종류가 있다.

---

* 관할의 병립이란 관할의 경합을 말한다.
** 관할의 이동은 관할의 이송을 의미한다.

一、事物及土地의管轄이共히專屬ᄒᆞᆫ者　此種에屬ᄒᆞᆫ者는如左ᄒᆞᆷ이라

甲　人事訴訟（人訴第一條第二四條第二七條第三一條第三三條第三五條第四〇條第五六條第七一條等參照）

乙　督促節次（民訴第三八三條參照）

丙　再審의訴（民訴第四七二條參照）

丁　執行의訴訟（民訴第五六三條第五一四條第五二一條第五一二條第五四四條第四六條第五四九條等參照）

戊　主參加訴訟（民訴第五一條參照）此主參加訴訟에는法文에專屬의文字가無ᄒᆞ나其性質上에專屬이라ᄒᆞᆷ을得ᄒᆞᆷ이라

己　公示催告除權判決의申提（民訴第七七四條參照）

裁判所構成法中事件性質에依ᄒᆞ야特別히區裁判所管轄에屬ᄒᆞ게ᄒᆞᆫ者ㅣ有ᄒᆞ니此等을對ᄒᆞ야專屬管轄의成否는多少議論이有ᄒᆞ나法律에專屬이라ᄒᆞᆫ規定이無ᄒᆞᆯ뿐아니라其性質에도專屬ᄒᆞᆯ必要가無ᄒᆞᆷ으로余는專屬管轄이아니라고思量ᄒᆞ노라然ᄒᆞ나同法第三十八條에皇族에對ᄒᆞᆫ民事訴訟은特別히

1. 사물관할과 토지관할 모두 전속관할인 경우

여기에 속한 경우는 다음과 같다.

갑. 인사소송(인소 제1조, 제24조, 제27조, 제31조, 제33조, 제35조, 제40조, 제56조, 제71조 등 참조)

을. 독촉절차(민소 제383조 참조)

병. 재심의 소(민소 제472조 참조)

정. 집행의 소송(민소 제563조, 제514조, 제521조, 제512조, 제544조, 제46조, 제549조 등 참조)

무. 주참가소송(민소 제51조 참조)*

이 주참가소송의 법문에는 전속이라는 명문은 없지만 그 성질상 전속이라고 할 것이다.

기. 공시최고 제권판결의 신청(민소 제774조 참조)

재판소구성법 중 사건의 성질에 의하여 특별히 구재판소 관할에 속하는 경우가 있는 바, 이것 등에 대하여 전속관할인지 여부에 관하여 다소 논의가 있지만, 법률에 전속이라고 하는 정함이 없을 뿐만 아니라, 그 성질에 비추어 전속으로 할 필요가 없으므로 본인은 전속관할이 아니라고 생각한다.

그러나 동법 제38조에 황족(皇族)에 대한 민사소송은 특별히

* 일본이 1926년(다이쇼 15년) 민사소송법 개정에서 도입한 제도로서, 현행법상 독립당사자참가소송을 의미한다.

東京控訴院管轄에屬홈이라指定혼故로此裁判所의特別혼規定은性質上此를專屬管轄이라解釋홈은妥當으로信ᄒᆞ노라

二、土地管轄의專屬管轄　不動産에關혼物上訴訟의土地管轄을謂홈이라（民訴第二三條參照）

專屬管轄이一般管轄과異혼結果는如左ᄒᆞ니

一、裁判所管轄의合意을不許ᄒᆞᄂᆞᆫ事（民訴第三一條參照）

二、裁判所管轄이幷立ᄒᆞᄂᆞᆫ時에原告選擇에依ᄒᆞ야起訴홈을不得ᄒᆞᄂᆞᆫ事此二者가共히專屬管轄이되ᄂᆞᆫ時ᄂᆞᆫ裁判所管轄指定을不可不申請이니라（民訴第二六條參照）

三、裁判所ᄂᆞᆫ職權으로此을調査ᄒᆞ야專屬管轄에屬홀管轄違될時ᄂᆞᆫ訴의却下를行ᄒᆞᄂᆞᆫ事

四、當事者도此管轄違抗辯을有効케抛棄홈을不得ᄒᆞᄂᆞᆫ事（民訴第二〇六條末端參照）

第一款　裁判所事務管轄

동경 공소법원 관할에 속한다고 지정하고 있으므로 이 재판소에 관한 특별한 규정은 성질상 이를 전속관할이라고 해석하는 것이 타당하다고 믿는다.

2. 토지관할 중 전속관할

부동산에 관한 물상소송의 토지관할은 전속관할이다(민소 제22조 참조).

전속관할이 일반관할과 효과가 다른 점은 다음과 같다.

1. 합의관할이 인정되지 아니한다(민소 제31조 참조).
2. 관할이 경합하는 경우에 원고의 선택에 따라 소를 제기할 수 없다. 경합하는 2개의 관할 모두가 전속관할이 되는 경우에는 마땅히 재판소에 관할지정을 신청하여야 한다(민소 제26조 참조).
3. 재판소는 직권으로 전속관할 여부를 조사하여 이를 위반하는 경우에는 소를 각하하여야 한다.
4. 당사자도 이 관할위반 항변을 유효하게 포기할 수 없다(민소 제206조 후단 참조).

제1관 재판소의 사물관할

事物管轄이란者는事件의性質輕重과又其審級에依ᄒᆞ야各種裁判所의權限을定ᄒᆞ는者를謂홈이니第一審으로區裁判所管轄에屬홀가又地方裁判所管轄에屬홀가第二審으로地方裁判所管轄에屬홀가又控訴院管轄에屬홀가第三審即上告審으로控訴院管轄에屬홀가又大審院管轄에屬홀가홈을定ᄒᆞ는標準이라

第一 民事訴訟各種裁判所의事物管轄

此規定은主ᄒᆞ야裁判所構成法에規定ᄒᆞᆫ바ㅣ오其他本法과特別法에規定ᄒᆞᆫ者ㅣ有ᄒᆞ니以下此를摘述코져ᄒᆞ노라(民訴第一條)

一、區裁判所의事物管轄 區裁判所는第一審管轄뿐이니其管轄에屬ᄒᆞᆫ民事訴訟事件은財産上訴訟에輕易ᄒᆞᆫ事件과迅速ᄒᆞᆫ事件을要ᄒᆞ며或土地情況을知ᄒᆞ는最近裁判所에셔裁判홀必要가有ᄒᆞᆫ種類等이라

甲 百圓以下金額又는價格이百圓以下의物에關ᄒᆞᆫ訴訟 此는價額輕重에依ᄒᆞ야管轄을分홈이라

乙 價額을不拘ᄒᆞ고左開의訴訟 此는事件性質에依ᄒᆞ야管轄을分홈이

사물관할이라 함은 사건의 성질과 경중, 그 심급에 따라 각종 재판소의 권한을 정하는 것을 의미한다. 제1심으로 구재판소 관할로 할 것인지 또는 지방재판소 관할에 속할지 여부, 제2심으로 지방재판소 관할에 속할지 또는 공소원 관할에 속할지 여부, 제3심을 공소원 관할에 속할지 아니면 대심원 관할에 속할지를 정하는 표준이 된다.

제1 민사소송상 각종 재판소의 사물관할

이 규정은 주로 재판소구성법에 규정하고 있고 기타 본법과 특별법에 정하고 있는 경우도 있다. 이하에서는 이를 적절하게 설명하도록 하겠다(민소 제1조).

1. 구재판소의 사물관할

구재판소는 제1심 관할뿐이고 그 관할에 속한 민사소송사건은 재산상 소송 중 경이한 사건과 신속을 요하는 사건이거나 또는 토지정황을 아는 가장 가까운 재판소에서 재판할 필요가 있는 종류 등의 경우에 인정된다.

갑. 백원 이하 금액 또는 가격이 백원 이하의 물건에 관한 소송

이는 가격의 경중에 따라 관할이 나누어 진다.

을. 가격에 불구하고 다음의 소송

이는 사건의 성질에 의하여 관할을 나누는 것이다.

라

가) 住家와其他建物과又或部分의受取　空授使用　占據　修繕等에關ᄒᆞᆫ訴訟이며賃借人의家具與所持品을賃貸人이執留ᄒᆞᆷ으로此兩人間에起ᄒᆞᆫ訴訟

(附言)玆에所謂執留란者ᄂᆞᆫ民法에留置의意義오强制執行上執留ᄂᆞᆫ아니라

나) 不動産境界에만關ᄒᆞᆫ訴訟

다) 占有에만關ᄒᆞᆫ訴訟

라) 雇主와雇人間의雇期限一個年以下의契約에依ᄒᆞ야起ᄒᆞᆫ訴訟

마) 左開事件에旅人과旅店、飮食店主人間에起ᄒᆞᆫ訴訟과又旅人과水陸運送人間에起ᄒᆞᆫ訴訟

(A) 食料　宿料　旅人運送料와此에件ᄒᆞᆫ手荷物의運送料

(B) 旅店與飮食店主人과旅人이運送人에게保護ᄒᆞ기爲ᄒᆞ야預ᄒᆞᆫ手荷物　金錢　有價物

가. 주택과 기타 건물 또는 일부의 취득: 무단사용, 점거, 수선 등에 관한 소송이며 임차인의 가구와 소지품을 임대인이 강제로 집유(執留)함으로써 임대인과 임차인 사이에 생긴 소송

(부언: 여기에서 집유(執留)라는 것은 민법상 유치의 의미이고 강제집행법상 집유는 아니다)

나. 부동산경계에 관한 소송

다. 점유에 관한 소송

라. 고용인과 피고용인 사이의 고용기간 1년 이하의 계약에 의하여 발생한 소송

마. 다음 사건 중 숙박인과 여관, 손님과 음식점 주인 사이에 발생한 소송 또는 탑승객과 수륙운송인 사이에 발생한 소송

(A) 식대, 숙박료, 운송료와 이에 수반한 수하물의 운송료

(B) 손님과 탑승객이 여관, 음식점 주인과 운송인에게 보관을 위하여 맡긴 수하물, 금전, 유가물

以上은構成法에所定ᄒᆞᆫ者ㅣ나其他法律規定에依ᄒᆞ야區裁判所管轄에屬ᄒᆞ게ᄒᆞᆫ바ㅣ라

丙 人事訴訟中左開事件

가 禁治産準禁治産의申提事件 (民法第一一條人訴第四〇條第六七條參照)

나 禁治産準禁治産의繳消申提事件 (民第一〇條第一一條人訴第六三條第六七條參照)

다 失踪宣告及其繳消申提事件 (民法第三〇條第三二條人訴第七一條參照)

丁 價格을不拘ᄒᆞ고左開特別訴訟은區裁判所管轄에屬ᄒᆞᆷ이라

가 督促節次(民訴第三八三條參照)

나 公示催告節次(民訴第七六四條參照)

다 訴訟提起前和解(民訴第三八一條參照)

此ᄂᆞᆫ眞正ᄒᆞᆫ訴訟 事件이 아니나民事訴訟法中 에揭載ᄒᆞᆷ으로玆에加ᄒᆞᆷ

이상은 재판소구성법에 정하고 있는 것이다. 기타 법률규정에 의하여 구재판소의 관할에 속하는 것은 다음과 같다.

병. 인사소송 중 다음 사건

가. 금치산·한정치산 신청사건(민법 제11조, 인사소송법 제40조, 제67조 참조)

나. 금치산·한정치산 취소신청사건(민법 제10조, 제11조, 인사소송법 제63조, 제67조 참조)

다. 실종선고 및 그 취소신청사건(민법 제30조, 제32조, 인사소송법 제71조 참조)

정. 가격과 관계없이 다음 특별소송은 구재판소의 관할에 속한다.

가. 독촉사건(민소 제383조 참조)

나. 공시최고절차(민소 제764조 참조)

다. 제소전화해(민소 제381조 참조): 이는 진정한 민사소송사건이 아니지만 민사소송법에 규정함으로서 재판할 수 있는

이라

라　訴訟提起前證據保全의申提(民訴第三六六條叅照)

戊　執行行爲가裁判所職權에屬홀者는區裁判所에屬홈이라（民訴第五四三條第五九五條第六四一條第七一八條叅照)

右述흔外에一個訴訟事件과又執行에關ᄒᆞ야互相牽連홈으로區裁判所管轄에屬홀者가有ᄒᆞ나此等을一一히枚擧ᄒᆞ기不能흔지라故로其關係가有흔各項에從ᄒᆞ야說明코저ᄒᆞ노라

二、地方裁判所의事物管轄　地方裁判所는第一審及第二審에管轄權이有홈이라

甲　第一審으로는區裁判所及控訴院의第一審에屬지아니흔訴訟

此를細分ᄒᆞ면如左홈이라

가　財產上請求는百圓을超過흔金額과又價額이百圓을超過흔物에關흔訴訟

나　人事訴訟의大部分　區裁判所에屬흔一二三의境遇를除흔外에管轄權

것이다.

라. 제소전 증거보전신청(민소 제366조 참조)

무. 집행행위가 재판소의 직권에 속하는 경우에는 구재판소가 관할한다(민소 제543조, 제595조, 제641조, 제718조 참조).

이 외에 1개의 소송사건과 또는 집행에 관하여 상호 관련이 있어서 구재판소의 관할에 속하는 경우가 있지만 이것을 하나하나 여기에서 설명하기 어렵기 때문에 관련된 부분에서 설명하도록 하겠다.

2. 지방재판소의 사물관할

지방재판소는 제1심 내지 제2심에 대한 관할권이 있다.

갑. 제1심으로는 구재판소와 공소원(控訴院)*의 제1심에 속하지 아니한 소송을 제외하고 관할권을 가진다. 이를 세분하면 다음과 같다.

가. 재산상청구가 100원을 초과한 금액 또는 그 가액이 백원을 초과한 물건에 관한 소송

나. 인사소송의 대부분: 구재판소에 속한 23조의 경우를 제외한 관할권을 모두 가진다.

* 지방재판소 중 항소심을 관할하는 법원을 의미한다.

은總有ᄒᆞ니即婚姻事件親子關係事件相續事件等이라（人訴第一條第二四條第二七條第三一條第三三條第三五條第五五條第六六條等參照）

乙 第二審으로ᄂᆞᆫ左開事件

가 區裁判所判決에對ᄒᆞᆫ控訴

나 區裁判所決定命令에對ᄒᆞᆫ抗告

三、控訴院의事物管轄 控訴院은第二審裁判所니左開事件에管轄權이有ᄒᆞᆷ이라

甲 第二審으로ᄂᆞᆫ左開事件

가 地方裁判所의第一審判決에對ᄒᆞᆫ控訴

나 地方裁判所의決定命令에對ᄒᆞᆫ抗告

乙 上告審으로ᄂᆞᆫ左開事件

區裁判所에判決에對ᄒᆞᆫ控訴에裁判ᄒᆞᆫ地方裁判所判決에對ᄒᆞᆫ上告

此外에日本東京控訴院에서ᄂᆞᆫ皇族에만限ᄒᆞ야民事訴訟에第一審과第二

즉 혼인사건, 친자관계사건, 상속사건 등이다(인사소송법 제1조, 제24조, 제27조, 제31조, 제33조, 제35조, 제55조, 제66조 등 참조).

을. 제2심은 다음 사건에 관할권을 가진다.

가. 구재판소의 판결에 대한 항소

나. 구재판소의 결정·명령에 대한 항고

3. 공소원(控訴院)의 사물관할

공소원은 2심 재판소이고, 그 관할권은 다음과 같다.

갑. 제2심의 관할사건

가. 지방재판소에 제1심판결에 대한 항소

나. 지방재판소의 결정·명령에 대한 항고

을. 상고심(上告審)의 관할사건

구재판소의 판결에 대한 항소에 관한 재판을 한 지방재판소의 판결에 대한 상고, 이 외에 일본 동경 항소법원은 황족(皇族)에 한하여 민사소송에 제1심과 제2

審의管轄權을有ᄒᆞᆷ이라

四、大審院의事物管轄　大審院은上告裁判所로終審裁判을行ᄒᆞᄂᆞ니其裁判ᄒᆞᆯ事件은如左ᄒᆞᆷ이라

甲　控訴院의控訴事件判決에對ᄒᆞᆫ上告

乙　控訴院의決定命令에對ᄒᆞᆫ抗告

此外에特例로特許局審決에對ᄒᆞᆫ上訴事件을裁判ᄒᆞᆷ이라

第二　訴訟物價額筭定方法

前述ᄒᆞᆷ과如히事物管轄은事件性費과審級에依ᄒᆞ며又其價額輕重에依ᄒᆞ야此를區分ᄒᆞᆫ지라事件性質과審級에依ᄒᆞᄂᆞᆫ者ᄂᆞᆫ其訴訟物價額을筭定ᄒᆞᆯ必要가無ᄒᆞ나價額輕重에依ᄒᆞᄂᆞᆫ時ᄂᆞᆫ筭定方法을定ᄒᆞᆷ이必要ᄒᆞ며又訴訟物價額이管轄에影響이無ᄒᆞᆫ時라도財產上訴訟에ᄂᆞᆫ價額에從ᄒᆞ야訴訟用印紙를帖用ᄒᆞᆷ이可ᄒᆞᆷ이라故로民事訴訟用印紙法에도亦其筭定方法이必要ᄒᆞ니是以로本法中에計筭方法을定ᄒᆞ고(民訴第二條以下)訴訟用印紙帖用의標準ᄒᆞᄂᆞᆫ計筭方法도亦此에準據ᄒᆞ게ᄒᆞᆷ이라(民事訴訟用印紙法第二條末段參照)

심의 관할권을 가진다.

4. **대심원**(大審院)**의 사물관할**

대심원은 상고재판소로 심리가 종결하는 재판을 행한다. 그 재판사건은 다음과 같다.

甲. 공소원의 공소사건의 판결에 대한 상고

乙. 공소원의 결정·명령에 대한 항고

이외에 특례로 특허국의 심결에 대한 상소사건

제2 소송물가액의 산정방법

앞서 서술한 바와 같이 사물관할은 사건의 성질과 심급에 의하여 또는 그 가액의 경중(輕重)에 의하여 이를 구분한다. 사건의 성질과 심급에 의하여 한다는 것은 그 소송물의 가액을 산정할 필요가 없지만, 가액의 경중에 의하는 때에는 산정방법을 정할 필요가 있다. 또는 소송물가액이 관할에 영향을 미치지 아니하더라도 재산상소송에서는 가액에 따라 소송용 인지(印紙)를 첩부하여야 한다. 따라서 민사소송용인지법에도 또한 그 산정방법이 필요하기 때문에 민사소송법 중에 그 산정방법을 정하고 있고(민소 제2조 이하), 소송용 인지첩부용의 표준계산방법도 역시 이에 준거(準據)하게 하고 있다(민사소송용인지법 제2조 후단 참조).

一、一般을通ᄒᆞ야適用ᄒᆞᄂᆞᆫ算定標準

甲　價額算定은其訴訟物의價를計算ᄒᆞᆷ에在ᄒᆞ니民法規定에物이란者ᄂᆞᆫ有體物을謂ᄒᆞᆷ이라(民法第八五條參照)然ᄒᆞ나玆에所謂訴訟物이란者ᄂᆞᆫ民法의用語와異ᄒᆞ야有體物만稱謂ᄒᆞᆷ이아니니訴訟物은財產權에關ᄒᆞᆷ과身分權에由ᄒᆞᆷ과又其物權에基ᄒᆞᆷ과債權에關ᄒᆞᆷ과有體物에關ᄒᆞᆷ과無體物에關ᄒᆞᆷ을不問ᄒᆞ고俱是私權上의訴訟目的됨을得ᄒᆞᆷ이라其訴訟物이物의所有權에關ᄒᆞᄂᆞᆫ時ᄂᆞᆫ物의價額은訴訟目的의價額이되나其物에關ᄒᆞᆫ使用權、抵當權과如ᄒᆞᆫ者ㅣ目的이되ᄂᆞᆫ時ᄂᆞᆫ其物價로써訴訟物의價라ᄒᆞᆷ을不得ᄒᆞᆯ지니반다시使用權과抵當權에關ᄒᆞᆫ價額을算定ᄒᆞᆷ이可ᄒᆞᆫ故로如斯ᄒᆞᆫ目的에ᄂᆞᆫ其計算方法이尤極困難ᄒᆞᆫ지라此境遇에法律은特別ᄒᆞᆫ算定法을定ᄒᆞᆷ이有ᄒᆞ니設或困難ᄒᆞᆯ지라도此를不可不算定이며財產權에關ᄒᆞᆫ訴訟은價額을算定치못ᄒᆞᆯ理由가無ᄒᆞ니其算定의困難ᄒᆞᆷ을因ᄒᆞ야價額을算定치못ᄒᆞᆫ다ᄒᆞᆷ은不可ᄒᆞᆫ지라今日實際에所有權以外權利關係를訴訟目的을ᄒᆞᆯ時라도其物價로訴訟物價額을定ᄒᆞᆷ이多有ᄒᆞ나其物를訴訟物로算定ᄒᆞᆷ은

1. 일반적 산정표준(算定標準)

갑. 가액산정은 그 소송물의 액수를 계산하는 것이다. 민법 규정에 물(物)이라 함은 유체물(有體物)을 의미한다(민법 제85조 참조). 따라서 여기에서 소위 소송물이라는 것은 민법의 용어와 달리 유체물만을 지칭하는 것이 아니고, 소송물은 재산권에 관련된 것과 신분권에 관한 것과 또 물권에 관한 것이나 채권에 관한 것과 유체물에 관한 것과 무체물(無體物)에 관한 것을 묻지 아니한다. 이러한 경우에 모두 사권상의 소송목적이 된다. 그 소송물이 물건의 소유권에 관한 것일 때에는 물건의 가액이 소송물의 가액이 된다. 하지만 물건의 사용권(使用權)·저당권(抵當權)이 목적이 되는 경우에는 물건의 가액으로서의 소송물 가액이라 함은 적당하지 아니하고 이러한 경우에는 반드시 사용권과 저당권의 가액을 산정하여야 한다. 이러한 목적에 대한 가액평가는 매우 어렵기 때문에 이 경우에는 법률은 특별한 산정방법을 정해야 한다. 설혹 곤란하더라고 이를 산정할 수는 있기 때문에, 재산권에 관한 소송은 모든 경우 가액을 산정할 수 있다고 볼 수 있다. 그 산정이 곤란하여 가액을 산정치 못하는 경우는 없다. 현재 실제로 소유권 이외의 권리관계를 소송목적으로 할 시에도 그 가액으로 소송물 가액을 정하는 경우가 많다. 그 물건을 소송물로 산정하는 것은

아니라訴訟目的된權利關係의價는其物價에近ᄒᆞᆷ으로看做ᄒᆞ야筭定의憑據를作ᄒᆞᆷ이라

乙　訴訟物價額筭定의時期　訴訟物價額은起訴日時의價額에依ᄒᆞᆷ이니（民訴第三條）起訴日이란者는訴狀의提出과口頭로起訴ᄒᆞᆯ時와又其訴訟中에訴의申提를擴張ᄒᆞ야其權利拘束이된境遇를謂ᄒᆞᆷ이라（民訴第一九○條第二一二條第三七四條第三七八條第三八一條第三八四條第三八九條第三九○條參照）

起訴日의價額을筭定ᄒᆞᆷ에依ᄒᆞ야左開結果가生ᄒᆞᆷ이라

가　裁判所가辯論과裁判을分離或合併ᄒᆞ야도管轄의影響이無ᄒᆞᆷ이라（民訴第一一八條第一二○條參照）

나　起訴後에價額의自然增減은管轄의影響이無ᄒᆞᆷ이라

다　當事者行爲에依ᄒᆞᆫ請求의伸縮은左開區別에依ᄒᆞᆷ이라

（一）、地方裁判所의管轄로起訴ᄒᆞᆫ者ㅣ請求를減縮ᄒᆞ야區裁判所의管轄에屬ᄒᆞᆯ價額에下ᄒᆞ나其管轄에는影響이無ᄒᆞᆷ이라

아니라 소송목적이 된 권리관계의 가격은 그 물가(物價)에 근접하게 간주(看做)하여 산정의 증거로 한다.

을. 소송물가액 산정의 시기

소송물가액은 소제기(訴提起) 일시의 가액에 의한다(민소 제3조). 소제기 일이라 함은 소장(訴狀)의 제출 시이고, 구두(口頭)로 소제기를 한 경우 또는 소송 중에 청구취지를 확장하여 그 권리가 소송물이 된 경우를 말한다(민소 제190조, 제212조, 제374조, 제378조, 제381조, 제384조, 제389조, 제390조 참조).

소제기 일에 가액이 산정됨에 따라 다음과 같은 효과가 발생한다.

가. 재판소가 변론과 재판을 분리 또는 병합하여도 관할에 영향이 없게 된다(민소 제118조, 120조 참조).

나. 소제기 후에 가액의 자연 증감은 관할에 영향을 미치지 아니한다.

다. 소송당사자의 행위에 의하여 청구의 신축(伸縮)은 다음과 같이 된다.

(1) 지방재판소의 관할로 소제기를 하였는데 청구를 신축하여 구재판소의 관할에 속하는 가액으로 하락한 경우에도 그 관할에는 영향이 없다.

(二)、區裁判所管轄로起訴ᄒᆞᆫ者ㅣ訴訟中請求擴張에依ᄒᆞ야(民訴第二二條叅照)地方裁判所管轄에屬ᄒᆞᆯ價額에上ᄒᆞᆫ時ᄂᆞᆫ相對者ᄂᆞᆫ管轄違의抗辯을行得ᄒᆞᆷ이라(民訴第一〇六條第二號叅照)

右一二의事項에ᄂᆞᆫ或反對論者가不無ᄒᆞ나法理上如此ᄒᆞᆫ줄노信ᄒᆞ노라

丙 一個訴訟에數個請求의算定 一個訴訟中數個請求에合算ᄒᆞᆯ者와合算치못ᄒᆞᆯ者ㅣ有ᄒᆞ니

가 數個請求를一個의訴로提起ᄒᆞᆫ時ᄂᆞᆫ其價額을合算ᄒᆞᆯ者ㅣ如左ᄒᆞᆷ이라

一 主觀的訴의合併 多數當事者를合併ᄒᆞᆫ時(民訴第四八條叅照)

二 客觀的訴의合併 同一被告에對ᄒᆞ야多數請求를合併ᄒᆞᆫ時(民訴第一九一條叅照)

價額의依ᄒᆞ야管轄不定ᄒᆞᆫ多數의訴를合併ᄒᆞᆯ時ᄂᆞᆫ管轄을爲ᄒᆞ야合箅을不要ᄒᆞ니假令家舍賃借人과賃貸人間에家舍空授의請求와其他百

(2) 구재판소의 관할로 소제기 하였는데 청구를 확장하여(민소 제22조 참조) 지방재판소의 관할에 속한 가액으로 가액이 상승한 경우는 그 상대방은 관할의 항변을 행사할 수 있다(민소 제106조 제2호 참조).

위 2가지 사항에 대하여 반대하는 사람이 없지 아니하지만 법리상 문제가 없다고 믿는다.

병. 1개 소송에 수개의 청구를 한 경우의 산정

1개 소송으로 수개의 청구를 한 경우에 수개의 청구를 합산하는 경우와 그렇지 아니한 경우가 있다.

가. 가액을 합산하는 경우

1) 주관적 소의 병합: 다수당사자를 병합한 경우(민소 제48조 참조)

2) 객관적 소의 병합: 동일 피고에 대하여 다수청구를 합병한 경우(민소 제191조 참조)

다만 가액에 의하여 관할이 정해지지 아니한 다수의 소를 병합한 경우에는 관할을 위하여 합산할 필요가 없다. 가령 가옥의 임차인과 임대인 사이에 가옥 공수(控授)의 청구* 와 기타 백

* 지방재판소의 관할 중 공수원(控授院)이 제1심으로 하는 청구를 의미한다.

圓未滿의請求를合併ᄒᆞ야區裁判所에起訴ᄒᆞᆯ境遇에ᄂᆞᆫ此算定을不要ᄒᆞᆷ이라然ᄒᆞ나訴訟用印紙貼用ᄒᆞ기爲ᄒᆞᆷ에ᄂᆞᆫ其價額을合算ᄒᆞᆷ이必要ᄒᆞᆷ이라

나　主請求와附帶請求를合ᄒᆞ야起訴ᄒᆞᆫ境遇에ᄂᆞᆫ左開事項에該當ᄒᆞᆫ者ᄂᆞᆫ其附帶請求를合算치아니ᄒᆞᆷ이라(民訴第三條第二項)

(一)　主請求와法律上互相牽連ᄒᆞᆫ附帶請求가되ᄂᆞᆫ時

(二)其附帶請求가果實、損害賠償、訴訟費用이되ᄂᆞᆫ時　果實은天然果實과法定果實을包含ᄒᆞᆷ이라(民法第八九條參照)

以上二事項에該當ᄒᆞ면其附帶請求ᄂᆞᆫ主請求價額에過多ᄒᆞᆯ지라도此를合算치아니ᄒᆞᆷ이라法律上互相牽連ᄒᆞᆫ附帶請求ᄂᆞᆫ主請求의權利關係로生ᄒᆞᄂᆞᆫ附帶請求를謂ᄒᆞᆷ이라假令貸金請求에其利息을求ᄒᆞ며田地引渡請求에其小作料를求ᄒᆞᆷ과如ᄒᆞᆫ者ㅣ라訴訟費用도亦其主本訴에關ᄒᆞᆫ者에限ᄒᆞᆷ이라

다　本訴와反訴ᄂᆞᆫ此를合算치아니ᄒᆞᆷ이라(民訴第四條)　反訴ᄂᆞᆫ一個訴

원 미만의 청구를 합병하여 구재판소에 소제기를 한 경우에는 그 산정은 불필요하다. 하지만 소송용인지를 첩부(貼付) 하려면 그 가액을 합산할 필요는 있다고 할 것이다.

나. 가액을 합산하지 아니하는 경우

주청구(主請求)와 부대청구(附帶請求)를 함께 청구한 경우에는 다음과 같이 가액을 합산하지 아니한다(민소 제3조 제2항).

1) 주청구와 법률상 상호 견련(牽連)한 부대청구일 경우

2) 그 부대청구가 과실(果實), 손해배상(損害賠償), 소송비용(訴訟費用)이 되는 경우: 과실은 천연과실(天然果實)과 법정과실(法定果實)을 포함한다(민법 제89조 참조).

이상 2개 사항에 해당하면 그 부대청구는 주청구 가액 보다 많을지라도 이를 합산하지 아니한다. 법률상 상호 견련한 부대청구라는 것은 주청구의 권리관계로부터 발생하는 부대청구를 의미한다. 가령 대여금청구에 이자를 구하는 경우, 또는 토지인도청구에 그 소작료(小作料)를 구하는 것을 말고, 소송비용의 경우도 역시 주청구의 소송비용에 한하여 인정된다.

다. 본소(本訴)와 반소(反訴)는 합산하지 아니한다(민소 제4조). 반소는 1개 소송

訟에被告된者가原告에게對ᄒᆞ야其訴에反對要求ᄒᆞᄂᆞᆫ者를謂ᄒᆞᆷ이니其性質은第二編에攻究ᄒᆞᆯ지라(民訴第二〇〇條第二〇一條參照)反訴ᄂᆞᆫ同一訴訟에審判ᄒᆞ야一個特別의訴訟으로看做ᄒᆞ야本訴와同算치아니ᄒᆞᆷ이라

二、特別價額算定法　訴訟物이所有權以外에屬ᄒᆞᆯ時ᄂᆞᆫ其價額을算定ᄒᆞᆷ이困難ᄒᆞᆫ故로法律이如此ᄒᆞᆫ訴訟에ᄂᆞᆫ其算定法을如左히定ᄒᆞᆷ이라

甲　債權擔保가訴訟物되ᄂᆞᆫ時　債權의擔保가訴訟物되ᄂᆞᆫ時假令擔保提供의訴(民法第二九條第九三三條參照)又債權擔保ᄒᆞᆫ從物權이訴訟物되ᄂᆞᆫ時卽留置權、先取特權、質權、抵當權等을目的ᄒᆞᆫ訴訟境遇에ᄂᆞᆫ(民法第二九五條以下第三〇三條以下第三四二條以下第三六九條以下參照)其主債權額에依ᄒᆞ야訴訟物의價額을算定ᄒᆞᄂᆞ니其擔保의價ᄂᆞᆫ其物件의價額이高ᄒᆞ나主債權의價額보다大價가無ᄒᆞᆷ으로看做ᄒᆞᆫ所以라若其係爭ᄒᆞᆫ目的物의價額이主債權額보다少ᄒᆞᆫ時ᄂᆞᆫ其實際擔保物의小額으로訴訟物價額이라ᄒᆞᆷ이라

에 피고(被告)가 된 자가 원고(原告)에 대하여 그 소에 반대 요구를 하는 경우를 말한다. 그 성질은 제2편에서 깊이 다루기로 한다(민소 제200조, 제201조 참조). 반소는 동일 소송을 심판하면서 1개의 특별소송으로 간주하기 때문에 본소와 같이 합산하지 아니한다.

2. 특별한 가액산정방법

소송물이 소유권 이외에 속하는 경우에는 그 가액을 산정하는 것이 곤란하기 때문에 법률이 다음과 같은 소송에 있어서 그 산정방법을 다음과 같이 정하고 있다.

갑. 채권담보가 소송물이 되는 경우

채권의 담보가 소송물이 되는 경우에 가령 담보제공의 소(민법 제29조, 제933조 참조) 또는 채권담보로 하는 종물권(從物權)이 소송물이 되는 경우 즉 유치권(留置權), 선취특권(先取特權), 질권(質權), 저당권(抵當權) 등을 목적으로 하는 소송의 경우에는(민법 제295조 이하, 제303조 이하, 제342조 이하, 제369조 이하 참조) 그 채권액에 의하여 소송물의 가액을 산정하는 것이다. 그 담보의 가액이 물건의 가액보다 높지만 채권액 보다 가치가 없다는 것으로 간주(看做)하기 때문이다. 하지만 그 계쟁목적물의 가액이 주채권액보다 적은 경우에는 그 적은 담보물의 가액을 소송물가액으로 한다.

乙 地役이訴訟物되는時　此境遇에는地役을因ᄒᆞ야要役地價額이增加ᄒᆞ는時는其增加額으로訴訟物의價額을算定ᄒᆞᆷ이라然ᄒᆞ나若其地役에依ᄒᆞ야生ᄒᆞᆫ承役地의減少價額이要役地의增加額보다多ᄒᆞᆫ時는其承役地의減少ᄒᆞᆫ價額으로訴訟物價額을ᄒᆞᄂᆞ니假令甲地는普通三百圓되는者ㅣ要役地가됨으로三百五十圓의價額에增加ᄒᆞᆫ時는其增加額五十圓으로訴訟物價額을定ᄒᆞ며乙地는普通四百圓의價額이되는者ㅣ承役地가됨으로二百八十圓價額에減少ᄒᆞᆫ時는其減少額百二十圓으로訴訟物價額을定ᄒᆞ는類ㅣ라

丙 賃貸借와永小作에依ᄒᆞᆫ權利가訴訟物되는時　此는動産不動産을不問ᄒᆞ고賃貸借에依ᄒᆞᆫ權利와永小作에依ᄒᆞᆫ權利가訴訟物이되는時는其契約有無가訴爭될時와時期가訴爭될時를不問ᄒᆞ고一個年借賃의二十倍額에依ᄒᆞ야訴訟物의價額을算定ᄒᆞ되若其係爭의時期에當ᄒᆞᆫ借賃額이此보다少ᄒᆞᆫ時는其少額에依ᄒᆞᆷ이라(民訴第五條第三號參照)

丁 定期의給付와又其收益의權利가訴訟物되는時　此는終身定期金과扶

을. 지역권이 소송물이 된 경우

이 경우에 승역지(承役地)*를 이용함으로 요역지(要役地)**의 가액이 증가하는 경우에는 그 증가액으로 소송물 가액을 산정한다. 하지만 그 땅의 이용으로 인하여 승역지의 감소가액이 요역지의 증가액보다 큰 경우에는 그 승역지의 감소한 가액이 소송물금액이 된다. 가령 갑(甲) 토지는 보통 300원이 되는데, 요역지가 됨으로서 가격이 350원으로 증가한 경우에 그 증가분 50원을 소송물로 정하고, 을(乙) 토지는 가격이 보통 400원인데 승역지로 됨으로서 280원으로 가액이 감소한 경우에는 그 감소분 120원을 소송물로 정하게 되는 것이다.

병. 임대차와 영소작(永小作)에 의한 권리가 소송물이 되는 경우

이는 동산과 부동산을 불문한다. 임대차에 의한 권리와 영소작에 의한 권리가 소송물이 되는 경우에는 그 계약 유무 또는 그 시기가 소송에서 다투어 지는 경우에는 1년 차임의 20배액을 소송물의 가액으로 산정한다. 만약 그 분쟁의 시점에 차임액이 이것보다 적은 경우에는 그 소액에 의하여 소송물의 가액을 정하게 된다(민소 제5조 제3호 참조).

정. 정기의 급부(給付)와 또 그 수익의 권리가 소송물이 되는 경우

여기에는 종신정기금과 부양금

* 요역지에 토지의 이용을 허락하는 토지를 말한다.
** 도로 등으로 출입하기 위해서는 다른 토지의 이용이 필요한 토지를 의미한다.

養金과如ᄒᆞᆫ定期給付의權利가訴訟物되ᄂᆞᆫ時ᄂᆞᆫ一個年收入額의二十倍로訴訟物價額을ᄒᆞᆷ이라然ᄒᆞ나收入의終期가定ᄒᆞᆷ이되야將來收入額이此보다少ᄒᆞᆫ時ᄂᆞᆫ其少額에依ᄒᆞ야算定ᄒᆞᆷ이라

以上說明ᄒᆞᆫ바ᄂᆞᆫ計算에困難ᄒᆞᆫ者를法律이特別計筭方法을規定ᄒᆞᆫ者ㅣ나現今實際訴訟法에徵ᄒᆞ니計算困難ᄒᆞᆫ境遇가此等事項에만止ᄒᆞᆯ뿐아니라他에計算困難ᄒᆞᆫ者ㅣ許多ᄒᆞ야本法算定法에關ᄒᆞᆫ規定의不備가不少ᄒᆞᆷ이라假令水論山論과如ᄒᆞᆫ者又捕魚採藻와如ᄒᆞᆫ者等에關ᄒᆞ야提起ᄒᆞᆫ訴訟은財産上訴訟인즉價額의計筭을要ᄒᆞᆷ은勿論이나其算定標準이極히困難ᄒᆞᆷ이라然ᄒᆞ나如此困難ᄒᆞᆫ價額計筭에對ᄒᆞ야特別히計算方法을列擧ᄒᆞᆷ은立法上에困難ᄒᆞᆷ이頗多ᄒᆞᆯ지라故로裁判官의意見으로此를定ᄒᆞᆷ이本則이라ᄒᆞᆷ은德國訴訟法의採用ᄒᆞᆷ과갓치此主義가近理ᄒᆞ다ᄒᆞ노라

三、訴訟物價額計筭에關ᄒᆞᆫ裁判所職權　訴訟物價額은原告가前述ᄒᆞᆫ標準에依ᄒᆞ야訴狀에記載ᄒᆞᆷ이可ᄒᆞ나(民訴第一九〇條參照)計算ᄒᆞᆷ에當事者間에相爭이有ᄒᆞᆯ時ᄂᆞᆫ以上筭定法에依ᄒᆞ야裁判所意見으로此를定ᄒᆞᆷ을得ᄒᆞ며其

과 같이 정기급부의 권리가 소송물이 되는 경우에는 1년 수입액의 20배로 소송물의 가액을 정한다. 그러나 수익의 종기(終期)가 되어 장래수익액이 이보다 작은 경우에는 그 소액에 의하여 이를 산정하게 된다.

이상 설명한 방법으로 계산하는 것이 곤란할 경우에는 법률이 특별계산방법을 정하고 있지만 현재 실제 소송법에서 나타나는 계산이 곤란한 경우는 이러한 사항에는 그치는 것이 아니라 다른 경우에도 계산이 어려운 경우가 허다(許多)하여, 본법에서의 산정법에 관한 규정이 불비(不備)가 적지 않다. 가령 물과 산에 관한 논란 또는 어업과 약재 채취 등과 같은 경우에 제기되는 소송은 재산상소송이므로 물론 그 가액을 계산할 필요가 있지만 그 계산기준이 극히 곤란하다. 하지만 이와 같이 가액계산이 곤란하지만 계산방법을 입법상 열거하는 것은 상당히 어렵기 때문에 재판관의 의견으로 이를 정하는 것이 본 규정이다. 이는 독일소송법(德國訴訟法)이 채용한 것과 같이 이러한 입법이 이치에 합당하다고 본다.

3. 소송물의 가액산정에 관한 재판소의 직권

소송물의 가액은 원고가 앞서 설명한 기준에 따라 소장에 기재하는 것이 가능하지만(민소 제190조 참조), 계산을 함에 있어서 당사자 사이에 서로 다툼이 있을 경우에는 이상에서 설명한 계산방법에 의하여 재판소의 의견으로 이를 정하게 된다. 이

價額計算에裁判所는其申提와又其職權으로檢證과鑑定을命ᄒᆞᆷ을得ᄒᆞᆷ이라

(民訴第六條)

第二欵 裁判所土地管轄(裁判籍)

土地管轄은事物管轄에裁判權을有ᄒᆞᆫ同等裁判所內에土地區域에從ᄒᆞ야裁判權을行ᄒᆞ는限界를定ᄒᆞᆷ이니其管轄을定ᄒᆞᆷ에는訴訟物存在ᄒᆞᆫ處所에依ᄒᆞᆯ가當事者의居ᄒᆞ는處所에依ᄒᆞᆯ가ᄒᆞᆷ에在ᄒᆞ니一般境遇에는當事者中被告의居ᄒᆞ는處所에依ᄒᆞ야管轄을定ᄒᆞᆷ이原則이라

土地管轄은其訴를受ᄒᆞᆯ者의地位로言ᄒᆞ면其訴에人與物의存在ᄒᆞᆫ土地裁判所의管轄에從屬ᄒᆞᆯ義務가有ᄒᆞᆷ을意味ᄒᆞᆷ이니其意味에土地管轄을裁判籍이라稱謂ᄒᆞᆷ이라

裁判籍에는普通裁判籍과特別裁判籍의二種이有ᄒᆞ며又其裁判籍에訴ᄒᆞᆷ을强制ᄒᆞᆷ이有ᄒᆞ니此를專屬裁判所라稱ᄒᆞᆷ이라

第一 普通裁判籍

普通裁判籍은物에不定ᄒᆞ고人에定ᄒᆞᄂᆞ니此人은卽當事者中被告에定ᄒᆞᆷ이라

가액계산에 있어서 재판소는 그 신청 또는 직권으로 검증과 감정을 명할 수 있다(민소 제6조).

제2관 재판소의 토지관할(재판적)

토지관할은 사물관할의 재판권을 가진 동급 재판소 내에서 토지구역에 따라 재판권을 행하는 한계를 정한 것이다. 이 관할을 정함에 있어서 소송물이 존재하는 장소에 의할 것인지 또는 당사자가 거(居)하는 처소(處所)에 의할 것인가에 있다. 일반적인 경우에는 당사자 중 피고가 거하는 처소에 의하여 관할을 정하는 것이 원칙이다. 토지관할은 그 소를 제기당할 자의 지위로 보면 제기하는 소에 사람과 물건이 존재하는 토지재판소의 관할을 따라야 할 의무가 있다는 것을 의미한다. 그런 의미에서 토지관할을 재판적(裁判籍)이라고 칭한다.

재판적에는 보통재판적(普通裁判籍)과 특별재판적(特別裁判籍)이라는 2가지가 있다. 또 그 재판적에 소를 제기하는 것을 강제할 수 있는 경우가 있는데 이를 전속재판적(專屬裁判籍)* 이라 한다.

제1 보통재판적

보통재판적이라 함은 물건에 따라 정하는 것이 아니고 사람 즉 당사자 중 피고에 의하여 정하게 된다.

---

* 본문은 '전속재판소(專屬裁判所)'라고 표현하고 있는데, 문맥상 전속재판적 또는 전속관할(專屬管轄)로 사료된다.

此被告에普通裁判籍이有ᄒᆞᆫ土地의裁判所가特別히專屬裁判籍의定ᄒᆞᆷ이無ᄒᆞ면其人에對ᄒᆞ야裁判籍을有ᄒᆞᆷ이라(民訴第一〇條參照)今此各人을言ᄒᆞ면自己에對ᄒᆞᆫ訴訟이特別히專屬裁判籍이無ᄒᆞ면其普通裁判籍을有ᄒᆞᆫ土地의裁判所에셔裁判을受ᄒᆞᆯ權利가有ᄒᆞ며又其義務가有ᄒᆞᆷ이라

普通裁判籍을定ᄒᆞᆷ에受訴者即被告를標準ᄒᆞᆫ所以는各人은特別裁判을不受ᄒᆞ는以上에는他人에對ᄒᆞ야何等의責任이無ᄒᆞᆷ으로看做ᄒᆞᆷ이原則이라是故로其曲直이未定ᄒᆞᆫ起訴當時에被告를原告所在地에셔應訴ᄒᆞ게ᄒᆞᆷ은不當ᄒᆞᆫ故로受訴者에普通裁判籍을定ᄒᆞ고原告로被告裁判籍에起訴ᄒᆞᆯ義務를負ᄒᆞ게ᄒᆞᆷ이라盖歐米各國에도被告의住所를管轄ᄒᆞ는官廳으로一般裁判所의土地管轄을定ᄒᆞᄂᆞ니此原則은時의古今과地의東西를不問ᄒᆞ고各國에通行ᄒᆞ는訴訟上의法規라謂ᄒᆞᆷ이라普通裁判所에는被告의住所에依ᄒᆞ야定ᄒᆞᆯ者와被告의現在地에依ᄒᆞ야定ᄒᆞᆯ者와被告의最後住所에依ᄒᆞ야定ᄒᆞᆯ者ㅣ三種이有ᄒᆞ니以下에此를分說코져ᄒᆞ노라

一、住所에依ᄒᆞ야定ᄒᆞᆯ者　人의普通裁判籍은其住所에依ᄒᆞ야定ᄒᆞᆷ이니(民

이 피고에게 보통재판적이 있는 토지의 재판소가 특별히 전속재판적이 정하여진 것이 아니면 그 사람에 대하여 재판적을 가진다(민소 제10조 참조). 지금 그 모든 사람에 대하여 말하면 자기에 대한 소송이 특별히 전속재판적이 있는 것이 아니면 그 보통재판적을 가지는 토지의 재판소에서 재판을 받을 권리가 있고 또한 그 의무가 있게 된다.

보통재판적을 정함에 소를 제기당하는 자 즉 피고를 기준으로 한 이유는 모든 사람은 특별재판을 받는 것이 아닌 이상 타인에 대하여 하등의 책임이 없는 것으로 간주함이 원칙이다. 그런 이유로 잘못 여부가 정하여지지 아니한 소제기 당시에 피고를 원고 소재지에서 응소하게 하는 것은 부당한 것이므로 소제기를 당하는 자의 보통재판적을 정하고, 원고로 하여금 피고의 재판적에 소를 제기할 의무를 부담하게 한 것이다. 구미각국(歐米各國)에서도 피고의 주소를 관할하는 관청인 일반재판소에 토지관할을 정하고 있다. 이 원칙은 동서고금(東西古今)을 불문하고 각국에서 인정하는 소송상의 법규라고 할 수 있다. 보통재판소에는 피고의 주소(住所)에 의하여 정하여 지는 경우와 피고의 현재지(現在地)*에 의하여 정하는 경우와 피고의 최후주소에 의하여 정하는 3가지 방법이 있다. 이하에서 이것을 나누어 설명하도록 하겠다.

1. 주소에 의하여 정하는 경우

사람의 보통재판적은 그 주소에 의하여 정한다(민소

* 거소(居所)를 의미한다.

訴第一○條) 其住所에左開區別이有ᄒᆞᆷ이라

甲 本然住所에依ᄒᆞᆯ者　自然人에ᄂᆞᆫ本然住所에ᄒᆞᆷ이니所謂本然住所ᄂᆞᆫ各人生活의本據를謂ᄒᆞᆷ이라(民法第二一條叅照)

乙 訴訟上法定住所에依ᄒᆞᆯ者

가 公私의法人과又其資格에被訴ᄒᆞᆷ을得ᄒᆞᆯ社團財團에ᄂᆞᆫ其所在地에依ᄒᆞ야定ᄒᆞ며所在地의定ᄒᆞᆷ이無ᄒᆞᆫ時ᄂᆞᆫ事務所所在地에依ᄒᆞ며一定ᄒᆞᆫ事務所가無ᄒᆞᆫ時ᄂᆞᆫ會長과又其事務擔當者의住所를事務所로看做ᄒᆞᆷ이니其所在地와又事務所所在地를法定의住所라稱ᄒᆞ야普通의裁判籍를定ᄒᆞᆷ이라(民訴第一四條第二項)

民法에ᄂᆞᆫ法人의住所ᄂᆞᆫ主事務所所在地로定ᄒᆞᆷ이니(民法第五○條叅照)法人에ᄂᆞᆫ事務所를必定ᄒᆞᄂᆞᆫ故로右規定은特別히法定住所를定ᄒᆞᆷ이라ᄒᆞ기不能ᄒᆞ야不用ᄒᆞᆷ에竟歸ᄒᆞᆯ지라唯其法定의住所를定ᄒᆞᆫ者로適用됨은其資格에被訴ᄒᆞᆷ을得ᄒᆞᆯ社團財團의境遇而已라然則其資格에被訴ᄒᆞᆷ을得ᄒᆞᆯ社團財團은如何ᄒᆞᆫ者를指稱ᄒᆞᆷ인지後日에當事者를說明ᄒᆞᆯ

제10조). 그 주소는 다음과 같이 구별된다.

갑. 본연주소(本然住所)* **에 의하는 경우**

자연인(自然人)은 본연주소로 정한다. 소위 본연주소라는 것은 각 사람의 생활 근거가 되는 장소를 말한다(민법 제21조 참조).

을. 소송상 법정주소(法定住所)**에 의할 경우**

가. 공사(公私)의 법인(法人), 비법인(非法人)의 사단(社團)과 재단(財團)** 은 그 소재지(所在地)에 의하여 정한다. 소재지의 정함이 없는 때에는 사무소(事務所) 소재지에 의하여 정하고, 일정한 사무소가 없는 때에는 대표자(酋長) 또는 그 사무담당자의 주소를 사무소로 간주한다. 그 소재지와 또는 사무소 소재지를 법정의 주소라고 칭하여 보통의 재판적을 정하게 된다(민소 제14조 제2항).

민법에서 법인의 주소는 주된 사무지로 정하고 있어(민법 제50조 참조), 법인은 사무소를 필수적으로 정하고 있기 때문에 이 규정을 특별히 법정주소를 정한 것이라고 할 수는 없게 된다. 오직 그 법정주소로 정하는 것으로 적용되는 경우는 비법인 사단과 재단이다. 그런즉 비법인 사단과 재단이라는 것이 무엇인지는 교과서의 당사자를 설명할 때에

---

* 본연주소라는 것은 자연인이 정주(定住)하려는 의사로 거주하는 곳을 의미한다.

** "그 자격에 소제기를 당할 자격을 얻은 사단과 재판"이라 함은 소송법상 당사자능력이 인정되는 비법인 사단과 법인을 지칭하는 것이므로, '비법인 사단과 법인'으로 설명하도록 한다.

時에詳論ᄒᆞᆯ지나要컨ᄃᆡ法人이아니오訴訟上當事者됨을得ᄒᆞᆯ者即社寺와如ᄒᆞᆫ者는民法施行後에도法人은아니나從來法規에依ᄒᆞ야獨立ᄒᆞ야受訴ᄒᆞ게ᄒᆞᆷ으로써所謂其資格에被訴ᄒᆞᆷ을得ᄒᆞᆯ團體에屬ᄒᆞᆯ지라（民法施行法第三八條叅照）又破産財團은法律上法人으로看做ᄒᆞᆷ을不得ᄒᆞ나獨立ᄒᆞ야受訴ᄒᆞᆷ을得ᄒᆞ는故로是亦此種團體에屬ᄒᆞᆯ지라

나 國庫에는一國을代表ᄒᆞ는官廳所在地로써訴訟上法定住所라稱ᄒᆞ고此에依ᄒᆞ야普通裁判籍을定ᄒᆞᆷ이라（民訴第一四條第一項）

다 軍人과軍屬에는其兵營地와軍艦定繫所로써訴訟上法定住所라稱ᄒᆞ고此에依ᄒᆞ야普通裁判籍을定ᄒᆞᆷ이라（民訴第一一條）此等은其服役地를離ᄒᆞᆷ이不能ᄒᆞᆯ特種의勤務에服ᄒᆞᆷ으로如斯ᄒᆞᆫ規定을設ᄒᆞᆷ이라右軍人中에는將校以下兵卒을包含ᄒᆞ고又軍屬이란者는主計官、軍醫、監護卒、馬丁等을總稱ᄒᆞᆷ이라然ᄒᆞ나現今役務에不服ᄒᆞ는豫備、後備에軍人及軍屬은此法定住所에不依ᄒᆞᆷ이라

二、現住所에依ᄒᆞ야定ᄒᆞᆯ者 日本에住所를不有ᄒᆞᆫ者는外國人과日本人을不

자세히 설명하도록 하겠지만, 요컨대 법인이 아니지만 소송상 당사자가 되는 것을 받은 자(者) 즉 사단법인(社), 절(寺)과 같이 민법 시행 후에도 법인은 아니지만 종래 법규에 의하여 독립하여 제소 당할 수 있게 함으로써 소위 그 자격에 피소(被訴) 함을 얻은 단체에 속한 경우이다(민법 시행령 제38조 참조). 또한 파산재단(破産財團)은 법률상 법인으로 간주하기 때문에 독립하여 소를 제기 받는 자격이 있으므로 이 역시 이러한 종류의 단체에 속하는 것이다.

나. 국가*에 대하여는 나라를 대표하는 관청의 소재지에 소송상 법정주소라 칭하고 이에 의하여 보통재판적을 정하게 된다(민소 제14조 제1항).

다. 군인(軍人)과 군속(軍屬)에 관하여는 그 병영지(兵營地)와 군함 정계소(定繫所)**를 소송상 법정주소라고 하고, 이에 의하여 보통재판적을 정한다(민소 제11조). 이러한 것 등은 그 복역지(服役地)를 떠나는 것이 불능한 특종의 근무를 하는 경우를 위하여 정한 것이다. 군인 중 장교 이하 병졸을 포함하고 또 군속이란 주계관(主計官), 군의(軍醫), 감호졸(監護卒), 마정(馬丁) 등을 총칭하는 것이다. 그러나 현재 복무하고 있지 아니한 예비(豫備), 후비(後備)의 군인 또는 군속은 이러한 법정주소에 의하지 아니한다.

2. 현재지(現在地)에 의하여 정하는 경우

일본에 주소를 가지고 있지 아니한 자는 외국인과 일본인을 불문

---

* 본문에는 '국고(國庫)'라고 표현하고 있다.
** 정박지(碇泊地)를 의미한다.

問ᄒᆞ고日本現在地에依ᄒᆞᆷ이라此規定은外國에住所를不有ᄒᆞᆫ者에만限ᄒᆞ야適用ᄒᆞ고若其外國에住所를有ᄒᆞᆫ者ᄂᆞᆫ日本에서生ᄒᆞᆫ法律關係에만此地를普通裁判籍이라ᄒᆞᆷ이라(民訴第一三條)

三、最後住所에依ᄒᆞ야定ᄒᆞᆯ者

甲　外國에서治外法權을有ᄒᆞᆫ官吏와其家族及從者에ᄂᆞᆫ此等者ᄂᆞᆫ最後住所에依ᄒᆞ야定ᄒᆞᆷ이라若其住所가無ᄒᆞᆫ時ᄂᆞᆫ司法大臣의命令으로東京內에區를豫定ᄒᆞ야住所地라謂ᄒᆞᆷ이라(民訴第一二條)此에所謂治外法權을有ᄒᆞᆫ者ᄂᆞᆫ公使及公使館의吏員과其家族을謂ᄒᆞᆷ이오領事ᄂᆞᆫ國際法上治外法權을有ᄒᆞᆫ者로不認ᄒᆞᆷ이一般이니此所以ᄂᆞᆫ公使ᄂᆞᆫ國家를代表ᄒᆞ고本國政府의一部를分岐ᄒᆞ야外國에存立ᄒᆞᆷ으로看做ᄒᆞᄂᆞᆫ故로治外法權이有ᄒᆞ되領事ᄂᆞᆫ商業上外國에渡航ᄒᆞᄂᆞᆫ者의監督의不過ᄒᆞᆷ으로治外法權을有ᄒᆞᆫ者中에包含치못ᄒᆞᆷ이라

乙　日本에住所를不有ᄒᆞᆫ者가其現在地를不得知ᄒᆞᆯ者와又其外國에在ᄒᆞᆫ者ᄂᆞᆫ日本에서最後에有ᄒᆞᆫ住所에依ᄒᆞᆷ이라(民訴第一三條)此規定도亦外國

(不問)하고 일본 현재지에 의한다. 이 규정은 외국에 주소를 가지고 있지 아니한 자에 한하여 적용한다. 만약 그 외국에 주소를 가지고 있는 자는 일본에서 발생한 법률관계에 관하여만 현재지에 보통재판적이 있다(민소 제13조).

3. 최후주소에 의하여 정하는 경우

갑. 외국의 치외법권을 가진 관리와 그 가족 내지 수행원은 최후주소에 의하여 재판적을 정한다. 만약 그 최후주소가 없는 경우에는 사법대신(司法大臣)* 의 명령으로 동경 내에 장소를 예정하여 주소지로 한다(민소 제12조). 여기에서 치외법권을 가진 자라 함은 공사(公使)와 공사관의 관리와 그 가족을 말한다. 영사(領事)는 국제법상 치외법권을 가진 자로 인정하지 않는 것이 일반이다. 그 이유는 공사는 국가를 대표하고 본국정부의 일부로서 외국에 존재하는 것으로 간주하기 때문에 치외법권이 있기는 하지만 영사는 상업상 외국에 온 자를 감독하는 것에 불과할 뿐이기 때문에 치외법권을 가진 자 중에 포함되지 아니한다.

을. 일본에 주소를 가지고 있지 아니한 자가 그 현재지를 알 수 없을 경우와 외국에 있는 거주하는 경우에는 일본의 최후주소에 의하여 재판적을 정한다(민소 제13조). 이 규정도 역시 외국

---

* 현 법무부장관으로 보면 된다.

에住所를有ᄒᆞᆫ者에對ᄒᆞ야ᄂᆞᆫ日本에서生ᄒᆞᆫ法律關係가아니면此를適用치아니ᄒᆞᆷ이라

第二　特別裁判籍

法律은普通裁判籍外에他裁判籍에도起訴ᄒᆞᆷ을定ᄒᆞᆫ지라此規定中에ᄂᆞᆫ事件種類에依ᄒᆞ야便宜上普通裁判籍外의裁判所에訴ᄒᆞᆷ을得ᄒᆞ게ᄒᆞᄂᆞᆫ目的과事件關係에依ᄒᆞ야普通裁判籍外에裁判所에서裁判을必行ᄒᆞ게ᄒᆞᄂᆞᆫ目的이有ᄒᆞ니此特別裁判籍을設ᄒᆞᆷ은數種의目的이有ᄒᆞᆷ인즉其分類ᄒᆞᆫ바를從ᄒᆞ야區別ᄒᆞᆷ을得ᄒᆞᆷ이라

一、當事者의狀態에基ᄒᆞᆫ特別裁判籍

甲　特別狀態에在ᄒᆞᆫ被告에對ᄒᆞ야一般財産上請求에關ᄒᆞᆫ特別裁判籍

가　永寓者에對ᄒᆞ야現在地에依ᄒᆞᄂᆞᆫ裁判籍（民訴第一五條第一項）生徒、雇人、營業使用人、職工商工業見習者（民法第六二六條參照）其他性質上一定地에永寓ᄒᆞᆫ者에關ᄒᆞᆫ財産上의訴ᄂᆞᆫ其現在地의裁判所에訴ᄒᆞᆷ을得ᄒᆞᆷ이라此規定은其性質上一定地에永寓者됨을要件이라ᄒᆞ니實

에 주소를 가지는 자에 대하여 일본에서 발생한 법률관계가 아니면 이를 적용하지 아니한다.

제2 특별재판적

법률은 보통재판적 외에 다른 재판적에도 소를 제기할 수 있다고 정하고 있다. 이 규정 중에는 사건의 종류에 의하여 편의상 보통재판적 외에 소를 제기하게 하려는 목적과 사건관계에 의하여 보통재판적 외의 재판소에 재판을 꼭 진행하게 하려는 목적에서 이를 인정하고 있다. 이러한 특별재판적은 이를 인정한 목적이 있기 때문에 그 분류한 바에 따라 다음과 같이 나누어 설명하겠다.

1. 당사자의 상태에 기한 특별재판적

갑. 특별상태가 있는 피고에 대하여 일반 재산상청구에 관한 특별재판적

가. 영우자(永寓者)에[*] 대한 현재지의 특별재판적(민소 제15조 제1항)

생도(生徒), 고용인, 상법사용인, 직공·상공업 견습자(민법 제626조 참조) 기타 성질상 일정한 지역에 오랫 동안 임시로 거주하는 자에 대한 재산상의 소를 제기하는 경우에는 그 현재지의 재판소에 소를 제기할 수 있다. 이 규정은 그 성질상 일정한 지역에 오랫동안 임시로 살고 있는 것을 요건으로 한다.

[*] 훈련, 업무 등으로 기숙사 등에 임시로 거주하는 자를 의미한다.

際의居住長短과又其間斷이無ᄒᆞ게居住ᄒᆞᆷ은必要ᄒᆞ다謂치아니ᄒᆞᄂᆞᆫ故로一時雇工者ᄂᆞᆫ此에包含치아니ᄒᆞ며囚人은旣決囚에만此에包含ᄒᆞᆷ이라

나　兵役者에對ᄒᆞ야兵營地及軍艦定繫地에依ᄒᆞᆯ特別裁判籍（民訴第一五條第二項）兵役義務履行의服役ᄒᆞᄂᆞᆫ軍人、軍屬에對ᄒᆞᆫ財產上의訴ᄂᆞᆫ其兵營地와軍艦定繫地의裁判所에訴ᄒᆞᆷ을得ᄒᆞᆷ이라徵兵에ᄂᆞᆫ本法弟十一條但書規定에依ᄒᆞ야特別히法定住所를不定ᄒᆞᆷ으로其普通裁判籍은第十條에從ᄒᆞ야本住所에依ᄒᆞ야定ᄒᆞᆷ이나性質上兵營과軍艦에永寓ᄒᆞᆷ으로特別裁判籍의規定을定ᄒᆞᆫ所以니라

다　住所가無ᄒᆞᆫ者에對ᄒᆞ야財產所在地에依ᄒᆞᆯ特別裁判籍　內國에住所를不有ᄒᆞᆫ者에對ᄒᆞᆫ財產上의訴ᄂᆞᆫ其請求ᄒᆞᆯ財產의所在地裁判所에訴ᄒᆞᆷ을得ᄒᆞᄂᆞ니其請求가物에在ᄒᆞᆫ時ᄂᆞᆫ物의所在地가即財產의所在地오其請求가債權에在ᄒᆞᆫ時ᄂᆞᆫ其債務者即第三債務者所在地를財產의所在地라ᄒᆞ고其債權에物이擔保의責任이有ᄒᆞᆫ時ᄂᆞᆫ其擔保物의所在地를財產

실제 주거의 장단(長短)과 또 기간이 이어져 거주할 필요가 있다. 그렇게 때문에 일시 고용자는 이에 포함되지 아니하고, 구금된 자*는 기결수만 이에 포함된다.

나. 병역자에 대하여 병영지 내지 군함정박지의 특별재판적 (민소 제15조 제2항)

병역의무를 이행하는 복무 중인 군인, 군속(軍屬)에 대한 재산상의 소는 그 병영지와 군함정박지의 재판소에 소를 제기할 수 있다. 징병(徵兵)의 경우에는 민사소송법 제11조 단서의 규정에 의하여 특별히 법정주소를 정하고 있지 아니함으로, 그 보통재판적은 제10조에 따라 주소에 의해야 하기 때문에 성질상 병영과 군함에 있는 경우에 특별재판적으로 정하고 있는 것이다.

다. 주소가 없는 자에 대하여 재산소재지의 특별재판적

국내에 주소를 가지고 있지 아니한 자에 대하여 재산상의 소를 청구하는 경우 재산의 소재지 재판소에 소를 제기할 수 있다. 그 청구가 물건과 관련이 있는 경우에 물건의 소재지가 재산의 소재지이다. 그 청구가 채권과 관련이 있는 경우에는 그 채무자 즉 제3채무자의 소재지가 재산의 소재지에 해당한다. 그 채권이 물건을 담보로 잡고 있는 경우에는 그 담보물의 소재지가 재산

---

* 수인(囚人)이라고 한다.

의所在地라홈이라(民訴第一七條)此에注意는假令日本에住所를不有흔者ㅣ若其外國에住所를有흔時는普通裁判籍에訴홀境遇에도第十三第二項에依ᄒᆞ야日本에서生흔法律關係에基홈을要홀制限이有ᄒᆞ니是故로特別裁判所에起訴홀境遇라도右制限에不可不從事홈이라

營業者에對ᄒᆞ야其事業上請求에關흔特別裁判籍

가 商工業者에對ᄒᆞ야其店鋪所在地에依홀裁判籍　製造、商業、其他營業에直接으로去來ᄒᆞ는店鋪를有흔者에對흔營業上의請求는其所在의裁判所에訴홈을得홈이라(民訴第一六條)此店鋪는營業上中心地라故로其地에서起訴ᄒᆞ게홈은實로便宜에在홈이니此特別裁判籍에訴홈은其店鋪에서直接으로去來흔營業上의法律關係가有홈을要홈이라

나 農業者에對ᄒᆞ야住家와又其農業用建物所在地에依홀裁判籍　住家와農業用建物이在흔地를利用ᄒᆞ는所有者와賃借人에對흔其地所의利用上에關흔請求는物上訴訟과對人訴訟을不問ᄒᆞ고其建物所在地의裁判所에訴홈을得홈이라(民訴第一六條第二項)

의 소재지가 된다(민소 제17조). 여기에서 주의할 것은 가령 일본에 주소를 가지지 아니한 자 즉 외국에 주소를 가지는 경우에는 보통재판적에 소를 제기할 수 있지만, 특별재판적인 제13조 제2항에 의하여 소를 제기하려면 일본에서 발생한 법률관계에 한하여 가능하다.

을. 영업자에 대하여 그 사업상의 청구에 관한 특별재판적

가. 상공업자에 대한 그 점포소재지의 특별재판적

제조, 상업 기타 영업에 직접 거래를 하는 점포(店鋪)를 가진 자에 대하여 영업상의 청구를 하는 경우는 점포소재지의 재판소에 소를 제기할 수 있다(민소 제16조). 해당 점포는 영업의 중심지이기 때문에 소제기의 편의를 위하여 인정하는 것이다. 이 특별재판적에 소를 제기하기 위하여는 해당 점포에서 직접 거래한 영업상의 법률관계가 있어야 한다.

나. 농업자에 대한 거주하는 집과 농업용건물 소재지의 특별재판적

주가(主家)* 와 농업용건물이 있는 땅을 이용하는 소유자와 임차인 사이에 그 사용하는 땅의 이용에 관한 청구는 물상소송(物上訴訟)** 과 대인소송(對人訴訟)*** 을 불문하고 건물소재지의 재판소에 소를 제기할 수 있다(민소 제16조 제2항).

---

* 농사를 위하여 거주하는 집을 의미한다.
** 물건 관련한 소송을 말한다.
*** 사람과 관련한 소송을 말한다.

丙 社團의社員에對ᄒᆞ야社員된資格에基ᄒᆞᆫ請求에關ᄒᆞᆫ特別裁判籍　會社와其他社團이其社員에게對ᄒᆞ거ᄂᆞᆫ又其社員이社員에게對ᄒᆞ야社員된資格에基ᄒᆞᆫ請求ᄂᆞᆫ會社와其他社團의普通裁判所籍이有ᄒᆞᆫ地即第十四條의裁判籍에訴ᄒᆞᆷ을得ᄒᆞᆷ이라(民訴第一九條)一般境遇에ᄂᆞᆫ社員의普通裁判籍에訴ᄒᆞᆷ이나事件이社團의關係가有ᄒᆞᆷ으로社團所在地의裁判所에訴ᄒᆞᆷ을得ᄒᆞ게ᄒᆞᆷ이라

二、訴訟目的의性質에基ᄒᆞᆫ特別裁判籍

甲 債務의請求에關ᄒᆞᆫ特別裁判籍

가 契約上債務에關ᄒᆞᆫ履行地에依ᄒᆞᆫ裁判籍　契約의成立과不成立의確認及鐵消와解除及債務不履行에關ᄒᆞᆫ賠償의訴ᄂᆞᆫ其訴訟에關ᄒᆞᆫ債務履行地의裁判所에訴ᄒᆞᆷ을得ᄒᆞᆷ이라（民訴第一八條）其請求ᄂᆞᆫ金錢의支給에關ᄒᆞᆷ과物의引渡에關ᄒᆞᆷ을不問ᄒᆞ며其履行地ᄂᆞᆫ原告가履行ᄒᆞᆯ地든지被告가履行ᄒᆞᆯ地든지此를不問ᄒᆞ고履行地에訴ᄒᆞᆷ을得ᄒᆞᆷ이라

나 換債務에關ᄒᆞᆫ支給地의裁判籍　換錢上債務者의普通裁判籍을有ᄒᆞᆫ

병. 사단의 사원에 대한 사원의 자격에 기한 청구에 관한 특별재판적

회사와 기타 사단이 그 사원에게 대하거나 또는 그 사원이 사원에 대하여 사원된 자격에 기초한 청구는 회사와 기타 사단의 보통재판적이 있는 곳 즉 제14조의 재판적이 있는 곳에 소를 제기할 수 있다(민소 제19조). 일반적인 경우 사원의 보통재판적에 소를 제기하지만, 사건이 사단과 관계가 있는 경우에는 사단의 소재지의 재판소에 소를 제기할 수 있게 하였다.

2. 소송목적의 성질에 기한 특별재판적

갑. 채무의 청구에 관한 특별재판적

가. 계약상 채무에 관한 이행지에 의한 특별재판적

계약 성립과 불성립의 확인과 취소*, 해지 내지 채무불이행에 관한 배상의 소는 그 소송에 관한 채무이행지의 재판소에 소를 제기할 수 있다(민소 제18조). 이 청구는 금전의 지급에 관한 것과 물건의 인도에 관한 것에 불문하고, 그 이행지는 원고의 이행지나 피고의 이행지에 소를 제기할 수 있다.

나. 환채무(換債務)** 에 관한 지급지의 특별재판적

약속어음과 환어음과 관련한 소송에서 환전상 채무자의 보통재판적

* 취소(取消)를 당시 교소(繳消)라고 함.
** 약속어음과 환어음상의 채무를 의미하는 것으로 보인다.

地以外支給地의裁判所에訴ᄒᆞᆷ을得ᄒᆞᆷ이라(民訴第四九五條)此規定은換訴訟으로訴ᄒᆞᆯ境遇에만適用ᄒᆞᆷ이라

다 不法行爲에基ᄒᆞᆫ債務에關ᄒᆞᆫ行爲地의裁判籍　不法行爲에基ᄒᆞᆫ損害賠償의訴ᄂᆞᆫ(民訴第七〇九條以下參照)其行爲地의裁判所의訴ᄒᆞᆷ을得ᄒᆞᆷ이라(民訴第一二〇條)

乙 相續事件에關ᄒᆞᆫ特別裁判籍　相續事件에ᄂᆞᆫ遺産者死亡時의普通裁判籍에訴ᄒᆞᆷ을得ᄒᆞᆷ이라(民訴第一二四條)此에注意ᄒᆞᆯ者ᄂᆞᆫ相續事件은開始ᄒᆞᆫ相續과又此에準ᄒᆞᆯ遺言에依ᄒᆞ야生ᄒᆞᆫ訴訟을謂ᄒᆞᆷ이니推定家督相續人廢除의訴ᄂᆞᆫ身分에關ᄒᆞᆫ訴訟이라故로此에謂ᄒᆞᆫ바相續事件中에包含치아니ᄒᆞᆷ이라又其攻究ᄒᆞᆯ者ᄂᆞᆫ日本의相續은但其死亡에依ᄒᆞ야開始될뿐아니라家督相續에ᄂᆞᆫ死亡以外의原因을由ᄒᆞ야開始ᄒᆞᆷ도有ᄒᆞᆷ이라(民法第九六四條) 然ᄒᆞ나本法의特別裁判籍規定에ᄂᆞᆫ遺産者의死亡時云云이라ᄒᆞᆫ故로死亡以外의原因을由ᄒᆞᄂᆞᆫ相續에ᄂᆞᆫ適用ᄒᆞᆷ을不得ᄒᆞᆷ이라其特別裁判籍ᄒᆞᆷ을得ᄒᆞᆯ事件은法文에此를明定ᄒᆞ얏슨즉其特別以外의事件은此裁判籍

이외에 지급지의 재판소에 소를 제기할 수 있다(민소 제495조). 이 규정은 약속어음과 환어음과 관련한 소송에서만 적용된다.

다. 불법행위에 기한 채무에 관한 행위지의 특별재판적

불법해위에 기한 손해배상의 소(민소 제709조 이하 참조)는 그 행위지의 재판소에 소를 제기할 수 있다(민소 제20조).

을. 상속에 관한 특별재판적

상속사건(相續事件)은 유산자의 사망 시의 보통재판적에 소를 제기할 수 있다(민소 제24조). 여기에서 주의할 점은 상속사건은 개시한 상속과 이에 준한 유언에 의하여 발생하는 소송을 의미한다. 따라서 추정호주상속인(推定家督相續人)*을 폐제(廢除)**하는 소송은 신분에 관한 소송이므로 여기에서 말하는 상속사건에는 포함되지 아니한다. 유의할 점은 일본에서 상속은 사망에 의하여 개시할 뿐만 아니라, 호주상속의 경우에는 사망 이외의 원인으로 개시되기도 한다(민법 제964조). 따라서 본 규정의 특별재판적 규정은 유산자의 사망 시에 인정하는 것이므로 사망 이외의 원인으로 인한 상속에는 적용할 수 없다고 할 것이다. 본 규정의 적용을 받는 사건은 법문에서 이를 명확히 규정하고 있으므로 이외의 사건에는 이 특별재판적

* 가독상속인(家督相續人)이라 함은 구법(舊法)상 호주상속을 하는 자를 의미한다.

** 피상속인을 살해하는 등 일정한 법정원인이 있는 경우에 상속인의 자격을 박탈하는 것을 의미한다.

에訴홈을不得홈이라其特定ᄒᆞᆫ事項에依ᄒᆞ야此裁判籍을二種에分ᄒᆞ니即本然의相續裁判籍과附隨의相續裁判籍이라ᄒᆞ노라

가 本然의相續裁判籍　本然의裁判籍이라名稱홈은相續과遺言에依ᄒᆞ야直接으로生ᄒᆞᄂᆞᆫ權利義務에關ᄒᆞᆫ事件의裁判籍을謂홈이라

一、相續權에基ᄒᆞᆫ訴의境遇　假令相續回復의訴（民法第九六六條參照）又相續人된者가遺産管理者에對ᄒᆞ야遺産引渡를求ᄒᆞᄂᆞᆫ訴와如ᄒᆞᆫ者ㅣ라

二、遺贈에基ᄒᆞᆫ訴의境遇　假令受遺贈者가遺言執行者를對ᄒᆞ야遺贈의實施를求ᄒᆞᄂᆞᆫ訴와如ᄒᆞᆫ者ㅣ라

三、其他死亡에由ᄒᆞ야効力을生ᄒᆞᆯ處分에基ᄒᆞᆫ境遇　遺贈以外의遺言은此에所謂死亡에由ᄒᆞ야効力을生ᄒᆞᆯ者ㅣ며遺言에依ᄒᆞ야寄附行爲를ᄒᆞᆫ者ᄂᆞᆫ此에屬홈이니（民法第四一條參照）如斯ᄒᆞᆫ事件에遺言執行者에對ᄒᆞ야 其遺言의 實施를 求ᄒᆞᄂᆞᆫ訴ᄂᆞᆫ 此裁判籍에訴홈을得홈이라

에 소를 제기할 수 없다. 이러한 특정에 의하여 본 재판적을 2가지 종류로 나누어 설명하겠다. 즉 본연의 상속재판적과 부수적재판적이 그것이다.

가. 본연의 상속재판적

본연의 상속재판적이라 함은 상속과 유언에 의하여 직접적으로 발생하는 권리의무에 관한 사건의 재판적을 의미한다.

1) 상속권에 기한 소의 경우: 가령 상속회복의 소(민법 제966조 참조), 또는 상속인이 된 자가 유산관리인에 대하여 유산인도를 구하는 소를 제기하는 경우이다.

2) 유증에 의한 소의 경우: 가령 수유증자(受遺贈者)가 유언집행자에게 유증의 실시를 구하는 소와 같은 것이다.

3) 기타 사망에 의하여 효력이 발생하는 처분에 기한 경우: 유증 이외의 유언(遺言)은 소위 사망에 의하여 효력이 발생하는 경우이며 유언에 의하여 기부행위를 하는 것이 이에 해당한다(민법 제41조 참조). 이러한 사건에서 유언집행자에 대하여 그 유언의 실시를 구하는 소는 이 규정에 의하여 재판적을 갖는다.

以上三種境遇에本然의相續裁判籍은其遺產이遺產者死亡時에普通裁判籍이有혼地에存否를不拘호고此相續裁判籍에訴홈을得홈이라然호나其訴의目的物이不動產에關호는時는後節에說明홀不動產上의專屬裁判籍에不可不依니라

나 附隨의相續裁判籍　附隨의相續裁判籍은相續과遺言의效果로生호는法律關係에關혼事件이아니오遺產債權者가遺產者와相續人에對혼事件인즉相續裁判所에訴홈을得호게홈이라

一、遺產債權者가遺產者에對혼訴의境遇

二、遺產債權者가相續人에對혼訴의境遇

假令相續財產分割의訴와如혼者ㅣ라(民法第一〇四一條參照)

以上二種境遇는附隨의相續裁判籍으로遺產者死亡時의普通裁判籍을有혼地에起訴홈을得호나其遺產의全部或一部가其地에存在홈을要호ᄂᆞ니此ㅣ本然의相續裁判籍과異혼바ㅣ라

丙 不動產上請求에關혼特別裁判籍　不動產에關혼請求에는法律이其不

이상 3가지 경우에 본연의 상속재판적은 그 유산이 유언자의 사망 시의 보통재판적이 있는 곳에 존재하는지 여부와 관계없이 상속재판적에 따라 소를 제기할 수 있다. 따라서 그 소의 목적물이 부동산에 관한 것인 경우에도 다음 절에서 설명할 부동산상의 전속재판적에 따르지 아니한다.

나. 부수적 상속재판적

부수적 상속재판적은 상속과 유언의 효과로 발생하는 법률관계에 관한 사건이 아니지만, 유산채권자가 유산자(遺産者)*와 상속인에 대한 사건이므로 상속재판적을 갖는다.

1) 유언채권자의 유산자(遺産者)에 대한 소의 경우

2) 유언채권자의 상속인에 대한 소의 경우

가령 상속재산분할의 소와 같은 경우(민법 제1041조 참조)

이상 2가지 경우에는 부수적 상속재판적이 있어 유산자의 사망 당시의 보통재판적이 있는 곳에 소를 제기할 수 있지만, 이 경우 본연의 상속재판적과 달리 그 유산의 전부 또는 일부가 그 지역에 존재하고 있어야 한다.

병. 부동산상 청구에 관한 특별재판적

부동산에 관한 청구에는 법률이 그

* 피상속인(被相續人)을 의미한다.

動産所在地로써特別裁判籍을定ᄒᆞᆫ지라其裁判籍에ᄂᆞᆫ本權에基ᄒᆞᆫ訴、占有의訴、分割의訴와彊界의訴와如ᄒᆞᆫ物權의基ᄒᆞᆫ訴에關ᄒᆞᆫ特別裁判籍과不動産에關係가有ᄒᆞ나其請求ᄂᆞᆫ全然히債權에基ᄒᆞᆫ者라도不動産上의裁判籍에訴ᄒᆞᆷ을得ᄒᆞ게ᄒᆞᄂᆞᆫ特別裁判籍의區別이有ᄒᆞ니余ᄂᆞᆫ前者ᄅᆞᆯ本然의不動産上의裁判籍이라ᄒᆞ고後者ᄅᆞᆯ附隨의不動産上에裁判籍이라ᄒᆞ고各其論述코저ᄒᆞ노라

가　本然의不動産의裁判籍(不動産의專屬管轄)不動産上物權에基ᄒᆞᆫ訴ᄂᆞᆫ總其不動産所在地의裁判所管轄에專屬ᄒᆞᆷ이라(民訴第二二條)不動産의訴에如斯히專屬管轄을特定ᄒᆞᆫ所以ᄂᆞᆫ一則不動産을貴重ᄒᆞ며一則其不動産所在地에ᄂᆞᆫ不動産登記簿가存在ᄒᆞᆷ이니此地裁判所에起訴ᄒᆞᆯ時ᄂᆞᆫ調査上最便ᄒᆞᆷ으로認ᄒᆞᆷ이라故로此訴ᄂᆞᆫ반다시其裁判所에訴ᄒᆞ고被告의普通裁判籍에訴ᄒᆞᆷ은絶對的不許ᄒᆞᄂᆞ니其不動産上의物權에基ᄒᆞᆫ訴로本法에例示ᄒᆞᆫ者ㅣ如左ᄒᆞᆷ이라

一、本權에基ᄒᆞᆫ訴　假令所有權에基ᄒᆞ야其回復을求ᄒᆞᄂᆞᆫ訴와如ᄒᆞᆫ者

부동산 소재지에 특별재판적을 인정하고 있다. 이 재판적에는 본권(本權)에 기한 소, 점유(占有)의 소, 분할의 소와 경계확정의 소와 같이 물권(物權)에 기한 소에 관한 특별재판적과 부동산에 관계가 있다거나, 그 청구가 완전히 채권에 기한 것일지라도 부동산상의 재판적에 소를 제기하도록 인정하고 있다. 그런데 위 2가지는 개념상 구별이 필요하기 때문에 필자는 전자를 본래의 부동산상의 재판적이라고 하고, 후자를 부수적 부동산상 재판적이라 하여 이를 나누어 설명하도록 하겠다.

가. 본연의 부동산의 재판적(부동산의 전속관할)

부동산상 물권에 기한 소는 모두 그 부동산소재지 재판소의 전속관할로 한다(민소 제22조). 부동산의 소에 대하여 이와 같이 전속관할(專屬管轄)로 특정한 것은 첫째 부동산이 귀중하기 때문이고, 둘째로는 그 부동산소재지에는 부동산등기부가 존재하므로, 그 부동산소재지 재판소에 소를 제기할 경우에는 조사에 가장 편리하기 때문이다. 따라서 부동산상 물권에 기한 소는 반드시 부동산소재지 재판소에 소를 제기하여야 하고 피고의 보통재판적에 소를 제기하는 것은 절대적으로 인정되지 아니한다. 이 부동산의 물권에 기한 소는 다음과 같다.

1) 본권에 기한 소: 가령 소유권에 기하여 그 회복을 구하는 소와 같은 경우

ㅣ라

二、占有의訴　假令占有權에基ᄒᆞ야其占有保持의訴（民法第一九八條叅照）占有保全의訴（民法第一九九條叅照）占有回復의訴（民法第二〇〇條叅照）와如ᄒᆞᆫ者ㅣ라

三、分割의訴　假令共有物分割의訴와如ᄒᆞᆫ者ㅣ라（民法第二五六條叅照）

四、疆界의訴　假令隣接地所有者間의疆界設立及支出負擔에關ᄒᆞᆫ訴와如ᄒᆞᆫ者ㅣ라（民法第二二三條第二二四條叅照）

五、地役의訴　地役權에關ᄒᆞᆫ訴ᄂᆞᆫ（民法第二八〇條以下叅照）所有者가起訴ᄒᆞᆷ과占有者가起訴ᄒᆞᆷ을不問ᄒᆞ고其不動産裁判籍에屬ᄒᆞᆷ이라此境遇에要役地와承役地가其管轄을異ᄒᆞᄂᆞᆫ時ᄂᆞᆫ要役地所在地裁判所의管轄에專屬ᄒᆞᆷ이라

以上은唯其法律에例示ᄒᆞᆫ바에不過ᄒᆞ고其他直接으로不動産을目的ᄒᆞᆫ物權에基ᄒᆞᆫ訴ᄂᆞᆫ總히此裁判籍에專屬ᄒᆞᆷ이라

2) 점유의 소: 가령 점유권에 기하여 그 점유보지(占有保持)의소[*](민법 제198조 참조), 점유보전(占有保全)의 소[**](민법 제199조 참조), 점유회수(占有回收, 민법 제200조 참조)의 소와 같은 경우

3) 분할의 소: 가령 공유물분할의 소와 같은 경우(민법 제256조 참조)

4) 경계확정의 소[***]: 가령 인접지(隣接地) 소유자 사이에 경계확정 및 지출금 부담의 소와 같은 경우(민법 제223조, 제224조 참조)

5) 지역(地役)의 소: 지역권에 관한 소(민법 제280조 이하 참조)는 소유자가 소를 제기하거나 또는 점유자가 소를 제기하는 경우를 묻지 아니하고 그 부동산재판적에 속하게 된다. 이 경우에 요역지(要役地)[****]와 승역지(承役地)[*****]가 그 관할을 달리하는 경우에는 승역지 소재 재판소의 관할에 전속하게 된다.

이상은 이 규정에서 예시한 것에 불과하고 기타 직접으로 부동산을 목적으로 한 물권에 기한 소는 모두 부동산재판적에 전속하게 된다.

---

* 점유자의 점유의 방해를 받은 때에 그 방해의 배제 및 손해배상을 청구하는 소를 말한다.
** 점유자의 점유의 방해를 받을 염려가 있을 때에 그 방해의 예방 및 손해배상을 청구하는 소를 말한다.
*** 본문에서는 '강계(疆界)의 소'라고 표현하고 있다.
**** 다른 땅의 이용이 필요한 땅을 말한다.
***** 요역지의 필요에 따라 이용하게 되는 땅을 말한다.

나　附隨의不動産上의裁判籍(非專屬裁判籍)

物權에基ᄒᆞᆫ訴가아니나其請求가不動産에關ᄒᆞᆷ으로不動産所在地의裁判籍에訴ᄒᆞᆷ을得ᄒᆞ게ᄒᆞᆷ이라(民訴第二三條)

一、擔保의物權을有ᄒᆞᆫ債權에基ᄒᆞ야其物權에附帶ᄒᆞ야同一被告에對ᄒᆞᆫ訴　擔保의物權을有ᄒᆞᆫ債權과其擔保의物權의訴에附帶와同一被告에對ᄒᆞᆫ訴의三要件을具備ᄒᆞᆯ時ᄂᆞᆫ其債權에基ᄒᆞᆫ訴라도此不動産上의裁判籍에訴ᄒᆞᆷ을得ᄒᆞᆷ이니一例를擧ᄒᆞ면債權者에對ᄒᆞ야抵當不動産의保存方法이不良ᄒᆞᆷ으로保全의訴를起ᄒᆞᆯ時에此에附帶ᄒᆞ야同一被告에對ᄒᆞ야其抵當의主된貸金의一部或全部請求를ᄒᆞᄂᆞᆫ類ㅣ니라

二、不動産所有者及占有者에對ᄒᆞᆫ債權의訴　不動産의設置와保存의瑕疵가有ᄒᆞᆷ으로損害를被ᄒᆞᆫ者가其所有者及占有者에對ᄒᆞ야賠償의訴를ᄒᆞᄂᆞᆫ者와如ᄒᆞᆷ이라(民訴第七一七條)

三、不動産에加ᄒᆞᆫ損害賠償의訴　此ᄂᆞᆫ前號의境遇와反對니不動産의

나. 부수적 부동산상의 재판적(비전속제판적)

물권에 기한 소가 아니라 그 청구가 부동산에 관한 것이므로 부동산소재지의 재판적에 소를 제기할 수 있도록 한 것이다(민소 제23조 참조).

1) 담보의 물권을 가지고 있는 채권과 그 담보의 물권에 부대(附帶)하여 동일 피고에 대한 소: 담보의 물권을 가진 채권과 그 담보의 물권의 소에 부대하여 동일 피고에 대한 소라는 3가지 요건을 구비한 경우에는 그 채권에 기한 소의 경우라도 그 부동산상의 재판적에 소를 제기할 수 있다. 예컨대 채무자에 대하여 저당부동산의 보존방법이 좋지 아니하여 보전의 소를 제기하면서 이에 부대하여 동일 피고에 대하여 그 저당의 주된 대여금의 일부 혹은 전부를 청구를 구하는 것이 그 것이다.

2) 부동산의 소유자 내지 점유자에 대한 채권의 소: 부동산의 설치와 보존의 하자가 있어 손해를 당한 자가 그 소유자 내지 점유자에 대하여 배상의 소를 제기하는 경우이다(민소 제717조).

3) 부동산에 가한 손해배상의 소: 이는 위 2)와 반대로 부동산

所有者及占有者가其不動産에加害ᄒᆞᆫ賠償을求ᄒᆞᄂᆞᆫ境遇라此境遇에ᄂᆞᆫ其加害者의住所가何處에在ᄒᆞᆷ을不問ᄒᆞ고此不動産上의裁判籍에訴ᄒᆞᆷ을得ᄒᆞᆷ이라

丁）人事訴訟事件의裁判籍　人事訴訟事件에ᄂᆞᆫ被告의普通裁判籍에不依ᄒᆞ고左開裁判籍을特定ᄒᆞ니其裁判籍은總히專屬裁判籍이라ᄒᆞᆷ이라

가 婚姻事件의裁判籍　婚姻의無効、繳消와離婚。夫婦同居의訴等을包含ᄒᆞᆷ이니此訴ᄂᆞᆫ夫의普通裁判籍을有ᄒᆞᆫ地의裁判所에專屬ᄒᆞᆷ인故로妻가被告된時라도此裁判籍에不可不依ᄒᆞᆷ이라（人訴第一條叅照）

나 養子緣結事件의裁判籍　養子緣結事件은緣結의無効、繳消、離緣의訴等을包含ᄒᆞᆷ이니此訴ᄂᆞᆫ養親의普通裁判籍이有ᄒᆞᆫ地의裁判所에專屬ᄒᆞᆫ故로養子가被告된時라도此裁判籍에不可不依니라（人訴第二四條叅照）

다 親子關係事件의裁判籍　親子關係事件은子의否認（民法第八二一條叅照）認知（民法第八三五條叅照）認知無效、認知繳消（民法第八三

소유자 내지 점유자가 부동산에 손해를 입은 때로서 그 가해자의 주소가 어디에 있든지 관계없이 부동산상의 재판적에 소를 제기할 수 있다.

정. 인사소송사건의 재판적

인사소송사건에는 피고의 보통재판적에 따르지 아니하고 다음 재판적에 따라야 한다. 이 재판적은 모두 전속재판적(專屬裁判籍)이다.

가. 혼인사건의 재판적

혼인의 무효, 취소와 이혼, 부부동거의 소 등을 포함한다. 이 소는 부(夫)의 보통재판적이 있는 지역의 재판소에 전속한다. 따라서 처(妻)가 피고인 경우에도 이 재판적은 영향을 받지 아니한다(인소 제1조 참조).

나. 양자연결사건(養子緣結事件)*의 재판적

양자결연사건은 결연의 무효, 취소, 이연(離緣)의 소 등을 포함한다. 이 소는 양친(養親)의 보통재판적이 있는 곳 재판소의 전속관할이다. 따라서 양자(養子)가 피고가 되는 경우에도 이 재판적은 영향이 없다(인소 제24조 참조).

다. 친자관계사건(親子關係事件)의 재판적

친자관계사건은 자의 부인(否認)(민법 제821조 참조), 인지(認知)(민법 제835조 참조), 인지무효, 인지취소(민법 제834조 참조)

---

* 입양관련(入養關聯) 사건을 말한다.

四條參照）又ᄂᆞᆫ其父를定ᄒᆞᄂᆞᆫ訴（民法第八二一條參照）等을包含ᄒᆞᆷ이라此等訴ᄂᆞᆫ子의普通裁判籍이有ᄒᆞᆫ地의裁判所에專屬ᄒᆞᄂᆞ니（人事第二七條參照）認知의訴ᄂᆞᆫ子가原告가되야訴ᄒᆞᆯ時라도此裁判籍에訴ᄒᆞ며又其父를定ᄒᆞᄂᆞᆫ訴ᄂᆞᆫ其子가全혀當事者가되지아니ᄒᆞᆯ時라도此裁判所에亦是訴ᄒᆞᆷ이라（人事第三〇條參照）

라　相續人廢除事件의裁判籍　推定家督相續人과推定遺產相續人廢除와又其廢除繳消의訴ᄂᆞᆫ（民法第九七五條第九七六條第九七七條第九八八條第九九九條參照）被相續人의普通裁判籍이有ᄒᆞᆫ地의裁判所의專屬ᄒᆞᆷ이라（人訴第三三條參照）相續廢除繳消의訴ᄂᆞᆫ被相續人이全혀當事者가되지아니ᄒᆞᆯ時라도此裁判籍에不可不依니라（人訴第三四條參照）

마　隱居事件의裁判籍　隱居事件은隱居無効와又其繳消의訴（民法第七五八條第七五九條參照）와如ᄒᆞᆫ者를謂ᄒᆞᆷ이니此訴ᄂᆞᆫ隱居者의普通籍이有ᄒᆞᆫ地의裁判所에專屬ᄒᆞᆷ이라（人訴第三五條參照）隱居者가原告

또는 그 부(父)를 정하는 소(민법 제821조 참조) 등을 포함한다. 이러한 소 등은 자(子)의 보통재판적이 있는 곳의 재판소에 전속한다(인소 제27조 참조). 따라서 인지의 소에 있어서 자(子)가 원고가 되어 소를 제기하는 때에도 이 재판적에 소를 제기하여야 하고, 또한 그 부를 정하는 소에 있어서 그 자가 미성년자 등으로 온전한 당사자가 되지 아니할 경우에도 역시 이 재판소에 소를 제기하여야 한다(인소 제30조 참조).

라. 상속인폐제사건(相續人廢除事件)* 의 재판적

추정가독상속인(推定家督相續人)** 과 추정유산상속인의 폐제와 또는 그 폐제를 취소하는 소(민법 제975조, 제976조, 제977조, 제988조, 제999조 참조)는 피상속인의 보통재판적이 있는 곳의 재판소에 전속관할이 있다(인소 제33조 참조). 상속폐제취소의 소는 피상속인이 온전히 당사자가 될 때에만 이 재판적에 따를 수 있다(인소 제34조 참조).

마. 은거사건의 재판적

은거사건은 은거무효와 그 취소의 소(민법 제758조, 제759조 참조)와 같은 것을 말한다. 이 소는 은거자*** 의 보통재판적이 있는 곳의 재판소에 전속관할이 있다(인소 제35조 참조). 은거자가 원고인

---

* 상속인의 자격을 박탈하는 사건을 말한다.

** 추정호주상속인(推定戶主相續人)을 말한다.

*** 여기에서 은거자(隱居者)라고 함은 호주를 생존 중에 그만 둔 사람을 의미한다. 은거사건은 호주가 질병이나 사고로 그 직능을 수행할 수 없을 경우에 본인 또는 친족회가 그 대행자를 선임하는 제도를 말한다.

된時라도亦此裁判籍에不可不依니라

바　禁治產準禁治產事件의裁判籍　禁治產準禁治產의申提（民法第七條第一一條第一三條參照）又其撤消의申提（民法第一〇條第一三條參照）ᄂᆞᆫ其宣告를受ᄒᆞᆯ者와此를受ᄒᆞᆫ者의普通裁判籍이有ᄒᆞᆫ地의裁判所에專屬ᄒᆞᆷ이라（人訴第四〇條第六三條第六七條參照）

禁治產準禁治產의申提를却下ᄒᆞᆫ裁判에對ᄒᆞᆫ不服의訴ᄂᆞᆫ其裁判을ᄒᆞᆫ區裁判所를管轄ᄒᆞᄂᆞᆫ地方裁判所의管轄에屬ᄒᆞᆷ이라（人訴第五六條第六六條第六七條參照）

사　失踪事件의裁判籍　失踪宣告及其撤消의申提（民法第三〇條乃至第三二條參照）ᄂᆞᆫ不在者住所地의裁判所에專屬ᄒᆞᆷ이라（人訴第七一條參照）

以上所述의人事訴訟裁判籍은被告住所의如何를不顧ᄒᆞ고其訴訟의性質上裁判籍을定ᄒᆞᆫ者인즉或原告가自己住所地의裁判所에訴ᄒᆞᆷ이有ᄒᆞ며又其訴訟의當事者以外者의住所地裁判所에訴ᄒᆞᆷ이有ᄒᆞ나各其必要上에特

경우에도 본 재판적에 따른다.

바. 금치산(禁治産)과 준금치산(準禁治産)* 사건의 재판적

금치산(禁治産)과 준금치산(準禁治産)의 신청(민법 제7조, 제11조, 제13조 참조), 또는 그 취소의 신청(민법 제10조, 제13조)은 그 선고를 받은 자와 이를 받은 자의 보통재판적이 있는 곳의 재판소에 전속한다(인소 제40조, 제63조, 제67조 참조). 금치산(禁治産)과 준금치산(準禁治産)의 신청을 각하한 재판에 대한 불복의 소는 그 재판을 한 구재판소(區裁判所)를 관할하는 지방재판소의 관할에 속한다(인소 제56조, 제66조, 제67조 참조).

사. 실종사건(失踪事件)의 재판적

실종선고 내지 그 취소의 신청(민법 제30조 내지 제32조 참조)은 부재자의 주소지의 재판소에 전속한다(인소 제71조 참조).

이상에서 설명한 인사소송의 재판적은 피고 주소가 어딘지 불문하고 그 소송의 성질에 따라 재판적을 정한 경우이다. 따라서 혹시 원고가 자기 주소 소재지의 재판소에 소를 제기하거나, 그 소송의 당사자 이외의 자의 주소지 재판소에 소를 제기할 수도 있지만, 각기 필요상 전속관할이

---

* 준금치산이라 함은 구법(舊法)상 한정치산(限定治産)을 의미한다.

定된者인故로總其裁判籍에不可不依니라

三、訴訟上關係에基ᄒᆞᆫ特別裁判籍

甲 反訴의裁判籍　原告가管轄裁判所에訴를提起ᄒᆞ야權利拘束이既成된時ᄂᆞᆫ被告가原告에對ᄒᆞ야反對請求를許ᄒᆞᆷ이有ᄒᆞ니此를反訴라謂ᄒᆞᆷ이라此反訴를許ᄒᆞᄂᆞᆫ要件은後節에講究ᄒᆞᆯ問題ㅣ나此反訴에ᄂᆞᆫ其價額의多寡를不問ᄒᆞ고本訴管轄裁判籍에屬ᄒᆞᆷ이라(民法第二〇〇條)

乙 牽連事件의裁判籍　一個訴訟과互相牽連ᄒᆞᆷ으로特別히裁判籍을定ᄒᆞᆷ이有ᄒᆞ니

가 辯護士及執達吏의手數料、立替金等請求의訴에關ᄒᆞᆫ裁判籍　此訴ᄂᆞᆫ請求額多寡를不拘ᄒᆞ고本訴訟第一審裁判所의管轄에屬ᄒᆞᆷ이라(民訴第二一條)

나 主參加의裁判籍　主參加ᄂᆞᆫ參加訴訟을講究ᄒᆞᆯ時論及ᄒᆞᆯ問題라要컨ᄃᆡ他人間訴訟의目的物을自己를爲ᄒᆞ야請求ᄒᆞᄂᆞᆫ訴ㅣ나此訴ᄂᆞᆫ價額을不拘ᄒᆞ고本訴訟의第一審裁判所管轄에屬ᄒᆞᆷ이라(民訴第一五條)

특정된 것이므로 그런 것에 영향을 받지 아니한다.

3. 소송상 관계에 기한 특별재판적

갑. 반소(反訴)의 재판적

원고가 관할 재판소에 소를 제기하여 소송계속*이 이미 이루어진 경우에 피고가 원고에 대하여 반대청구를 하는 것이 가능하다. 이를 반소라고 한다. 반소의 요건에 관하여는 나중에 설명하겠지만 이 반소를 함에 있어서 그 소가의 다과(多寡)에 소를 불문하고 본소 관할 재판적에 따른다(민소 제200조).

을. 견련사건(牽連事件)의 재판적

1개 소송과 상호견련이 존재하여 특별히 재판적을 인정하는 경우이다.

가. 변호사 내지 집달리의 수수료, 입체금(立替金) 등 청구의 소에 관한 재판적: 이 소는 청구액의 다과를 불구하고 본소송의 제1심 재판소의 관할에 속한다(민소 제21조).

나. 주참가(主參加)의 재판적: 주참가에 대하여는 나중에 참가소송(參加訴訟) 부분에서 설명하겠지만, 이을 요약하면 타인 사이의 소송의 목적물을 자기를 위하여 청구하는 소로서 이 소는 소의 가액에 관계없이 본소송의 제1심 재판소의 관할에 속하게 된다(민소 제15조).

---

* 원문에서는 권리구속(權利拘束)이라고 표현하고 있다.

다 再審의裁判籍 再審을求ᄒᆞᄂᆞᆫ訴ᄂᆞᆫ不服申提에裁判을行ᄒᆞᆫ裁判所의管轄에專屬홈이라(民訴第四七二條)

丙 特種의訴訟節次에關ᄒᆞᆫ特別裁判籍

가 公示催告節次의裁判籍 證書의無効를宣言홈을目的ᄒᆞᄂᆞᆫ公示催告節次ᄂᆞᆫ證書의表示ᄒᆞᆫ履行地「若其表示가無ᄒᆞᆫ時ᄂᆞᆫ發行人의普通裁判籍이有ᄒᆞᆫ地」의區裁判所管轄에屬홈이라(民訴第七七九條)除權判決에對ᄒᆞᆫ不服의訴ᄂᆞᆫ催告裁判所所在地의裁判所管轄에屬홈이라(民訴第七七四條)除權判決이란者ᄂᆞᆫ第七編에研究홈이可홈이라

나 仲裁事件에關ᄒᆞᆫ共助事件의裁判籍 此ᄂᆞᆫ仲裁契約에指定ᄒᆞᆫ區裁判所又ᄂᆞᆫ地方裁判所의管轄에屬홈이라若其指定이無ᄒᆞᆫ時ᄂᆞᆫ其請求를管轄ᄒᆞᆯ區裁判所又ᄂᆞᆫ地方裁判所의管轄에屬홈이라(民訴第八〇五條)

다 假差押假處分에關ᄒᆞᆫ裁判籍 假差押假處分은强制執行準備ᄒᆞ기爲ᄒᆞ야行ᄒᆞᄂᆞᆫ特別訴訟節次ㅣ니此節次의規定은如左홈이라

一 假差押에ᄂᆞᆫ差押ᄒᆞᆯ物의所在地區裁判所又ᄂᆞᆫ本案의管轄裁判所管

다. 재심의 재판적: 재심을 구하는 소는 불복신청의 재판을 행한 재판소의 관할에 전속한다(민소 제472조).

병. 특종의 소송절차에 관한 특별재판적

가. 공시최고절차(公示催告節次)의 재판적

증서의 무효선언을 목적으로 하는 공시최고절차는 증서에 표시된 이행지(만약 그 표시가 무효인 경우에는 발행인의 보통재판적이 있는 곳)의 구재판소의 관할에 속한다(민소 제779조). 제권판결(除權判決)에 대한 불복의 소는 최고재판소의 소재지를 관할하는 재판소의 관할에 속한다(민소 제774조). 제권판결에 관하여는 제7편에서 설명하겠다.

나. 중재사건(仲裁事件)에 관한 공조사건의 재판적

이는 중재계약에서 지정한 구재판소 또는 지방재판소의 관할에 속한다. 만약 그 지정이 무효인 경우에는 그 청구를 관할하는 구재판소 또는 지방재판소의 관할에 속하게 된다(민소 제805조).

다. 가압류(假押押)*·가처분에 관한 재판적

가압류·가처분는 강제집행을 준비하기 위하여 행하는 특별소송절차이고, 이 절차의 규정은 다음과 같다.

1) 가압류는 가압류를 할 물건의 소재지 구재판소 또는 본안의 관할재판소의

* 본문에서는 당시 일본 민사소송법에 따라 가차압(假差押)이라고 표현하고 있다.

轄에屬ᄒᆞᆷ이라(民訴第七三九條)

二　假處分에關ᄒᆞᆫ裁判籍은本案의管轄裁判所가此를管轄ᄒᆞᆷ이一般이나急迫ᄒᆞᆫ境遇에ᄂᆞᆫ係爭物의所在地의區裁判所가此를管轄ᄒᆞᆷ이有ᄒᆞᆷ이라(民訴第七五七條第七六一條)

此二者의管轄은共히專屬管轄이라(民訴第五六三條叅照)

丁　强制執行에關ᄒᆞᆫ事件의裁判籍　强制執行에關ᄒᆞᆫ訴訟又ᄂᆞᆫ執行行爲의裁判管轄은數多ᄒᆞ야枚擧ᄒᆞ기浩繁ᄒᆞᆷ으로其條項만列擧ᄒᆞ노니本法第五一四條第二項第五二一條第五四三條第五四五條第五四六條第五四九條第三項第五六一條第三項第五六二條第二項第五九五條第六四一條第七一八條第七三三條第七三四條에規定ᄒᆞᆫ者ㅣ라此等의管轄은俱是專屬裁判籍이니라(民訴第五六三條叅照)

以上은特別裁判籍에關ᄒᆞᆫ事項을說明ᄒᆞᆫ지라其中三號에列示ᄒᆞᆫ訴訟上關係에基ᄒᆞᆫ特別裁判籍은法律이土地管轄과事物管轄을合同ᄒᆞ야此를特定ᄒᆞᆷ이니其管轄은價額의如何를不拘ᄒᆞ고其特定裁判所에訴ᄒᆞᆷ이可ᄒᆞᆷ이라其特別裁判籍

관할에 속한다(민소 제739조).

2) 가처분에 관한 재판적은 본안의 관할 재판소가 이를 관할하는 것이 원칙이다. 하지만 급박(急迫)한 경우에는 계쟁물(係爭物)의 소재지의 구재판소가 이를 관할할 수 있다(민소 제757조, 제761조).

위 가압류·가처분의 관할은 모두 전속관할이다(민소 제563조 참조).

정. 강제집행(强制執行)에 관한 사건의 재판적

강제집행에 관한 소송 또는 집행행위의 재판관할은 굉장히 많기 때문에 모두 설명하기 어려워서 민사소송법의 조문만을 열거한다(제514조 제2항, 제521조, 제543조, 제545조, 제546조, 제549조 제3항, 제561조 제3항, 제562조 제2항, 제595조, 제641조, 제718조, 제733조, 제734조). 여기 조문의 관할은 모두 전속재판적에 속한다(민소 제563조 참조).

이상에서 특별재판적에 관한 사항을 설명하였다. 그중 3호에서 설명한 '소송상 관계에 기한 특별재판적'은 법률에서 토지관할과 사물관할 모두를 규정한 것이므로 그 관할은 가액과 관계없이 해당 특정재판소에 소를 제기할 수 있다. 해당 특별재판적에 전속인 경우와 전속이 아닌 경우가 있는 바, 비전속(非專屬)은 법률이 명시함으로써 이를 특별히 강의로 설명하였다.

에專屬훌者와專屬지아니훌者ㅣ有ᄒᆞ나其專屬은法律이明示홈으로此를特示ᄒᆞ야講述ᄒᆞ얏스나其明示가無ᄒᆞᆫ主參加와如ᄒᆞᆫ者ᄂᆞᆫ性質上專屬이라훌지라如此ᄒᆞᆫ專屬裁判籍에屬훌者ᄂᆞᆫ特種의効果를生ᄒᆞᄂᆞᆫ故로此에對ᄒᆞ야注意홈이可훌진저

第三 裁判籍倂立에原告의選擇權

前에說明홈과ᄀᆞᆺ치裁判籍에ᄂᆞᆫ普通裁判籍과特別裁判籍의區別이有ᄒᆞ나其普通裁判籍과特別裁判籍이專屬裁判籍이되ᄂᆞᆫ時ᄂᆞᆫ他裁判籍에訴홈을不許ᄒᆞᄂᆞᆫ故로數個의裁判籍이倂立홈이無ᄒᆞ고或訴訟目的된不動産이數處에散在홈으로數個의專屬裁判所가倂立홈이有ᄒᆞ나專屬裁判所管轄은當事者의任意處分을不許ᄒᆞᄂᆞᆫ故로何裁判所에셔裁判을可受훌가ᄒᆞᆫ問題ᄂᆞᆫ次欵에說明코져ᄒᆞ노라

此에反ᄒᆞ야專屬의定홈이無ᄒᆞᆫ普通裁判籍과特別裁判籍은恒常數個의裁判籍이並立홈이通例라元來特別裁判籍은當事者便宜를爲ᄒᆞ야普通裁判所以外에도任意로起訴ᄒᆞᄂᆞᆫ權을與ᄒᆞ야裁判管轄을擴張ᄒᆞᆫ者인즉其裁判籍의幷立홈은

하지만 명시하지 아니한 주참가와 같은 경우에도 성질상 전속이라고 할 것이다. 이와 같이 전속재판적에 속한 경우에는 특별한 효과가 발생하기 때문에 이에 대하여 주의할 필요가 있다.

제3 재판적의 병립(竝立)*과 원고의 선택권

앞에서 설명한 것과 같이 보통재판적과 특별재판적이 나누어져 있기 때문에 보통재판적과 특별재판적이 전속재판적이 되는 때에는 다른 재판적에 소를 제기하는 것이 허용되지 아니하기 때문에 수개의 재판적이 병립되는 경우는 없다. 하지만 소송목적이 된 부동산이 여러 군데에 산재함으로 인하여 수개의 전속재판소가 병립하는 경우가 발생할 수 있는 데, 이 경우 전속재판소의 관할은 당사자의 임의처분이 허용되지 아니하기 때문에 어느 재판소에서 사건을 접수할 수 있는지 하는 문제는 다음 관(款)에서 설명하도록 하겠다.

이와 달리 전속의 정함이 없이 보통재판적과 특별재판적은 항상 수개의 재판적이 병립하는 것이 통례(通例)이다. 원래 특별재판적은 당사자의 편의를 위하여 보통재판적 이외에 임의로 소를 제기하는 권리를 주어 재판관할을 확장하기 위한 것이므로, 재판적의 병립은

* 재판적 즉 관할이 수개 있는 경우로서, 관할의 경합(競合)을 의미한다.

性質上當然ᄒᆞᆫ結果라如斯히裁判籍이幷立ᄒᆞᆯ境遇에ᄂᆞᆫ原告ᄂᆞᆫ起訴ᄒᆞᆯ時에其一을選擇ᄒᆞ야訴ᄒᆞᆷ을得ᄒᆞᆷ이라(民訴第二五條)其選擇權行使ᄂᆞᆫ訴의提起에依ᄒᆞ야行ᄒᆞᆷ이라

裁判籍選擇에對ᄒᆞ야攻究ᄒᆞᆯ者ㅣ有ᄒᆞ니共同被告數名이有ᄒᆞ야各其普通裁判籍을異ᄒᆞᆫ境遇에原告가選擇權이有ᄒᆞᆯᄂᆞᆫ지無ᄒᆞᆯᄂᆞᆫ지此一問題라此에對ᄒᆞ야或曰民事訴訟法第二十五條ᄂᆞᆫ普通裁判籍과特別裁判籍이並立ᄒᆞᆯ境遇에만限ᄒᆞ야選擇權을與ᄒᆞᆷ인즉普通裁判籍並立ᄒᆞᆫ境遇에ᄂᆞᆫ適用ᄒᆞᆷ이不可라ᄒᆞ나換訴訟에共同被告의各人이其普通裁判籍을有ᄒᆞᆫ地의裁判所ㅣ各々此를管轄ᄒᆞᆷ이라ᄒᆞᆫ지라(民訴第四九五條第二項叅照)此境遇에ᄂᆞᆫ何裁判所에셔起訴ᄒᆞᆷ을不可不決定ᄒᆞᆯ지라然ᄒᆞ나法律은此를指定ᄒᆞᆷ이無ᄒᆞᆫ즉原告選擇에自任ᄒᆞᆷ으로解釋ᄒᆞᆯ지니由此觀之라도原告에게選擇權을與ᄒᆞ야被告等普通裁判籍中의一에任意로起訴ᄒᆞ게ᄒᆞᆷ이라信ᄒᆞ노라

第三欵　管轄裁判所의指定(裁判指定에依ᄒᆞᆯ管轄)

裁判所管轄은裁判機關의裁判權을行ᄒᆞᆯ限界를定ᄒᆞᆫ者인즉반다시法律에依ᄒᆞ

성질상 당연한 결과이다. 이와 같이 재판적이 병립하는 경우에 원고는 소제기 시에 그 중 1개를 선택하여 소를 제기할 수 있다(민소 제25조). 그 선택권의 행사는 소의 제기에 의하여 하게 된다.

재판권의 선택에 대하여 살펴볼 경우가 있는데, 수명의 공동피고에게 보통재판적이 있는 경우에 원고가 선택권을 가질 것인지 여부가 제1 문제이다. 이것에 대하여 일부 주장은 일본 민사소송법 제25조는 보통재판적과 특별재판적이 병립하는 경우에 한하여 원고에게 선택권이 있는 것이므로, 보통재판권의 병립의 경우에는 이를 적용하는 것이 어렵다고 하지만, 법률에 환소송(換訴訟)에서 공동피고의 각인이 보통재판적을 가진 곳의 재판소에 각각 이를 관할한다고 정하고 있는 바(민소 제495조 제2항 참조), 이 경우 위 일부 주장에 의하면 어느 재판소에 소를 제기하는 것이 불가능하게 될 것이다. 따라서 법률은 공동피고 사이에 보통재판적이 병립되는 경우에 이를 지정함이 없지만 원고에게 선택권을 인정하는 것이 해석상 명백할 것이다. 이런 관점에서 원고에게 선택권을 주어 피고 중 1인의 보통재판적에 소를 제기하게 함이 타당하고 본다.

제3관 관할재판소의 지정(재판지정에 의한 관할)

재판소의 관할은 재판기관의 재판권 행사의 한계를 정하는 것이므로 반드시 법률에 의하여야定ᄒᆞᆯ者ㅣ라ᄒᆞᆷ은屢述ᄒᆞᆫ바ㅣ나其法律上의裁判管轄의規定을適用ᄒᆞᆯ時에特別의障碍와限界의不明과管轄의並立과其裁判權을行ᄒᆞᆯ裁判所를明定치아니ᄒᆞᆫ境遇가有ᄒᆞ니如此境遇에限ᄒᆞ야當事者의申請으로其關係가有ᄒᆞᆫ各裁判所를併ᄒᆞ야管轄ᄒᆞᄂᆞᆫ直近上級裁判所에셔其事件을裁判ᄒᆞᆯ管轄裁判所를指定ᄒᆞᆷ이니此指定에依ᄒᆞ야其指定을被ᄒᆞᆫ裁判所ᄂᆞᆫ其裁判權을享有ᄒᆞᆷ이라

第一　管轄裁判所를指定ᄒᆞᆯ境遇(裁構第一〇條民訴第二六條)

一、權限이有ᄒᆞᆫ裁判所에셔法律上에理由와若或特別ᄒᆞᆫ事情에由ᄒᆞ야裁判權을行得지못ᄒᆞᆯ時　玆에法律上理由에由ᄒᆞ야裁判權을行得지못ᄒᆞᆯ時라ᄒᆞᆷ은判事가法律上職務執行에除斥이되든지忌避가되ᄂᆞᆫ境遇에生ᄒᆞᆷ이며(民訴第三二條以下叅照)又特別事情에由ᄒᆞ야裁判權을行得지못ᄒᆞᆯ時라ᄒᆞᆷ은事實上理由에現出ᄒᆞᆷ이라假令戰爭其他暴徒와惡疫流行等의事情이生ᄒᆞ야裁判所가執務를行得치못ᄒᆞᆯ境遇ㅣ니라

區裁判所ᄂᆞᆫ其職員이少ᄒᆞᆫ故로除斥其他理由에依ᄒᆞ야職務를執行ᄒᆞᆯ判事가缺ᄒᆞᆷ이極多ᄒᆞᆫ지라此를因ᄒᆞ야裁判所構成法第十三條에區裁判所에ᄂᆞᆫ每年

정하여야 함은 여러 차례 설명하였다. 그 법률상의 재판관할의 규정을 적용함에 있어서 특별한 장애와 한계가 불분명한 경우, 관할의 병립(竝立)과 그 법률에서 재판권을 행사할 재판소를 명확히 정하지 아니한 경우가 있다. 이러한 경우에 한하여 당사자의 신청으로 그 관계가 있는 각 재판소의 공통의 직근(直近) 상급재판소에서 해당 사건을 재판할 관할법원을 지정함으로써 그 지정된 재판소가 그 재판권을 행사하는 것이다.

제1 관할재판소를 지정할 경우(재구 제10조, 민소 제26조)

1. 권한이 있는 재판소에서 법률상의 이유와 혹시 특별한 사정이 있어서 재판권을 행사하지 못할 경우

여기에서 법률상의 이유가 있어 재판권을 행사하지 못하는 때라고 함은 판사가 법률상 직무집행이 제척(除斥) 또는 기피(忌避)되는 이유가 발생한 경우이다(민소 제32조 이하 참조). 또 특별사정이 있어 재판권을 행사하지 못하는 때라는 것은 사실상 이유에 기한 것이다. 가령 전쟁 기타 폭동과 전염병의 유행 등의 사정이 발생하여 재판소가 직무를 행사할 수 없게 된 경우이다.

구재판소는 그 직원이 적기 때문에 제척 기타 이유로 직무집행할 판사가 없는 경우가 많을 것이므로, 이로 인하여 재판소구성법(裁判所構成法) 제13조에서는 구재판소에는 매년

代理를ᄒᆞᆯ裁判所를定置ᄒᆞᆷ이라ᄒᆞᆫ規定이有ᄒᆞ니此規定에依ᄒᆞ야定ᄒᆞᆫ裁判所ᄂᆞᆫ此에依ᄒᆞ야管轄權을有ᄒᆞᆷ이니前段과如ᄒᆞᆫ事情이有ᄒᆞᆫ時ᄂᆞᆫ此裁判所에셔裁判을行ᄒᆞᄂᆞ니其代理方法에依ᄒᆞ야도猶其裁判權을行得지못ᄒᆞᆯ境遇에ᄂᆞᆫ亦是管轄裁判所의指定을受ᄒᆞᆷ이라

二、裁判所管轄區域의境界가明確지못ᄒᆞᆷ으로其權限에疑義가生ᄒᆞᆯ時　此ᄂᆞᆫ不動産上裁判籍의境遇에生ᄒᆞᆷ이니假令山論水論과捕漁採藻等에關ᄒᆞᆫ訴訟으로甲의裁判所管轄에屬ᄒᆞᆯᄂᆞᆫ지乙의裁判所管轄에屬ᄒᆞᆯᄂᆞᆫ지此境界에疑義가生ᄒᆞᆫ境遇와如ᄒᆞᆫ者ㅣ라若其境界가明確ᄒᆞ야兩處의裁判所管轄에跨涉ᄒᆞᆯ時ᄂᆞᆫ次號又ᄂᆞᆫ六號에依ᄒᆞᆷ이라

三、法律에從ᄒᆞ야二個以上의裁判所가管轄을互有ᄒᆞᆯ時　法律에從ᄒᆞ야二個以上의裁利所가裁判權을互有ᄒᆞᄂᆞᆫ境遇ᄂᆞᆫ刑事事件에往々有之나民事事件에ᄂᆞᆫ此ㅣ甚少ᄒᆞᆫ지라然ᄒᆞ나絶對的無有라ᄒᆞᆷ은不可ᄒᆞᆯ지라假令甲裁判所管轄地로乙裁判所管轄地에跨ᄒᆞ야不法行爲를行ᄒᆞ야此不法行爲로發生ᄒᆞᆫ損害請求에被告가普通裁判籍을國內에不有ᄒᆞᆫ時ᄂᆞᆫ其不法行爲地의裁判所에

대리할 재판소를 지정하도록 하는 규정이 있다. 이 규정에 의하여 정해진 재판소는 이에 의하여 관할권을 갖게 된다. 따라서 앞서 본 사정이 있는 경우에는 지정된 재판소에서 재판권을 행사하게 된다. 그 대리방법에 의하여도 그 재판권을 행사할 수 없는 경우에는 이 역시 관할재판권의 지정(指定)을 받아야 한다.

2. 재판소 관할구역의 경계가 명확치 아니하여 그 권한에 의문이 발생한 경우

이는 부동산상의 재판적의 경우에 발생한다. 가령 산 또는 강에 관한 분쟁과 고기와 약채의 포채(捕採) 등에 관한 소송으로 갑(甲)의 재판소 관할에 속하는지 을(乙)의 재판소 관할에 속하는지 그 경계에 의문이 발생한 경우이다. 만약 그 경계가 명확하여 두 곳의 재판소 관할에 중첩되는 경우에는 다음 3항 또는 6항에 의하여야 한다.

3. 법률에 의하여 2개 이상의 재판소가 관할을 가지는 경우

법률에 의하여 2개 이상의 재판소가 재판권을 상호 갖고 있는 경우는 형사사건에 종종 있지만 민사사건에는 이러한 경우가 매우 적지만 절대적으로 없다고 할 수 없다. 가령 갑(甲) 재판소의 관할지과 을(乙) 재판소의 관할지에 걸쳐 불법행위가 행하여 진 경우에 그 불법행위로 발생한 손해청구를 함에 있어서 피고의 보통재판적이 국내에 없을 때에 그 불법행위지의 재판소에

訴홈이可ᄒᆞ나其行爲地가二以上裁判所管轄에跨ᄒᆞ야兩裁判所가管轄을互有ᄒᆞᆯ境遇이며且其甲의管轄地와乙의管轄地의境界에河川이有ᄒᆞ야此에架設ᄒᆞᆫ橋梁에關ᄒᆞᆫ訴에도亦是管轄을指定홈이라

四、二以上確定判決에依ᄒᆞ야二以上裁判所가裁判權을互有ᄒᆞᆯ時 事物管轄에關홈과土地管轄에係홈을勿論ᄒᆞ고管轄에關ᄒᆞᆫ爭에甲裁判所ᄂᆞᆫ自己의管轄에屬ᄒᆞᆯ裁判을行ᄒᆞ고乙裁判所ᄂᆞᆫ自己의管轄에屬ᄒᆞᆯ裁判을宣示ᄒᆞ야其判決이共히確定된境遇ㅣ라唯其甲乙裁判所에서如斯ᄒᆞᆫ裁判을行ᄒᆞᆫ境遇ㅣ뿐아니라上訴에依ᄒᆞ야如此히裁判ᄒᆞᆫ境遇에도亦是包含홈이라

五、二以上確定判決에依ᄒᆞ야何裁判所라도權限을不有ᄒᆞᆫ意味로裁判을行ᄒᆞ고其裁判이確定ᄒᆞᆫ境遇에右二個中의一에裁判權을行ᄒᆞᆯ時 此ᄂᆞᆫ前號의境遇와反對의境遇ㅣ라甲裁判所에서ᄂᆞᆫ自己의權限이不有ᄒᆞᆫ意味로裁判을宣示ᄒᆞ고乙裁判所에서ᄂᆞᆫ自己의權限이不有ᄒᆞᆫ意味로 裁判을 宣示ᄒᆞ야俱其裁判이確定이되얏스나 其中一個裁判所가 裁判權을不可不行ᄒᆞᆯ 境遇ㅣ니라

소를 제기하는 가능하지만 그 행위지가 2개 이상의 재판소 관할에 걸쳐 있어서 양 재판소가 관할을 모두 가지고 있는 경우이다. 또 그 갑 재판소의 관할지와 을 재판소의 관할지의 경계가 하천(河川)이 있어서 그 설치된 교량에 관한 소에도 역시 관할을 지정하여야 한다.

4. 2개 이상의 확정판결에 의하여 2개 이상의 재판소가 재판권을 가지는 경우

사물관할과 토지관할에 관한 것은 물론이고, 관할에 관한 다툼에서 갑 재판소는 자신의 관할에 속한 재판을 행사하고, 을 재판소는 자기의 관할에 속한 재판을 선고하여 그 재판 모두 확정된 경우이다. 이것은 갑과 을 재판소에 이와 같은 재판을 행한 경우뿐만 아니라 상소에 의하여 2개 이상의 재판소가 재판한 경우에도 역시 이에 포함된다고 할 것이다.

5. 2개 이상의 확정판결에 의하여 어느 재판소도 권한이 없다는 취지로 재판을 하여, 그 재판 모두가 확정된 경우에 이 2개 중 하나에 재판권을 행사할 경우

이 경우는 위 4항의 경우와 반대의 경우이다. 갑 재판소에서는 자기의 권한이 없다는 의미로 재판을 선고하고, 을 재판소에서도 자기의 권한이 없다는 의미로 재판을 선고하여 재판 모두가 확정이다. 2개 재판소 모두 재판권을 행사하지 아니한 경우이다.

六、不動産上專屬裁判籍에起訴홀境遇에不動産이數箇裁判所管轄内에散在홀時　此는一個의訴로不得不請求홀目的의不動産이數個가有ᄒᆞ야數個의裁判所管轄區域内에存在홀境遇를謂홈이라如此ᄒᆞᆫ境遇에는原告는選擇權이無홈으로此를一個의訴訟으로訴홈에는如何ᄒᆞᆫ裁判所에訴홀는지決定方法을要ᄒᆞᄂᆞ니卽是本號의規定이有ᄒᆞᆫ所以라假令一個의相續財産에有爭ᄒᆞ야其財産中數個의不動産이數個의裁判所管轄内에存在홈과如ᄒᆞᆫ境遇에生홈이라

第二　管轄裁判所指定의申請

管轄裁判所指定의申請은當事者가此를行홈이니其申請은書面又는口頭로行得홈이라(民訴第一一八條第一項)口頭의申請은裁判所書記에게此를行得ᄒᆞᄂᆞ니此書記는其申請을調書로作成홈이라(民訴第一三五條參照)

第三　指定을行ᄒᆞᄂᆞᆫ管轄裁判所及其辯論、裁判

指定을行ᄒᆞᄂᆞᆫ管轄裁判所는關係가有ᄒᆞᆫ各裁判所를併ᄒᆞ야管轄ᄒᆞᄂᆞᆫ直近上級裁判所ㅣ라其直近上級裁判所란者는事物管轄에區裁判所와地方裁判의關係

6. 부동산상의 전속재판적에 소를 제기할 수 있는 경우에 부동산이 수개의 재판소 관할 내에 산재할 경우

이는 1개의 소로 필수적으로 청구하여야 하는데 부동산이 수개가 있고 그것이 수개의 재판소 관할구역 내에 존재할 경우를 말하는 것이다. 이러한 경우에 원고는 전속관할이므로 그 선택권이 없어서 원고가 이것을 한 개의 소송으로 제기하려면 그 결정방법을 정하여야 한다. 즉 이것이 재판소기구법 제10조와 민사소송법 제26조에 따른 재판관할의 지정이 필요한 것이다.가령 1개의 상속재산에 관한 분쟁이 있는 경우에 그 재산 중 수개의 부동산이 수개의 재판소 관할 내에 존재(存在)하는 경우가 발생할 수 있는 것이다.

제2 관할재판소 지정(指定)의 신청

관할재판소의 지정 신청은 당사자가 이를 하여야 하고, 그 신청은 서면(書面) 또는 구두(口頭)로 할 수 있다(민소 제28조 제1항). 구두의 신청은 재판소 서기(書記)에게 하면 되고, 서기는 이 신청을 조서로 작성하여야 한다(민소 제135조 참조).

제3 지정을 행하는 관할 재판소 및 그 변론과 재판

지정(指定)을 행하는 관할재판소는 관계되는 각 재판소들을 관할하는 직근(直近) 상급재판소이다. 그 직근 상급재판소라는 것은 사물관할과 관련하여 구재판소와 지방재판소의 관계가

가有ᄒᆞᆫ境遇에ᄂᆞᆫ此를管轄ᄒᆞᄂᆞᆫ控訴院이며又地方裁判所와控訴院의關係가有ᄒᆞᆫ境遇에ᄂᆞᆫ此를管轄ᄒᆞᄂᆞᆫ大審院이라且土地管轄에甲乙區裁判所가關係가有ᄒᆞᆫ境遇에ᄂᆞᆫ同一의地方裁判管轄內에存在ᄒᆞᆫ時ᄂᆞᆫ其地方裁判所가直近上級裁判所ㅣ라ᄒᆞᆯ지니若其兩區裁判所가各地方裁判所의管轄을異케ᄒᆞᄂᆞᆫ時ᄂᆞᆫ控訴院이直近上級裁判所이며控訴院管轄을異케ᄒᆞᄂᆞᆫ區裁判所와地方裁判所間에在ᄒᆞ야ᄂᆞᆫ大審院이直近上級裁判所ㅣ라

管轄裁判所指定申請에關ᄒᆞᆫ裁判은口頭弁論을不經ᄒᆞ며且決定으로此를行ᄒᆞᆷ이라(民訴第二七條)此를裁判ᄒᆞᆷ에ᄂᆞᆫ裁判所ᄂᆞᆫ管轄裁判所指定ᄒᆞᆷ에該當與否를調査ᄒᆞ야該當치아니ᄒᆞᆫ時ᄂᆞᆫ其申請을却下ᄒᆞ며若該當ᄒᆞᆫ時ᄂᆞᆫ相當ᄒᆞᆫ裁判所를指定ᄒᆞᆷ이라此裁判에依ᄒᆞ야指定된裁判所ᄂᆞᆫ完全ᄒᆞᆫ裁判權을有ᄒᆞᆷ이니此管轄裁判所指定의決定에對ᄒᆞ야不服을申提치못ᄒᆞᆷ이라ᄒᆞᆫ規定이有ᄒᆞᆫ故로抗告ᄂᆞᆫ勿論이며其他上訴도亦是不許ᄒᆞᆷ이라(民訴第二八條第二項)

第四欵　管轄裁判所를定ᄒᆞᄂᆞᆫ契約(契約에依ᄒᆞᆫ裁判管轄)

裁判所ᄂᆞᆫ法律上當然히管轄權을不有ᄒᆞᆫ時라도當事者契約에依ᄒᆞ야管轄權이

있는 경우에는 그것을 관할하는 공소원(控所院)*이고, 지방재판소와 공소법원의 관계가 문제되는 경우에는 이를 관할하는 대심원(大審院)이 된다. 또 토지관할에 있어서 갑과 을 구재판소의 관계가 문제되는 경우에 동일한 지방재판소의 관할구역 내이면 해당 지방재판소가 직근 상급재판소가 되고, 만약 그 2개의 구재판소가 각각 재판재판소의 관할을 달리하는 경우에는 공소원이 직근 상급재판소되고, 공소원의 관할이 다른 경우에는 구재판소와 지방재판소 사이에 관할이 있는 대심원이 직근 상급재판소가 된다.

관할재판소 지정신청에 관한 재판은 구두변론을 거치지 않고 결정으로 행한다(민소 제27조). 이를 재판하는 재판소는 관할재판소를 지정함에 있어서 해당 여부를 조사하여, 이에 해당하지 아니하는 경우에는 신청을 각하(却下)하여야 한다. 만약할 때에는 상당한 재판소를 지정하게 된다. 이 재판에 의하여 지정된 재판소는 완전한 재판권을 갖게 된다. 이 관할재판소의 지정의 결정에 대하여는 불복 신청을 할 수 없다는 규정이 있으므로 항고(抗告)는 물론이고 기타 상소(上訴)도 허용되지 아니한다(민소 제28조 제2항).

제4관 관할재판소를 정하는 계약(계약에 의한 재판관할)

재판소는 법률상 당연히 관할권을 갖지 못한 경우에도 당사자의 계약(契約)에 의하여 관할권이

* 항소법원(抗訴法院)을 의미한다.

生홈도有ᄒᆞ니元來裁判所管轄은國家機關의權限을區分홈인즉法律로써此를規定홀者이오當事者意思에依ᄒᆞ야決得홀者ᄂᆞᆫ아니라然ᄒᆞ나日本民事訴訟法은不干涉主義를採用ᄒᆞᆫ結果로當事者利益을尊重ᄒᆞ야當事者契約에依ᄒᆞ야管轄裁判所를擴張ᄒᆞ고此를移動홈을可得ᄒᆞ게認ᄒᆞᆫ지라如斯ᄒᆞᆫ裁判所管轄을擴張홀規定을設홈은裁判所構成法第三十條裏面에許容ᄒᆞᆫ바ㅣ라

附言　日本民事訴訟法에當事者의意思에依ᄒᆞ야法律關係를發生홀者ᄂᆞᆫ皆是契約이라ᄒᆞᄂᆞᆫ故로本欵에契約이란語를用ᄒᆞ야說明ᄒᆞᆫ所以라

管轄에關ᄒᆞᆫ契約은事物管轄과土地管轄을不問ᄒᆞ고此를行得홈이라然ᄒᆞ나此管轄은法律上管轄外에一定ᄒᆞᆫ管轄裁判所를定홈을許홈인즉一定ᄒᆞᆫ裁判所의指定을不爲ᄒᆞ고原告所欲의裁判所에訴홈을得ᄒᆞᆫ다홈은管轄에關ᄒᆞᆫ契約으로論홀진ᄃᆡ其目的이一定치못홈으로其効力이無홈이라不可不稱謂홀지라其一定ᄒᆞᆫ裁判所를指示ᄒᆞ야契約홈에ᄂᆞᆫ其指定裁判所를專屬管轄裁判所로契約홈도亦是無妨ᄒᆞ니其契約을當事者間에平時의契約으로行ᄒᆞᆫ時ᄂᆞᆫ此를合同ᄒᆞ야契約홈도亦可ᄒᆞ며又爭이發生ᄒᆞᆫ後에契約홀지라도有効홈이라然ᄒᆞ나本法은

생길 수도 있다. 원래 재판소 관할은 국가기관의 권한을 구분하는 것이므로 법률로서 이를 규정하는 것이고, 당사자의 의사 결정에 의하여 얻어지는 것이 아니다. 하지만 일본 민사소송법은 불간섭주의(不干涉主義)*를 채용하고 있는 결과 당사자의 이익을 존중하여 당사자의 계약에 의하여 관할재판소를 넓히고 관할의 이동(移動)**을 얻을 수 있게 하였다. 이것이 재판소 관할의 확장을 규정한 재판소구성법 제30조의 취지인 것이다.

부언(附言): 일본 민사소송법상 당사자의 의사에 의하여 법률관계가 발생하는 경우를 모두 계약이라고 하기 때문에 본관(本款)에서 계약이라는 용어로 설명하고 있다.

관할에 관한 계약은 사물관할과 토지관할 모두에 있어서 가능하다. 하지만 이 관할은 법률상 관할 외에 일정한 관할재판소를 정하는 것을 허용하는 것이므로, 일정한 재판소를 정하지 아니하고 원고의 뜻이 있는 재판소에 소를 제기할 수 있다고 하는 것은 관할에 관한 계약으로 보면 그 목적이 일정치 아니하므로 그 효력이 없다고 할 것이다. 그런데 명확한 표현은 없지만 그 일정한 재판소를 지시(指示)하여 계약을 한 경우에는 전속관할 재판소로 계약하는 것은 역시 문제가 없다고 할 것이다. 그 계약을 보통의 계약으로 하거나 이를 합동(合同)하여 계약하는 것도 가능하다. 또한 분쟁이 발생한 후에 계약하는 것도 유효하다. 하지만 본 법은

---

* 청구 여부와 범위를 당사자의 처분에 맡기는 처분권주의(處分權主義)를 의미하는 것이다.

** 관할의 이송을 의미한다.

通常裁判所民事訴訟法에關ᄒᆞᆫ規定인즉特別裁判所에訴ᄒᆞᆯ事件을通常裁判所에訴ᄒᆞ며又通常裁判所에訴ᄒᆞᆯ事件을特別裁判所에訴ᄒᆞᆯ契約과如ᄒᆞᆫ者ᄂᆞᆫ本法規定에從ᄒᆞ야此를有効라稱ᄒᆞ기不得ᄒᆞᆯ지라此裁判所管轄에關ᄒᆞᆫ契約은民事訴訟法에關係가有ᄒᆞ나一個民法上法律行爲로認ᄒᆞᆯ者인즉一般原則에從ᄒᆞ야法律行爲의要素를缺ᄒᆞᆷ이不可ᄒᆞᆫ故로當事者ᄂᆞᆫ能力者됨을要ᄒᆞ며其意思의一致에도法律行爲에關ᄒᆞᆫ法則에不可不服從ᄒᆞᆷ이라獨히一般法律行爲의要素를具備ᄒᆞᆯ뿐아니라本法에定ᄒᆞᆫ特別要件도亦是不可不具備ㅣ니라

第一　裁判所管轄에關ᄒᆞᆫ契約의要件(民訴第二九條第三一條)

一　第一審管轄에關ᄒᆞᆯ事　管轄契約은第一審裁判所에만此를許ᄒᆞ며第二審以上의裁判管轄合意ᄂᆞᆫ此를不許ᄒᆞᆷ이니若其當事者가如斯ᄒᆞᆫ契約을行ᄒᆞᆯ지라도無効에歸ᄒᆞᆷ이라此를不許ᄒᆞᄂᆞᆫ理由ᄂᆞᆫ審級順序를紊亂케ᄒᆞᆯ後慮가됨으로써法律은極히制限을加ᄒᆞᆫ範圍內에셔此를許ᄒᆞᆷ에在ᄒᆞᆷ이라故로事物管轄을法律上地方裁判所管轄에屬ᄒᆞᆯ事件를契約上區裁判所管轄로定ᄒᆞ며又其法律上區裁判所管轄에屬ᄒᆞᆯ事件을契約上地方裁判所管轄로定ᄒᆞᆷ을得ᄒᆞ고

통상재판소의 민사소송법에 관한 규정이므로 특별재판소에 소를 제기할 사건을 통상재판소에 소를 제기하거나 또는 통상재판소에 소를 제기할 사건을 특별재판소에 소를 제기하는 계약과 같은 것은 본법에 따라 이를 유효하다고 할 수 없다고 할 것이다. 이 재판소 관할에 관한 계약은 민사소송법에 관계가 있어야 유효할 것이지만, 민법상의 일개 법률행위로 인정하여야 할 것이므로 일반원칙(一般原則)에 따라 법률행위의 요소를 흠결하여서는 안된다. 따라서 당사자의 능력을 갖추어야 하고, 그 의사의 일치와 관련하여서도 법률행위에 관한 원칙에 따르지 아니할 수 없다. 독자적으로 일반 법률행위의 요소를 구비하여야 할 뿐만 아니라 본법에서 정한 특별요건도 갖추어야 한다.

제1 재판소 관할에 관한 계약의 요건(민소 제29조, 제31조)

1. 제1심 관할에 관한 것

관할계약은 제1심 재판소에만 이를 허용한다. 제2심 이상의 재판관할 합의는 이를 허용하지 아니한다. 설사 당사자가 이러한 계약을 체결하였다고 하여도 무효에 귀착한다. 이를 허용하지 아니하는 이유는 심급 순서를 문란(紊亂)하게 할 우려가 있으므로, 법률로서 극히 제한적 범위 내에서 허용하는 것이다. 따라서 제1심 사물관할과 관련하여 법률상 지방재판소의 관할에 속한 사건을 계약에 의하여 구재판소의 관할로 합의하거나, 또는 법률상 구재판소의 관할에 속한 사건을 계약상 지방재판소의 관할로 하는 경우

又土地管轄에도第一審으로甲地方裁判所管轄에屬ᄒᆞᆯ事件을契約上乙地方裁判所管轄로定ᄒᆞᆷ을得ᄒᆞᆷ이라然ᄒᆞ나地方裁判所管轄에屬ᄒᆞᆯ事件을控訴院管轄로定ᄒᆞᆷ과如ᄒᆞᆫ契約은法律이不認ᄒᆞᆷ이니何故오控訴院은第二審裁判所인緣故ㅣ라如斯히第一審裁判所에만契約으로管轄을定ᄒᆞᆷ을許ᄒᆞᄂᆞᆫ故로其第一審裁判所에關ᄒᆞᆫ契約을行ᄒᆞᆷ으로上訴를行ᄒᆞᆷ에至ᄒᆞ야第二審裁判所도亦是異ᄒᆞᆷ은自然ᄒᆞᆫ結果ㅣ니라

二 一定ᄒᆞᆫ法律關係와一定ᄒᆞᆫ法律關係로生ᄒᆞᄂᆞᆫ訴訟에限ᄒᆞᆯ事 一定ᄒᆞᆫ法律關係란者ᄂᆞᆫ當事者에特定ᄒᆞᆫ關係를謂ᄒᆞᆷ이니甲乙間去來의訴訟은總其何裁判所에定ᄒᆞᆷ이라ᄒᆞᄂᆞᆫ契約은此를不許ᄒᆞᆷ이라故로何年何月何日何去來의訴訟이라不可不一定이며又其關係로生ᄒᆞᄂᆞᆫ訴訟이란者ᄂᆞᆫ右去來로生ᄒᆞᆫ損害賠償의訴訟을謂ᄒᆞᆷ이니此制限은其爭이不生ᄒᆞ기前에契約을豫結ᄒᆞᄂᆞᆫ境遇ㅣ오其爭이既生ᄒᆞᆫ事項은一定ᄒᆞᆫ法律關係가됨이라

三 財產上의請求事 財產上의請求가아닌事件은婚姻事件緣結事件親子事件相續人廢除事件禁治產事件其他一般人의身分에關ᄒᆞᆫ事件을謂ᄒᆞᆷ이니此

또는 토지관할에 있어서 갑 지방재판소 관할에 속한 사건을 계약에 의하여 을 지방재판소 관할로 하는 것은 허용된다고 할 것이다. 하지만 지방재판소 관할에 속한 사건을 공소원(控訴院) 관할로 정하는 것과 같은 계약은 법률이 이를 인정하지 아니한다. 그것은 공소원은 제2심 재판소이기 때문이다. 이와 같이 제1심 재판소에 대하여만 계약으로 관할을 정하는 것이 허용되기 때문에 제1심 재판소에 관한 계약을 함으로써 관할이 달라지고 또 상소를 하게 되면 제2심 재판소도 달라지는 것은 당연하다.

2. 일정한 법률관계와 이로 인하여 발생한 소송에 한할 것

일정한 법률관계라 함은 당사자 사이에 특정한 관계를 말하는 것이다. 갑과 을 사이의 거래로 인한 소송은 모두 어느 재판소에서 한다고 포괄적으로 정하는 계약은 허용되지 아니한다. 따라서 ○년 ○월 ○일의 거래에 따른 소송이어야 한다. 또한 그 관계로부터 발생한 소송이라는 것은 위 ○년 ○월 ○일 거래로 발생한 손해배상의 손해를 말한다. 이러한 제한은 그 분쟁이 발생하기 전에 계약이 미리 마무리 되는 경우이고, 그 분쟁이 이미 발생한 사항은 일정한 법률관계가 되는 것이다.

3. 재산상의 청구일 것

재산상의 청구가 아닌 사건은 혼인사건, 연결사건(緣結事件)*, 친자사건, 상속인 폐제사건**, 금치산사건 기타 일반인의 신분에 관한 사건을 말한다. 이러한

* 양친자사건을 의미한다.
** 피상속인을 살인하는 등의 법정사유가 있는 경우 상속인 자격을 박탈하는 소송을 말한다.

等事件中人事訴訟法에定ᄒᆞᆫ者ᄂᆞᆫ專屬管轄인故로次號에依ᄒᆞ야契約을不許ᄒᆞᆷ은不容疑義라其專屬管轄로定ᄒᆞᆷ이無ᄒᆞᆯ지라도人의身分에關ᄒᆞᆫ者ᄂᆞᆫ公共秩序及安寧에關ᄒᆞᄂᆞᆫ故로當事者意思에依ᄒᆞ야任意로管轄를左右케ᄒᆞᆷ은妥當치못ᄒᆞᆷ이라

四 專屬管轄에屬지아니ᄒᆞᆫ請求事 專屬管轄은本章初에說明ᄒᆞᆫ바ㅣ라此管轄은其裁判所의裁判을必受ᄒᆞ게ᄒᆞᆷ으로目的ᄒᆞ야各其必要가有ᄒᆞ야規定ᄒᆞᆫ者ㅣ라故로此境遇ᄂᆞᆫ管轄契約을不許ᄒᆞᄂᆞ니當事者ᄂᆞᆫ반다시其管轄을不可不遵守ㅣ니라

五 或裁判所의特權에屬ᄒᆞᆯ裁判管轄에不在ᄒᆞᆯ事 裁判所構成法第三十八條規定에依ᄒᆞ면皇族에對ᄒᆞᆫ民事訴訟은第一審及第二審을東京控訴院의裁判權에屬ᄒᆞᆷ으로規定ᄒᆞᆫ지라是ᄂᆞᆫ東京控訴院의特權에屬ᄒᆞᆯ管轄이니其性質上專屬管轄이라ᄒᆞᆷ은前述과如ᄒᆞᆫ바ㅣ라故로當事者의契約으로其管轄을左右ᄒᆞᆷ을不得ᄒᆞᆷ이라

第二 裁判所管轄의契約ᄒᆞᄂᆞᆫ方法

사건 등 중 인사소송법에 정한 경우는 전속관할이므로 다음 4항에서 보는 바와 같이 관할계약이 허용하지 아니하는 것은 의심의 여지가 없다. 그러한 전속관할의 정함이 없는 경우에도 사람의 신분에 관한 사항은 공공질서 내지 안녕에 관한 것이므로 당사자의 의사에 의하여 임의로 정하게 하는 것은 타당하지 아니하다.

4. 전속관할에 속하지 아니한 청구일 것

전속관할에 관하여는 본장 처음에 설명하였다. 이 관할은 해당 재판소의 재판을 꼭 받는 것을 목적으로 하고 있으므로 각각 필요가 있는 경우에 규정한 경우이다. 따라서 이런 경우는 관할계약을 허용하지 아니하므로 당사자는 그 관할을 꼭 준수하여야 한다.

5. 혹시 재판소의 특권에 속한 재판관할이 없어야 할 것

재판소구성법 제38조 규정에 의하면 황족(皇族)에 대한 민사소송은 제1심 내지 제2심 모두 동경공소원(東京控訴院)의 재판권에 속한 것으로 규정하고 있다. 이것은 동경공소원의 특권에 속하는 관할이므로 그 성질상 전속관할이라 함은 앞서 서술한 바와 같다. 따라서 당사자의 계약으로 그 관할을 좌우할 수는 없다고 할 것이다.

제2 재판소관할의 계약하는 방법

一　明示契約　裁判所管轄의契約은明示契約에依홈이普通이나其契約은書面으로表明홈이本則이라(民訴第二九條)其書面은반다시契約書됨을不要ᄒᆞᄂᆞ니訴訟書類中에此를記錄홈도亦無妨홈이라

二　默示契約　原告가法律上管轄權이無ᄒᆞᆫ裁判所에訴를提起ᄒᆞᆫ境遇에被告가管轄違抗辯을不爲ᄒᆞ고訴訟의本案辯論을行ᄒᆞᆫ時ᄂᆞᆫ此를默示契約으로推定ᄒᆞ고書面에依ᄒᆞᆫ明示契約과同一의效力이有홈이라(民訴第三〇條)此規定은法律解釋上此를默示契約으로看做홈을不得ᄒᆯ지라何者오抗辯을懈怠홈으로生ᄒᆞᆫ失權의結果에在홈이라ᄒᆞᄂᆞᆫ論者가有ᄒᆞ나本法第三十條ᄂᆞᆫ管轄契約의節中에揭ᄒᆞᆫ一條로前條의境遇와同一ᄒᆞᆫ效力이有ᄒᆞ다規定홈인즉默示契約으로解釋홈이穩當홈으로信ᄒᆞ노라

此默示契約은管轄違의抗辯을不爲ᄒᆞ고本案의答辯을行홈에因ᄒᆞ야法律의推定을始與홈인즉被告가口頭辯論에出頭치아니ᄒᆞᆫ時ᄂᆞᆫ此推定을與홈이不能홈이라如斯ᄒᆞᆫ境遇에當ᄒᆞ야原告의訴狀에當事者間에ᄂᆞᆫ書面에基ᄒᆞᆫ管轄

1. **명시계약**(明示契約)

재판소관할에 관한 계약은 명시계약으로 하는 것이 통상적이다. 그 계약은 서면으로 명백히 표시하는 것이 원칙이다(민소 제29조). 그 서면은 반드시 계약서일 필요는 없고 소송서류 중에 이를 기록함도 역시 문제가 없다.

2. **묵시계약**(默視契約)

원고가 법률상 관할권이 없는 재판소에 소를 제기한 경우에 피고가 관할위반 항변을 하지 아니하고 소송의 본안변론(本案辯論)을 한 경우에는 이를 묵시계약으로 추정하고, 서면에 의한 명시계약과 동일한 효력을 가진다(민소 제30조). 이 규정은 법률해석상 이를 묵시계약으로 간주(看做)함을 얻지는 못할 것이고 그 이유는 항변을 해태함으로 발생한 실권(失權)의 결과에 있다고 하지만, 본법 제30조는 관할계약의 절(節) 가운데 한 조문으로 있으므로 명시계약을 정한 제29조와 동일한 효력이 있다고 규정하고 있으므로, 묵시계약으로 해석하는 것이 온당할 것으로 믿는다.

이러한 묵시계약은 관할위반의 항변을 하지 아니하고 본안의 답변으로 함으로 인하여 법률의 추정을 준 것이다. 즉 피고가 구두변론의 하지 아니한 경우에는 이 추정을 부여하는 것은 불가능하다. 이러한 경우에 있어서 원고의 소장에 당사자 사이에 서면에 기한 관할의契約이有ᄒᆞᆫ旨를記載ᄒᆞ야口頭辯論에도其契約이有ᄒᆞᆫ事實를陳述ᄒᆞᆫ時ᄂᆞᆫ此에依ᄒᆞ야管轄契約이有ᄒᆞᆷ으로推定ᄒᆞ고闕席判決을行ᄒᆞᆷ을得ᄒᆞᆯ자라雖然이나不然ᄒᆞᆫ境遇에ᄂᆞᆫ裁判所ᄂᆞᆫ職權으로管轄違로訴를却下ᄒᆞᆷ이可ᄒᆞ니何故오其裁判所ᄂᆞᆫ本案에裁判ᄒᆞᆯ權限이無ᄒᆞᆫ所以니라

第五款 管轄違

前款에旣述ᄒᆞᆫ바와如히裁判所管轄은法律에依ᄒᆞ야定ᄒᆞ며又裁判所指定과當事者契約에因ᄒᆞ야定ᄒᆞ나原告가種種其規則에適合치아니ᄒᆞᆫ非管轄裁判所에訴를提起ᄒᆞᆷ이有ᄒᆞᆫ故로管轄違의問題가生ᄒᆞᆷ이라以下에此를區別ᄒᆞ야說明코져ᄒᆞ노라

一、管轄違의境遇에ᄂᆞᆫ被告ᄂᆞᆫ妨訴抗辯을行得ᄒᆞᆷ이라（民訴第二〇六條第二項參照）

妨訴抗辯이란者ᄂᆞᆫ次編에講述ᄒᆞᆯ事項이나此를要ᄒᆞ건ᄃᆡ本案辯論前에本案答辯을拒ᄒᆞ기爲ᄒᆞ야提出ᄒᆞᆫ抗辯이라元來日本臣民은憲法上其意에反ᄒᆞ야法律에定ᄒᆞᆫ裁判官의裁判을受ᄒᆞᆯ權을不奪ᄒᆞᄂᆞᆫ故로管轄契約이無ᄒᆞ고管轄

의 계약이 있다는 취지를 기재하였고 구두변론에서도 그 계약이 있는 사실을 진술한 경우에는 이에 의하여 관할계약이 있는 것으로 추정하고, 궐석판결(闕席判決)을 할 수 있을 것이다. 그렇다고 하여도 그렇지 아니할 경우 재판소는 직권으로 관할위반을 이유로 소를 각하할 수 있는데, 이는 해당 재판소가 본안의 재판을 할 권한이 없기 때문이다.

제5관 관할위반(管轄違反)*

전관(前款)에서 이미 설명한 바와 같이 재판소의 관할은 법률에 의하여 정하고 또 재판소의 지정과 당사자의 계약으로 정하게 된다. 그런데 당사자가 종종 그 관할이 없는 재판소에 소를 제기하기 때문에 관할위반의 문제가 발생한다. 이하에서는 이를 관할위반의 형태에 따라 구별하여 설명하도록 하겠다.

1. 관할위반의 경우에 피고는 방소항변(妨訴抗辯)**을 행사할 수 있다**(민소 제206조 제2항 참조)

방소항변이라 함은 다음 편(編)에서 설명할 사항이지만 이를 간단히 요약하면 본안변론(本案辯論) 전에 본안답변을 제출하기 전에 제출하는 항변을 말한다. 원래 일본 국민은 헌법상의 의도에 반하여 법률에 정한 재판관의 재판을 받을 권리를 박탈할 수 없으므로 관할계약이 없고 관할권

* 본문에서는 '관할위(管轄違)'라고 하고 있다.

權이無ᄒᆞᆫ裁判所에起訴ᄒᆞᆫ時ᄂᆞᆫ事物管轄에屬ᄒᆞ든지土地管轄에屬ᄒᆞ든지此를不問ᄒᆞ고其不當ᄒᆞᆷ을主論ᄒᆞᆯ權利가有ᄒᆞ니此의原因으로妨訴抗辯을行得ᄒᆞᆷ이라被告가適法으로此抗辯을提出ᄒᆞᆫ時ᄂᆞᆫ本案에答辯ᄒᆞᆯ義務를免ᄒᆞᆯ지라然ᄒᆞ나若其被告가有効히管轄契約을締結ᄒᆞᆯ境遇即財産上請求가專屬의規定이無ᄒᆞᆫ事件에管轄違裁判所에서訴를受ᄒᆞ야管轄違의妨訴抗辯을不爲ᄒᆞ고本案辯論을行ᄒᆞᆫ時ᄂᆞᆫ前欵에說明ᄒᆞᆫ默示契約이有ᄒᆞᆷ으로看做ᄒᆞᆷ이라（民訴第三〇條第三一條叅照）

二、專屬管轄의定ᄒᆞᆷ이有ᄒᆞᆫ事件과又當事者가有効ᄒᆞ게管轄契約을締結치못ᄒᆞᆯ事件으로管轄違裁判所에訴를提起ᄒᆞᆫ時ᄂᆞᆫ被告가妨訴抗辯의爲否를不問ᄒᆞ고裁判所ᄂᆞᆫ職權으로管轄有無를調査ᄒᆞ야其管轄違로認ᄒᆞᆯ時ᄂᆞᆫ訴를却下ᄒᆞᄂᆞᆫ判決을行ᄒᆞᆷ이라

若此를看過ᄒᆞ야本案의判決을行ᄒᆞᆫ時ᄂᆞᆫ上訴의原因됨을不免ᄒᆞᄂᆞᆫ故로當事者가其管轄違에何等의抗辯을提出치아니ᄒᆞᆫ時라도此를原因ᄒᆞ야不服을申提ᄒᆞ고上訴ᄒᆞᆷ을得ᄒᆞᆯ지라次號에說明ᄒᆞᆫ바ᄂᆞᆫ一種의變例라ᄒᆞᆷ이라

이 없는 재판소에 소가 제기된 경우에는 사물관할 또는 토지관할에 관계없이 그 부당함을 주장할 권리가 있다. 이러한 이유로 방소항변을 행사하는 것이다. 피고가 적법하게 그 항변을 제출한 때에는 본안을 답변할 의무를 면하게 된다. 그러나 만약 피고가 유효한 관할계약을 체결한 경우 즉 재산상 청구 중 전속관할이 없는 사건에서 관할위반의 재판소에 소를 제기 당하였지만 관할위반의 방소항변을 행사하지 아니하고 본안변론을 한 경우에는 전관(前款)에서 설명한 묵시계약(默示契約)이 있는 것으로 간주된다(민소 제30조, 제31조 참조).

2. 전속관할의 정함이 있는 사건 또는 당사자가 유효한 관할계약을 체결치 못한 사건으로 관할위반 재판소에 소를 제기한 때에는 피고가 방소항변을 행사하였는지 여부와 관계없이 재판소는 직권으로 관할의 유무를 조사하여 관할위반이 인정되는 경우에는 소를 각하하는 판결을 하여야 한다.

만약 이를 간과하고 본안의 판결을 한 경우에는 상소의 원인이 된다. 따라서 당사가 그 관할위반에 관하여 아무런 항변을 제출하지 아니한 때에도 이를 원인으로 불복하여 상소를 제기할 수 있다. 다음 3항에서 설명하는 바는 일종의 예외라고 할 것이다.

三、管轄違에在ᄒᆞ야區裁判所의事物管轄에屬ᄒᆞᆫ事件을地方裁判所에셔判決ᄒᆞᆫ時ᄂᆞᆫ此ᄅᆞᆯ原因ᄒᆞ야不服의申提ᄅᆞᆯ行得지못ᄒᆞᆷ이라(民訴第七條)此地方裁判所ᄂᆞᆫ區裁判所에比ᄒᆞ면優等의裁判所로合議에依ᄒᆞ야鄭重ᄒᆞᆫ節次로裁判ᄒᆞᄂᆞᆫ者라故로正確ᄒᆞ게當事者에게利益이되ᄂᆞᆫ所以니라

四、管轄違裁判及移送判決　被告가管轄違의妨訴抗辯ᄒᆞᆫ時ᄂᆞᆫ裁判所ᄂᆞᆫ此에對ᄒᆞ야判決ᄒᆞᆷ이可ᄒᆞᆷ이라

其抗辯이理由가無ᄒᆞᆫ時ᄂᆞᆫ妨訴抗辯을棄却ᄒᆞᄂᆞ니此棄却의判決은一種의中間判決이되나上訴에關ᄒᆞ야ᄂᆞᆫ終局判決로看做ᄒᆞᄂᆞᆫ規定이有ᄒᆞᆷ으로써獨立ᄒᆞ야上訴ᄒᆞᆷ을得ᄒᆞᆷ이라(民訴第一〇條參照)

妨訴抗辯을正當으로認ᄒᆞᆯ時와裁判所에職權調査ᄅᆞᆯ行ᄒᆞᆫ時에管轄違로認ᄒᆞᆯ時ᄂᆞᆫ此ᄅᆞᆯ理由ᄒᆞ야訴ᄅᆞᆯ却下ᄒᆞᄂᆞ니此却下의判決은單純ᄒᆞᆫ終局判決이라故로事物管轄違와土地管轄違ᄅᆞᆯ不問ᄒᆞ고其確定에因ᄒᆞ야全然히訴訟事件의繫屬을脫離ᄒᆞᆫ인즉原告ᄂᆞᆫ更히適當ᄒᆞᆫ裁判所에起訴ᄒᆞᆷ을得ᄒᆞᆷ이라

然ᄒᆞ나日本民事訴訟法은管轄違로訴ᄅᆞᆯ却下ᄒᆞᆯ時에管轄에關ᄒᆞᆫ判決의衝突

3. 관할위반이 있지만 구재판소의 사물관할에 속한 사건을 지방재판소에서 재판한 경우에는 이를 원인으로 불복신청을 할 수 없다(민소 제7조). 이것은 지방재판소는 구재판소에 비하여 우등(優等)의 재판소로서 합의에 의하고 신중한 절차로 재판을 하기 때문에 정확하고 당사자에게 이익이 되기 때문이다.

4. **관할위반 재판 및 이송판결**

피고가 관할위반의 방소항변을 제출한 때에는 재판소는 이에 대하여 판결할 수 있다.

그 항변이 이유가 없는 경우에는 방소항변을 기각하여 한다. 이 기각판결은 일종의 중간판결(中間判決)이 되지만 상소에 관하여는 종국판결로 간주하는 규정이 있어 독립하여 상소를 할 수 있다(민소 제20조 참조).

방소항변이 정당한 것으로 인정될 경우와 재판소가 직권조사를 하는 경우에는 관할위반으로 인정되는 때에는 이를 이유로 소를 각하하여야 한다. 이 각하판결은 종국판결 자체이다. 따라서 사물관할 위반과 토지관할 위반을 불문하고 그 확정에 의하여 완전히 소송사건의 계속(繫屬)을 종결되므로 원고는 다시 적당한 재판소에 소를 제기할 수 있게 된다.

하지만 일본 민사소송법은 관할위반으로 소를 각하할 때에 관할에 관한 판결의 충돌을避ᄒᆞ기爲ᄒᆞ야當事者申提에依ᄒᆞ야移送判決ᄒᆞᆷ을認ᄒᆞᆫ지라是ᄂᆞᆫ前訴訟을繼續ᄒᆞ게ᄒᆞᄂᆞᆫ利益을豫想ᄒᆞ며且費用을不生ᄒᆞᄂᆞᆫ利益을爲ᄒᆞ야特別ᄒᆞᆫ規定을設ᄒᆞᆷ이니此規定은獨히事物管轄違境遇에만適用ᄒᆞᆷ이라盖土地管轄違境遇에도移送判決ᄒᆞᆯ利益이不無ᄒᆞ나法律이此를不認ᄒᆞ야移送判決의規定을適用ᄒᆞᆷ을不得ᄒᆞᆷ이라

甲　事物管轄違의判決과共行ᄒᆞᆯ判決에二種이有ᄒᆞ니

가　地方裁判所가事物管轄違로訴를却下ᄒᆞᆯ境遇의移送判決（民訴第九條第一項第三項）

原告가裁判所構成法第二十六條第一項의規定에該當ᄒᆞᆯ請求로地方裁判所에起訴ᄒᆞᆫ境遇에被告가此에對ᄒᆞ야同法第十四條第一號及第二號에該當ᄒᆞ야區裁判所管轄에屬ᄒᆞᆯ者ㅣ라ᄒᆞ고妨訴抗辯ᄒᆞᆫ時에原告가管轄違를因ᄒᆞ야訴의却下判決이有ᄒᆞᆯ줄로思量ᄒᆞᆯ時ᄂᆞᆫ移送의申提를行得ᄒᆞᄂᆞ니此地方裁判所의管轄內에ᄂᆞᆫ數個의區裁判所가有ᄒᆞᆷ이通例ㅣ라其中何區裁判所에 移送ᄒᆞᆷ을 請願ᄒᆞᆷ도 其申提와 共行指示ᄒᆞᆷ이可ᄒᆞᆷ이

을 피하기 위하여 당사자의 신청에 의하여 이송판결(移送判決)을 인정하고 있다. 이는 전(前)소송를 계속하게 하는 이익을 예상하고 또 그 비용의 발생하지 않게 하기 위하여 특별한 규정을 정하고 있다. 이 규정은 특히 사물관할 위반의 경우에만 적용한다. 토지관할의 경우에는 이송판결의 이익이 없지 아니하지만 법률에서 이를 인정하지 아니하기 때문에 이송판결의 규정을 적용할 수 없다.

갑. 사물관할 위반의 판결과 함께하는 판결의 2가지

가. 지방재판소가 사물관할의 위반을 이유로 소를 각하하는 경우의 이송판결(민소 제9조 제1항, 제3항)

원고가 재판소구성법 제26조 제1항의 규정에 해당하는 청구(구재판소의 사물관할 사건임)로 지방재판소에 소를 제기한 경우에 피고가 이에 대하여 동법 제14조 제1호 내지 제2호에 해당하여 구재판소의 관할에 속하는 사항이라고 하여 방소항변을 제출한 때에 원고는 관할위반으로 소각하 판결이 예상되는 경우에 이송신청을 제출하게 된다. 이 지방재판소의 관할 내에 수개의 구재판소가 있는 것이 일반적이므로, 그중 어느 재판소에도 이송을 신청할 수 있고 지방재판소도 어느 구재판소에 보낼 수 있다.

라

此申提ᄂᆞᆫ口頭辯論中에管轄違判決에接着ᄒᆞᆫ口頭辯論의終結前에此ᄅᆞᆯ行ᄒᆞᆷ이라

如此ᄒᆞᆫ申提가有ᄒᆞᆫ時ᄂᆞᆫ地方裁判所ᄂᆞᆫ訴의却下判決과同時에其原告指定ᄒᆞᆫ自己管轄內區裁判所로其訴訟ᄋᆞᆯ移送ᄒᆞᆯ判決ᄋᆞᆯ行ᄒᆞᆷ이可ᄒᆞ며此申提가無ᄒᆞᆫ時ᄂᆞᆫ地方裁判所ᄂᆞᆫ單히管轄違로訴의却下判決ᄋᆞᆯ行ᄒᆞᆯ뿐이니如此ᄒᆞᆫ境遇에ᄂᆞᆫ原告ᄂᆞᆫ更히管轄裁判所에訴ᄅᆞᆯ提起ᄒᆞᆷᄋᆞᆯ得ᄒᆞᆷ이라

나　區裁判所가事物管轄違로訴ᄅᆞᆯ却下ᄒᆞᆯ境遇의移送判決(民訴第九條第二項第三項)

此ᄂᆞᆫ前號의境遇와反對ㅣ니原告가構成法第十四條에該當ᄒᆞᆯ請求로區裁判所에起訴ᄒᆞᆫ境遇에被告ᄂᆞᆫ此에對ᄒᆞ야同法第二十六條第一號規定에該當ᄒᆞ니地方裁判所管轄에屬ᄒᆞᆯ者로妨訴抗辯ᄋᆞᆯ行ᄒᆞᆫ지라此時에原告가管轄違의判決이有ᄒᆞᆯ줄노思量ᄒᆞᆯ時ᄂᆞᆫ移送의申提ᄅᆞᆯ行得ᄒᆞᄂᆞ니此申提에ᄂᆞᆫ其區裁判所ᄅᆞᆯ管轄ᄒᆞᆯ地方裁判所ᄅᆞᆯ指示ᄒᆞᆷᄋᆞᆯ不要ᄒᆞ고單히此

그 신청은 구두변론 중에 관할위반 판결과 관련된 구두변론의 종결 전에 할 수 있다.
이러한 신청이 있는 경우에는 지방재판소를 소각하판결과 동시에 원고가 지정한 자기관할 내의 구재판소로 그 소송의 이송판결을 할 수 있다. 그러한 신청이 없는 때에는 지방재판소는 단순히 관할위반을 이유로 소를 각하하는 판결만을 하게 된다. 이러한 경우에는 원고는 다시 관할재판소에 소를 제기할 수 있다.
나. 구재판소가 사물관할의 위반을 이유로 소를 각하하는 경우의 이송판결(민소 제9조 제2항, 제3항)
이는 위 가 항과 반대로 원고가 재판소구성법 제14조에 해당하는 청구로 구재판소에 소를 제기한 때에 피고가 이에 대하여 동법 제26조 제1호 규정에 따라 지방재판소의 관할에 속한다는 이유로 방소항변을 행사한 경우이다. 이 경우 원고가 관할위반의 판결이 있을 것이 예상되는 때에는 이송의 신청을 하게 된다. 이 신청에는 구재판소를 관할하는 지방재판소를 지시하는 것이 필요하지 아니하고 단순히 이

申提가有ᄒᆞ면區裁判所ᄂᆞᆫ訴의却下判決과共히其區裁判所를管轄ᄒᆞᄂᆞᆫ上級地方裁判所에其訴訟을移送ᄒᆞᄂᆞᆫ判決을行ᄒᆞᆷ이라此移送의申提도判決에接着ᄒᆞᆫ口頭辯論終結前에行ᄒᆞᆷ이可ᄒᆞ니若此를不爲ᄒᆞᄂᆞᆫ時ᄂᆞᆫ區裁判所ᄂᆞᆫ單히管轄違로訴를却下ᄒᆞᄂᆞᆫ判決을行ᄒᆞᆯ뿐이라

乙 移送判決의効果

가 移送判決은區裁判所로地方裁判所에移送될者와地方裁判所로區裁判所에移送될者를不問ᄒᆞ고此判決에依ᄒᆞ야移送을受ᄒᆞᆫ裁判所를羈束ᄒᆞᆷ이라(民訴第八條)

故로移送을受ᄒᆞᆫ裁判所ᄂᆞᆫ事物管轄違로再次의管轄違裁判을行得지못ᄒᆞᆷ이라盖區裁判所判決에依ᄒᆞ야其上級裁判所를羈束ᄒᆞᆷ과如ᄒᆞᆷ은審級順序에背反이되나法律은判決의衝突을避ᄒᆞ기爲ᄒᆞ야如此히定ᄒᆞᆫ一變例니라

나 移送判決에因ᄒᆞ야其訴訟은移送을受ᄒᆞᆫ裁判所에繫屬ᄒᆞᆷ이라(民訴第九條第四項)

신청을 하면 구재판소는 소의 각하판결과 함께 해당 구재판소를 관할하는 상급 지방재판소에 그 소송을 이송하는 판결을 하게 된다. 이 이송신청도 판결과 관련된 구두변론의 종결 전에 행하여야 한다. 만약 이를 하지 아니한 경우에는 구재판소는 단순히 관할위반을 이유로 소각하판결을 하면 된다.

을. 이송판결의 효과

가. 이송판결은 구재판소에서 지방재판소로 이송하는 경우와 지방재판소에서 구재판소로 이송하는 경우를 묻지 아니하고 그 판결에 의하여 이송을 받은 재판소를 기속(羈束)한다(민소 제8조).

따라서 이송을 받은 재판소는 사물관할 위반을 이유로 재차 관할위반 재판을 할 수 없다. 구재판소의 판결에 의하여 그 상급재판소를 기속하게 하는 것은 심급의 순서에 위반되는 것이지만 법률은 판결의 충동을 피하기 위하여 이와 같은 예외를 인정하는 것이다.

나. 이송판결로 인하여 해당 사건은 이를 받은 재판소에 계속하게 된다(민소 제9조 제4항).

故로原告ᄂᆞᆫ新히訴를提起홈을不要ᄒᆞ며其訴訟에權利拘束은前訴訟의時로其効力을存續ᄒᆞ야訴訟印紙의再貼도不要ᄒᆞᄂᆞᆫ利益이有홈이라如斯히法律規定에依ᄒᆞ야移送을受ᄒᆞᆫ裁判所에繫屬ᄒᆞ나其節次를進行홈에如何ᄒᆞᆫ方法에可依홀가ᄒᆞᄂᆞᆫ議論이有홀지나本法은元來不干涉主義를原則ᄒᆞᆫ故로職權으로口頭辯論의期日을定ᄒᆞ고當事者를呼出ᄒᆞ야訴訟의進行홈을命홈이아니라原告의申提에依ᄒᆞ야前裁判所의訴訟記錄을取來ᄒᆞᆫ後에期日을定ᄒᆞ야進行ᄒᆞ게홈이라然ᄒᆞ나此等節次에關ᄒᆞ야ᄂᆞᆫ法律에明文으로規定ᄒᆞᆫ바ㅣ無ᄒᆞ고又移送判決이有ᄒᆞ면必其訴訟記錄을移送을受ᄒᆞᆫ裁判所에送附홀規定이亦無ᄒᆞᆫ故로此에異論이多ᄒᆞ나唯其法文에繫屬홈이라云홈으로職權을行ᄒᆞ야進行ᄒᆞ게홈은妥當치아니홈으로余ᄂᆞᆫ本法의主義에依ᄒᆞ야如斯히解釋ᄒᆞ노라

第三節　裁判所職員의權能

裁判所를搆成ᄒᆞᄂᆞᆫ職員及其職員된資格은國法範圍에屬ᄒᆞᆫ故로其硏究ᄂᆞᆫ同法에讓ᄒᆞ고余ᄂᆞᆫ本章初頭에唯其職員된資格과其主된職員을略述ᄒᆞᆫ지라凡裁判

따라서 원고는 당시 소를 제기할 필요가 없다. 그 소송에 대한 소송계속(訴訟繫屬)*은 전소송의 시기부터 그 효력이 존속한다. 소송의 인지를 다시 첨부할 필요가 없다. 이러한 법률규정에 의하여 이송을 받은 재판소에 계속하지만, 그 절차의 진행은 어떻게 하여야 하는지 논의된다. 본법은 원래 불간섭주의(不干涉主義)**를 원칙으로 하고 있으므로, 재판소는 직권으로 구두변론의 기일을 정하여 당사자를 소환하여 소송의 진행을 명하는 것이 아니라 원고의 신청에 의하여 전재판소의 소송기록을 받은 후에 기일을 정하여 진행하게 되는 것이 타당하다고 본다. 이는 이러한 절차에 관하여 법률에서 명확히 규정하고 있지 아니하고, 또한 이송판결이 있게 되면 그 소송기록을 이송 받을 재판소에 송부(送付)하는 규정 역시 없기 때문에 이론의 여지가 많지만 오직 그 법문에서 계속(繫屬)한다고 하고 있으므로, 직권으로 진행하는 것이 타당치 아니하기 때문에 본인은 본법의 불간섭주의에 따라 해석하는 것이다.

제3절 재판소 직원의 권능(權能)

재판소를 구성하는 직원 내지 그 직원의 자격은 국법(國法)의 범위에 속한 것이므로 그 연구는 본법의 규정에 넘기고, 본인은 본장 앞부분에서 오직 그 직원의 자격과 그 주된 직원을 약술(略述)하였다. 모든 재판소

* 원문은 권리구속(權利拘束)이라고 한다.
** 변론주의(辯論主義)를 말한다.

所職員의權能은各其職制에依ᄒᆞ야定ᄒᆞ고其職權을執行ᄒᆞᆯ限界ᄂᆞᆫ其所屬裁判所管轄權에基ᄒᆞ야决ᄒᆞᆯ者ㅣ라故로一般에其職權을行ᄒᆞᆯ範圍ᄂᆞᆫ職制에定ᄒᆞᆫ法律과裁判所管轄에依ᄒᆞ야定ᄒᆞᆷ이라其一般에定ᄒᆞᆫ裁判所職員의職權은特別ᄒᆞᆫ訴訟事件의關係로執行ᄒᆞᆷ을制限ᄒᆞᆫ境遇가有ᄒᆞ며又檢事가或訴訟에干與ᄒᆞᆷ을訴訟法에其境遇를指示ᄒᆞᆷ도有ᄒᆞᆫ故로本節에ᄂᆞᆫ特別ᄒᆞᆫ訴訟上의關係에基ᄒᆞᆫ바裁判所職員의職權執行의限界를陳述코져ᄒᆞ노라

第一欵　裁判所職員의除斥及忌避

判事ᄂᆞᆫ一般法律에從ᄒᆞ야適法으로裁判權을行得ᄒᆞᆯ境遇라도特別ᄒᆞᆫ訴訟上의關係에因ᄒᆞ야其裁判에叅與ᄒᆞᆷ을不得ᄒᆞᆯ者ㅣ有ᄒᆞ니是ᄂᆞᆫ裁判에公平을維持ᄒᆞ고偏頗의裁判을避ᄒᆞ고當事者로安心ᄒᆞ야裁判을受得ᄒᆞ게ᄒᆞᆯ目的에在ᄒᆞᆷ이라此規定은判事ᄲᅮᆫ아니라裁判所書記에도準用ᄒᆞ며(民訴第四一條)又執達吏에게對ᄒᆞ야도同一ᄒᆞᆫ規定이有ᄒᆞ고(執達吏規則第八條第九條)檢事에ᄂᆞᆫ除斥及忌避의規定이無ᄒᆞᆷ이라

判事가其訴訟에叅與ᄒᆞᆷ을不得ᄒᆞᆯ境遇에二種이有ᄒᆞ니

직원의 권능은 각 그 직제에 의하여 정하고 그 권한을 행사하는 범위는 각 소속 재판소의 관할권에 기초하여 결정된다. 따라서 일반적으로 재판소 직원의 권한의 집행은 특별한 소송사건과의 관계로 집행을 제한하는 경우가 있고 또는 혹시 검사가 소송에 간여함을 소송법에 정한 경우도 있다. 따라서 본 절에서는 특별한 소송상의 관계에 기초한 재판소 직원의 직무집행의 한계를 설명하도록 하겠다.

제1관 재판소 직원의 제척(除斥) 내지 기피(忌避), 회피(回避)

판사는 일반 법률에 따라 적법하게 재판권을 행사하는 경우라도 특별한 소송상의 관계로 인하여 그 재판에 참여할 수 없는 경우가 있다. 이는 재판에 공평(公平)을 유지하고 편파(偏頗)적인 재판을 피하고, 당사자에게 안심(安心)하게 재판을 받게 할 목적이 있는 것이다. 이 규정은 판사 뿐만 아니라 재판소의 서기(書記)에게도 준용되며(민소 제41조), 또한 집달리(執達吏)*에게 대하여도 동일한 규정이 있다(집달리규칙 제8조, 제9조). 다만 검사에게는 제척 내지 기피의 규정이 없다.

판사가 그 소송에 참여할 수 없는 경우는 다음 2가지가 있다.

* 현재에는 집달관(執達官)이라 한다.

一、法律上의除斥에依ᄒᆞᆯ境遇

二、忌避申請에基ᄒᆞ야裁判이有ᄒᆞᆫ境遇

右一號에示ᄒᆞᆫ法律上의除斥은其理由가有ᄒᆞᆫ時ᄂᆞᆫ裁判을不要ᄒᆞ고當然히法律에依ᄒᆞ야其職務의執行으로除斥이됨이니換言ᄒᆞ면其判事ᄂᆞᆫ其事件에當然히裁判權의無能力者가됨이라若此에反ᄒᆞ야其判事가叅與ᄒᆞ야裁判ᄒᆞᆫ時ᄂᆞᆫ上訴、再審의原因이되ᄂᆞᆫ故로(民訴第四三六條第四六八條叅照)裁判所ᄂᆞᆫ職權으로此를調査ᄒᆞᆷ이可ᄒᆞ며又二號에示ᄒᆞᆫ바ᄂᆞᆫ偏頗의疑慮가有ᄒᆞᆫ境遇ㅣ나當事者의忌避申請이有ᄒᆞᆷ에依ᄒᆞ야裁判所ᄂᆞᆫ此를正當ᄒᆞᆷ으로認ᄒᆞ고裁判ᄒᆞᆫ時에限ᄒᆞ야法律上의除斥과同一ᄒᆞᆫ効果를生ᄒᆞᆷ이라

第一 除斥

法律上除斥의理由라ᄒᆞᆯ境遇가如左ᄒᆞ니(民訴第三二條)

一、判事와又其妻가原告든지被告된時又當事者의一便이든지兩便이든지共同權利者及共同義務者償還義務者된時

判事와又其妻가原告或被告의地位에立ᄒᆞᆫ時ᄂᆞᆫ其事件을裁判ᄒᆞᆯ能力이無ᄒᆞᆷ

1. 법률상의 제척에 의할 경우
2. 기피신청에 기하여 이를 인정하는 재판이 있는 경우

위 1항의 법률상의 제척은 그 이유가 있는 때에는 재판과 관계없이 당연히 법률에 의하여 그 직무의 집행이 제척되게 된다. 다시 말하면 그 판사는 해당 사건에 당연히 재판권의 무능력자(無能力者)가 된다. 만약 이에 반하여 그 판사가 참여하여 재판을 한 경우에는 상소와 재심의 원인이 된다(민소 제436조, 제468조 참조). 재판소는 직권을 이를 조사할 수 있다.

또한 2항은 편파의 의심이 있는 경우이다. 당사자의 기피신청에 따라 재판소가 이를 정당하다고 인정하는 재판을 한 경우에 한하여 제척과 동일한 효력이 발생한다.

제1 제척(除斥)

법률상 제척사유은 다음과 같다(민소 제32조).

1. **판사 또는 그 처가 원고 또는 피고가 된 경우**(당사자의 일방 또는 쌍방이거나, 공동권리자 내지 공동의무자·상환의무자가 된 경우)

판사 또는 그 처가 원고 또는 피고가 된 경우에 그 사건을 재판할 능력이 없게 한 것은

은公平을維持ᄒᆞ기爲ᄒᆞ야當然ᄒᆞᆫ理由ㅣ니此ᄂᆞᆫ自訴自判을不許ᄒᆞᄂᆞᆫ主義라原告或被告中에ᄂᆞᆫ從叅加人이되ᄂᆞᆫ者도包含ᄒᆞᆷ으로信ᄒᆞ노라何者오從叅加人은廣義의當事者로推見ᄒᆞᆯ者ㅣ라其叅加告知를受ᄒᆞᆫ境遇에만限ᄒᆞ야ᄂᆞᆫ訴訟의當事者됨을不得ᄒᆞᄂᆞ니告知에應ᄒᆞ야從叅加人이된時에만此를當事者로認ᄒᆞ야除斥ᄒᆞᆷ이라

又判事及其妻가當事者의一便과共同債務者가된時라ᄒᆞᆷ은此等이當事者와連帶債務者(民法第四三二條以下叅照)又不可分債務者（民法第四二八條叅照）된境遇或此等이合名會社合資會社의社員이된境遇와如ᄒᆞᆫ者ㅣ라此等은其訴訟에當事者ᄂᆞᆫ아니나本法第四十八條第一號規定에依ᄒᆞ야共同訴訟人됨을得ᄒᆞ야利害의關係가大ᄒᆞᆫ故로此를除斥ᄒᆞᄂᆞᆫ原因이됨이라尤其株式會社의株主와如ᄒᆞᆫ者ᄂᆞᆫ玆에云ᄒᆞᄂᆞᆫ共同債權者、共同債務者에包含치아니ᄒᆞᆷ이라

又償還義務者된時라ᄒᆞᆷ은一便이敗訴ᄒᆞᆫ時에判事와又其妻가求償의關係를有ᄒᆞᆫ境遇를謂ᄒᆞᆷ이니假令保證에關ᄒᆞᆫ債權者와又其債務者된境遇（民法第

공평을 유지하기 위하여 당연하다. 이는 자소자판(自訴自判)* 을 인정하지 아니하는 주의(主義)이다. 원고 또는 피고 중에 종(從)된 참가자(參加者)**도 포함된다고 믿는다. 종된 참가인도 광의의 당사자로 볼 수 있기 때문이다. 다만 그 참가고지를 받은 경우에는 당사자가 아니므로 그 고지에 응하여 종된 참가인이 된 경우에만 정당한 당사자로 인정하여 제척하게 된다.

또한 판사 내지 그 처가 당사자의 일방과 공동채무자가 된 때라고 함은 그들이 당사자와 연대채무자(민법 제432조 이하 참조) 또는 불가분채무자(민법 제428조 참조)가 된 경우, 혹은 그들이 합명회사·합자회사의 사원이 경우와 같을 경우를 말한다. 그들이 해당 소송의 당사자는 아니지만 본법 제48조 제1호 규정에 의하여 공동소송인이 되고 이해관계가 크기 때문에 제척의 원인이 되는 것이다. 하지만 주식회사의 주주와 같은 경우는 여기에서 말하는 공동채권자, 공동채무자에 포함되지는 아니한다.

또한 상환의무자라고 함은 일방의 패소 시에 판사와 그 처가 구상관계를 갖는 경우를 말한다. 가령 보증에 관한 채권자 또는 채무자가 된 경우(민법 제

---

* 소를 제기한 자가 스스로 판단하는 것을 말한다.
** 보조참가인(補助參加人) 등을 생각할 수 있다.

四四六條以下參條）又手形裏書에關ᄒᆞᆫ債權者와又其債務者된境遇等이라（商法第四八六以下第五二九條參照）

二、判事와又其妻가當事者의一便或兩便에親族이되는時

但姻族에는婚姻解除ᄒᆞᆫ時라도亦同ᄒᆞᆷ　當事者와判事又其妻와親族關係가互有ᄒᆞ면情弊를不免ᄒᆞᆯ지라故로此亦除斥의原因됨은當然ᄒᆞᆷ이라其姻族에는婚姻解除ᄒᆞᆫ時라도反對로厭惡의情을含ᄒᆞᆯ慮가有ᄒᆞ며死亡에因ᄒᆞ야姻族이解除된時라도其妻의子孫이尙存ᄒᆞ야情實의關係가存在ᄒᆞᆷ이如舊ᄒᆞᆯ지라何種이든지到底이公平ᄒᆞᆷ을維持ᄒᆞ기不足ᄒᆞᆫ故로其婚姻解除된時라도同一ᄒᆞᆫ規定을設ᄒᆞᆫ바ㅣ라

三、判事가同一事件에證人이든지鑑定人이되야尋問을受ᄒᆞᆫ時又訴訟代理人의任을受ᄒᆞᆯ時든지受ᄒᆞᆫ時와又法定代理人의權利를有ᄒᆞᆯ時든지有ᄒᆞᆫ時　判事라도證人이되는義務가有ᄒᆞᆷ은一般人民과無異ᄒᆞ며（民訴第二八九條參照）其鑑定人됨은極稀ᄒᆞ나特別ᄒᆞᆫ技能이有ᄒᆞᆫ判事는絕對的으로無ᄒᆞᆷ이아니라故로如斯히證人이되고鑑定人이된境遇에自己가供述ᄒᆞ고自己가聽取

446조 이하 참조) 또는 수표 이면에 관한 채권자 또는 채문자가 된 경우 등이 그것이다(상법 제486조 이하, 제529조 참조).

2. 판사 또는 그 처가 당사자의 일방 혹은 쌍방의 친족이 되는 경우

단 인족(姻族)*에는 혼인이 해제된 때에도 같다. 당사자와 판사 또는 그 처와 사이에 친족관계가 정실에 이끌리는 폐단을 면할 수 없기 때문에 이 역시 제척의 원인이 되는 것은 당연하다. 그 인족의 경우 혼인 해제된 때에도 반대로 증오의 정을 가질 염려가 있다. 사망으로 인족관계가 해소된 경우에도 그 처의 자손이 있기 때문에 정실에 치우칠 염려가 여전이 있게 된다. 어떤 경우에도 도저히 공평을 유지하는 것이 어렵기 때문에 혼인해제의 경우라도 동일하다는 규정을 하게 된 것이다.

3. 판사가 동일 사건에 증인 또는 감정인이 되어 심문(審問)을 받은 경우 또는 소송대리인의 수임하거나 하려고 한 경우 또는 법정대리인의 권리를 가졌거나 가지려 할 경우

판사라도 증인이 되는 의무가 있는 것은 일반 국민과 차이가 없으며(민소 289조 참조), 그 감정인이 되는 경우는 극히 희박하지만 특별한 기능이 있는 판사가 절대적으로 없는 것은 아니다. 그러므로 이와 같이 증인이나 감정인이 된 경우에 자기가 진술하고 자기가 청취

* 혼인에 의하여 맺어진 친척이다. 인척(姻戚)을 의미한다.

ᄒᆞ야判斷홈은不許ᄒᆞ며又判事가訴訟代理人됨은其審級에서行홈이甚稀ᄒᆞ나區裁判所에ᄂᆞᆫ當事者를爲ᄒᆞ야他代理가無ᄒᆞᆯ時ᄂᆞᆫ如此ᄒᆞᆫ事實이生홈이니前에訴訟代理人의任을受ᄒᆞᆫ境遇ᄂᆞᆫ實際上에往往히有ᄒᆞᆫ바이며辯護士로判事에登用된者ᄂᆞᆫ前日自己의受任ᄒᆞᆫ事件을判事로更히管理홈이될지라故로法律은此等境遇를豫想ᄒᆞ야如斯ᄒᆞᆫ規定을設ᄒᆞᆫ바ㅣ라又判事가法定代理人될境遇ᄂᆞᆫ判事가幼者의後見人된境遇에生홈이라

四、判事가不服을申提ᄒᆞᆫ裁判을前審又仲裁에干與ᄒᆞᆫ時但受命判事 受託判事로干與ᄒᆞᆫ境遇ᄂᆞᆫ此限에不在홈이라 玆에前審에干與ᄒᆞᆫ時라홈은前에下級審判事로裁判에干與ᄒᆞ고後에上級審判事가되야其事件의上訴를受理ᄒᆞᆫ境遇와甲裁判所判事로干與ᄒᆞᆫ後에上級審判事가되야其事件의上訴를受理ᄒᆞᆫ境遇와甲裁判所判事로干與ᄒᆞᆫ後에乙裁判所에轉職ᄒᆞᆫ時에其事件이乙裁判所에移屬된境遇와如ᄒᆞᆫ等이라

又仲裁에干與ᄒᆞᆫ時라홈은前에仲裁人으로仲裁判斷을行ᄒᆞᆫ事件에生爭ᄒᆞᆫ訴訟을謂홈이라

하여 판단하는 것은 허용되지 아니한다. 또한 판사가 소송대리인이 되는 것은 해당 심급에서 하는 것은 극히 희박하지만 구재판소에는 당사자를 위하여 다른 대리가 없을 때에 이와 같은 사실이 발생할 수 있다. 전에 소송대리인의 임무를 수행한 경우는 실제로 종종 있는 바, 변호사에서 판사로 임용된 사람은 전에 자신이 수임한 사건을 판사가 되어 다시 맡을 수 있기 때문이다. 따라서 법률은 이러한 경우 등을 예상하여 이와 같은 규정을 두게 된 것이다. 판사가 법정대리인이 된 경우는 판사가 미성년자의 후견인이 된 경우에 발생할 수 있다.

4. 판사가 불복을 신청한 재판을 전심(前審) 또는 중재(仲裁)에 간여한 경우

단 수명판사(受命判事)와 수탁판사(受託判事)로 간여한 경우에는 그 제한이 없다. 이에 전심에 간여한 때라는 것은 전에 하급심 판사로 재판에 간여하고 후에 상급심 판사가 되어 그 사건의 상소를 수리한 경우와 갑(甲) 재판소 판사로 간여한 후에 을(乙) 재판소로 전직하였는데, 그 사건이 을 재판소로 이송된 경우와 같은 것 등이다. 또한 중재에 간여한 때라 함은 전에 중재인으로 중재판단을 한 사건에 대하여 분쟁이 발생하여 소송을 한 경우를 말한다.

判事가法律上에當然히除斥됨은以上四個境遇에限ᄒᆞᆷ이라盖實際에는其公平ᄒᆞᆷ을維持ᄒᆞ기爲ᄒᆞ야玆에列擧ᄒᆞᆫ바外에尙且除斥ᄒᆞᆷ이相當ᄒᆞᆫ境遇가有ᄒᆞᆯ지나法律의豫定치아니ᄒᆞᆫ者는當然ᄒᆞᆫ除斥으로看作ᄒᆞᆷ을不得ᄒᆞᆯ지라故로惟其偏頗의疑慮가有ᄒᆞᆫ境遇에는忌避의申提만ᄒᆞᆯ뿐이라

右四個境遇는前陳ᄒᆞᆷ과ᄀᆞᆺ치法律上에絶對的으로裁判의權을剝奪ᄒᆞᆷ인즉裁判所는申提의有無를不拘ᄒᆞ고此를調査ᄒᆞ야其原因이有ᄒᆞᆷ으로認ᄒᆞᆯ時는決定으로其判事를退斥ᄒᆞ게ᄒᆞᆷ이라(民訴第四〇條)

第二 忌避의申請

當事者는除斥의原因이有ᄒᆞᆷ으로信ᄒᆞᆯ時는勿論除斥ᄒᆞ며若其原因이無ᄒᆞ되偏頗의裁判을行ᄒᆞᆯ疑慮가有ᄒᆞᆷ으로思量ᄒᆞᆫ時는其判事를除ᄒᆞ고公平ᄒᆞᆫ裁判을受ᄒᆞ기爲ᄒᆞ야忌避의申請ᄒᆞᆷ을得ᄒᆞᆷ이라

一、忌避의申請에二種이有ᄒᆞ니除斥의原因을理由ᄒᆞᆫ境遇及偏頗의理由가有ᄒᆞᆫ境遇라此二者는其効力이異ᄒᆞᆫ故로此를區別ᄒᆞ야論述코져ᄒᆞ노라

甲 判事가法律上에除斥될原因이有ᄒᆞᆯ時

판사가 법률상 당연히 제척됨은 이상 4개 사유에 한한다. 그러나 실제로는 공평을 유지하기 위하여 위에 열거한 사유 외에도 제척하는 것이 상당한 경우가 있을 것이지만, 법률이 이를 예상치 아니한 경우는 당연히 제척으로 간주할 수는 없을 것이다. 따라서 유독 편파의 의심이 드는 경우에는 기피신청을 할 수 있을 뿐이다.

이상 4개 사유가 존재하는 경우에는 전술한 바와 같이 법률상 절대적으로 재판의 권리를 박탈하는 것이므로, 재판소는 제척신청의 유무와 관계없이 이를 조사하여 그 원인이 존재하는 경우에는 결정으로 그 판사를 제척하여야 한다(민소 제40조).

제2 기피(忌避)의 신청

당사자는 제척의 원인이 있다고 믿는 때는 물론이고 그 사유가 없다고 하여도 편파적 재판을 할 의심이 있다고 사료되는 때에는 그 판사를 배제하고 공평한 재판을 받기 위하여 기피신청을 할 수 있다.

1. 기피의 신청에는 2가지가 있는데, 첫째는 제척의 원인을 이유로 하는 것이고, 둘째는 편파의 이유가 있는 경우에 기피신청을 할 수 있다. 이 2가지 신청은 효력이 다르므로 구분하여 논술하도록 하겠다.

갑. 판사에게 제척원인이 있는 경우

判事가法律上에除斥될時는特別히裁判을不要ᄒᆞ고當然히其職務를避ᄒᆞᆯ지나若其判事가自避치아니ᄒᆞᆯ時는當事者는其判事를忌避ᄒᆞᆷ을得ᄒᆞᆷ이라此法律上除斥을原因ᄒᆞᆫ忌避의申請은左述ᄒᆞᆯ바偏頗의理由에基ᄒᆞᆫ者와異ᄒᆞ야訴訟이如何ᄒᆞᆫ程度에在ᄒᆞᆷ을不問ᄒᆞᆷ이니即口頭辯論開始後에判事面前에서訴訟事件의申提를行ᄒᆞ고又相對者의申提에際ᄒᆞ야陳述을行ᄒᆞᆫ後라도此를行ᄒᆞᆷ을得ᄒᆞᆷ이라(民訴第三四條第一項)此除斥의原因이有ᄒᆞᆫ判事는絶對的으로裁判權行使의不能力者인즉若此에反ᄒᆞ야裁判에干與ᄒᆞ면上訴나再審의原因이됨이라故로此理由를基因ᄒᆞ야忌避의申請이有ᄒᆞᆫ時는忌避된判事는其申請에關ᄒᆞᆫ裁判이完結되기前에는一般行爲를不可不必避ㅣ니라(民訴第三九條前段)此等點에偏頗의疑慮가有ᄒᆞᆷ을理由ᄒᆞᆫ忌避의申請과差異가有ᄒᆞᆷ이라

乙　判事가偏頗의裁判을行ᄒᆞᆯ疑慮가有ᄒᆞᆷ을理由ᄒᆞᆯ時　除斥의原因이不有ᄒᆞ나判事가不公平ᄒᆞᆫ裁判을行ᄒᆞᆯ疑慮가有ᄒᆞᆫ時는此를忌避ᄒᆞᆷ을得ᄒᆞᆷ이라

판사가 법률상 제척이 될 경우에는 특별히 재판의 필요 없이 당연히 그 직무를 피하여야 한다. 만약 그 판사가 스스로 피하지 아니하는 경우에는 당사자는 그 판사를 기피할 수 있다. 이 법률상의 제척원인으로 한 기피의 신청은 다음에 설명할 편파를 이유로 한 경우와 차이가 있어, 소송의 진행 정도를 묻지 아니한다. 즉 구두변론 개시 후에 판사의 면전에서 소송사건을 신청하고 또는 상대방의 신청에 따라 진술을 한 후에라도 이를 행할 수 있다(민소 제34조 제1항). 그 제척의 원인이 있는 판사는 절대적으로 재판권 행사에 있어서 무능력자이다. 만약 이에 반하여 재판에 관여한 경우에는 상소나 재심의 원인이 된다. 따라서 제척사유를 이유로 한 기피의 신청이 있을 때에는 기피된 판사는 그 신청에 관한 재판이 완결되기 전에는 일반 소송행위를 일체 할 수 없다(민소 제39조 전단). 이러한 점 등이 편파의 염려가 있다는 이유로 한 기피신청과 차이가 있다.

을. 판사가 편파적 재판을 할 염려가 있다는 것을 이유로 하는 경우

제척의 원인은 존재하지 아니하지만 판사가 불공평한 재판을 행할 염려가 있을 때에는 이를 이유로 기피신청을 할 수 있다.

如何ᄒᆞᆫ事故로偏頗의疑慮가有ᄒᆞᆷ이라認ᄒᆞᆷ은各事件事實에就ᄒᆞ야決ᄒᆞᆯ지니此原因을因ᄒᆞᆫ忌避는除斥의理由ᄒᆞᆫ忌避의申請과異ᄒᆞ야其權利를行ᄒᆞ든지此를抛棄ᄒᆞ야其裁判을甘受ᄒᆞ든지ᄒᆞᆷ은當事者의任意라故로其申請에一定ᄒᆞᆫ期限이有ᄒᆞ니第一口頭辯論에忌避의理由를主論치아니ᄒᆞ고其判事面前에서訴訟事件에關ᄒᆞᆫ申提를行ᄒᆞ며又其相對者申提에對ᄒᆞ야陳述을行ᄒᆞᆫ時는此忌避ᄒᆞᆷ을不得ᄒᆞᆷ이라（民訴第三四條第二項）是는忌避의權을抛棄ᄒᆞᆫ者로推定ᄒᆞᆷ이나忌避의原因이申提後에生ᄒᆞ고又其原因이有ᄒᆞᆫ者를後에至ᄒᆞ야覺知ᄒᆞᆫ時는後에此申請ᄒᆞᆷ을得ᄒᆞᆷ이라（民訴第三五條第三項）

二、忌避申請의節次（民訴第三五條第一項第二項）忌避申請은除斥의原因을理由ᄒᆞᆫ者와偏頗의疑慮가有ᄒᆞᆷ을理由ᄒᆞᆫ者를不問ᄒᆞ고其判事의屬ᄒᆞᆫ裁判所에書面과口頭로此를行ᄒᆞᆷ이니口頭로此를申請ᄒᆞᆯ時는裁判所書記가此의調書를作ᄒᆞ며（民訴第一三五條參照）其申請에는忌避의原因을疏明ᄒᆞᆷ이可ᄒᆞ니其疏明의方法은民訴第二百二十條에規定ᄒᆞᆫ바ㅣ라判事가其訴訟의審理

어떠한 일로 편파의 우려가 있다고 인정할 것인지는 각 사건과 사실에 따라 결정하여야 한다. 그 원인으로 인하여 기피는 제척을 원인으로 한 기피의 신청과 달리 그 권리를 행사하던지 이를 포기하고 재판을 감수할 것인지 여부는 당사자의 임의에 맡겨진다. 따라서 그 신청에 일정한 기한이 있다. 처음 구두변론 시까지 기피의 이유를 주장하지 아니하고 그 판사 면전에서 소송사건에 관한 신청을 한 경우 또는 그 상대방의 신청에 대하여 진술을 행한 때에는 그 기피를 주장할 수 없다(민소 제34조 제2항). 이는 기피의 신청권을 포기한 것으로 추정(推定)하기 때문이다. 기피의 원인이 신청 후에 발생한 경우 또는 그 원인이 있는 것을 후에 이르러 알게 된 경우에는 후에 이를 이유로 기피신청을 할 수 있다(민소 제35조 제3항).

2. **기피신청의 절차**(민소 제35조 제1항, 제2항)

기피신청은 제척의 원인을 이유로 한 경우와 편파적 재판을 할 의심을 이유로 하는 경우를 묻지 아니하고 그 판사가 속한 재판소에 서면 또는 구두로 이를 할 수 있다. 구두로 이를 신청할 때에는 재판소의 서기가 이를 조서에 적여야 한다(민소 제135조 참조). 그 신청에는 기피의 원인을 소명할 수 있고, 그 소명방법은 민소 제220조에 규정하고 있다. 판사가 그 소송의 심리

上即其職務上으로發ᄒᆞᆫ陳述은此疏明에一이될지假令當事者의一便을保護ᄒᆞᄂᆞᆫ言語를發ᄒᆞᆫ時ᄂᆞᆫ此를疏明의方法ᄒᆞᆷ을得ᄒᆞᆷ과如ᄒᆞᆫ者ㅣ라其忌避申請이申提及陳述後에原因을生ᄒᆞ며又其原因을發見ᄒᆞ고辯論後에至ᄒᆞ야忌避申請을行ᄒᆞᄂᆞᆫ時ᄂᆞᆫ其後에生ᄒᆞ며又其發見ᄒᆞᆫ事實도疏明ᄒᆞᆷ이可ᄒᆞᆷ이라

此忌避申請이有ᄒᆞᆫ時ᄂᆞᆫ忌避된判事ᄂᆞᆫ其原因에職務上意見을陳述ᄒᆞᆷ이可ᄒᆞᆷ이라(民訴第三七條後段)此意見은單其判事가裁判權을行ᄒᆞᆯ信否를表明ᄒᆞ야忌避의裁判을行ᄒᆞᄂᆞᆫ叅考에供ᄒᆞᆯ뿐이오敢히當事者申請에對ᄒᆞ야辯論을行ᄒᆞ게ᄒᆞᄂᆞᆫ趣意에ᄂᆞᆫ不在ᄒᆞᆷ이라

忌避의申請이有ᄒᆞᆫ時ᄂᆞᆫ其結果로忌避의申請이完結되도록忌避된判事ᄂᆞᆫ諸般行爲을避ᄒᆞᆷ이本則이라然ᄒᆞ나偏頗의原因의因ᄒᆞ야忌避된判事ᄂᆞᆫ猶豫치못ᄒᆞᆯ行爲ᄂᆞᆫ行ᄒᆞᆷ을得ᄒᆞᆷ이라此에反ᄒᆞ야除斥의原因으로忌避된判事ᄂᆞᆫ必其訴訟行爲를避ᄒᆞᆷ이라

三、忌避申請의裁判　區裁判所의判事가忌避된時에其判事가忌避申請을受領ᄒᆞ야其申請을正當ᄒᆞᆷ으로自認ᄒᆞᆫ境遇에ᄂᆞᆫ其訴訟에自退ᄒᆞ야特別히裁判

상 즉 그 직무상으로 발(發)한 진술은 소명방법의 하나가 될 수 있다. 가령 판사가 당사자의 일방을 보호하기 위하여 말을 한 경우에는 이는 소명의 방법이 되는 것이다. 그 기피신청이 신청 내지 진술 후의 원인으로 생긴 경우나 또는 그 원인을 발견하고 변론 후에 이르러 기피신청을 한 경우에는 그 후에 발생한 것이고 또 그 후에 발견한 사실도 소명의 방법이 되는 것이다.

기피신청이 있는 때에는 기피된 판사는 그 원인과 관련하여 직무상 의견을 진술할 수 있다(민소 제37조 후단). 이 의견은 단지 그 판사가 재판권을 행할 수 있는지 여부를 표명한 것에 지나지 아니하고 기피의 재판을 함에 있어서 참고가 될 뿐이다. 당사자의 신청에 대하여 변론을 하게 하려는 취지는 전혀 아니다. 기피의 신청이 있는 때에는 그 결과로 기피의 신청이 완결될 때까지 기피된 판사는 제반 행위를 하지 아니하는 것이 원칙이다. 하지만 편파원인으로 기피된 판사는 유예(猶豫)하기 어려운 행위는 이를 할 수 있지만, 이에 반하여 제척원인으로 기피된 판사는 그 소송행위를 할 수 없다.

3. 기피신청의 재판

구재판소의 판사가 기피된 경우에 그 판사가 기피신청을 접수하여 그 신청을 정당하다고 하는 것은 그 소송에서 스스로 물러나는 것이므로 특별히 재판을

을不要ᄒᆞᆯ지ᄂᆞ(民訴第三六條第三項)其他境遇에ᄂᆞᆫ忌避申請에合議裁判所에ᄂᆞᆫ判事의屬ᄒᆞᆫ裁判所區裁判所에ᄂᆞᆫ上級의地方裁判所가其裁判을行ᄒᆞᆷ이다(民訴第三六條第一項第二項)合議裁判所에ᄂᆞᆫ其判事의屬ᄒᆞᆫ裁判所가此를裁判ᄒᆞ나忌避된判事ᄂᆞᆫ此에叅與ᄒᆞᆷ을不得ᄒᆞᆷ은勿論이라裁判構成法規定에從ᄒᆞ야豫定ᄒᆞᆫ判事代理順序에依ᄒᆞ야他判事ㅣ此에叅與ᄒᆞ니若其代理順序에依ᄒᆞ야代理ᄒᆞᆯ判事가無ᄒᆞ야裁判을行ᄒᆞᆷ에不能ᄒᆞᆯ時ᄂᆞᆫ上級裁判所가其裁判을行ᄒᆞᆷ이라

忌避申請에ᄂᆞᆫ裁判은口頭辯論을不經ᄒᆞ고此를行ᄒᆞᆷ을得ᄒᆞᆷ이니其裁判은決定으로ᄒᆞᆷ이라(民訴第三七條前段)忌避申請을正當ᄒᆞᆷ으로決定ᄒᆞᆫ時ᄂᆞᆫ此에對ᄒᆞ야上訴를不得ᄒᆞᆷ이라是其申請을正當ᄒᆞᆷ으로定ᄒᆞᆫ時ᄂᆞᆫ申請者ᄂᆞᆫ不服ᄒᆞᆯ理由가無ᄒᆞ며又其相對者라도疑慮가無ᄒᆞᆫ判事로代行ᄒᆞ게ᄒᆞᆷ에對ᄒᆞ야何等의不利益ᄒᆞᆫ境遇가無ᄒᆞᆯ지라獨히其申請却下決定에對ᄒᆞ야ᄂᆞᆫ卽時抗告ᄒᆞᆷ을得ᄒᆞᆷ이라(民訴第三八條)

第三　回避及裁判所의調査

할 필요가 없다(민소 제36조 제3항). 기타 경우에 기피신청에는 합의재판소는 판사가 속한 재판소가, 구재판소에는 상급의 지방재판소가 재판을 한다(민소 제36조 제1항, 제2항). 합의재판소에는 그 판사가 속한 재판소가 이를 재판하지만 기피된 판사는 이에 참여할 수 없음은 물론이다. 재판소구성법 규정에 따라 예정된 판사대리 순서에 따라 다른 판사가 이에 참여한다. 만약 그 판사대리 순서에 따라 재판할 판사가 없어 재판을 할 수 없는 경우에는 상급재판소가 이 재판을 하게 된다.

기피신청의 재판은 구두변론을 하지 아니하고, 그 재판은 결정으로 한다(민소 제37조 전단). 기피신청을 인용하는 결정을 하는 경우에는 이에 대하여 상소할 수 없다. 그 신청을 정당한 것으로 결정한 때에는 신청자가 불복할 이유가 없으며 또한 그 상대방도 편파 우려가 없는 판사로 대행하게 하는 것에 대하여 하등의 불이익이 없기 때문이다. 그러나 그 신청을 각하하는 결정에 대하여는 즉시항고(卽時抗告) 할 수 있다(민소 제38조).

제3 회피(回避) 내지 재판소의 조사(調査)

判事가除斥의原因이有홈으로自信ᄒᆞ며或偏頗의疑慮가有ᄒᆞ야忌避될事情이有홈으로思量홀時ᄂᆞᆫ當事者의忌避申請을不待ᄒᆞ고其事情을忌避申請의管轄裁判所에申請ᄒᆞ야裁判을受홈을得홈이라元來除斥의原因이有홈에ᄂᆞᆫ不可不自避홈은當然ᄒᆞ나偏頭의疑慮만有홀時ᄂᆞᆫ申請이無ᄒᆞ면自避치아니ᄒᆞᄂᆞ니然ᄒᆞ나自己의公平홈을表示ᄒᆞ기爲ᄒᆞ야管轄裁判所에申請ᄒᆞ야其裁判을受홈은妥當ᄒᆞᆫ手段이라홀지라本法에ᄂᆞᆫ此에對ᄒᆞ야回避라ᄒᆞᄂᆞᆫ用語를不用ᄒᆞ얏스나刑事訴訟法에ᄂᆞᆫ此와如ᄒᆞᆫ者를回避라ᄒᆞᄂᆞᆫ故로今此回避라ᄒᆞᄂᆞᆫ用語를用ᄒᆞ야說明ᄒᆞᆫ바ㅣ라

此申請을行ᄒᆞᄂᆞᆫ時期ᄂᆞᆫ法律上何等의規定이無ᄒᆞᆫ故로辯論終結前에ᄂᆞᆫ何時든지此를行得홈이라不可不稱謂홀지며又其申請을行ᄒᆞᆫ後에訴訟上行爲의避否에도明定ᄒᆞᆫ바이無ᄒᆞ나除斥의原因이有ᄒᆞ야申請을行ᄒᆞᆫ時에ᄂᆞᆫ其行爲가無効에歸屬홈인즉此를避홈이相當홈으로信ᄒᆞ노라

裁判所ᄂᆞᆫ當事者의忌避의申請이無ᄒᆞ고又判事의申請이無ᄒᆞᆫ境遇라도或判事에게除斥의原因이有홈으로疑가生ᄒᆞᆫ時ᄂᆞᆫ職權으로此를調査ᄒᆞ야裁判홈을得

회피(回避)라고 함은 판사가 제척의 원인이 있다고 믿거나 또는 편파의 우려가 있어 기피될 사정이 있다고 생각되는 경우에 당사자의 기피신청을 기다리지 않고 그 사정을 기피신청의 관할 재판소에 신청하여 재판을 받는 것을 말한다. 원래 제척의 원인이 있는 때에는 불가분 스스로 피하는 것이 당연하지만, 편파의 의혹만이 있을 경우에는 신청이 없으면 스스로 피하지 아니하게 된다. 따라서 자신의 공평함을 표시하기 위하여 관할재판소에 신청하여 그 재판을 하는 것이 타당한 수단이라 할 것이다. 본법에서는 이에 대하여 회피라고 하는 용어를 사용하지는 않았지만 형사소송법에서는 이와 같은 경우를 회피라고 한다.

회피신청을 하는 시기에 관하여 법률상 하등의 규정이 없으므로 변론종결 전까지 언제든지 이를 행사할 수 있다고 할 것이다. 또한 그 신청을 한 후에 소송상 행위를 하지 말아야 하는지 여부도 명확히 정한 것이 없으나 제척의 원인이 있어서 신청하는 때에는 그 행위가 무효가 됨으로 이를 피하는 것이 상당하다고 믿는다.

재판소는 당사자의 기피신청이 없고 또한 판사의 신청이 없는 경우에도 혹시 판사에게 제척의 원인이 있다는 의심이 생긴 경우에는 직권으로 이를 조사하여 재판을 할

ᄒᆞᆷ이라回避와裁判所調査에因ᄒᆞ야其判事를退去ᄒᆞ게ᄒᆞᄂᆞᆫ裁判은當事者를審訊치아니ᄒᆞ고此를行ᄒᆞ며又一般에口頭辯論을不經ᄒᆞᄂᆞᆫ裁判은當事者에게送達ᄒᆞᆷ이本則이라ᄒᆞ나如此ᄒᆞᆫ裁判은裁判所內部關係에全止ᄒᆞᆷ인故로其送達도亦是不要ᄒᆞᆷ이라此裁判을行ᄒᆞᆷ에ᄂᆞᆫ別로明文이無ᄒᆞ나其性質上回避ᄒᆞ며又其受疑ᄒᆞᆫ判事ᄂᆞᆫ此에叅加치못ᄒᆞᆷ은不言自明이라ᄒᆞ노라(民訴第四〇條)

第二欵 民事訴訟에檢事의干與

檢事職權은裁判所構成法第六條에定ᄒᆞᆫ바ㅣ오公益을代表ᄒᆞᆫ者로法律이定ᄒᆞᆫ職權에屬ᄒᆞᆫ監督事務를行ᄒᆞᆷ이라民事訴訟에도必要로認ᄒᆞᆯ時ᄂᆞᆫ通知를求ᄒᆞ고意見을陳述ᄒᆞᆷ을得ᄒᆞᄂᆞᆫ故로檢事ᄂᆞᆫ必要로認ᄒᆞᄂᆞᆫ時ᄂᆞᆫ何時를勿論ᄒᆞ고民事訴訟에其意見을陳述ᄒᆞ기爲ᄒᆞ야此에干與ᄒᆞᄂᆞᆫ權이有ᄒᆞ니此에干與ᄒᆞᄂᆞᆫ權이有ᄒᆞᆯ뿐아니라人事訴訟及本法第四十二條規定에依ᄒᆞ야特定ᄒᆞᆫ事件에ᄂᆞᆫ公益을保護ᄒᆞ기爲ᄒᆞ야檢事로口頭辯論에立會ᄒᆞ야意見을陳述ᄒᆞᆯ義務를負ᄒᆞ게ᄒᆞᆷ이有ᄒᆞ며又人事訴訟에ᄂᆞᆫ檢事가當事者되야民事訴訟를行ᄒᆞᆯ境遇가有ᄒᆞᄂᆞ니是ᄂᆞᆫ民法上檢事에게民事上請求權을付與ᄒᆞᄂᆞᆫ規定을設ᄒᆞᆫ緣故ㅣ라

수가 있다. 회피와 재판소의 조사로 인하여 해당 판사를 업무에서 배제하는 재판은 당사자를 신문하지 아니하고 이를 행할 수 있고 또 일반에 구두변론을 거치지 아니하는 재판은 당사자에게 송달하는 것이 원칙이지만, 이와 같은 재판은 재판소 내부관계에 그치는 것이므로 그 송달도 역시 불필요하다. 이 재판을 함에는 별도의 명문(明文)은 없지만 그 성질상 의심을 받는 해당 판사는 회피하여야 하며 또 이에 참여하지 못하는 것이 말할 필요도 없이 명백하다고 할 것이다(민소 제40조).

제2관 민사소송에 검사의 간여

검사의 직무권한은 재판소구성법 제6조에서 정하고 있다. 검사(檢事)는 공익을 대표하는 자로 법률이 정한 직권에 속한 감독사무를 행사하게 된다. 민사소송에도 검사의 간여(干與)가 필요한 경우에는 통지(通知)를 하고 의견의 진술을 얻는다. 따라서 검사는 필요한 경우에는 언제든지 민사소송에 그 의견을 진술하기 위하여 이에 간여하는 권리를 가지고 있다. 이에 간여할 권리가 있을 뿐만 아니라 인사소송(人事訴訟) 내지 본법 제42조 규정에 의하여 특정한 사건에는 공익을 보호하기 위하여 검사가 구두변론에 출석하여 의견을 진술할 의무를 부담하게 하며 또 인사소송에서는 검사가 당사자가 되어 민사소송을 행하는 경우가 있다. 이것은 민법상 검사에게 민사상청구권을 부여하는 규정을 두고 있기 때문이다.

第一 檢事立會

檢事ᄂᆞᆫ義務로民事訴訟에立會ᄒᆞ야意見을陳述ᄒᆞᄂᆞᆫ境遇가如左ᄒᆞᆷ이라

一、人事訴訟節次法에依ᄒᆞᆯ一般의人事訴訟境遇 婚姻事件（人訴第五條叅照）緣結事件（人訴第二六條叅照）親子關係事件、相續人排除事件、隱居事件（人訴第二六條第三九條第一項叅照）禁治產准禁治產事件（人訴第四五條第五九條第六三條第二項第六六條第二項叅照）失踪事件（人訴第七四條叅照） 等이라

二、本法第四十二條에列記ᄒᆞᆫ訴訟境遇

甲 公法人訴訟에關ᄒᆞᆫ訴訟 國庫와市町村等當事者의訴訟과如ᄒᆞᆫ者ㅣ라

乙 婚姻에關ᄒᆞᆫ訴訟 婚姻에關ᄒᆞᆫ者로人事訴訟節次法에依ᄒᆞᆯ者ᄂᆞᆫ同法에依ᄒᆞ야檢事가立會ᄒᆞᆷ은勿論이라若人事訴訟에屬지아니ᄒᆞᆯ者가婚姻에關ᄒᆞᆫ事件이有ᄒᆞ면尤其檢事가立會ᄒᆞᆷ이라

丙 夫婦間財產에關ᄒᆞᆫ訴訟 夫婦間財產分離의訴、夫婦間財產管理의訴（民法第七九六條叅照）라

제1 검사의 출석*

검사(檢事)가 민사소송에 출석(出席)하여 의견을 진술할 의무가 있는 경우는 다음과 같다.

1. **인사소송절차법에 의하는 일반적 인사소송의 경우**: 혼인사건(인소 제5조 참조), 연결사건**(인소 제26조 참조), 친자관계사건, 상속인자격배제사건, 은거사건(인소 제26조, 제39조 제1항 참조), 금치산·한정치산사건(인소 제45조, 제59조, 제63조 제2항, 제66조 제2항 참조), 실종사건(인소 제74조 참조) 등이다.

2. **본법 제42조에 열거한 소송의 경우**

갑. 공법인소송에 관한 소송: 국고(國庫)***와 시정촌(市町村)**** 등이 당사자인 소송과 같은 경우이다.

을. 혼인에 관한 소송: 혼인에 관한 것으로 인사소송절차법에 의하는 경우에는 동법에 의하여 검사가 출석하여야 하며, 만약 인사소송에 관한 것이 아닐지라도 혼인에 관한 사건이면 검사가 출석하여야 한다.

병. 부부 사이의 재산에 관한 소송: 부부 사이의 재산분리의 소, 부부 사이의 재산관리의 소(민법 제796조 참조)이다.

---

* 본문에서는 기일에 서다는 의미로 입회(立會)라고 표현하고 있다.
** 양친자사건을 의미한다.
*** 공기업을 의미한다.
**** 시 소유의 땅을 가진 소송주체를 말한다.

丁　親子와養親子의分限과其他一般人의分限에關ᄒᆞᆫ訴訟　親子關係에關ᄒᆞᆫ緣結의繳消、離緣、相續排除等이니此를人事訴訟節次法에定ᄒᆞᆫ者는同法에從ᄒᆞ며人事訴訟에屬지아니ᄒᆞ나其分限에關係가有ᄒᆞᆫ者는本法에依ᄒᆞ야檢事가立會ᄒᆞᆷ이라

戊　無能力者에關ᄒᆞᆫ訴訟　玆에無能力者에關ᄒᆞᆫ訴訟이란者는能力의有無에關ᄒᆞᆫ訴訟뿐아니라無能力者가當事者될訴訟은一切包含ᄒᆞᆷ이니是는無能力者를保護ᄒᆞ는目的에在ᄒᆞᆷ이라

己　養料에關ᄒᆞᆫ訴訟　扶養請求의訴訟(民法第九六一條第九六二條參照)이라

庚　失踪者及相續曠缺의遺產에關ᄒᆞᆫ訴訟

辛　證書의僞造와變造에關ᄒᆞᆫ訴訟　是는本法第三百五十一條에規定ᄒᆞᆫ바의中間判決에關ᄒᆞᆫ證書의僞造와變造를指ᄒᆞᆷ이라卽辯論中當事者의提出ᄒᆞᆫ證書가僞造와變造의申提된境遇ㅣ니如此ᄒᆞᆫ辯論에는檢事가此에立會ᄒᆞᆯ뿐아니라其僞造와變造로主張된證書는檢事의意見을聽ᄒᆞᆫ後가아니면

정. 친자와 양친자의 분한(分限)[*]과 기타 일반인의 분한에 관한 소송: 친자관계의 취소, 이연(離緣), 상속배제 등이다. 이를 인사소송절차법에 정한 경우에는 동법에 따라서, 인사소송에 속하지 아니하지만 그 신분관계의 부인과 취소 등이 있는 경우에는 본법(민사소송법)에 의하여 검사가 출석하여야 한다.

무. 무능력자에 관한 소송: 여기에서 무능력자에 대한 소송이라 함은 능력의 유무에 관한 소송뿐만 아니라 무능력자가 당사자가 되는 소송 일체를 포함한다. 이는 무능력자를 보호하기 위한 목적을 가지고 있다.

기. 부양료에 관한 소송: 부양료청구의 소송(민법 제961조, 제962조 참조)이다.

경. 실종자 내지 불명상속인[**]의 유산에 관한 소송

신. 증서의 위조와 변조에 관한 소송: 이는 본법 제 351조의 규정에서 정하고 있는 중간판결에 대한 위조와 변조를 지칭한다. 즉 변론 중 당사자가 제출한 증서에 대하여 위조 또는 변조가 신청된 경우이다. 이러한 변론에는 검사가 이에 출석할 뿐만 아니라 그 위조와 변조가 주장된 증서는 검사의 의견을 들은 후가 아니면

---

* 분한이라는 것은 양친자의 분리를 의미하므로, 친생부인, 파양 등을 생각할 수 있다.

** 본문에는 상속광결(相續曠缺)이라고 표현하고 있다. 이는 상속인의 생존의 불명한 경우이다.

此를當事者에게還付ᄒᆞᆷ을不得ᄒᆞᆷ이라(民訴第三五四條第二項)

壬　再審　是ᄂᆞᆫ即本法第四百六十七條에規定ᄒᆞᆫ바의再審을求ᄒᆞᄂᆞᆫ訴의境遇ㅣ라

以上은檢事가義務로立會ᄒᆞᆯ境遇ㅣ나此規定에反ᄒᆞ야檢事가立會를不爲ᄒᆞᄂᆞᆫ時ᄂᆞᆫ如何ᄒᆞᆫ結果를生ᄒᆞᆯᄂᆞᆫ지此ᄂᆞᆫ一疑問이라盖檢事ᄂᆞᆫ民事訴訟法에裁判所構成員이아닌즉其裁判이無効에歸屬ᄒᆞᆷ은不可ᄒᆞᆷ이라本法第四十二條ᄂᆞᆫ單히檢事에게義務를命ᄒᆞᄂᆞᆫ文意가分明ᄒᆞᆫ즉裁判의効力에影響을不及ᄒᆞᆷ이라斷言ᄒᆞᆷ을可得ᄒᆞᆯ지라然ᄒᆞ나人事訴訟節次法에ᄂᆞᆫ其文意가相異ᄒᆞ니「立會ᄒᆞᆷ을要」或은「立會ᄒᆞ야意見을述ᄒᆞᆷ을要ᄒᆞᆷ」이라ᄒᆞᆷ으로民事訴訟法第四十二條와同一ᄒᆞᆷ으로論及ᄒᆞᆷ을不得ᄒᆞᆯ지라

檢事가立會ᄒᆞᆯ만ᄒᆞᆫ事件에ᄂᆞᆫ裁判所ᄂᆞᆫ其事件과期日을檢事에게通知ᄒᆞᆷ이可ᄒᆞᄂᆞ니人事訴訟節次法에ᄂᆞᆫ此를明示ᄒᆞ고(人訴第五條第二六條第三六條第四五條第五九條第六三條第六六條第六七條第七四條參照) 本法에ᄂᆞᆫ此를明示ᄒᆞᆷ이無ᄒᆞ나檢事의立會ᄒᆞᆯ機會를與ᄒᆞᆷ에ᄂᆞᆫ通知ᄒᆞᆷ이相當ᄒᆞᆷ으로信ᄒᆞ노라檢事

이를 당사자에게 환부(還付)할 수 없다(민소 제354조 제2항).

임. 재심의 경우: 이는 본법 제467조에 규정되어 있는 바, 재심의 소를 제기한 경우이다.

이상은 검사가 의무로 출석하는 경우이다. 이 규정에 반하여 검사가 출석하지 아니하는 경우에 어떤 효과가 발생할지 의문이다. 검사라고 함은 민사소송법상 재판소구성원이 아니기 때문에 해당 재판을 무효로 되는 것은 아니다. 본법 제42조는 검사에게 단순히 의무를 명하는 것이 문의(文意)상 분명하기 때문에 재판 자체에 영향을 미칠 수는 없다. 단언할 수 있지만 인사소송절차법에는 그 문의가 서로 다르기 때문에 "출석을 요함" 또는 "출석하여 의견을 진술하여야 함"이라고 규정하고 있어 민사소송법 제42조와 동일하다고 할 수는 없다.

검사가 출석할만한 사건에는 재판소는 그 사건과 기일을 검사에게 통지(通知)할 수 있지만, 인사소송절차법에서는 이를 명시하고 있고(인소 제5조, 제26조, 제36조, 제45조, 제59조, 제63조, 제66조, 제67조, 제74조 참조), 본법에서는 이를 명시하고 있지 아니하지만 검사에게 출석의 기회를 줄 때에는 통지를 하는 것이 상당하다고 믿는다. 검사가民事訴訟에立會는홀지라도其訴訟에辯論홈을不得ᄒ고唯其意見만述홈에止홀뿐이니其意見은口頭辯論을終了ᄒᆫ後에述홈이라此意見陳述은辯論이아닌즉此에對ᄒ야當事者는反駁홈을不得ᄒ고唯其事實上供述에만關ᄒᆫ陳述을行得홀뿐이라人事訴訟에立會에는檢事는意見만陳述홈에不止ᄒ고據證을提出홈도可得홈이라(人訴第六條第二六條第三七條叅照)

以上民事訴訟에檢事가口頭辯論에立會ᄒ는境遇를略述ᄒ얏스나此外에도或申請에對ᄒ야裁判所는檢事의意見을必聽ᄒ며又檢事는此에對ᄒ야意見을不可不陳述홀境遇가有ᄒ니即訴訟上救助를與ᄒ며又此를繳消ᄒ는決定을行홀境遇ㅣ라(民訴第一〇一條叅照)

第二　檢事가民事訴訟의當事者되는境遇

民法規定에依ᄒ야公益上理由로써檢事에게民事上의訴權을與ᄒᆫ境遇가有ᄒᆫ故로人事訴訟節次法에도檢事가當事者되는境遇의節次를設定ᄒᆫ지라此規定에依ᄒ야檢事가當事者가된時는意見을陳述ᄒ기爲ᄒ야立會홈에止홀者ㅣ아닌故로宜乎當事者로起訴홈과受訴홀境遇及他人이提起ᄒᆫ訴訟을追行홀境遇

가 민사소송에 출석할지라도 그 소송에 변론을 할 수는 없고 단지 그 의견만을 진술함에 그치고, 그 의견은 구두변론의 종결된 후에 할 수 있다. 그 의견진술은 변론이 아니므로 이것에 대하여 당사자는 반박(反駁)할 수 없다. 다만 그 사실상의 공술(供述)에 대하여만 진술할 수 있을 뿐이다. 그러나 인사소송에 출석한 검사는 진술을 함에 그치지 아니하고 증거를 제출하는 것도 가능하다(인소 제6조, 제26조, 제37조 참조).

이상 민사소송에 검사가 구두변론에 출석하는 경우를 약술하였다. 이 외에도 일정한 경우에 신청에 대하여 재판소는 검사의 의견을 필수적으로 청취하거나 또는 검사는 이에 대하여 의견을 필수적으로 진술하여야 하는 경우가 있다. 즉 소송상 구조를 하거나 또는 이를 취소하는 결정을 하는 경우이다(민소 제101조 참조).

제2 검사가 민사소송의 당사자가 되는 경우

민법규정에 의하면 공익상 이유로 검사가 민사상의 소권을 가지는 경우가 있다. 따라서 인사소송절차법에서 검사가 당사자가 되는 경우의 절차를 규정하고 있다. 이 규정에 의하여 검사가 당사자가 된 경우에는 의견을 진술하기 위하여 출석하는 데 그치는 것이 아니라, 마땅히 당사자로서 소를 제기하거나 소제기를 당하는 경우 내지 타인이 제기한 소송을 수행할 경우

의區別이有홈이라

一、檢事가原告나中提人될境遇

甲　婚姻繳消의訴　民法規定에依ᄒᆞ야檢事ᄂᆞᆫ婚姻年齡에未達ᄒᆞᆫ者의婚姻及重婚、制限期間內의再婚、姦通婚認、近親婚姻에ᄂᆞᆫ繳消의訴를行得ᄒᆞᄂᆞ니(民法第七八〇條人訴第一條叅照)此等境遇에ᄂᆞᆫ夫婦兩方을共同被告로起訴홈이라(人訴第二〇條)

乙　親權喪失、財産管理權喪失宣告의訴　民法規定에依ᄒᆞ야檢事ᄂᆞᆫ親權을行ᄒᆞᄂᆞᆫ者가親權과財産管理權의濫用홈이有홈으로認ᄒᆞᆯ時ᄂᆞᆫ此에對ᄒᆞ야其喪失宣告의訴를提起홈을得홈이라(民法第八九六條第八九七條人訴第三一條叅照)

丙　隱居繳消의訴　民法規定에依ᄒᆞ야檢事가隱居繳消의訴를行得ᄒᆞᆯ境遇가有ᄒᆞ니(民法第七五八條人訴第三五條叅照)此境遇에ᄂᆞᆫ隱居者及家督相續人을共同被告로起訴홈이라(人訴第三六條第三項叅照)

丁　禁治産準禁治産의中提(民法第七條第一三條人訴第四〇條第六〇條

의 구별이 있다.

1. 검사가 원고 또는 신청인이 된 경우

갑. 혼인취소의 소: 민법규정에 의하여 검사는 혼인연령에 미달한 자의 혼인 내지 중혼(重婚), 제한기간 내의 재혼(再婚), 간통혼인, 근친혼인(近親婚姻)에 대한 취소의 소를 하는 경우이다(민법 제780조, 인소 제1조 참조). 이 경우 등의 경우에는 부부쌍방을 공동피고로 소를 제기하여야 한다(인소 제20조).

을. 친권상실, 재산관리권상실의 소: 민법규정에 의하여 검사는 친권(親權)을 행사하는 자가 친권과 재산관리권을 남용하는 것이 인정될 때에는 이에 대하여 그 상실선고의 소를 제기할 수 있다(민법 제896조, 제897조, 인소 제31조 참조).

병. 은거취소의 소: 민법규정에 의하여 검사가 은거(隱居)취소의 소를 제기하는 경우가 있다(민법 제758조, 인소 제35조 참조). 이 경우에는 은거자(隱居者) 내지 가독상속인(家督相續人)*을 공동피고로 소를 제기하여야 한다(인소 제36조 제3항 참조).

정. 금치산·한정치산의 신청**(민법 제7조, 제13조, 인소 제40조, 제60조

* 호주상속인을 말한다.
** 본문에서는 한정치산자(限定治産者)를 준금치산자(準禁治産者)라고 한다.

參照)

戊 同上의宣告에對ᄒᆞᆫ不服의訴(人訴第五五條參照)此訴에ᄂᆞᆫ其禁治産者의法定代理人을被告로起訴ᄒᆞᆷ이라(人訴第五七條參照)

己 禁治産準禁治産의宣言繳消申提(民法第一〇條第一三條人訴第六三條第六七條參照)

庚 禁治産準禁治産宣言繳消申提却下에對ᄒᆞᆫ不服의訴(人訴第六六條第六七條參照)此訴에ᄂᆞᆫ禁治産者의法定代理人을被告로ᄒᆞᆷ이라(人訴五四條第六六條參照)

二、他人提起의訴와申提를追行ᄒᆞᆯ境遇　檢事ᄂᆞᆫ前述ᄒᆞᆫ바와如히原告와申提人이됨을得ᄒᆞᆯ事件中婚姻繳消의訴、親權喪失、管理權喪失宣言의訴、禁治産準禁治産의申提、同上繳消의申提에對ᄒᆞ야ᄂᆞᆫ他人이訴를起ᄒᆞ고又申提를行ᄒᆞᆫ時라도其本人이追行치아니ᄒᆞ면此를追行ᄒᆞ고又其上訴ᄒᆞᆷ을得ᄒᆞᆷ이라(人訴第一九條第二三條第二九條第三項第四五條第六三條參照)故로其訴를起ᄒᆞ고又申提를行ᄒᆞᆫ者가此를取下코저ᄒᆞᆯ지라도檢事ᄂᆞᆫ此에追行ᄒᆞᆷ을

참조)

무. 금치산·한정치산선고에 대한 불복의 소(인소 제55조 참조): 이 소는 그 금치산자의 법정대리인을 피고로 소를 제기하여야 한다(인소 제57조 참조).

기. 금치산·한정치산선고에 대한 취소의 소(민법 제10조, 제13조, 인소 제63조, 제67조 참조).

경. 금치산·한정치산선고의 취소신청의 각하에 대한 불복의 소(인소 제66조, 제67조 참조): 이 소는 금치산자의 법정대리인을 피고로 하여야 한다(인소 제54조, 제66조 참조)

2. 타인이 제기한 소 및 신청을 수행할 경우

검사는 전술한 바와 같이 원고와 신청인이 되는 사건 중 혼인취소의 소, 친권상실, 관리권상실 선고의 소, 금치산·한정치산의 신청과 그 취소신청에 대하여는 다른 사람이 소제기 또는 신청 시에 그 본인이 수행하지 아니하면 이를 수행하고 또 그 상소를 할 수 있다(인소 제19조, 제23조, 제39조 제3항, 제45조, 제63조 참조). 따라서 그 소를 제기하거나 신청을 한 자가 이를 취하(取下)하려고 하여도 검사는 이를 수행할 수

得ᄒᆞᄂᆞ니其中婚姻事件、親子關係事件、隱居事件에對ᄒᆞ야當事者가上訴를不行홈에ᄂᆞᆫ檢事ㅣ此를追行ᄒᆞ야上訴ᄒᆞᄂᆞᆫ時에ᄂᆞᆫ前審의當事者全體를相對者로홈이라(人訴第一三條第三九條第三項參照)

三、檢事가被告될境遇

甲 婚姻事件에夫婦一方이死亡ᄒᆞᆫ時(人訴第二條第三項參照)

乙 緣結事件에親子一方이死亡ᄒᆞᆫ時(人訴第二條第二項第二六條參照)

丙 禁治產準禁治產宣言에對ᄒᆞᆫ不服의訴에先行申提人이死亡ᄒᆞᆫ時 (人訴第五七條參照)

丁 禁治產準禁治產繳消申提却下에對ᄒᆞᆫ不服의訴에先行申提人이死亡ᄒᆞᆫ時(人訴第六六條第二項第五七條參照)

戊 失踪宣告에對ᄒᆞᆫ不服의訴에失踪의申提人이死亡ᄒᆞᆫ時 (人訴第七八條第二項叅照)

右等의訴에其起訴前에死亡ᄒᆞᆫ時ᄂᆞᆫ自初에檢事를被告로訴求ᄒᆞ며又其訴訟中에死亡ᄒᆞᆫ時ᄂᆞᆫ檢事ᄂᆞᆫ被告로其訴訟을承繼홈이라

있다. 그중 혼인사건, 친자관계사건, 은거사건(隱居事件)에 대하여는 당사자가 상소를 제기하지 아니하는 경우에도 검사가 이를 할 수 있다. 상소를 하는 때에는 전심의 당사자 전체를 상대로 하여야 한다(인소 제23조, 제39조 제3항 참조).

3. 검사가 피고가 되는 경우

갑. 혼인사건의 부부 일방이 사망한 때(인소 제2조 제3항 참조)

을. 혼인사건에 친자 일방이 사망한 때(인사 제2조 제3항, 제26조 참조)

병. 금치산·한정치산선고에 대한 불복의 소에서 기존 신청인이 사망한 때(인소 제57조 참조)

정. 금치산·한정치산 취소신청의 각하에 대한 불복의 소에서 기존 신청인이 사망한 때(인소 제66조 제2항, 제57조 참조)

무. 실종선고에 대한 불복의 소에서 실종신청의 신청인이 사망한 때(인소 제78조 제2항 참조)

위의 소에서 그 소제기 전에 사망한 경우에는 처음부터 검사를 피고로 소를 구하고, 또 그 소송 중에 사망한 경우에는 검사를 피고로 소송승계(訴訟承繼)하여야 한다.

以上에所述ᄒᆞᆷ과如히檢事는人事訴訟當事者가되나其當事者로民事訴訟에干與ᄒᆞᆷ에는訴訟上當事者로一般의境遇와如ᄒᆞᆯ지라然ᄒᆞ나檢事는其職務에因ᄒᆞ야當事者가됨이오一個人으로는當事者가됨은아니라故로當事者에게關ᄒᆞᆫ一般規定은其性質上에適用ᄒᆞᆷ을不得ᄒᆞᄂᆞ니訴訟費用과如ᄒᆞᆫ者는假令檢事가敢訴ᄒᆞᆫ時라도檢事一個人으로負擔ᄒᆞᆯ者이아닌故로人事訴訟節次法은特別히規定을設ᄒᆞ고此를國庫가負擔ᄒᆞ게ᄒᆞᆷ이라（人訴第一七條第二六條第三九條第五九條第六六條參照）

又檢事는其職務上으로當事者가됨이니其職務를一私人에게移屬ᄒᆞ게ᄒᆞᆷ을不得ᄒᆞᆷ이라故로訴訟代理人保佐人等의規定을適用ᄒᆞᆷ을不得ᄒᆞ며其他明文은無ᄒᆞᆯ지라도檢事가其職務로當事者될旨趣에適合ᄒᆞ게ᄒᆞᆷ이不能ᄒᆞᆯ規定은當事者에게關ᄒᆞᆯ規定이라도此를適用ᄒᆞᆷ을不得ᄒᆞᆷ이라

第二章　當事者

當事者란者는裁判所에起訴及受訴ᄒᆞᄂᆞᆫ者即訴訟上裁判所에對ᄒᆞᆫ訴訟의主体된原告와被告를謂ᄒᆞᆷ이라其當事者의意義에廣狹의別이有ᄒᆞ며又當事者된能

이상에서 설명한 바와 같이 검사는 인사소송의 당사자는 되지만 그 당사자로 민사소송에 간여하는 것은 소송상당사자 일반과 같을지라도 검사는 그 직무로 인하여 당사자로 되는 것이고, 개인 자체로 당사자가 되는 것이 아니다. 따라서 당사자에 관한 일반규정은 그 성질상 적용할 수 없기 때문에 소송비용과 같은 것은 가령 검사가 패소한 경우에도 검사 개인 그 자체로 부담할 것은 아니므로 인사소송절차법은 특별히 규정을 두어 이를 국고(國庫)에서 부담하게 하고 있다(인소 제17조, 제26조, 제39조, 제59조, 제66조 참조).

또한 검사는 그 직무상의 당사자가 되기 때문에 그 직무를 하나의 사인(私人)에게 넘기는 것은 적당하지 아니하다. 따라서 소송대리인과 보좌인(保佐人) 등의 규정을 적용하는 것도 적절하지 아니하다. 그 명문규정은 없지만 검사가 그 직무로 당사자가 된 취지에 적합하지 아니한 규정은 검사에게 이를 적용하는 것은 타당하지 아니하다.

제2장 당사자

당사자(當事者)라 함은 재판소에 소를 제기하거나 소제기를 당한 자를 말한다. 즉 소송상 재판소에 대하여 소송의 주체가 된 원고(原告)와 피고(被告)를 말한다. 그 당사자의 의의에 광협(廣狹)의 구별이 있고 또한 당사자능력

力에도講究ᄒᆞᆯ만ᄒᆞᆫ者이有ᄒᆞᆫ즉以下에此를畧述코져ᄒᆞ노라

第一節 當事者意義及其能力

廣義로當事者라稱ᄒᆞᆷ은獨히訴訟上에만止ᄒᆞᆯᄲᅮᆫ아니라總其法律關係에其事에當ᄒᆞᆫ者를指示ᄒᆞᆷ이니故로實体上法律關係에主体된者ᄂᆞᆫ民法上에此를當事者라稱謂ᄒᆞᆷ이라然ᄒᆞ나訴訟上에當事者라稱ᄒᆞᄂᆞᆫ者ᄂᆞᆫ訴訟關係에主体라積極的으로訴를起ᄒᆞ며消極的으로訴를受ᄒᆞᄂᆞᆫ者即原告被告를指示ᄒᆞᆷ이라

訴訟當事者意義에廣狹이有ᄒᆞ니狹義로當事者라稱ᄒᆞᆯ時ᄂᆞᆫ原告被告만意味ᄒᆞᆷ이니即本法第百五條第一號에示ᄒᆞᆫ當事者ᄂᆞᆫ狹義의義味이며又廣義로當事者라稱ᄒᆞᆯ時ᄂᆞᆫ原告被告ᄂᆞᆫ勿論이오從叅加人도包含ᄒᆞ며尙其法定代理人及訴訟代理人도包含ᄒᆞᆷ이라本法第一百十條에所謂當事者란者ᄂᆞᆫ此是廣義의意味라故로廣義로當事者라ᄒᆞᆯ時ᄂᆞᆫ主된當事者及從叅加人과如ᄒᆞᆫ附隨의當事者가有ᄒᆞ고又當事者의本人이有ᄒᆞ며當事者의代理人이有ᄒᆞᆷ이라

如何ᄒᆞᆫ者가原告或被告로此訴訟當事者라ᄒᆞᆷ은當事者能力에關ᄒᆞᆫ問題니元來民事訴訟은私權保護의方法인즉其當事者됨에ᄂᆞᆫ私權關係에主體될能力이有

에도 연구할 것이 있어 이하에서는 이를 설명하도록 하겠다.

제1절 당사자의 의의 및 그 능력

광의(廣義)로 당사자라고 함은 특히 소송상에 그치지 아니하고 총체적으로 그 법률관계에서 그 일을 당한 자를 의미한다. 따라서 실체법상의 법률관계에 주체인 자는 민법상 이를 당사자라고 한다. 따라서 소송상에서 당사자라고 칭하는 자는 소송관계의 주체로서 적극적으로 소를 제기하거나 소극적으로 소를 제기당한 자 즉 원고와 피고를 말한다.

소송당사자의 의의(意義)에 있어서 광협의 차이가 있다. 협의(狹義)로 당사자라 함은 원고와 피고만을 의미한다. 즉 본법 제105조 제1호에서 있는 당사자는 협의의 당사자를 의미한다. 또한 광의로 당사자를 칭할 때에는 원고와 피고는 물론이고 종참가인(從參加人)* 법정대리인 내지 소송대리인도 포함한다. 본법 제110조에서 소위 당사자라고 함은 광의의 당사자를 의미한다. 따라서 광의로 당사자라 함은 주된 당자자 내지 종참가인와 같이 부수(附隨) 당사자가 있고 또한 당사자의 본인과 당사자의 대리인이 있다.

어떤 자가 원고 또는 피고로 그 소송당사자가 된다는 것은 당사자능력에 관한 문제이고 원래 민사소송은 사권보호의 방법이므로 그 당사자가 되려면 사권관계(私權關係)의 주체가 될 능력이 있어야

---

* 보조참가인(補助參加人)을 의미한다.

ᄒᆞᆷ을要ᄒᆞᄂᆞ니積極的으로私權을享有ᄒᆞ고消極的으로義務를負ᄒᆞᆯ能力이有ᄒᆞᆷ을要ᄒᆞᆷ이라然ᄒᆞ나實際에其當事者가權利를有ᄒᆞ고又義務를負ᄒᆞᆯ者됨을不要ᄒᆞᆷ이니其實로權利者와義務者됨은實體上當事者된關係의成立ᄒᆞᆷ에必要ᄒᆞᆯ뿐이오訴訟上當事者로起訴ᄒᆞ며受訴ᄒᆞᆷ에ᄂᆞᆫ私權을享有ᄒᆞ고又此를負ᄒᆞᆯ能力이有ᄒᆞ면唯足ᄒᆞᆷ이라

私權享有ᄂᆞᆫ民法에規定ᄒᆞᆫ바ㅣ니其私權享有ᄂᆞᆫ自然人과法人에由ᄒᆞ야其範圍를異ᄒᆞ게ᄒᆞᆷ으로此를區別ᄒᆞ야以下에論述코져ᄒᆞ노라

一、自然人은出生ᄒᆞ면서私權享有의能力을有ᄒᆞᆷ이니(民法第一條參照)是ᄂᆞᆫ一般의原則이라惟其或種類의權利에至ᄒᆞ야ᄂᆞᆫ法律이或分限을有ᄒᆞᆫ者에만其權利享有의能力을制限ᄒᆞᆫ者ㅣ有ᄒᆞ니即身分上權利와如ᄒᆞᆫ者라此等의制限이無ᄒᆞᆫ者에ᄂᆞᆫ各人은私權享有의能力을皆有ᄒᆞᄂᆞᆫ故로財産上의權利와如ᄒᆞᆫ者ᄂᆞᆫ自然人은當事者能力을總有ᄒᆞᆷ이라假令戶主權、親權、夫權과如ᄒᆞᆫ身分上權利ᄂᆞᆫ其戶主와親과夫가아니면此를享有ᄒᆞᆷ을不得ᄒᆞ며婚姻과緣結에基ᄒᆞᆫ權利와如ᄒᆞᆫ者ᄂᆞᆫ夫婦와養親子가아니면此를享有ᄒᆞᆷ을不得ᄒᆞᄂᆞᆫ故로此

한다. 적극적으로 사권을 향유(享有)하고 소극적으로는 의무를 부담할 능력이 있어야 한다. 하지만 실제로 그 당사자가 권리를 갖거나 또는 의무를 부담하는 자일 필요는 없다. 실제 권리자와 의무자가 된다는 것은 실체법상 당사자 된 관계의 성립에 필요한 것이고 소송상 당사자로 소를 제기하거나 소를 제기당하는 데에는 사권을 향유하고 또 의무를 부담할 능력이 있으면 충분하다. 사권향유(私權享有)는 민법에 규정하고 있는 바, 그 사권향유는 자연인과 법인에 따라 그 범위를 다르게 하고 있어 이하에서는 이를 구별하여 설명하겠다.

1. 자연인은 출생과 동시에 사권향유의 능력을 가진다(민법 제1조 참조). 이것이 일반원칙이다. 혹시 권리의 종류에 따라 법률에서 그 권한을 가진 자에게만 그 권리향유의 능력을 제한하는 경우가 있다. 즉 신분상권리와 같은 것인데 이러한 제한이 없는 자는 각자가 사권향수의 능력을 모두 행사할 수 있다. 따라서 재산상의 권리와 같은 경우에는 자연인은 당사자능력을 총체적으로 가진다. 가령 호주권, 친권, 부부와 같은 신분상권리는 그 호주와 부모와 남편이 아니면 이를 향유할 수 없다. 혼인과 연결(緣結)*에 기한 권리와 같은 것은 부부와 양친자가 아니면 이를 향유할 수 없다. 따라서 이것

* 연결(緣結)이란 양친자관계를 맺는 것을 의미한다.

等의身分을不有혼者눈當事者되눈能力을缺혼者라謂홀지라然ᄒᆞ나法律은此等의身分上關係가無혼當事者以外의人으로特別히訴訟當事者됨을得홀境遇를定홈이有ᄒᆞ니隱居繳消(民法第七五八條參照)婚姻繳消(民法第七八〇條人訴第二條參照)緣結繳消(民法第八五三條第八五四條人訴第二條第二六條參照)親權喪失(民法第八九六條第八九七條參照)親族會決議에對혼不服(民法第九五一條參照)推定相續人廢除繳消(人訴第三三條參照)等의境遇라其中檢事가如斯히當事者되눈規定은私權享有의能力如何를不關ᄒᆞ고全히公益理由에基혼法律規定에依ᄒᆞ야當事者能力이有혼者라

二、法人은其目的範圍內에만權利를享有ᄒᆞ며義務를負擔홈이라(民法第四三條參照) 故로其範圍內에눈私權主體된能力을有ᄒᆞ고又訴訟上能力의當事者됨을得홈이라然ᄒᆞ나其範圍外의權利義務에關혼訴訟에눈當事者能力을不有ᄒᆞ고 外國法人의當事者能力에눈民法第三十六條에依ᄒᆞ야決홈이라

以上所述혼當事者能力은訴訟上訴訟當事者의特別혼規定이라此外의境遇에

등의 신분을 가지지 못한 사람은 당사자가 되는 능력이 없게 된다. 하지만 법률은 이러한 신분상관계가 없는 자 이외의 사람에게 특별히 소송당사자가 될 수 있는 경우를 정하고 있다. 은거취소(민법 제758조 참조), 혼인취소(민법 제780조, 인소 제2조 참조), 연결취소(민법 제853조, 제854조, 인소 제2조, 제26조 참조). 친권상실(민법 제896조, 제897조 참조), 친족회결의에 대한 불복(민법 제951조 참조), 추정상속인폐제취소(인소 제33조 참조)*, 등의 경우이다. 그중 검사가 이와 같이 당사자가 되는 규정은 사권향유의 능력과 관계없이 온전히 공익상의 이유로 인하여 법률규정에 의하여 당사자능력을 갖게 된다.

2. 법인은 그 목적범위 내에서만 권리를 향유하며 의무를 부담한다(민법 제43조 참조). 따라서 그 범위 내에서는 사권의 주체가 되는 능력을 가지며 또 소송상 당사자능력을 가진다. 따라서 그 범위 외의 권리의무에 관한 소송에서 당사자능력을 갖지 못하고, 외국법인의 당사자능력에 관하여는 민법 제36조에 의하여 정하여진다.

이상에서 자세히 설명한 당사자능력은 소송상 당사자능력의 특별규정이다. 이외의 경우에는

* 추정상속인자격박탈을 취소하는 경우이다.

ᄂᆞᆫ民法上私權享有의能力有無에依ᄒᆞ야決ᄒᆞᆯ者ㅣ니其私權의主體됨을得ᄒᆞᆯ만ᄒᆞᆫ範圍內에만當事者能力을有ᄒᆞᄂᆞᆫ故로事實上一箇의社團과財團으로認ᄒᆞᆯ者ㅣ라도法律이法人으로不認ᄒᆞᆫ者ᄂᆞᆫ當事者能力이無ᄒᆞᆷ이라然ᄒᆞ나法律이或種의社團과財團에其資格으로起訴ᄒᆞ며受訴ᄒᆞᆷ을認ᄒᆞᄂᆞᆫ者ㅣ有ᄒᆞ니是ᄂᆞᆫ訴訟上에當事者되ᄂᆞᆫ能力을擴張ᄒᆞᆷ이라故로訴訟上의當事者에ᄂᆞᆫ實體法上私權享有의主體됨으로當事者能力을有ᄒᆞᆫ者와形式的으로法律上에만當事者能力을有ᄒᆞᆷ으로學者ㅣ當事者의種類ᄅᆞᆯ二種에分ᄒᆞ니

一、實体的當事者　此ᄂᆞᆫ實体上權利의主体된人格을有ᄒᆞᆫ者ᄅᆞᆯ謂ᄒᆞᆷ이라

二、形式的當事者　此ᄂᆞᆫ實体上權利의主體ᄂᆞᆫ아니되나訴訟上에만其資格으로起訴ᄒᆞ며又受訴ᄒᆞᆷ을得ᄒᆞᆯ團体ᄅᆞᆯ謂ᄒᆞᆷ이니此當事者ᄂᆞᆫ訴訟上에만人格을有ᄒᆞᆷ이라(民訴第一四條第二項參照)

當事者能力은以上에陳述ᄒᆞᆷ과如ᄒᆞ니此當事者能力이有ᄒᆞᆫ者ᄂᆞᆫ반다시訴訟行爲ᄅᆞᆯ行ᄒᆞᄂᆞᆫ能力이아니라故로民法上에도私權享有의能力이有ᄒᆞᆫ者ᄂᆞᆫ반다시此ᄅᆞᆯ行使ᄒᆞᄂᆞᆫ行爲能力이有ᄒᆞᆫ者이아님과同一ᄒᆞᆷ이오其如何ᄒᆞᆫ者가訴訟行爲

민법상 사권향유의 능력유무에 의하여 정하여진다. 그 사권의 주체가 되는 범위 내에서 당사자능력을 가진다. 따라서 사실상 1개의 사단과 재단으로 인정되는 경우에는 법률이 법인으로 인정하지 아니하는 경우에는 당사자능력이 없게 된다. 하지만 법률이 일정한 사단과 재단에 그 자격으로 소를 제기하거나 제기당하는 것을 인정하는 경우가 있다. 이는 소송상 당사자가 되는 능력을 확장하는 것이다. 따라서 소송상의 당사자에는 실체법상 사권향유의 주체가 됨으로 당사자능력을 갖는 경우와 형식적으로 법률상으로만 당사자능력을 갖는 경우가 있으므로, 학자들은 당사자의 종류를 2가지로 나눈다.

1. **실체적당사자**: 이는 실체상의 권리주체가 된 인격을 가진 자를 말한다.

2. **형식적당사자**: 이는 실체상의 권리주체는 아니지만 소송상에만 그 자격으로 소를 제기하거나 소를 제기당하는 자격을 가진 단체를 말한다. 이 당사자는 소송상에서만 인격(人格)을 가진다(민소 제14조 제2항).

당사자능력은 이상에서 설명한 것과 같이 그 당사자능력이 있는 자만 소송행위를 할 수 있는 것이 아니다. 이것은 민법에서도 사권향유의 능력이 있는 자가 반드시 그를 행사하는 행위능력이 아닌 것과 동일한 것이다. 어떤 자가 그 소송행위

ᄅᆞᆯ行得ᄒᆞᆯ가ᄒᆞᆷ은訴訟能力의問題에屬ᄒᆞᆷ이라

第二節　訴訟能力

訴訟能力이란者는一般의訴訟行爲ᄅᆞᆯ行得ᄒᆞᆯ만ᄒᆞᆫ能力을謂ᄒᆞᆷ이니此能力이有ᄒᆞᆫ者ㅣ아니면訴訟行爲ᄅᆞᆯ自行ᄒᆞ고又訴訟代理人으로訴訟行爲ᄅᆞᆯ行ᄒᆞ게ᄒᆞ며他人의代理人이되야訴訟行爲ᄅᆞᆯ行得지못ᄒᆞᄂᆞᆫ故로訴訟能力者되ᄂᆞᆫ者ᄂᆞᆫ自巳ᄅᆞᆯ爲ᄒᆞ며又其他人을爲ᄒᆞ야訴訟行爲ᄅᆞᆯ自行ᄒᆞ고又他人의게委任ᄒᆞ야訴訟行爲ᄅᆞᆯ行ᄒᆞ게ᄒᆞᄂᆞᆫ能力을有ᄒᆞᆷ이라當事者能力이有ᄒᆞᆫ者ᄂᆞᆫ반다시訴訟能力을有ᄒᆞᆫ者ㅣ아니라ᄒᆞᆷ은前節에所述ᄒᆞᆷ이라然즉如何ᄒᆞᆫ者가訴訟能力을有ᄒᆞᆷ이라ᄒᆞᆷ은本法規定에依ᄒᆞ니此能力은民法規定에從ᄒᆞᆯ바ㅣ라ᄒᆞᆫ지라(民訴第四三條)民法規定中에ᄂᆞᆫ直接으로一般訴訟能力에關ᄒᆞᆫ事項을定ᄒᆞᆷ이아니나當事者의訴訟行爲ᄂᆞᆫ私權을行使ᄒᆞ기爲ᄒᆞ야行ᄒᆞᆷ이오法律上의効果ᄅᆞᆯ生ᄒᆞᆷ인즉民法上의行爲能力規定에準據ᄒᆞ야行爲能力이有ᄒᆞᆫ者ᄂᆞᆫ卽訴訟能力을有ᄒᆞᆫ者ㅣ라謂ᄒᆞᆷ이라民法規定에依ᄒᆞᆫ즉行爲의無能力者ᄅᆞᆯ列示ᄒᆞ야其無能力者에不在ᄒᆞᆫ者ᄂᆞᆫ行爲能力이皆有ᄒᆞᆷ으로定ᄒᆞᆫ故로此에依ᄒᆞ야其訴訟無能力者ᄅᆞᆯ摘示코져ᄒᆞ

를 할 것인지 여부는 소송능력의 문제에 속한다.

제2절 소송능력

소송능력(訴訟能力)이라 함은 일반적으로 소송행위를 할 수 있는 능력을 말한다. 그 능력이 있는 자는 스스로 소송행위를 하던지 또는 소송대리인으로 소송행위를 행하게 하며, 타인의 대리인이 되어도 소송행위는 할 수 없다. 따라서 소송능력자는 자기를 위하여 또는 그 타인을 위하여 소송행위를 하거나, 또는 타인에게 위임하여 소송행위를 하게 하는 능력을 가진다. 당사자능력을 가진 자가 반드시 소송능력을 가진 것은 아니라는 점은 전절(前節)에서 서술한 바와 같다. 그러면 어떤 자가 소송능력을 갖는가 하는 점은 본법규정에 의하면 민법규정에 따르라고 정하고 있다(민소 제43조). 민법규정 중에 직접적으로 일반 소송능력에 관한 사항을 정하고 있지는 아니하지만, 당사자의 소송능력은 사권을 행사하기 위하여 행하는 것이고 법률상의 효과가 발생하는 것이다. 따라서 민법상의 행위능력의 규정에 준거(準據)하여, 행위능력을 가지는 자는 소송능력을 가진다고 말할 수 있다. 민법규정에 의하면 행위의 무능력자를 열거하고 그 무능력자가 아닌 자는 행위능력을 모두 가진다고 정하고 있다. 이런 이유로 그 소송무능력자를 설명하도록 하겠다.

노라

第一　訴訟無能力者

民法上行爲無能力者로視홀者는全히意思表示의能力이無홈으로無能力者ㅣ라홈이有ᄒᆞ며又意思表示의能力은有ᄒᆞ나其完全홈을缺홈으로無能力者ㅣ라ᄒᆞ며或特別ᄒᆞᆫ必要로行爲의能力을制限홈이有ᄒᆞ니此等은皆訴訟無能力者ㅣ됨이라

一、法人　公私의法人을勿論ᄒᆞ고法人은全히意思表示의能力이無ᄒᆞᆫ故로此를無能力者라ᄒᆞ니此無能力者에는民法規定에依ᄒᆞ야法定代理人되는者ㅣ此를代表ᄒᆞ야訴訟을行ᄒᆞ며(民法第五一條參照)國庫의代表者에는前에說明ᄒᆞᆫ바ㅣ라

二、未成年者(民法第四條參照)

三、禁治産者(民法第七九條參照)

二三의兩者도亦行爲無能力者ㅣ니此等의者가當事者되는時는親權을行ᄒᆞ는者와又後見人되는法定代理人이其訴訟行爲를行홈이라(民法第八八四

제1 소송무능력자(訴訟無能力者)

민법상 행위무능력자로 보는 자는 전부 의사표시의 능력이 없으므로 무능력자(無能力者)라고 할 수 있고 또한 의사표시의 능력은 있지만 그 완전함이 없어서 무능력자이거나 혹은 특별한 필요로 행위의 능력을 제한함으로서 무능력자가 되기도 한다. 이러한 것 등을 모두 무능력자라고 한다.

1. **법인**(法人): 공사(公私)의 법인을 물론이고 법인은 모두 의사표시의 능력이 없다. 따라서 이를 무능력자라고 하며, 이 경우 민법규정에 의하여 법정대리인이 되는 자가 대표하여 소송을 하게 된다(민법 제52조 참조). 국고의 대표자에 대하여는 앞에서 설명한 바와 같다.

2. **미성년자**(민법 제4조 참조)

3. **금치산자**(민법 제7조 참조)

위 2항과 3항의 경우도 역시 행위무능력자이다. 이러한 경우 등의 자가 당사자가 되는 때에는 친권을 행하는 자 또는 후견인이 되는 법정대리인이 그 소송행위를 하게 된다(민법 제884조,

條第九一三條叅照) 此法定代理人이無能力者를代表ᄒᆞ야訴訟行爲를行ᄒᆞᆷ에ᄂᆞᆫ民法上特別ᄒᆞᆫ授權을必要로ᄒᆞᆷ이有ᄒᆞ니未成年者의法定代理人된親權執行者에ᄂᆞᆫ特別授權의必要가無ᄒᆞ나設定後見人에ᄂᆞᆫ親族會의同意를要ᄒᆞᆷ이라(民法第九一九條一〇條叅照)如此ᄒᆞᆫ境遇에ᄂᆞᆫ右의規定에從ᄒᆞ야授權을得ᄒᆞᆷ이必要ᄒᆞᆷ이라(民訴第四三條末段)

四、準禁治産者　此無能力者ᄂᆞᆫ全部의行爲無能力者ㅣ아니나或如何ᄒᆞᆫ行爲에ᄂᆞᆫ制限을受ᄒᆞ야保佐人의同意를要ᄒᆞᆷ이니卽訴訟行爲에도其同意를要ᄒᆞᄂᆞᆫ一種이라(民法第一一條叅照)

五、妻　此ᄂᆞᆫ一部의行爲에制限을受ᄒᆞ니或種行爲에ᄂᆞᆫ夫의許可를要ᄒᆞᆷ인故로訴訟行爲에도亦其許可를要ᄒᆞᆷ이라(民法第一四條叅照)

此種等의訴訟無能力者ᄂᆞᆫ法律의定ᄒᆞᆫ바를從ᄒᆞ야法定代理人에依ᄒᆞ든지又ᄂᆞᆫ必要ᄒᆞᆫ授權卽同意나許可를得ᄒᆞ야訴訟行爲를不爲ᄒᆞ면其行爲ᄂᆞᆫ無効에歸屬ᄒᆞᆷ이라然ᄒᆞ나人事訴訟에至ᄒᆞ야ᄂᆞᆫ如此ᄒᆞᆫ無能力者라도獨立ᄒᆞ야訴訟行爲를自行ᄒᆞᆷ을得ᄒᆞᆯ境遇가有ᄒᆞ며(人訴第三條第一一六條第三一九條叅照)又妻가夫에

제923조 참조). 이 법정대리인이 무능력자를 대표하여 소송행위를 행함에는 민법상 특별한 수권(授權)이 필요하다. 미성년자의 법정대리인인 친권집행자에게는 특별수권이 필요하지 아니하지만, 설정후견인(設定後見人)*은 친족회의 동의가 필요하다(민법 제929조, 제20조 참조). 이와 같은 경우에는 민법 제929조, 제20조에 따라 친족회의 동의라는 수권이 필요하다(민소 제43조 후단).

4. **한정치산자**: 이 무능력자는 전부 행위무능력자는 아니지만 일정한 행위에는 제한이 있어 보좌인(保佐人)의 동의를 요하는데, 소송행위도 그 동의가 필요한 행위 중 하나이다(민법 제12조 참조).

5. **처**(妻): 이는 일부의 행위에 대하여 제한이 있다. 일정한 행위는 남편(夫)의 허가를 받아야 하는데, 소송행위도 그 허가가 필요하다(민법 제14조 참조).

이런 종류 등의 소송무능력자는 법률의 정하는 바에 따라서 법정대리인에 의하던지 또는 필요한 수권 즉 동의나 허가를 받고 소송행위를 하지 아니하면 그 소송행위는 무효가 된다. 하지만 인사소송에 있어서는 이와 같은 무능력자라도 독립하여 소송행위를 스스로 할 수 있는 경우가 있고(인소 제3조, 제26조, 제39조 참조), 처가 남편을

* 친권자가 아닌 후견인을 의미한다.

게對ᄒᆞᆫ訴訟에ᄂᆞᆫ其許可를不要ᄒᆞᆷ이라(民法第一七條第六號參照)

以上에所述ᄒᆞᆫ無能力者外ᄂᆞᆫ民法上의行爲能力을皆有ᄒᆞᆫ者인즉因ᄒᆞ야訴訟能力者ㅣ됨이라故로實常으로訴訟에訴訟行爲를行得ᄒᆞᆯ者를列擧ᄒᆞ면如左ᄒᆞᆷ이라

一、行爲能力이有ᄒᆞᆫ當事者本人

二、法人未成年者禁治產者에其法定代理人

三、無能力者를爲ᄒᆞ야裁判上任命된特別代理人(此代理人ᄂᆞᆫ後日詳述ᄒᆞᆷ)

四、補佐人의同意를得ᄒᆞᆫ準禁治產者

五、夫의許可를得ᄒᆞᆫ妻

此等의者ᄂᆞᆫ訴訟代理人을委任ᄒᆞ야訴訟을行得ᄒᆞ게ᄒᆞᆷ이라此代理ᄂᆞᆫ訴訟代理의節에詳述코져ᄒᆞ노라

第二 外國人의訴訟能力

外國人은自國法律에依ᄒᆞ야訴訟能力을有ᄒᆞᆫ者ᄂᆞᆫ內國에서도訴訟能力者됨은勿論이나其自國法律에從ᄒᆞ야訴訟能力을不有ᄒᆞᆫ時라도內國法律에從ᄒᆞ야訴

상대로 소송을 하는 경우에는 그 허가가 필요하지 않다(민법 제17조 제6호 참조).

이상에서 설명한 무능력자 외에는 민법상 행위능력을 모두 가진 자이므로 소송능력자가 된다. 따라서 실제로 소송에서 소송능력을 가진 자는 다음과 같다.

1. 행위능력을 가진 당사자본인
2. 법인·미성년자·금치산자의 법정대리인
3. 무능력자를 위하여 재판상 임명된 특별대리인(이 특별대리인은 후에 상술하겠음)
4. 보좌인의 동의를 얻은 한정치산자
5. 남편의 허가를 받은 처

이러한 자들은 소송대리인에게 위임하여 소송을 하게 할 수 있다. 이러한 대리에 관하여는 소송대리(訴訟代理)의 절에서 자세히 설명하겠다.

제2 외국인의 소송능력

외국인은 자국(自國) 법률에 의하여 소송능력을 가지고 있는 자는 내국(內國)에서도 소송능력자가 됨은 물론이다. 그런데 그 자국 법률에 의하여 소송능력이 없는 경우에도 내국 법률에 따라

訟能力을有ᄒᆞᆷ이되ᄂᆞᆫ時ᄂᆞᆫ亦是訴訟能力者로認ᄒᆞᆷ이니此規定은便宜上의規定이라(民訴第四四條)

第三　訴訟能力의欠缺과法定代理人及其必要ᄒᆞᆫ授權의欠缺

訴訟能力의欠缺과法定代理及其必要ᄒᆞᆫ授權의欠缺이有ᄒᆞᆫ時ᄂᆞᆫ此에干與ᄒᆞᆫ訴訟行爲ᄂᆞᆫ全然히無効됨이라故로其欠缺은當事者의同意로此를補ᄒᆞᆷ을不得ᄒᆞ며裁判所도職權으로此를調査ᄒᆞᆯ지니如斯ᄒᆞᆫ欠缺者ㅣ訴를提起ᄒᆞ고又或申提를行ᄒᆞᆫ時ᄂᆞᆫ此를有効ᄒᆞᆫ者로認ᄒᆞᆷ을不得ᄒᆞᆯ지라故로却下ᄒᆞᆷ이可ᄒᆞ며又其提起에ᄂᆞᆫ欠缺이無ᄒᆞ얏스나中間에此等欠缺을生ᄒᆞᆫ時ᄂᆞᆫ訴訟節次를中斷ᄒᆞᆷ이有ᄒᆞᆷ이라

以下其訴訟能力의欠缺과法定代理及其必要ᄒᆞᆫ授權의欠缺에因ᄒᆞ야生ᄒᆞᄂᆞᆫ適用을區別ᄒᆞ야說明코져ᄒᆞ노라

一、此等의欠缺이有ᄒᆞᆫ者가原告로訴를提起ᄒᆞᆫ時ᄂᆞᆫ被告ᄂᆞᆫ妨訴抗辯을行得ᄒᆞᆷ　此妨訴抗辯은有効ᄒᆞ게抛棄ᄒᆞᆷ을不得ᄒᆞᆯ者ㅣ라故로口頭辯論의終局에至ᄒᆞ기ᄭᆞ지何時든지此를行得ᄒᆞᆷ이라(民訴第二〇六條末項參照)

소송능력을 가지는 경우에는 역시 소송능력자로 인정된다. 이 규정은 편의상 규정이다(민소 제44조).

제3 소송능력의 흠결(欠缺)과 법정대리인 내지 그 필요한 수권의 흠결

소송능력의 흠결과 법정대리인 내지 그 필요한 수권이 흠결이 있는 때에는 이에 간여한 소송행위는 전부 무효이다. 따라서 그 흠결은 당사자의 동의로 이를 보정할 수 없으며 재판소도 직권으로 이를 조사하여야 한다. 이와 같은 흠결이 있는 자가 소를 제기하거나 또는 신청을 제출한 때에는 이를 유효한 것으로 인정할 수 없으므로 이를 각하하여야 한다. 한편 소제기에는 흠결이 없지만 중간에 이것 등이 흠결된 경우에는 소송절차를 중단하여야 한다.

이하에서는 그 소송능력의 흠결과 법정대리 내지 필요한 수권의 흠결로 인하여 발생하는 적용에 관하여 구별하여 설명하도록 하겠다.

1. 이러한 흠결이 있는 자가 원고로 소를 제기한 경우에는 피고는 방소항변(妨訴抗辯)을 행사할 수 있다. 이 방소항변은 포기할 수 없기 때문에 구두변론의 종결에 이르기까지 언제든지 이를 행사할 수 있다(민소 제206조 후단 참조).

二、裁判所는訴訟能力의欠缺과法定代理及其必要ᄒᆞᆫ授權의欠缺에는訴訟의如何ᄒᆞᆫ程度에在ᄒᆞᆷ을不問ᄒᆞ고職權으로써此를調査ᄒᆞᆷ이라（民訴第四五條第一項）

甲 此等의欠缺者가訴를提起ᄒᆞᆫ時는職權調査의結果로其訴를却下ᄒᆞᆷ이一般原則이니假令相對者가口頭辯論期日에出頭치아니ᄒᆞᆫ時라도却下의裁判을行ᄒᆞᆷ이라此裁判을行ᄒᆞᆷ에는口頭辯論을開始ᄒᆞᆫ後에判決로써不可不爲ㅣ니何者오訴의當否를裁判ᄒᆞᆷ에는判決로써行ᄒᆞᆷ인즉判決裁判所의辯論은口頭辯論에必依ᄒᆞ는所以ㅣ니라

乙 起訴는有効ᄒᆞᆯ지라도口頭辯論期日에此欠缺이有ᄒᆞᆫ原告及被告와法定代理人이出頭ᄒᆞᆫ時는其出頭치아니ᄒᆞᆫ者와全히同一ᄒᆞᆫ故로相對者의申提에依ᄒᆞ야闕席判決을行得ᄒᆞᄂᆞ니假令無能力者된原告의法定代理人이訴를提起ᄒᆞ얏스나口頭辯論期日에는其無能力者된本人이出頭ᄒᆞᆫ境遇와如ᄒᆞᆫ者ㅣ라

三、訴訟中에訴訟能力과法定代理에欠缺이生ᄒᆞᆫ時는訴訟節次ㅣ中斷ᄒᆞᆷ이有

2. 재판소는 소송능력의 흠결과 법정대리 내지 그 필요한 수권의 흠결이 있는 경우에는 소송의 정도와 관계없이 이를 조사하여야 한다(민소 제45조 제1항).

갑. 이러한 흠결이 있는 자가 소를 제기한 경우에는 직권조사의 결과로 그 소를 각하하는 것이 원칙이다. 가령 상대자가 구두변론기일에 출석하지 아니한 때에라도 각하할 수 있다. 이 재판을 함에는 구두변론이 개시된 후에는 판결로 하여야 한다. 이는 어떤 경우에도 소의 당부 재판은 판결로 하여야 하고 판결 재판소의 변론은 구두변론이 반드시 필요하기 때문이다.

을. 소제기는 유효하여도 구두변론기일에 이러한 흠결이 있는 원고 내지 피고와 법정대리인이 출석한 경우에는 출석하지 아니한 것으로 동일하게 취급한다. 따라서 상대방의 신청에 의하여 궐석판결(闕席判決)을 하여야 한다. 가령 무능력자인 원고의 법정대리인이 소를 제기하였으나 그 구두변론기일에 그 무능력자 본인이 출석한 경우 같은 것이다.

3. 소송 중 소송능력과 법정대리의 흠결이 발생한 때에는 소송절차가 중단하게 되고,

ᄒᆞ니此中斷事項에ᄂᆞᆫ中斷部에詳述코져ᄒᆞ노라(民訴第一八〇條叅照)

四、欠缺補正　前에說明ᄒᆞᆷ과如히訴訟能力、法定代理及其授權의欠缺이有ᄒᆞᆫ時라도裁判所ᄂᆞᆫ左의二要件을具備ᄒᆞᆯ時ᄂᆞᆫ其欠缺補正을條件ᄒᆞ야一時訴訟을許ᄒᆞᆷ을得ᄒᆞᆷ이라(民訴第四五條第二項)

甲　欠缺補正을行得ᄒᆞᆯ者로認ᄒᆞᆫ境遇　實際代理權이有ᄒᆞ나惟其證明ᄒᆞᆷ을不得ᄒᆞᆷ에止ᄒᆞᆫ者로認ᄒᆞᆫ境遇ㅣ라其補正을行得ᄒᆞᆯ者로認否의問題ᄂᆞᆫ裁判所의意見으로此를定ᄒᆞᆷ이라

乙　原告와被告에게危害의疑慮가有ᄒᆞᆫ境遇　假令請求權이時效에迫ᄒᆞ든지不變期間에迫ᄒᆞ든지又ᄂᆞᆫ其目的物이腐敗物이든지季節物에關ᄒᆞᆫ境遇의種類라其危害의有無도裁判所의自由意見으로此를認定ᄒᆞᆷ을得ᄒᆞᆷ이라

又二條件이存在ᄒᆞᆷ으로認ᄒᆞᆯ時ᄂᆞᆫ補正을條件으로ᄒᆞ야一時假訴訟을行ᄒᆞᆷ을許ᄒᆞᄂᆞ니其補正은一定의期間을定ᄒᆞ야此를命ᄒᆞ고其期間滿了前에ᄂᆞᆫ判決ᄒᆞᆷ을不得ᄒᆞ며其期間內에補正을ᄒᆞᆫ時ᄂᆞᆫ最初에遡ᄒᆞ야能力과法定代理人의適法ᄒᆞᆷ으로看做ᄒᆞᆷ이라其期間後라도口頭辨論의終結에不至ᄒᆞ기前에ᄂᆞᆫ有

그 중단사항에 관하여는 중단 부분을 설명할 때에 자세히 다루기로 한다(민소 제180조 참조).

4. **흠결의 보정**(補正)

전에 설명한 것과 같이 소송능력, 법정대리 내지 그 수권의 흠결이 있는 때라도 재판소는 다음의 2가지 요건을 구비한 경에는 그 흠결보정을 조건으로 하여 일시 소송을 허가할 수 있다(민소 제45조 제2항).

갑. 흠결의 보정을 할 수 있는 경우: 실제로 대리권이 있지만 그 증명을 하지 못한 자로 인정되는 경우이다. 그 보정을 할 수 있는지 여부의 문제는 재판소의 의견으로 이를 정한다.

을. 원고와 피고에게 위해(危害)**의 염려가 있는 경우:** 가령 청구권이 시효 또는 불변기간(不變期間)에 임박한 경우이거나 또는 그 목적물이 부패물(腐敗物)이거나 계절물(季節物)에 관한 종류인 경우이다. 그 위해의 유무는 재판소의 자유의견으로 이를 인정할 수 있다.

위 2가지 조건이 존재하는 것이 인정될 때에는 보정을 조건으로 하여 일시 소송을 진행할 수 있다. 이 보정은 일정한 기간을 정하여 명하고 그 기간 만료 전에 판결을 할 수 없다. 그 기간 내에 보정을 한 경우에는 최초로 소급하여 능력과 법정대리인의 적법함이 간주된다. 그 기간 후에라도 구두변론 종결 전에는

效ᄒᆞ게補正ᄒᆞᆷ을得ᄒᆞᆷ이라

第四 無能力者를爲ᄒᆞ야選定ᄒᆞᆫ特別代理人

裁判所ᄂᆞᆫ無能力者訴訟에其無能力者를爲ᄒᆞ야特別代理人을選定ᄒᆞᄂᆞᆫ境遇가有ᄒᆞ니

一、人事訴訟當事者가無能力ᄒᆞᆷ을爲ᄒᆞ야選定ᄒᆞᆫ特別代理人（民法第八二三條參照）人事訴訟에ᄂᆞᆫ無能力者라도訴訟行爲를行得ᄒᆞᆷ이라ᄒᆞᆷ은前에說明ᄒᆞᆫ바ㅣ라然ᄒᆞ나其年齡이幼穉ᄒᆞ야事理에未詳ᄒᆞᆫ者와精神의故障이有ᄒᆞᆫ者ᄂᆞᆫ實際上完全히訴訟行爲를行得지못ᄒᆞᆯ지라故로此等이當事者된時ᄂᆞᆫ裁判所ᄂᆞᆫ職權으로써此를爲ᄒᆞ야訴訟上特別代理人을選定ᄒᆞ며又申提에依ᄒᆞ야此를選定ᄒᆞᆷ을得ᄒᆞᄂᆞ니其代理人은辯護士를選定ᄒᆞᆷ이라（人訴第三條參照）

二、訴訟無能力者와相續人의未定遺產과不分明ᄒᆞᆫ相續人이被告된境遇에法定代理人이不有ᄒᆞᆫ時에選定ᄒᆞᆫ特別代理人 此境遇에遲滯를因ᄒᆞ야危害의疑慮가有ᄒᆞᆫ時ᄂᆞᆫ申提에依ᄒᆞ야特別代理人을選定ᄒᆞᄂᆞ니其選定ᄒᆞᆷ을被ᄒᆞᆫ特

유효하게 보정을 할 수 있다.

제4 무능력자를 위하여 선정된 특별대리인(特別代理人)

재판소는 무능력자의 소송에서 그 무능력자를 위하여 특별대리인을 선정하는 경우가 있다.

1. 인사소송 당사자의 무능력을 위하여 선정된 특별대리인(민법 제823조 참조)

인사소송에는 무능력자라도 소송행위를 할 수 있다는 것은 앞에서 설명하였다. 여기에는 그 연령이 어려서 사리분별이 부족한 자와 정신장애가 있는 자는 실제로 소송행위를 완전히 할 수 없다. 따라서 이러한 자들이 당사자가 된 때에는 재판소는 직권으로 이를 위하여 소송상 특별대리인을 선정하며 또한 신청을 제기한 경우에도 같다. 이 특별대리인은 변호사를 선정하여야 한다(인소 제3조 참조).

2. 소송무능력자와 상속인의 미정유산(未定遺産)과 불분명한 상속인이 피고가 된 경우에 법정대리인이 없는 경우에 선정하는 특별대리인

이 경우에 지체로 인하여 위해의 우려가 있는 경우에는 신청에 의하여 특별대리인을 선정한다. 그 선정된

別代理人은當事者가能力者되고又法定代理人이訴訟을受繼ᄒᆞ든지相續人이此를受繼ᄒᆞ기ᄭᆞ지被告의代理人이됨이라(民訴第四六條)

三、一定ᄒᆞᆫ地에永寓ᄒᆞᆯ訴訟無能力者가被告로財産權上의請求에關ᄒᆞᆫ其現在地와兵營地及軍艦定繫場의特別裁判籍에셔訴를受ᄒᆞᆯ境遇에當ᄒᆞ야(民訴第一五條叅照) 其地에 法定代理人이 住居치아니ᄒᆞᆯ 時에選定ᄒᆞᆫ 特別代理人 此境遇에ᄂᆞᆫ危害의疑慮가無ᄒᆞ나申提에依ᄒᆞ야特別代理人을選定ᄒᆞᆷ이可ᄒᆞ니其選定된代理人은眞正ᄒᆞᆫ法定代理人이訴訟을受繼ᄒᆞ기ᄭᆞ지其代理人이됨이라(民訴第四七條)

右二號三號에述ᄒᆞᆫ바의特別代理人選定은原告申請에依ᄒᆞ야此를行ᄒᆞᆷ이常例ㅣ니此申請은書面과口頭로써此를行ᄒᆞ며又訴狀提出과共히行ᄒᆞᆷ을得ᄒᆞᆷ이라此申請에對ᄒᆞᆫ裁判은口頭辯論을不經ᄒᆞ고決定으로此를行ᄒᆞ고其申請人에게送達ᄒᆞ며若其申請을認許ᄒᆞᆫ時ᄂᆞᆫ選定ᄒᆞᆫ特定代理人에게도送達ᄒᆞᄂᆞ니此境遇에ᄂᆞᆫ第一號의人事訴訟과如히반다시辯護士를代理人으로選定ᄒᆞᄂᆞᆫ規定이無ᄒᆞ나其職에在ᄒᆞᆫ者에게委任ᄒᆞᆷ을相當ᄒᆞᆷ으로信ᄒᆞ노라此申請中第一號의申請

특별대리인은 당사자가 능력자가 되거나 또는 법정대리인이 소송을 수계하든지, 상속인이 소송을 수계할 때까지 피고의 대리인이 된다(민소 제46조).

3. 일정한 지역에 오래 동안 소송무능력자가 피고로 재산권상의 청구에 관한 그 현재지와 병영지 내지 군함정계장(軍艦定繫場)**의 특별재판적에서 소를 당한 경우**(민소 제15조 참조)**에, 제소지에 법정대리인이 주거하지 아니할 때에 선정하는 특별대리인**

이 경우는 위해의 염려는 없지만 신청에 따라 특별대리인을 선정할 수 있다. 선정된 대리인은 진정한 법정대리인이 소송을 수계하기까지 그 대리인이 된다(민소 제47조).

위 2항과 3항에서 설명한 특별대리인의 선정은 원고의 신청에 의하여 이를 선정하는 것이 일반적이다. 이 신청은 서면과 구술로 할 수 있고, 또 소장의 제출과 동시에도 할 수 있다.

이 신청에 대한 재판은 구두변론을 거치지 아니하고 결정으로 하고, 그 신청인에게 송달한다. 만약 그 신청을 인용하는 때에는 선정된 특별대리인에게도 이를 송달하여야 한다. 이 경우에는 위 1.항의 인사소송과 같이 반드시 변호사를 대리인으로 선정하는 규정이 없지만 그 직을 가진 자에게 위임하는 것이 상당하다고 사료된다. 이 신청 중 위 2항의 신청

却下裁判에對ᄒᆞ야ᄂᆞᆫ抗告ᄒᆞᆷ을得ᄒᆞᆷ이라

以上所述ᄒᆞᆫ特別代理人은訴訟上에法定代理人權利를有ᄒᆞ고又義務를負ᄒᆞᆷ이라

第三節 共同訴訟人

日本民事訴訟法은數個請求를合併ᄒᆞ야一個의訴로提起ᄒᆞᆷ을認準ᄒᆞᆫ지라此合併訴訟은同一ᄒᆞᆫ原告가同一ᄒᆞᆫ被告를對ᄒᆞ야數個의請求를合併ᄒᆞᄂᆞᆫ者ㅣ有ᄒᆞ며又訴訟主体된當事者를合併ᄒᆞ야數人의原告와被告가一個의訴로提起ᄒᆞᆷ을許ᄒᆞᆫ者ㅣ有ᄒᆞ니前者ᄂᆞᆫ客觀的訴訟合併이라ᄒᆞ고後者ᄂᆞᆫ主觀的訴訟合併이라ᄒᆞᆷ이라客觀的訴訟合併은當事者의章에講究ᄒᆞᆯ事項이아닌故로本節은數人의當事者間請求를合併ᄒᆞᄂᆞᆫ主觀的訴訟合併을論究코져ᄒᆞ노라.

元來訴訟은一個人이一個人을對ᄒᆞ야一個의請求를行ᄒᆞᆷ이本則이라ᄒᆞ나法律은便宜上과特別의必要로數人이共同ᄒᆞ야原告가되며又數人을共同ᄒᆞ야被告로訴ᄒᆞᆷ을許ᄒᆞᆫ지라如斯히一個의訴訟에合併ᄒᆞᆫ數人의原告及被告를共同訴訟人이라稱謂ᄒᆞᄂᆞ니라

각하 재판에 대하여는 항고할 수 있다.

이상에서 설명한 특별대리인은 소송상의 법정대리인의 권리를 가지면 또한 의무를 부담하게 된다.

제3절 공동소송인(共同訴訟人)

일본 민사소송법은 수개의 청구를 병합하여 1개의 소로 제기하는 것을 인정하고 있다. 이러한 병합소송은 동일한 원고가 동일한 피고에 대하여 수개의 청구를 병합하는 경우와 소송주체인 당사자를 병합하여 수인의 원고와 피고가 1개의 소로 제기하는 것을 인정하는 경우가 있다. 전자는 객관적 소송병합이라고 하고 후자는 주관적 소송병합이라고 한다. 객관적 소송병합은 당사자의 장에서 설명할 사항이 아니므로, 본절은 수인의 당사자 사이의 청구를 병합하는 주관적 소송병합을 설명하도록 하겠다.

원래 소송은 1인의 원고가 1인의 피고를 상대로 1개의 청구를 하는 것이 원칙이다. 그러나 법률은 소송상 편의와 특별한 필요 때문에 수인이 공동으로 원고가 되거나 또는 수인이 공동으로 피고로 소를 제기하는 것을 인정하고 있다. 이와 같이 1개의 소송에 병합한 수인의 원고 또는 피고를 공동소송인이라 칭한다.

第一 共同訴訟의成立及其種類

共同訴訟成立에ᄂᆞᆫ必要的과便宜的의區別이有ᄒᆞ니此를詳言ᄒᆞ면强制的과任意的의區別이라ᄒᆯ지라

一、法律은特別ᄒᆞᆫ必要의境遇에數人을同時에共同被告로命ᄒᆞᆫ者ㅣ有ᄒᆞ며又其訴訟에請求코져ᄒᆞᄂᆞᆫ法律關係의性質에因ᄒᆞ야반다시數人을共同被告로아니치못ᄒᆯ者ㅣ有ᄒᆞ니如此ᄒᆞᆫ境遇에ᄂᆞᆫ原告의意思如何를不拘ᄒᆞ고其訴를提起코져ᄒᆷ에ᄂᆞᆫ此를共同訴訟으로不可不爲ᄒᆞ니라學者ㅣ此를學理上必要的共同訴訟이라稱謂ᄒᆞᄂᆞ니라

二、便宜上原告의意思에因ᄒᆞ야數人共同으로訴를提起ᄒᆞ며又數人을同時에共同被告로訴ᄒᆷ을許ᄒᆞᄂᆞᆫ者ㅣ有ᄒᆞ니學者ㅣ此를便宜的共同訴訟이라稱謂ᄒᆷ이라此共同訴訟은要컨ᄃᆡ節次와費用을省畧ᄒᆞ고同一ᄒᆞᆫ爭點에關ᄒᆞ야同時에判定을受ᄒᆞᄂᆞᆫ便宜를得ᄒᆞ게ᄒᆷ이며且同一ᄒᆞᆫ判斷을受ᄒᆯ利益을得ᄒᆞ게ᄒᆞ기爲ᄒᆞ야特別히此를許ᄒᆷ이라

右와ᄀᆞᆺ치便宜的共同訴訟을許ᄒᆞᆫ境遇에ᄂᆞᆫ原告의意思에因ᄒᆞ야此를共同訴

제1 공동소송(共同訴訟)의 성립 및 그 종류

공동소송의 성립에는 필요적(必要的)인지 편의적(便宜的)인지에 따라 구별된다. 이를 자세히 말하면 강제적(强制的)인지 임의적(任意的)인지로 구별된다고 할 수 있다.

1. 법률의 특별한 필요에 따라 수인을 동시에 공동피고로 명하는 경우가 있다. 또는 그 소송에 청구하고자 하는 법률관계의 성질로 인하여 반드시 수인을 공동피고로 하지 아니할 수 없는 경우가 있다. 이와 같은 경우에 원고의 의사와 관계없이 그 소를 제기하기 위해서는 이를 공동소송으로 하여야만 한다. 학자들은 이를 학리상(學理上) 필요적 공동소송이라고 부른다.

2. 편의상 원고의 의사에 따라 수인이 공동으로 소를 제기하거나 또는 수인을 동시에 공동피고로 소를 제기하는 것을 인정하는 경우가 있다. 학자들은 이를 편의상 공동소송이라고 부른다. 이 공동소송은 요컨대 절차와 비용을 줄이고 동일한 쟁점에 관하여 동시에 판정(判定)을 받을 수 있는 편리함이 있고, 또한 동일한 쟁점에 대하여 동일한 판단(判斷)을 받을 수 있는 이익을 얻게 하려고 특별히 이것을 허용하고 있다.

위와 같이 편의적 공동소송을 허용한 경우에는 원고의 의사에 의하여 공동소송

訟으로訴를提起치아니혼時라도同一혼裁判所에繫屬혼時는裁判所는數個의訴를合併홈을命홈이라

共同訴訟에는許多혼種類가有ᄒᆞ니其種類에依ᄒᆞ야法律上結果가多少의差異가有홈으로此를區別ᄒᆞ야說明코져ᄒᆞ노라

一、共同訴訟에는必要的共同訴訟과便宜的共同訴訟의區別이有ᄒᆞ니其差異의點은前述혼바에分明홈이라

二、共同訴訟에는積極的으로訴를起ᄒᆞ는者ㅣ數人의境遇와消極的으로訴를受ᄒᆞ는者ㅣ數人의境遇가有ᄒᆞ니前者는共同原告라稱ᄒᆞ고後者는共同被告라稱홈이라

三、共同訴訟에는其共同訴訟人互相의法律關係가其合一에確定與否를依ᄒᆞ야區別이有ᄒᆞ니即其合一에確定홀共同訴訟과各自獨立ᄒᆞ야確定홀共同訴訟의二種이有홈이라盖必要的共同訴訟은合一에만確定홀者ㅣ多홀지니其法律關係의性質로반다시共同訴訟으로아니치못홀必要的共同訴訟은合一에만確定홀者ㅣ라稱謂홀지나單히法律이明示ᄒᆞ기爲ᄒᆞ야必要的共同訴訟

으로 소를 제기하지 아니한 경우에도 사건이 동일한 재판소에 계속된 경우에는 재판소는 수개의 소의 병합을 명하여야 한다.

공동소송에는 많은 종류가 있지만 그 종류에 따라 법률상 결과에 다소 차이가 있으므로 이를 구별하여 설명하도록 하겠다.

1. 공동소송에는 필요적 공동소송과 임의적 공동소송의 구별이 있고, 그 차이점은 위에서 설명한 바와 같다.

2. 공동소송에는 적극적으로 소를 제기하는 자가 수인인 경우와 소극적으로 소를 제기당한 자가 수인인 경우가 있다. 전자는 공동원고라고 칭하고, 후자는 공동피고라고 한다.

3. 공동소송에는 그 공동소송인의 상호 법률관계가 그 합일확정(合一確定) 여부에 따라 구별할 수 있다. 즉 합일확정이 필요한 공동소송과 각자 독립하여 확정할 수 있는 공동소송이라는 2가지 종류가 있다. 필요적 공동소송은 합일하여 확정하여야 할 경우가 많아서 그 법률관계의 성질로 반드시 공동소송으로 하여야 한다. 필요적 공동소송은 합일확정을 할 경우라고 말하지만, 법률에 의하여 필요적 공동소송

으로許ᄒᆞᄂᆞᆫ者에ᄂᆞᆫ必其合一에確定ᄒᆞᆯ者에不限ᄒᆞᆷ이라假令執行에對ᄒᆞᄂᆞᆫ第三者異議에境遇에ᄂᆞᆫ반다시合一에確定ᄒᆞᆯ者에만不限ᄒᆞᄂᆞᆫ故로合一에確定ᄒᆞᆯ共同訴訟과必要的共同訴訟은其間에區別이少有ᄒᆞᆷ을可知ᄒᆞᆯ지라是以로如何ᄒᆞᆫ者가合一에만確定ᄒᆞᆯ者ㅣ됨이라ᄒᆞᆷ은實體法上에研究ᄒᆞᆯ지며其合一의確定ᄒᆞᆯ者의與否를依ᄒᆞᆯ者에ᄂᆞᆫ共同訴訟人間의訴訟上의關係가不同ᄒᆞᆷ인즉後에講論코져ᄒᆞ노라

第二　必要的共同訴訟

必要的共同訴訟의如何ᄒᆞᆷ은前述ᄒᆞᆫ바ㅣ라此種에屬ᄒᆞᆯ者ㅣ如左ᄒᆞ니

一、主叅加訴訟　他人間에權利拘束이된訴訟의目的物를請求ᄒᆞ기爲ᄒᆞ야第三者가主叅加의訴를行ᄒᆞᆷ에ᄂᆞᆫ本訴訟의當事者兩方을共同被告로不可不爲니라(民訴第五一條叅照)

二、强制執行에關ᄒᆞᆫ第三者의異議訴에債務者가第三者의異議를正當ᄒᆞᆷ으로認ᄒᆞ지아니ᄒᆞᄂᆞᆫ境遇에ᄂᆞᆫ差押債權者及債務者를共同被告로不可不爲니라

(民訴第五四九條第二項叅照)

을 허용하는 경우에는 꼭 그것이 합일확정 하는 경우에 한정하지 아니한다. 가령 집행에 관한 제삼자이의의 경우에는 반드시 합일확정 할 경우만으로 한정하고 있지 아니한다. 따라서 합일확정할 공동소송과 필요적 공동소송은 그 사이에 약간의 구별이 있다는 것을 알아야 한다. 이런 이유로 어떤 경우가 합일확정 할 경우가 된다는 것은 실체법상 연구하여야 하고, 그 합일확정 할 경우인지 여부는 공동소송인 사이의 소송상의 관계와 같지 아니한데 이는 후에 설명하기로 한다.

제2 필요적 공동소송

필요적 공동소송의 여부는 앞에서 설명한 바와 같고 그 종류는 다음과 같다.

1. **주참가소송**(主參加訴訟)*

다른 사람 사이에 권리구속(權利拘束)**이 된 소송의 목적물을 청구하기 위하여 제삼자가 주참가(主參加)의 소를 제기하는 경우에는 본소송(本訴訟)의 당사자 쌍방을 공동피고로 하여야 한다(민소 제51조 참조).

2. 강제집행에 관한 제삼자이의의 소에 채무자가 제삼자의 이의(異議)를 정당한 것으로 인정하지 아니하는 경우에는 압류채권자***와 채무자를 공동피고로 하여야 한다(민소 제549조 제2항 참조).

---

* 일본이 1926년(다이쇼 15년) 민사소송법 개정 시에 신설된 제도이다. 독립당사자참가소송을 의미하고 일본과 우리나라의 독특한 제도이다.
** 소송계속(訴訟繫屬)을 의미한다.
*** 원문은 차압채권자(差押債權者)라고 한다.

三、第三者가ᄒᆞᄂᆞᆫ婚姻無効及繳消의訴와檢事가ᄒᆞᄂᆞᆫ婚姻繳消의訴ᄂᆞᆫ其夫婦를共同被告로不可不爲니라（民訴第七八〇條第七八三條人訴第一條第二項第二〇條叅照）

四、第三者가ᄒᆞᄂᆞᆫ緣結無効及繳消의訴ᄂᆞᆫ其養親子를共同被告로不可不爲니라（民訴第八五三條第八五四條人訴第一條第一項第二六條叅照）

五、子와又其母가其父를定ᄒᆞᄂᆞᆫ訴를行ᄒᆞᆷ에ᄂᆞᆫ母의配偶者及其前配偶者를共同被告로不可不爲니라（民法第八二一條人訴第三〇條第三項叅照）

六、第三者가ᄒᆞᄂᆞᆫ隱居無效及繳消의訴와檢事가ᄒᆞᄂᆞᆫ隱居繳消의訴ᄂᆞᆫ隱居者及家督相續人을共同被告로不可不爲니라（民法第七八五條人訴第三六條第三項叅照）

七、第三者가原被告의共謀에依ᄒᆞ야債權을害ᄒᆞᆯ目的으로判決을受ᄒᆞ얏다ᄒᆞᆷ을主張ᄒᆞ야原狀回復의訴로再審을求ᄒᆞᆷ에ᄂᆞᆫ右原被告를共同被告로不可不爲니라（民訴第四八三條叅照）

以上所述ᄒᆞᆫ者ᄂᆞᆫ特別히法律에明定ᄒᆞ얏스나其明定이無ᄒᆞᆯ지라도實體法上必

3. 제삼자 제기하는 혼인무효 및 혼인취소의 소와 검사가 제기한 혼인취소의 소는 그 부부를 공동피고로 하여야 한다(민소 제780조, 제783조, 인소 제2조 제2항, 제20조 참조).

4. 제삼자가 제기하는 연결 무효 및 취소의 소는 그 양친자를 공동피고로 하여야 한다(민소 제853조, 제854조, 인소 제2조 제2항, 제26조 참조).

5. 자(子) 또는 그 모(母)가 그 부(父)를 정하는 소를 제기하는 경우에는 모의 배우자 내지 그 전배우자를 공동피고로 하여야 한다(민소 제821조, 인소 제30조 제3항 참조).

6. 제삼자가 하는 은거무효(隱居無效) 내지 취소의 소와 검사가 제기하는 은거취소의 소는 은거자와 호주상속인*을 공동피고로 하여야 한다(민법 제785조, 인소 제36조 제3항 참조).

7. 제삼자가 원고와 피고의 공모(共謀)로 채권을 해할 목적으로 판결을 받았다고 주장하며 원상회복(原狀回復)의 소로 재심(再審)을 구하는 경우에는 위 원고와 피고를 공동피고로 하여야 한다(민소 제483조 참조).

이상에서 설명한 경우는 특별히 법률에서 명확히 정하고 있어 그 적용에 문제가 없지만, 실체법상 필요적

* 원문에서는 가독상속인(家督相續人)이리고 한다.

然ᄒᆞᆫ共同訴訟으로不可不爲의者ㅣ有ᄒᆞ니假令債務者와第三者의共謀에依ᄒᆞ야自己의債權을害ᄒᆞᆯ行爲가有ᄒᆞ다ᄒᆞᆷ으로其債權者가詐害行爲에繳消를求ᄒᆞᆷ과如ᄒᆞᆫ者ᄂᆞᆫ(民法第四二四條參照)性質上其債務及第三者를共同被告로不可不爲ㅣ며又其親族會의決議에對ᄒᆞᆫ不服의訴와如ᄒᆞᆫ者ᄂᆞᆫ(民法第九五一條參照)其會員全体를共同被告로不可不爲니라此等은惟其一例에不過ᄒᆞᆷ이라如此ᄒᆞᆫ法律關係의性質上共同訴訟을要ᄒᆞᆯ者ㅣ尙其不尠ᄒᆞᆯ진져

第三　便宜的共同訴訟

便宜的共同訴訟은原告의意思에依ᄒᆞ야訴訟의合併을行得ᄒᆞᆯ者인즉左의事項中에其一이存在ᄒᆞᆫ時에限ᄒᆞ야此를許ᄒᆞᆷ이라(民訴第四八條)

一、數人이訴訟物에權利共通及義務共通의地位에立ᄒᆞᆯ時　權利共通及義務共通이란者ᄂᆞᆫ數人이同一의權利를有ᄒᆞᆯ時即共有와如ᄒᆞᆫ境遇ㅣ며或은一事物을目的ᄒᆞᄂᆞᆫ債權債務와如ᄒᆞᆫ者ㅣ라連帶債務者不可分債務者와如ᄒᆞᆫ者ᄂᆞᆫ義務共通에屬ᄒᆞᄂᆞ니權利義務가共通되면其權利及義務의發生이同一치아니ᄒᆞᆯ지라도共同訴訟으로ᄒᆞᆷ을得ᄒᆞᆷ이라

공동소송의 경우가 있다. 가령 채무자와 제삼자가 공모하여 자기의 채권을 해하는 행위가 있다는 이유로 그 채권자가 사해행위(詐害行爲)의 취소를 구하는 것과 같은 경우(민법 제424조 참조)는 성질상 그 채무자와 제3채무자를 공동피고로 하여야 하고 또 친족회의 결의에 대한 불복의 소와 같은 경우(민법 제951조 참조)에는 그 친족회원 전부를 공동피고로 하여야 한다. 이러한 사례는 일례(一例)에 불과하다. 이와 같이 법률관계의 성질상 공동소송을 요하는 것이 적지 아니하다.

제3 편의적 공동소송

편의적 공동소송(便宜的 共同訴訟)은 원고의 의사에 의하여 소송의 병합을 하는 경우이다. 다음 사항 중에 하나가 있는 경우에 한하여 공동소송이 허용된다(민소 제48조 참조).

1. 수인이 소송물에 관하여 권리공통(權利共通) 내지 의무공통(義務共通)의 지위에 있는 경우

권리공통 내지 의무공통이라 함은 수인이 동일의 권리를 가지는 경우이다. 즉 권리공통은 공유와 같은 경우이다. 또는 동일한 사물을 목적으로 채권·채무와 같은 경우로서 연대채무자·불가분채무자는 의무공통에 해당한다. 권리의무가 공통되면 그 권리 내지 의무의 발생이 동일하지 아니할지라도 공동소송으로 할 수 있다.

二、同一ᄒᆞᆫ事實上及法律上原因에基ᄒᆞᆫ請求와又其義務가訴訟目的物이된時
本號에謂ᄒᆞᆫ바者ᄂᆞᆫ權利義務가共通ᄒᆞᆷ은아니나其發生이同一ᄒᆞᆫ事實上及法律上原因으로出ᄒᆞᆫ者ㅣ라故로訟訟의合併을許ᄒᆞᆷ이라假令一個의不法行爲로因ᄒᆞ야數人에게損害를同時에被ᄒᆞ게ᄒᆞᆫ時ᄂᆞᆫ其數人은共同原告가되야加害者에게起訴ᄒᆞᆷ을得ᄒᆞᆷ이라是ᄂᆞᆫ其權利發生의法律上原因이共히不法行爲의同一ᄒᆞᆫ事實上原因에基ᄒᆞᆷ으로其事實도一個行爲에亦出ᄒᆞᆫ者인故로權利의共通은아니나訴의合併은許ᄒᆞᆷ이라

三、性質의同種類의事實上及法律上原因에基ᄒᆞᆫ同種類의請求와又其義務가訴訟目的物이된時　本號ᄂᆞᆫ種類의同一ᄒᆞᆷ을因ᄒᆞ야共同訴訟으로其數人中에ᄂᆞᆫ權利及義務의共通도無ᄒᆞ며又其發生도同一原因에依ᄒᆞᆷ을亦是不要ᄒᆞ고全히別個의事實上及法律上原因에依ᄒᆞᆯ지라도其事實及法律의原因이共히同種됨으로써此를許ᄒᆞᆷ이라假令土地의所有者가其所有의土地를數人에게賃貸ᄒᆞ고其契約을各別히成立ᄒᆞ야其賃貸料도其額을各異ᄒᆞ게ᄒᆞ얏스나若其賃借人이借賃을遲滯ᄒᆞᄂᆞᆫ時ᄂᆞᆫ賃貸人은其賃借人數人을對ᄒᆞ야同時에

2. 동일한 사실상 또는 법률상 원인에 기한 청구와 또는 그 의무가 소송목적물이 된 경우

여기에 해당하는 경우라 함은 권리의무가 공통하는 것은 아니지만 그 발생이 동일한 사실상 또는 법률상원인으로 발생한 경우이므로 공동소송을 허용하는 것이다. 가령 하나의 불법행위로 수인이 동시에 손해를 입은 경우에는 그 수인이 공동원고가 되어 가해자를 상대로 소를 제기하는 것이다. 이는 그 권리발생의 법률상원인이 모두 불법행위이고 그 사실상원인도 그 사실이 하나의 행위로 발생한 경우이므로 권리의 공통은 아닐지라도 소의 병합이 인정되는 것이다.

3. 성질이 같은 종류의 사실상 또는 법률상원인에 기한 동일 종류의 청구 또는 그 의무가 소송목적물이 된 경우

여기에서 종류가 동일하여 공동소송을 인정한 것으로 그 수인 중에는 권리 또는 의무의 공통이 없고 그 발생도 동일 원인에 의할 필요가 없다. 전부 개별의 사실상 내지 법률상원인에 의할지라도 그 사실 내지 법률의 원인이 모두 동종(同種)이므로 공동소송을 허용하는 것이다. 가령 토지소유자가 그 소유토지를 수인에게 임대하고 그 계약을 개별적으로 하고 그 임대료도 각기 다르게 하였는데, 만약 그 임차인이 차임을 연체하는 때에는 임대인은 그 임차인 수인을 상대로 동시에

賃金을請求ᄒᆞᆷ을得ᄒᆞᄂᆞ니此ᄂᆞᆫ一個의訴로共同訴訟으로ᄒᆞᄂᆞᆫ種類ㅣ라是其性質은同種類의原因에基ᄒᆞᆫ者로其金額이各相差異ᄒᆞ나其延滯에因ᄒᆞ야權利의生ᄒᆞᆫ原因은其性質이同種類의原因에基ᄒᆞᆫ者ㅣ라ᄒᆞᆷ을得ᄒᆞᆯ지라又其反對의方面으로言ᄒᆞ면其數名의賃借人이地主에對ᄒᆞ야賃料의減額을請求ᄒᆞᆷ과如ᄒᆞᆫ者를謂ᄒᆞᆷ이라

以上은共同訴訟을許ᄒᆞᄂᆞᆫ境遇ㅣ니此規定에依ᄒᆞ야原告가共同訴訟의方法으로起訴코져ᄒᆞᆷ에ᄂᆞᆫ左의事項을遵守ᄒᆞᆷ이可ᄒᆞᆷ이라

一、訴訟節次를異케ᄒᆞ고共同訴訟을行得지못ᄒᆞᆷ　一人에對ᄒᆞ야ᄂᆞᆫ普通訴訟으로ᄒᆞ고他一人에對ᄒᆞ야ᄂᆞᆫ證書訴訟으로行ᄒᆞᄂᆞᆫ時ᄂᆞᆫ此를不許ᄒᆞᄂᆞ니是ᄂᆞᆫ即共同訴訟으로節次를省略코져ᄒᆞᆷ에合치못ᄒᆞᆫ所以ᄲᅮᆫ아니라到底히同一의審理를行得지못ᄒᆞᆷ에在ᄒᆞᆷ이라

二、裁判所管轄은左의區別에依ᄒᆞᆷ이라

甲　專屬管轄에屬ᄒᆞᆫ者ᄂᆞᆫ共同訴訟으로合倂ᄒᆞᆷ을不得ᄒᆞᆷ　共同訴訟을爲ᄒᆞ야其管轄을變動ᄒᆞ게ᄒᆞᆷ을不得ᄒᆞᆷ이라

차임을 청구할 수 있는 것이다. 이는 1개의 소로 공동소송을 할 수 있다. 그 성질은 동일한 종류의 원인에 기한 경우에 그 금액이 서로 달라도 그 연체로 인하여 권리가 발생한 원인은 그 성질이 동일한 종류에 따른 것이다. 또 그 반대로 말하면 그 수인의 임차인이 지주에 대하여 차임의 감액청구를 하는 것과 같은 것이다.

이상은 공동소송을 허용한 경우이니 이 규정에 의하여 원고가 공동소송의 방법으로 제기하기 위해서는 다음 사항을 준수하여야 한다.

1. 소송절차를 달리하면 공동소송을 할 수 없음

1인에 대하여는 보통소송(普通訴訟)으로 하고 다른 1인에 대하여는 증서소송(證書訴訟)*으로 하는 경우에는 이를 허용할 수 없다. 이는 공동소송으로 절차를 생략하고자 하는 것이 합당하지 못하기 때문이다. 이러한 경우는 도저히 동일한 심리를 행할 수 없기 때문이다.

2. 재판소의 관할은 다음 구별에 의한다.

갑. 전속관할에 속할 경우에는 공동소송으로 병합할 수 없음

공동소송을 위해서 그 관할을 변동(變動)하게 할 수 없다.

* 어음소송 등을 의미한다.

乙 專屬에不在ᄒᆞᆫ者ᄂᆞᆫ事物管轄에ᄂᆞᆫ其合併ᄒᆞᆫ價額을合算ᄒᆞ야管轄을定ᄒᆞᆷ（民訴第四條參照）被告의普通裁判籍이相異ᄒᆞᆷ으로數個의管轄裁判所가併合ᄒᆞᄂᆞᆫ時ᄂᆞᆫ原告ᄂᆞᆫ其裁判所를選擇ᄒᆞᆷ을得ᄒᆞᆷ이라（民訴第二五條參照）

然ᄒᆞ나此點에對ᄒᆞ야ᄂᆞᆫ前述ᄒᆞᆷ과如히反對論이有ᄒᆞᆷ이라

共同訴訟을行ᄒᆞᆷ에ᄂᆞᆫ制限이少有ᄒᆞ나此에適合지아니ᄒᆞᆫ共同訴訟을提起ᄒᆞᆫ時ᄂᆞᆫ裁判所ᄂᆞᆫ左의節次로處斷ᄒᆞᆷ이라

一、訴訟節次를異케ᄒᆞ고 共同訴訟을 提起ᄒᆞᆫ時ᄂᆞᆫ 職權으로 其訴를却下ᄒᆞᆷ이라

二、專屬管轄規定에違背ᄒᆞᆫ訴ᄂᆞᆫ前에管轄違欵에述ᄒᆞᆷ과갓치職權으로其訴를却下ᄒᆞᆷ이라

三、共同訴訟를許ᄒᆞᆯ境遇에該當치아니ᄒᆞᆫ訴ᄂᆞᆫ此를分離ᄒᆞ야辯論及裁判을行ᄒᆞᆷ이妥當으로信ᄒᆞ노라（民訴第一二〇條參條）

第四 共同訴訟人間의關係

一、一般通則 共同訴訟人은互相獨立ᄒᆞ야訴訟行爲를爲ᄒᆞ며又其相對者의

을. 전속에 속하지 아니하는 경우에 사물관할은 합병 시에 그 가액을 합산하여 그 관할을 정함(민소 제4조 참조)

피고의 보통재판적이 서로 달라 수개의 재판소가 경합하는 경우에는 원고는 그 재판소를 선택할 수 있다(민소 제25조 참조). 그러나 이 점에 대하여 앞 사물관할 부분에서 설명한 것 같이 반대 의견이 있다.

공동소송을 함에 있어서 약간의 제한이 있는데, 공동소송에 적합지 아니한 공동소송이 제기된 경우에는 재판소는 다음과 같은 절차로 처리하면 된다.

1) 소송절차가 다름에도 공동소송을 제기한 경우에는 재판소는 직권으로 그 소를 각하하여야 한다.
2) 전속관할에 위반한 소는 앞에서 관할위반에서 설명한 것 같이 재판소는 직권으로 그 소를 각하하여야 한다.
3) 공동소송이 허용되지 아니하는 소는 이를 분리하여 변론 내지 재판을 하는 것이 타당하다고 믿는다(민소 제120조 참조).

제4 공동소송인 사이의 관계

1. 일반원칙

공동소송인은 상호 독립하여 소송행위를 하며 또는 그 상대방의

訴訟行爲를受ᄒᆞᄂᆞ니其間에ᄂᆞᆫ實體上及形式上을勿論ᄒᆞ고互相利害의關係를不有ᄒᆞᆷ이本則이라(民訴第四九條)故로共同訴訟人中에一人의自白、認諾、抛棄、和解、及取下其他의攻擊、防禦方法에關ᄒᆞᆫ一切訴訟行爲ᄂᆞᆫ他人에게影響이及지못ᄒᆞᄂᆞ니一人의訴訟懈怠ᄂᆞᆫ其結果가其一人에만止ᄒᆞᆯ뿐인故로一人이闕席ᄒᆞᆯ지라도其闕席者에對ᄒᆞ야만闕席判決을行ᄒᆞᆯ뿐이며又其判決도各々對ᄒᆞ야裁判ᄒᆞ며訴訟費用의負擔도連帶責任이有ᄒᆞᆫ境遇以外에ᄂᆞᆫ各各此를負擔ᄒᆞ게宣示ᄒᆞᆷ이라

二、合一에만確定ᄒᆞᆯ共同訴訟人間關係에特別(民訴第五〇條)　權利關係가合一에만確定ᄒᆞᆯ共同訴訟人間에ᄂᆞᆫ法律은共通關係가有ᄒᆞᆷ으로認準ᄒᆞ야一般通則에對ᄒᆞᆫ特例를設ᄒᆞᆫ지라如何ᄒᆞᆫ者가其合一에만確定ᄒᆞᆯ共同訴訟에屬ᄒᆞᆯ가ᄒᆞᆷ은前述과如히實體法에依ᄒᆞ야決ᄒᆞᆯ者ㅣ며共同訴訟人間에權利義務의不可分의性質이有ᄒᆞᆫ者ᄂᆞᆫ此에原屬ᄒᆞᆷ이라其他詐害行爲繳消의訴를受ᄒᆞᆫ共同被告와第三者로婚姻緣結隱居의無効及繳消의訴를受ᄒᆞᆫ共同被告도實體法上合一에만確定ᄒᆞᆯ者ㅣ라此等의合一에만確定ᄒᆞᆯ共同訴訟人間의關係

소송행위를 받게 된다. 그들 간에는 실체상 또는 형식상뿐만 아니라 상호 이해관계도 없는 것이 원칙이다(민소 제49조). 따라서 공동소송인 중에 1인의 자백, 인낙(認諾), 포기, 화해 내지 취하 기타의 공격·방어방법에 관한 일체의 소송행위는 타인에게 영향을 미치지 못한다. 1인의 소송해태(訴訟懈怠)는 그 결과가 그 1인에게만 미칠 뿐이다. 따라서 1인이 결석할지라도 그 결석자에 대하여만 궐석재판(闕席裁判)*을 할 뿐이고, 또 그 판결도 각각에 대하여 직행하며, 소송비용의 부담도 연대책임이 있는 경우 외에는 각각 부담하게 판결한다.

2. 합일확정이 필요한 공동소송인 사이의 관계에 관한 특례(민소 제50조)

권리관계가 합일확정 할 공동소송인 사이에는 법률은 공유관계가 있으므로 일반원칙과 다른 특례를 인정하고 있다. 어떤 자가 그 합일확정 할 공동소송에 해당하는지 앞에서 설명한 것과 같이 실체법에 의하여 결정되는 경우이며 공동소송인 사이에 권리의무가 불가분(不可分)의 성질을 가지는 경우에는 이에 원칙적으로 해당한다. 기타 사해행위취소의 소를 당한 공동피고와 제삼자로 혼인·연결 및 은거의 무효 내지 취소의 소를 당한 공동피고도 실체법상 합일확정을 하여야 하는 경우이다. 이것 등의 합일확정할 공동소송인 사이의 관계는

* 결석한 경우에 자백한 것으로 간주하여 원고 승소의 판결을 하는 경우이다.

에ᄂᆞᆫ法律은左의事項에共通關係를認ᄒᆞᆷ이라

甲 共同訴訟人中一人이行ᄒᆞᆫ攻擊及防禦의方法은他人의共同訴訟人利益에其效力이有ᄒᆞᆷ　故로一人이利益될抗辯을提出ᄒᆞ면他의共同訴訟人도亦此抗辯을行ᄒᆞᆫ者로看做ᄒᆞ며又其一人이利益될証據方法을提出ᄒᆞᆫ時ᄂᆞᆫ他의共同訴訟人도同一의証據方法을提出ᄒᆞᆫ者로看做ᄒᆞᄂᆞ니其共同行爲를作ᄒᆞᆷ에不利益ᄒᆞᆫ行爲에ᄂᆞᆫ其效力이他人에게不及ᄒᆞ고其不利益의行爲를作ᄒᆞᆫ者一人에만其效力이有ᄒᆞᆯ뿐아니라次號에示ᄒᆞᆫ者ᄂᆞᆫ其一人의行爲로도成立지아니ᄒᆞᆫ者로看做ᄒᆞᆷ이라

乙 共同訴訟人中一人이事實을相爭ᄒᆞ고請求를認諾지아니ᄒᆞᆫ時ᄂᆞᆫ他人이設或其事實을自白ᄒᆞ고請求를認諾ᄒᆞᆯ지라도總其共同訴訟人이相爭ᄒᆞ고認諾지아니ᄒᆞᆫ者로看做ᄒᆞᆷ　故로一人의自白과認諾은他의共同訟訴人에게效力이無ᄒᆞᆯ뿐아니라自己一人을爲ᄒᆞ야셔도自白과認諾은其效果를不生ᄒᆞᄂᆞᆫ故로此境遇에ᄂᆞᆫ總其共同訴訟人이自白과認諾을不爲ᄒᆞ면何等의效能이無ᄒᆞᆷ이라

법률에서 다음 사항을 공통관계로 인정하고 있다.

갑. 공동소송인 중 1인이 한 공격 내지 방어방법은 다른 공동소송인의 이익을 위하여 그 효력이 있음

따라서 공동소송인 중 1인이 이익이 될 항변을 제출하면 다른 공동소송인도 역시 그 항변을 행사한 자로 간주되고, 또 공동소송인 중 1인이 이익이 될 증거방법을 제출하면 다른 공동소송인도 동일한 증거방법을 제출한 것으로 간주된다. 그러나 그 공동행위를 하였는데 불이익한 행위일 경우에는 그 효력이 다른 공동소송인에게 그 효력이 미치지 아니하고, 그 불이익한 행위를 한 자에게만 그 효력이 있을 뿐만 아니라, 다음 항과 같은 경우에는 그 1인에게도 효력이 없는 것으로 간주하게 된다.

을. 공동소송인 중 1인이 사실을 다투고 청구를 인낙하지 아니한 때에는 다른 공동소송인이 설사 그 사실을 자백하거나 청구를 인낙한 경우에도 모든 공동소송인이 다투고 인낙하지 아니한 것을 함

따라서 1인의 자백과 인낙은 다른 공동소송인에게 효력이 없을 뿐만 아니라 자신을 위하여도 자백과 인낙의 효력이 발생하지 아니하기 때문에 이 경우에는 모든 공동소송인이 자백과 인낙을 하지 아니하면 아무런 효력이 발생하지 아니한다.

丙　共同訴訟人中一人이期日과期間을懈怠ᄒᆞᆫ時에其懈怠者ᄂᆞᆫ懈怠치아니ᄒᆞᆫ者에게代理ᄒᆞᆫ者로看做ᄒᆞᆷ　故로期日에闕席ᄒᆞᆯ지라도他人이出席ᄒᆞᆫ時ᄂᆞᆫ共同으로出頭ᄒᆞ야辯論ᄒᆞᆫ者로看做ᄒᆞᄂᆞᆫ故로闕席判決ᄒᆞᆷ을不得ᄒᆞᄂᆞ니卽出席者의行爲로써闕席者의行爲로看做ᄒᆞᆷ이라然ᄒᆞ나和解抛棄認諾等은單純ᄒᆞᆫ訴訟行爲가아니며實體法上의處分權을不有ᄒᆞᆷ인즉出席者라도闕席者를代理ᄒᆞ야此等行爲를行得ᄒᆞᆷ으로看做ᄒᆞᆷ을不得ᄒᆞᆷ이라

期間을懈怠ᄒᆞᆫ時라도懈怠치아니ᄒᆞᆫ者ㅣ有ᄒᆞᆫ時ᄂᆞᆫ其懈怠치아니ᄒᆞᆫ者의行爲ᄂᆞᆫ其懈怠者의行爲를代行ᄒᆞᆫ者로看做ᄒᆞᄂᆞᆫ故로其一人이期間內에故障을申提ᄒᆞ면他의共同訴訟人도故障을申提ᄒᆞᆫ者로看做ᄒᆞᆯ지며又一人이上訴期間內에上訴를提起ᄒᆞ면他의共同訴訟人도上訴를提起ᄒᆞᆫ者로看做ᄒᆞᆷ이라如此ᄒᆞᆫ境遇에ᄂᆞᆫ其懈怠ᄒᆞᆫ共同訴訟人은懈怠치아니ᄒᆞᆫ者와ᄀᆞᆺ치爾後의訴訟行爲를行得ᄒᆞᆷ은勿論이라是以로裁判所ᄂᆞᆫ呼出及送達等을其懈怠者에게도懈怠치아니ᄒᆞᆷ과如히同一節次로行ᄒᆞᆯ지며從ᄒᆞ야懈怠者ᄂᆞᆫ何時ᄃᆞᆫ지其後訴訟節次에加入ᄒᆞᆷ을得ᄒᆞᆷ이라

병. 공동소송인 중 1인이 기일과 기간을 해태한 때에 그 해태자(懈怠者)는 해태하지 아니한 자에게 대리를 준 자로 간주함

따라서 기일에 결석할지라도 타인이 출석을 한 때에는 출석하여 변론한 자로 간주되기 때문에 궐석재판을 할 수 없다. 즉 출석자의 행위로서 결석자의 행위로 간주하는 것이다. 그러나 화해·포기·인낙은 단순한 소송행위가 아니며 실체법상의 처분권을 가진 것이 아니므로 출석자라도 결석자를 대리하여 이러한 행위 등을 하는 것으로 간주될 수 없다.

기간을 해태한 때에도 해태하지 아니한 자가 있는 경우에는 그 해태하지 아니한 자의 행위는 그 해태자의 행위를 대행한 자로 간주하기 때문에 공동소송인 중 1인이 그 기간 내에 고장(故障)을 신청하면 다른 공동소송인도 고장을 신청한 것으로 간주되고 또한 1인이 상소기간 내에 상소를 제기하면 다른 공동소송인도 상소를 제기한 자로 간주하게 된다. 이와 같은 경우에는 그 해태한 공동소송인은 해태하지 아니한 자와 같이 이후의 소송행위를 물론 할 수 있다. 그래서 재판소는 출석 내지 송달 등을 해태한 자에게도 해태하지 아니한 것과 같이 동일절차로 진행해야 하고 해태자는 언제든지 그 후의 소송절차에 참여할 수 있다.

共同訴訟人中一人이死亡等에依ᄒᆞ야訴訟節次을中斷ᄒᆞ면(民第一七訴八條參照) 他의共同訴訟人訴訟節次도亦是中斷이되ᄂᆞ니此等點에ᄂᆞᆫ議論이不無ᄒᆞ나現今日本大審院에셔ᄂᆞᆫ右等節次에依ᄒᆞᆫ判決例가有ᄒᆞ니라

第四節 第三者의訴訟參加

第三者의訴訟參加란者ᄂᆞᆫ旣己他人間에權利拘束된訴訟에第三者가自己에게法律上利害關係가有ᄒᆞᆷ으로써其當事者의承繼人이나代理人의資格은아니오全然히他人訴訟에干與ᄒᆞᆷ을謂ᄒᆞᆷ이라蓋判決은第三者에게對ᄒᆞ야直接의効力을不有ᄒᆞᆷ인즉他人訴訟에干與ᄒᆞᆯ必要가無ᄒᆞᆯ지나或其判決結果에至ᄒᆞ야利害關係를波及ᄒᆞᆯ者ㅣ往有ᄒᆞᄂᆞ니夫如此ᄒᆞᆫ境遇에ᄂᆞᆫ訴를重起ᄒᆞ야裁判의牴觸을避ᄒᆞ게ᄒᆞ고同一ᄒᆞᆫ爭點에其爭을簡便히判斷케ᄒᆞᆯ利益이多有ᄒᆞᆷ으로써今法律이此規定을設ᄒᆞᆫ바ㅣ라第三者가他人訴訟에參加ᄒᆞᆷ에ᄂᆞᆫ自進ᄒᆞ야干與ᄒᆞᄂᆞᆫ者도有ᄒᆞ며又其當事者催告에因ᄒᆞ야干與ᄒᆞᄂᆞᆫ者도有ᄒᆞᄂᆞ니參加에ᄂᆞᆫ他人訴訟에關聯은有ᄒᆞ나全然히獨立의訴로此를行ᄒᆞᄂᆞᆫ者와當事者의補助者로其訴訟에加入ᄒᆞᆷ을許ᄒᆞᄂᆞᆫ者ㅣ有ᄒᆞᆯ시前者ᄂᆞᆫ主參加라ᄒᆞ고後者ᄂᆞᆫ從參加라ᄒᆞᆷ이라其

공동소송인 중 1인이 사망 등에 의하여 소송절차가 중단되면(민소 제178조 참조), 다른 공동소송인의 소송절차도 역시 중단된다. 이러한 점 등에 관한 논의는 없지만 현재 일본대심원(日本大審院)에서 이에 같은 절차에 따른 판결이 있다.

제4절 제삼자의 소송참가

제삼자의 소송참가(訴訟參加)라고 함은 이미 타인 간에 권리구속(權利拘束)된 소송에 제삼자가 자기에게 법률상 이해관계가 있다고 하여 그 당사자의 승계인이거나 대리인의 자격이 아니고 당사자로 타인소송에 간여하는 것을 말한다. 일반적으로 판결은 제삼자에게 직접 효력이 없으므로 타인 간의 소송에 간여할 필요가 없다고 할 것이다. 혹시 그 판결결과에 대하여 이해관계가 미칠 자가 왕왕 있다. 이와 같은 경우에는 소를 다시 제기하여 판결의 저촉을 피하게 하고, 동일한 쟁점에 그 다툼을 간단히 판단케 할 이익 많이 있기 때문에 현행법에서 이에 대한 규정을 정하였다. 제삼자가 타인 소송에 참가함에는 스스로 참가하는 경우도 있고 또는 그 당사자의 최고(催告)로 인하여 간여하는 경우도 있다. 참가하는 타인소송에 관련(關聯)이 있어야 하지만 완전히 독립의 소로 이를 행하는 자와 당사자의 보조자로 그 소송에 참가하는 자가 있다. 전자는 주참가(主參加)라고 하며, 후자는 종참가(從參加)라고 한다. 그

從參加에도自進ᄒᆞ야行ᄒᆞᄂᆞᆫ者도有ᄒᆞ며當事者의催告에因ᄒᆞ야行ᄒᆞᄂᆞᆫ者도有ᄒᆞᆫ故로參加에ᄂᆞᆫ主參加從參加告知參加指名參加의四種이有ᄒᆞ니以下에區別ᄒᆞ야說明코져ᄒᆞ노라

第一款　主參加

主參加란者ᄂᆞᆫ他人間에權利拘束된訴訟目的物의全部或一部를自己를爲ᄒᆞ야請求ᄒᆞᄂᆞᆫ第三者의訴와他人間에權利拘束된訴訟에其當事者가共謀ᄒᆞ야債權者된第三者權利를害코져ᄒᆞᄂᆞᆫ境遇에其詐害行爲를除却코져ᄒᆞ기爲ᄒᆞ야行ᄒᆞᄂᆞᆫ第三者의訴를謂홈이라（民訴第五一條）故로主參加ᄂᆞᆫ訴訟當事者를補助ᄒᆞ기爲홈도아니오全然히自己權利를完全케ᄒᆞ기爲ᄒᆞ야自以當事者로獨立의訴를提起ᄒᆞᄂᆞᆫ者ㅣ라法律이唯其本訴와關聯ᄒᆞ야訴홈을許ᄒᆞᆫ故로此를參加라홈이라

第一　主參加　要件

主參加要件을區分ᄒᆞ면如左홈이라

一　他人間의訴訟이權利拘束中에在홈을要홈　參加ᄂᆞᆫ他人訴訟에干與ᄒᆞᄂᆞᆫ

종참가에도 스스로 하는 경우와 당사자의 최고로 인하여 하는 경우가 있다. 따라서 참가에는 주참가, 종참가, 고지참가(告知參加), 지명참가(指名參加)가 있다. 4가지의 소송참가가 있고, 이하에서는 이를 나누어 설명하도록 하겠다.

제1관 주참가*

주참가(主參加)라 함은 타인 간에 소송계속 중인 소송목적물의 전부 또는 일부를 자기를 위하여 청구하는 제삼자의 소와 타인 간에 소송계속 중인 소송에 그 당사자가 공모하여 채권자인 제삼자의 권리를 해하고자 하는 경우에 그 사해행위(詐害行爲)를 제거하기 위하여 행하는 제삼자의 소를 말한다(민소 제51조). 따라서 주참가는 소송당사자를 보조하기 위한 것이 아니고 완전히 자신의 권리를 완전하게 하려고 스스로 당사자로서 독립의 소를 제기하는 경우이다. 법률에서는 오직 그 본소송과 관련이 있는 경우에 그 소를 허용하고 있으므로, 이를 참가(參加)라고 하는 것이다.

제1 주참가의 요건(要件)

주참가의 요건을 나누어 보면 다음과 같다.

1. 타인 간의 소송이 소송계속 중에 있을 것

참가는 타인 간의 소송에 간여하는

* 독립당사자참가를 말한다.

者인즉此要件은叅加性質上常不可缺ᄒᆞᆫ者ㅣ라其他人間의訴訟이有ᄒᆞᆷ을要ᄒᆞ는故로前主의訴訟을承繼人이承繼ᄒᆞᆷ과如ᄒᆞᆫ者는叅加라謂치못ᄒᆞᆷ이라其權利拘束이란者는如何ᄒᆞᆫ者라ᄒᆞᆷ은第二編에研究ᄒᆞᆯ者ㅣ나此를擧要ᄒᆞ야言ᄒᆞ면起訴에依ᄒᆞ야一定ᄒᆞᆫ裁判所에訴訟關係를成立ᄒᆞᆫ狀態를謂ᄒᆞᆷ이나此權利拘束은一般으로訴狀送達에因ᄒᆞ야發生ᄒᆞᆷ이라(民訴第一九五條叅照)其他訴의擴張과區裁判所에서行ᄒᆞ는訴는口頭에依ᄒᆞ야申提와訴를提起ᄒᆞᆫ時에發生ᄒᆞᆷ이有ᄒᆞ며(民訴第二一二條第三七四條第三七八條叅照)又支給命令에對ᄒᆞᆫ異議의境遇에는支給命令의送達에因ᄒᆞ야權利拘束이始生ᄒᆞᆷ이라(民訴第三九〇條第三九一條叅照)此權利拘束의終了는判決의確定에因ᄒᆞ야終了됨이一般이오其他訴의取下、上訴의取下、和解에因ᄒᆞ야終了되며且口頭辯論에原告가請求를抛棄ᄒᆞ고被告가原告의請求를認諾ᄒᆞ야判決를受코저ᄒᆞ는申提를不爲ᄒᆞ고單히其抛棄와認諾를調書에記載ᄒᆞ야明確ᄒᆞ게ᄒᆞᆫ者에도權利拘束의終了됨이라(民訴第二二九條第一三〇條第二項第一號叅照)然ᄒᆞ나此點에는反對의議論이有ᄒᆞ니其何者의當否는諸君의研

것이다. 그 요건은 참가의 성질상 불가결한 것으로 그 타인 간의 소송이 있어야 한다. 따라서 전주의 소송을 승계함과 같은 것은 참가라고 할 수 없다. 그 권리구속이라는 것이 무엇인지는 제2편에서 설명하였으나 요약하여 말하면, 소의 제기에 의하여 일정한 재판소에 소송관계가 성립된 상태를 말한다. 이러한 권리구속은 일반적으로 소장송달로 발생한다(민소 제195조 참조). 기타 소의 확장과 구재판소에서 하는 소는 구두(口頭)로 신청과 소를 제기한 때에 발생한다(민소 제212조, 제374조, 제378조 참조). 또 지급명령에 대한 이의의 경우에는 지급명령의 송달로 권리구속이 발생한다(민소 제390조, 제391조 참조). 이 권리구속의 종료는 판결의 확정으로 됨이 원칙이다. 기타 소의 취하, 상소의 취하, 화해로 인하여 종료된다. 또한 구두변론에서 원고가 청구를 포기하거나, 피고가 청구를 인낙하여 판결을 받는 신청을 하지 아니하고 단순히 그 포기와 인낙을 조서에 기재하여 명확히 하는 경우에도 권리구속은 종료된다(민소 제229조, 제130조 제2항 제1호 참조). 그러나 이 점에 대하여 반대의견이 있으니 그 당부는 제군(諸君)의 연구에

究에自任ᄒᆞ노라

權利拘束의發生及其終了ᄂᆞᆫ右述ᄒᆞᆷ과如ᄒᆞ니其權利拘束中에在ᄒᆞᆫ以上에ᄂᆞᆫ其本訴訟이上級審에繫屬ᄒᆞᆫ中에雖在ᄒᆞᆯ지라도此를行得ᄒᆞ며又本訴訟과其訴訟節次를異케ᄒᆞᆯ境遇에도主叅加訴訟으로提起ᄒᆞᆷ을得ᄒᆞᄂᆞ니假令本訴訟은證書訴訟이라도主叅加ᄂᆞᆫ普通訴訟으로此를提起ᄒᆞᆷ을得ᄒᆞ며又本訴訟은再審訴訟이라도主叅加ᄂᆞᆫ普通訴訟으로此를提起ᄒᆞᆷ을得ᄒᆞᆷ이라然ᄒᆞ나權利拘束은此訴의要件이되ᄂᆞ니本訴訟이不適法의訴로却下된時ᄂᆞᆫ權利拘束은適法ᄒᆞᆷ에存在치아니ᄒᆞᆫ故로因ᄒᆞ야主叅加訴訟도亦是却下됨을不免ᄒᆞᆷ이라

二、他人間訴訟의目的物을第三者가自已를爲ᄒᆞ야請求ᄒᆞ든지當事者共謀의詐害行爲를除去ᄒᆞᆷ을目的ᄒᆞ든지ᄒᆞᆷ을要ᄒᆞᆷ　其目的物은身分權이든지財產權이든지此를不顧ᄒᆞ며又物權이든지債權이든지此를不問ᄒᆞ고同一物이면可ᄒᆞᆷ이라然ᄒᆞ나其目的物全部에對ᄒᆞᄂᆞᆫ請求됨은不要ᄒᆞ고一部에對ᄒᆞᆫ請求라도主叅加의訴를起ᄒᆞᆷ을得ᄒᆞᆷ이라

以上要件을具備ᄒᆞᆫ後에尙其起訴ᄒᆞᆷ에左의特別規定에從ᄒᆞᆷ을要ᄒᆞᆷ이라

맡기는 바이다.

권리구속의 발생 내지 그 종료는 위에서 설명한 바와 같으니 그 권리구속 중에 있는 이상 그 본소송이 상급심에 계속 중이 있는 경우에도 이를 할 수 있다. 또한 본소송과 그 소송절차가 다른 경우에도 주참가소송으로 제기할 수 있다. 가령 본소송이 증서소송이라도 주참가소송은 보통소송으로 이를 제기할 수 있고, 본소송이 재심소송이라도 주참가소송은 보통소송으로 이를 제기할 수 있다. 그러나 권리구속은 이 소의 요건이 되기 때문에 본소송이 부적법한 소로 각하된 때에는 권리구속은 적법하게 존재하고 있지 아니하므로 주참가소송 역시 각하를 면할 수 없다.

2. 타인 간의 소송목적물을 제삼자가 자기를 위하여 청구하거나, 또는 당사자 공모의 사해행위를 제거함을 목적으로 하여야 함

그 목적물은 신분권 또는 재산권이든지 관계 없으며, 또 물권 또는 채권이든 묻지 아니하고, 동일물(同一物)이면 가능하다. 그러나 그 목적물의 전부에 대한 청구일 필요는 없고 일부에 대한 청구라도 주참가의 소를 제기할 수 있다.

이상 요건을 구비한 후에 그 기소를 함에는 다음 특별규정을 따라야 한다.

一、主參加의訴는本訴訟第一審裁判所의特別裁判管轄에屬ᄒᆞᆷ　故로本訴訟이第一審에繫屬ᄒᆞᆫ境遇와上級審에繫屬ᄒᆞᆫ境遇를不問ᄒᆞ고本訴訟이第一審으로繫屬ᄒᆞᆫ裁判所에訴를提起ᄒᆞᆷ이니是는主參加가獨立의訴라ᄒᆞᆯ지라도本訴訟과關聯ᄒᆞ야行訴케ᄒᆞᆫ所以라故로此管轄은性質上專屬管轄이라ᄒᆞᆷ은前述ᄒᆞᆫ바ㅣ라

二、本訴訟의原告被告를共同被告로訴ᄒᆞᆷ을要ᄒᆞᆷ　是는即主參加와本訴訟과關聯되게ᄒᆞ는所以ㅣ니此共同訴訟은所謂必要的共同訴訟의一種에屬ᄒᆞᆷ이라然ᄒᆞ나其法律關係가合一에確定與否는主參加訴와其請求實體에關ᄒᆞ야不可不決이니라

第二、主參加訴訟과本訴訟의關係

主參加訴訟은本訴訟과ᄀᆞ치獨立ᄒᆞᆫ者인즉法律이許ᄒᆞᆫ바에依ᄒᆞ야本訴訟이中止되지아니ᄒᆞᆫ境遇에는各々獨立ᄒᆞ야進行ᄒᆞ며且其判決도獨立ᄒᆞ야確定ᄒᆞ며執行도獨立ᄒᆞ야行ᄒᆞᆷ이라何者오其當事者地位가兩訴訟에全異ᄒᆞᆷ에在ᄒᆞᆷ이라然ᄒᆞ나本訴訟에는主參加訴訟의權利拘束終了ᄒᆞ기ᄭᆞ지本訴訟을中止ᄒᆞᆷ을得

1. 주참가의 소는 본소송의 제1심 재판소의 특별재판관할에 속함

따라서 본소송이 제1심에 계속된 경우와 상급심에 계속된 경우를 불문하고 본소송이 제1심으로 계속한 재판소에 소를 제기한다. 이는 주참가가 독립의 소라고 할지라도 본소송과 관련하여 행사케 하려는 것이므로, 이 관할은 성질상 전속관할에 속한다는 것은 앞에서 설명한 바이다.

2. 본소송의 원고와 피고를 공동피고로 하여야 함

이것은 주참가를 본소송과 관련되게 하는 것이므로, 이 공동소송은 소위 필요적 공동소송의 일종에 해당한다. 그러나 그 법률관계가 합일확정이 필요한지 여부는 주참가의 소와 그 청구실체에 따라 정하여진다.

제2 주참가소송과 본소송의 관계

주참가소송은 본소송과 같이 독립된 것이므로 법률이 허용한 바에 따라 본소송이 중지되지 아니한 경우에는 각각 독립하여 진행되며, 그 판결도 독립하여 확정되고 집행도 독립하여 이루어진다. 어떤 경우에는 그 당사자의 지위가 양 소송에서 전혀 다르다. 그러나 본소송은 주참가소송의 권리구속이 종료하기까지 본소송을 중지할 수

ᄒᆞᄂᆞ니是ᄂᆞᆫ主參加의判決確定ᄒᆞᆫ時ᄂᆞᆫ本訴訟判決을行ᄒᆞᆷ에容易ᄒᆞᆫ便利를得ᄒᆞ게ᄒᆞᆫ所以라其中止에ᄂᆞᆫ二種이有ᄒᆞ니

一、申提에依ᄒᆞᆯ境遇　主參加가權利拘束된時ᄂᆞᆫ本訴訟은第一審에繫屬ᄒᆞᆷ과上級審에繫屬ᄒᆞᆷ을不問ᄒᆞ고本訴訟의原被告及主參加의原告申提에依ᄒᆞ야主參加權利拘束의終了ᄒᆞ기ᄭᆞ지本訴訟의中止를命ᄒᆞᆷ을得ᄒᆞᆷ（民訴第五二條）此中止의申提ᄂᆞᆫ何審級에在ᄒᆞᆷ을不問ᄒᆞ고本訴訟繫屬裁判所에口頭와書面으로提出ᄒᆞᆷ이可ᄒᆞ며其決定에ᄂᆞᆫ口頭辯論을不經ᄒᆞ고此를行得ᄒᆞᄂᆞ니此中止를命ᄒᆞᆫ決定에對ᄒᆞ야ᄂᆞᆫ即時抗告를行得ᄒᆞᆷ이라若其中止를不許ᄒᆞᄂᆞᆫ決定에ᄂᆞᆫ一般規定에依ᄒᆞ야同一ᄒᆞᆫ抗告를行得ᄒᆞᆷ은第百八十九條에規定ᄒᆞᆫ바ㅣ나中止를命ᄒᆞᄂᆞᆫ決定에對ᄒᆞ야即時抗告를行得ᄒᆞ게ᄒᆞᆷ은例外로規定ᄒᆞᆫ바ㅣ니라

二、裁判所ᄂᆞᆫ申提가無ᄒᆞᆯ지라도主參加判決이本訴訟에影響이及ᄒᆞᆷ으로認ᄒᆞᆯ時ᄂᆞᆫ職權으로ᄡᅥ主參加訴訟終了ᄒᆞ기ᄭᆞ지本訴訟의中止를命ᄒᆞᆷ을得ᄒᆞᆷ（民訴第一二一條參照）

있다. 이것은 주참가의 판결이 확정되는 때에 본소송의 판결을 하는 것이 편리하게 하기 위한 것이다. 그 중지(中止)는 2종류가 있다.

1. **신청에 의한 경우**

주참가가 권리구속된 때에는 본소송은 제1심에 계속하거나 상급심에 계속된 것을 불문하고 본소송의 원·피고 또는 주참가의 원고의 신청에 의하여 주참가소송의 권리구속의 종료 시까지 본소송의 중지를 명할 수 있음(민소 제52조)

이 중지의 신청은 본소송이 어떤 심급에 있는 경우를 묻지 아니하고 본소송 계속 재판소에 구두 또는 서면으로 제출할 수 있다. 그 결정을 함에 있어서 구두변론 없이 할 수 있다. 이 중지를 명하는 결정에 대하여는 즉시항고를 할 수 있다. 다만 그 중지를 허가하지 아니하는 결정에 대하여는 일반규정에 따라 통상항고를 할 수 있고 이는 민사소송법 제189조에 규정되어 있다. 그러나 중지를 명하는 결정에 대하여는 즉시항고를 할 수 있는 예외규정을 두고 있다.

2. 재판소는 신청이 없는 경우에도 주참가판결이 본소송에 영향을 미치는 것으로 인정될 때에는 직권으로 주참가소송의 종료 시까지 본소송의 중지를 명할 수 있음(민소 제121조 참조)

以上과如히本訴訟의中止를命홈이有ᄒᆞ나主叅加訴訟의終了를由ᄒᆞ야本訴訟의權利拘束은終了될바ㅣ아니오唯其本訴訟裁判에爭를決斷홈에關ᄒᆞ야管便홀뿐이라主叅加訴訟에若其主叅加原告가勝訴된時는爾後本訴訟에辯論홈에當ᄒᆞ야本訴訟被告는主叅加訴訟判決을援用ᄒᆞ야原告의請求權이無홈을主張홀便利를得ᄒᆞ게ᄒᆞ며又其主叅加原告가敗訴ᄒᆞᆫ時는本訴訟에는何等의影響을不見홀지라若其本訴訟을中止치아니ᄒᆞ고主叅加訴訟判決前에其判決이有ᄒᆞᆫ時는該判決執行홈에主叅加人된者는其執行에對ᄒᆞᆫ第三者의異議訴를提起홈을得홈이有홀지라(民訴第五四九條叅照)

第二欵 從叅加(即補助叅加)

從叅加란者는他人間에權利拘束된訴訟에其一便이勝訴에因ᄒᆞ야法律上利害關係가有ᄒᆞᆫ者는其勝訴를保護ᄒᆞ기爲ᄒᆞ야其訴訟에加入홈을謂홈이니(民訴第五三條叅照) 故로從叅加는主叅加와如히獨立의訴를提起홈이아니오一便의補助者로其訴訟에加入ᄒᆞ는者ㅣ라此에加入홈에는唯其從叅加의申請를提出ᄒᆞ야此를行得홀者ㅣ니라

이상에서와 같이 본소송의 중지를 명할 수 있으나, 주참가소송의 종료로 인하여 본소송의 권리구속은 종료되는 것은 아니다. 오직 그 본소송 재판의 다툼을 결단함에 있어서 편리할 뿐이다. 만약 주참가소송에서 그 원고가 승소한 때에는 이후 본소송을 변론함에 있어서 본소송의 피고는 주참가소송의 판결을 원용(援用)하여 원고의 청구권이 없다는 것을 주장할 편리함을 얻게 하고 또한 그 주참가소송의 원고가 패소한 때에는 본소송은 아무런 영향을 받지 아니한다. 만약 그 본소송을 중지하지 하니하고 주참가소송의 판결 전에 본소송의 판결을 한 경우에는 해당 판결의 집행을 함에 있어서 주참가인은 그 집행에 대하여 제삼자 이의의 소를 제기할 수 있다(민소 제549조 참조).

제2관 종참가(즉 보조참가)

종참가(從參加)라고 함은 타인 간에 권리구속 된 소송에 그 일방의 승소로 인하여 법률상의 이해관계가 있는 자가 그 승소를 돕기 위하여 그 소송에 참가하는 것을 말한다(민소 제53조 참조). 보조참가(補助參加)라고도 한다. 따라서 종참가는 주참가와 같이 독립의 소를 제기하는 것이 아니고, 일방의 보조자로 그 소송에 참가하는 자인 것이다. 이에 참가함에는 오직 그 종참가의 신청을 제출하여야 이를 할 수 있다.

第一　從叅加要件

從叅加要件을區分ᄒᆞ면如左ᄒᆞᆷ이라

一、他人間訴訟의權利拘束中에加入ᄒᆞᆷ을要ᄒᆞᆷ　此ᄂᆞᆫ叅加의特質로主參加의境遇에陳述ᄒᆞᆫ바와同然ᄒᆞᆫ故로其權利拘束中에在ᄒᆞ야ᄂᆞᆫ訴訟의如何ᄒᆞᆫ程度에在ᄒᆞᆷ을不問ᄒᆞ고此를行得ᄒᆞᆷ이라既已第一審의判決이有ᄒᆞ야上訴나故障의期間內에有ᄒᆞᆯ境遇에主된當事者가아즉上訴나故障을行치아니ᄒᆞᆫ時라도從參加人으로上訴나故障과共히從參加의申請을行得ᄒᆞᄂᆞ니若其督捉節次에依ᄒᆞ야異議를主張ᄒᆞᆯ境遇ㅣ면其異議와共히 從參加의申請를行得ᄒᆞᆯ지라(民訴第五六條第四項)然ᄒᆞ나此를爲ᄒᆞ야其訴訟程度를妨沮ᄒᆞᆷ은不得ᄒᆞᆷ이라

二、本訴訟當事者의一便勝訴에因ᄒᆞ야法律上利害關係를有ᄒᆞᆷ을要ᄒᆞᆷ　法律上利害關係란者ᄂᆞᆫ權利義務關係에因ᄒᆞ야利益을得ᄒᆞ며不利益을被ᄒᆞᄂᆞᆫ境遇를謂ᄒᆞᆷ이니 事實上利害ᄂᆞᆫ此에包含치아니ᄒᆞᆫ 故其友誼나 感情을害ᄒᆞᆷ과如ᄒᆞᆫ理由로ᄂᆞᆫ從參加人됨을不得ᄒᆞᆯ지라然ᄒᆞ나苟其法律上利益關係가有ᄒᆞᆫ

제1 종참가의 요건

1. 타인 간의 소송의 권리구속(權利拘束) 중에 참가하여야 함

이것은 참가의 특질로서 주참가의 경우에 설명한 바와 같이 그 권리구속 중에 있어야 하고, 소송의 정도는 불문하고 이를 할 수 있다. 이미 제1심의 판결이 있어 상소 또는 고장(故障)* 의 기간 내에 있는 경우에 주된 당사자가 아직 고장을 신청하지 아니한 때에라도 종참가인으로서 상소나 고장과 함께 종참가의 신청을 할 수 있다. 만약 독촉절차에 의하여 이의를 주장하는 경우에 그 이의와 함께 종참가 신청을 할 수 있다(민소 제56조 제4항). 그러나 이를 위하여 그 소송의 진행을 방해할 수는 없다.

2. 본소송의 당사자의 일방의 승소를 위하여 법률상의 이해관계를 가지고 있을 것

법률상 이해관계라고 함은 권리의무관계로 인하여 이익을 얻거나 불이익을 받는 경우를 말한다. 사실상의 이해관계는 이에 포함되지 아니한다. 따라서 우의(友誼)나 감정을 해함과 같은 이유로는 종참가인이 될 수 없다. 그러나 법률상 이해관계가 있다면

* 원고나 피고의 불출석에 따른 해태판결(懈怠判決)의 불복신청의 방법이다. 고장의 신청은 상소와 달리 상급재판소가 아닌 수소재판소에 하여야 한다.

以上에ᄂᆞᆫ身分權上이나財産權上을不問ᄒᆞ며又直接과間接을勿論ᄒᆞ고此를許ᄒᆞᆷ이라、然則如何ᄒᆞᆫ境遇가法律上利益關係를有ᄒᆞᆫ境遇인가ᄒᆞᆷ은實体上關係에依ᄒᆞ야決ᄒᆞᆯ事項이나要컨ᄃᆡ當事者一便勝訴의結果로權利를得ᄒᆞ며義務를生ᄒᆞ며又其消滅ᄒᆞᄂᆞᆫ境遇를謂ᄒᆞᆷ이라假令債權者가保證人에게對ᄒᆞ야起訴ᄒᆞᆫ境遇에債權者ㅣ勝訴되면保證人은主된債務者에게對ᄒᆞ야求償權을生ᄒᆞ고又其賣買目的物에第三者가買主에對ᄒᆞ야所有權을爭ᄒᆞᄂᆞᆫ訴를提起ᄒᆞ고此를收取ᄒᆞᆯ時ᄂᆞᆫ賣主ᄂᆞᆫ此에對ᄒᆞ야擔保의請求를受ᄒᆞᆯ境遇와如ᄒᆞᆫ者ㅣ니라

第二 從叅加申請

從叅加ᄂᆞᆫ獨立ᄒᆞ야訴를不行ᄒᆞ고他人訴訟에加入ᄒᆞᆷ이오此를申請으로行ᄒᆞᆷ이라

一、從叅加의申請은本訴訟이現時에繫屬된裁判所에此를不可不行이니라故로本訴訟이控訴審에繫屬될時ᄂᆞᆫ此를控訴審에ᄒᆞ며上告審에繫屬될時ᄂᆞᆫ此를上告審에ᄒᆞᄂᆞ니若其本訴訟의判決이有ᄒᆞ야上訴나故障期間中의程度

신분상이나 재산권상의 법률관계를 묻지 아니하며, 직접 또는 간접적 이해관계도 물론 허용된다. 그렇다면 어떤 때에 법률상 이해관계가 있는 경우에 해당하는가. 실체상 관계에 의하여 결정될 사항이지만 요컨대 당사자의 일방의 승소 결과로 권리를 얻거나 의무가 발생하는 경우 또는 권리나 의무가 소멸하는 경우를 말한다. 가령 채권자가 보증인에게 소를 제기한 경우에 채권자가 승소하면 보증인은 주된 채무자에 대하여 구상권을 취득하게 되거나 또는 매매목적물에 대하여 제삼자가 매수인에게 소유권을 다투는 소를 제기하여 그 목적물을 수취한 때에는 매도인은 이에 대하여 담보의 청구를 당하게 되는 경우와 같은 때를 말한다.

제2 종참가의 신청

종참가는 독립하여 소를 제기할 수 없고 타인 간의 소송에 참가하는 것이므로 참가신청을 하여야 한다.

1. 종참가 신청은 본소송이 실제로 계속된 재판소에 이를 하여야 한다. 따라서 본소송이 항소심에 계속된 때에는 항소심에 하여야 하고, 상고심에 계속된 때에는 상고심에 하여야 한다. 만약 그 본소송의 판결이 있어서 상소 또는 고장기간 중에

에在홀時는其上訴와故障과此를共行홈이라(民法第五六條)其申請에는當事者及訴訟을表示ᄒ고又其一定의利害關係及附隨코져홀旨趣를開示홈이可ᄒ며此를當事者에게送達홀者인즉其送達홀謄本을提出홈이可홈이라

二、從叅加申請에關ᄒᆫ異議(民訴第五七條)　從叅加申請은其形式上에完全ᄒᆫ以上은當事者가異議를申提치아니ᄒ면裁判所는職權으로써其法律上利害關係의有無를調査ᄒ야許否의決定을行홈을不要ᄒ고其申請에依ᄒ야當然히其訴訟에叅加케홈이라然ᄒ나各當事者는其申請에對ᄒ야異議를述홈을得ᄒᄂ니其當事者가異議를申提홈을得홀時期에此를不爲ᄒ고從叅加人과셔치口頭辯論을行ᄒᆫ時는其異議를主張홀權利를抛棄ᄒᆫ者로看做홈을得홀지나若其適當時期에異議를申提ᄒᆫ時는裁判所는當事者及從叅加人을審訊ᄒ며又其口頭辯論을不經ᄒ고叅加의許否를決定홈이라此異議申提에利害關係의存否에爭이有홀時는從叅加人이其關係를疏明만홀진ᄃᆡ其叅加를許홈에足홈이라此叅加許否의決定에는即時抗告를行得ᄒ되若其上告審에서此決定을行ᄒᆫ時는抗告홈을不得홈은他言을不待홀지라

있을 때에는 그 상소와 고장을 신청하면서 같이 할 수 있다(민소 제56조). 그 신청에는 당사자와 사건을 표시하고 또한 일정한 이해관계와 참가하고자 하는 취지를 표시하고, 이를 당사자에게 송달하여야 하므로 송달할 서류의 등본을 제출하여야 한다.

2. 종참가 신청에 대한 이의(민소 제57조)

종참가 신청은 그 형식이 완전한 이상 그 당사자가 이의를 신제하지 아니하면 재판소는 직권으로 그 법률상 이해관계의 유무를 조사하여 허부를 결정할 필요가 없고, 그 신청에 의하여 당연히 그 소송에 참가하게 된다. 그러나 각 당사자는 그 신청에 대하여 이의를 진술할 수 있는데, 그 당사자가 이를 하지 않고 종참가인과 같이 구두변론을 한 때에는 그 이의를 주장할 권리를 포기한 자로 간주한다. 만약 적당한 시기에 이의를 신제한 때에는 재판소는 당사자 내지 종참가인을 신문(訊問)을 하여 참가의 허부를 결정하게 된다. 이 경우 구두변론을 할 필요는 없다. 이의신청에서 이해관계의 존부가 다투어지는 때에는 종참가인이 그 관계를 소명(疏明)하면 참가를 허가하게 된다. 이 참가허부 결정에 대하여 즉시항고를 할 수 있고 만약 상고심에서 그 결정을 하는 경우에는 항고할 수 없음을 당연하다.

參加를不許ᄒᆞᄂᆞᆫ決定을行ᄒᆞᆫ時라도其裁判이確定ᄒᆞ기前에ᄂᆞᆫ從參加人을本訴訟에立會ᄒᆞ게ᄒᆞ며總其期日에呼出ᄒᆞ며本訴訟에關ᄒᆞᆫ裁判은從參加人에게도送達ᄒᆞᆷ이可ᄒᆞ고從參加도亦是當事者補助의訴訟行爲를行得ᄒᆞᆷ이라然ᄒᆞ나參加을不許ᄒᆞᄂᆞᆫ決定이確定된時ᄂᆞᆫ既往에遡ᄒᆞ야以前에ᄒᆞᆫ行爲ᄂᆞᆫ其効力를失ᄒᆞᆷ에至ᄒᆞᄂᆞᆫ故로主된當事者ᄂᆞᆫ서로親히攻擊及防禦의方法等을主張치아니ᄒᆞ면從參加人이行ᄒᆞᆫ行爲ᄂᆞᆫ當事者에게何等의効力이無ᄒᆞᆷ으로看做ᄒᆞᆷ이라此參加를不許ᄒᆞᄂᆞᆫ決定에ᄂᆞᆫ參加申請에關ᄒᆞᆫ訴訟費用의裁判도併行ᄒᆞᆷ이可ᄒᆞᆷ이라(民訴第八一條第一項參照)

第三　從參加人地位

從參加人은主된當事者가아니오當事者一便의補助者地位에在ᄒᆞᆫ故로當事者를爲ᄒᆞ야其補助의目的을達ᄒᆞᆷ에訴訟行爲를行得ᄒᆞᆯ뿐이라(從參加人을補助ᄒᆞᆯ當事者의代理를ᄒᆞᆷ이라ᄒᆞᄂᆞᆫ說이有ᄒᆞ며或曰當事者를爲ᄒᆞ야補助者된獨立의地位에有ᄒᆞᆫ者ㅣ라ᄒᆞᄂᆞᆫ說도有ᄒᆞᆷ)此를區別說明ᄒᆞ면

一、從參加人은參加를爲ᄒᆞ야訴訟의程度를妨沮ᄒᆞᆷ을不得ᄒᆞᆷ　從參加人은訴

참가를 불허하는 결정을 한 때에는 그 재판이 확정되기 전에는 종참가인을 본소송에 출석하게 하며, 모든 기일에 소환하여야 한다. 본소송에 관한 재판은 종참가인에게도 송달할 수 있고, 종참가인도 역시 당사자를 보조하여 소송행위를 할 수 있다. 그러나 참가를 불허하는 결정이 확정된 때에는 소급하여 이전에 한 행위는 그 효력을 잃게 된다. 따라서 주된 당사자로서는 직접 공격방어방법 등을 주장하지 아니하면 종참가인이 한 행위는 당사자에게 효력이 없는 것으로 간주된다. 이 참가를 불허하는 결정에는 참가신청에 관한 소송비용의 재판도 같이 할 수 있다(민소 제81조 제1항 참조).

제3 종참가인의 지위

종참가인은 주된 당사자가 아니고 당사자 일방의 보조자로서 지위를 가진다. 따라서 당사자를 위하여 그 보조의 목적을 달성하기 위하여 소송행위를 할 뿐이다(종참가인을 보조할 당사자의 대리를 한다는 설이 있고, 또 당사자를 위하여 보조자로서 독립의 지위를 가지는 자라는 견해도 있음). 이를 나누어 설명하면 다음과 같다.

1. 종참가인은 참가를 위하여 소송의 정도를 방해할 수 없음

종참가인은 소송이

訟이如何혼程度에在홈을不問ᄒ고其訴訟에參加홈을得ᄒ나其附隨ᄒ기前에主된當事者가中間判決를受ᄒ얏든지又一部判決을受ᄒ얏든지或訴訟行爲를懈怠ᄒ얏든지權利를抛棄ᄒ기爲ᄒ야提出홈을不得홈에至혼攻擊防禦의方法은此를提出홈을不得홈이라

二、從參加人은主된當事者를爲ᄒ야補助홈이니故로左의範圍內에서有効ᄒ게訴訟行爲를行得홈

甲 主된當事者가反對의意思를表示혼行爲는從參加人이此를行홀지라도其効力이無홈 故로主된當事者의行爲와從參加人의行爲가抵觸ᄒ는時는主된當事者의行爲를標準홈이可홈이라(民訴第五四條第二項)此行爲의抵觸이라홈은兩立치못홀行爲의竝存은勿論이며從參加人의行爲에對ᄒ야主된當事者가異議를提唱홀時를謂홈이라然ᄒ나如斯혼異議는分明히訴訟行爲로써(裁判上의行爲로써)此를不行ᄒ면其意中에反對意見을懷有홀지라도從參加人의行爲를無効라홈을不得홀지며且明示의異議中提가無ᄒ면主된當事者도亦是同意혼者로看做홈이可홈이라

어느 정도에 있는지 묻지 아니하고 그 소송에 참가할 수 있다. 그 참가 전에 주된 당사자가 중간판결 또는 일부판결을 받았다거나 혹은 소송행위를 해태하였다거나 권리를 포기하기에 이른 경우에는 참가인은 공격방어방법을 제출할 수 없다.

2. 종참가인은 주된 당사자를 위하여 보조하기 위한 것이므로 다음 범위 내에서 유효한 소송행위를 할 수 있음

갑. 주된 당사자가 반대의견을 표시한 행위는 종참가인이 이를 행사할지라도 그 효력이 없음

따라서 주된 당사자의 행위와 종참가인의 행위가 저촉하는 때에는 주된 당사자의 행위를 기준으로 한다(민소 제54조 제2항). 이 행위의 저촉이라 함은 양립하지 못할 행위의 병존하는 것은 물론이고, 종참가인의 행위에 대하여 주된 당사자가 이의를 제기한 때를 말한다. 그러나 이와 같은 이의는 분명히 소송행위로써(재판상의 행위로써) 이를 행사하지 아니하면 그 의중에 반대의견을 가지고 있다고 하여도 종참가인의 행위를 무효로 할 수 없다. 명시의 이의신청이 없으면 주된 당사자도 역시 동의한 자로 간주하게 된다.

乙 主된當事者의行爲와牴觸지아니홈에限ᄒᆞ야從叅加人은有効ᄒᆞ게諸般訴訟行爲를行得홈 此行爲ᄂᆞᆫ當事者를爲ᄒᆞ야有効홈인故로相對者의主張을爭ᄒᆞ며自白ᄒᆞ며又其攻擊防禦의方法을提出홈을得홈이라然ᄒᆞ나主된當事者가從叅加人의行爲를繳消ᄒᆞᆫ時ᄂᆞᆫ其効力이無ᄒᆞ며又從叅加人은主된當事者를爲ᄒᆞ야支給命令에對ᄒᆞᆫ異議와故障의申提와上訴를行得ᄒᆞᄂᆞ니其期間은主된當事者를爲ᄒᆞ야存在ᄒᆞᆫ期間에從行홈을要홈이라其異議와故障의申提와上訴ᄂᆞᆫ主된當事者가行홈과同一ᄒᆞᆫ効力이有홈인즉爾後期日에ᄂᆞᆫ主된當事者도呼出홈이라然ᄒᆞ나其後에至ᄒᆞ야主된當事者가上訴를取下ᄒᆞ며又權利를拋棄ᄒᆞᆫ時ᄂᆞᆫ其行爲ᄂᆞᆫ効力이亦無홈이라（民訴第五四條第一項）

丙 從叅加人은實體上其訴訟處分權이無홈 故로訴의原因을變更홈과和解、拋棄、認諾、反訴、等을行得지못ᄒᆞ며又從叅加人自己固有의實體上에關ᄒᆞᆫ權利를主張홈을不得ᄒᆞ며請求의減縮及擴張과如ᄒᆞᆫ者도行得지못홈이라

을. 종참가인은 주된 당사자의 행위와 저촉되지 아니하는 범위 내에서 유효하게 모든 소송행위를 할 수 있음

이 행위는 당사자를 위하여 유효하기 때문에 상대방의 주장을 다투고 자백하며, 공격방어방법을 제출할 수 있다. 하지만 주된 당사자가 종참가인의 행위를 취소하는 때에는 그 행위는 효력이 없게 된다. 또한 종참가인은 주된 당사자를 위하여 지급명령에 대한 이의와 고장의 신청과 상소를 할 수 있다. 그 기간은 주된 당사자를 위하여 존재하는 기간에 따르게 된다. 그 이의와 고장의 신청과 상소는 주된 당사자가 행한 것과 동일한 효력이 있다. 이후 기일에는 주된 당사자도 소환하여야 한다. 하지만 그 후에 주된 당사자가 상소를 취하하거나 권리를 포기한 경우에는 그 효력이 없게 된다(민소 제54조 제1항).

병. 종참가인은 실체상의 소송처분권이 없음

따라서 종참가인은 소의 원인을 변경하는 것과 화해, 포기, 인낙, 반소 등을 할 수 없다. 또한 종참가인이 자기 고유의 실체상의 권리를 주장할 수 없으며, 청구의 감축과 확장 같은 것도 할 수 없다.

三、從叅加人에對ᄒᆞᆫ本訴訟의判決効力

甲　本訴訟의確定判決은從叅加人에게直接의効力이無ᄒᆞᆷ　故로從叅加人에게對ᄒᆞ야ᄂᆞᆫ民法上既判力이無ᄒᆞ며從叅加人은勝訴者로强制執行을行ᄒᆞ든지敗訴者로强制執行을受ᄒᆞᆷ이無ᄒᆞᄂᆞ니何者其判決이主된當事者間의法律關係에對ᄒᆞ야判定ᄒᆞᆫ所以라然ᄒᆞ나從叅加人은補助의目的으로써其訴訟에叅加ᄒᆞᆫ所以로左의特別効力을生ᄒᆞᆷ이라

乙　從叅加에依ᄒᆞ야生ᄒᆞᆫ訴訟費用은從叅加人에게對ᄒᆞ야도本訴訟判決에此를裁判ᄒᆞᆷ이可ᄒᆞᆷ　此裁判에依ᄒᆞ야强制執行을行ᄒᆞ든지又其執行을受ᄒᆞᆷ이有ᄒᆞᆷ이라(民訴第八一條叅照)

丙　從叅加人과補助를受ᄒᆞᆫ主된當事者間에ᄂᆞᆫ其訴訟의確定裁判을不當ᄒᆞᆷ으로主張ᄒᆞᆷ을不得ᄒᆞᆷ(民訴第五五條第一項)故로補助를被ᄒᆞᆫ原告被告가敗訴ᄒᆞᆫ境遇에ᄂᆞᆫ從參加人에게對ᄒᆞ야其確定判決를援用ᄒᆞ야賠償을求ᄒᆞᆯ지니此境遇에從叅加人은其判決를不當ᄒᆞᆷ으로抗辯ᄒᆞᆷ을不得ᄒᆞᆷ이라然ᄒᆞ나左의境遇ᄂᆞᆫ變則이니라(民訴第五五條第二項)

3. 종참가인에 대한 본소송 판결의 효력

갑. 본소송의 확정판결은 종참가인에게 직접의 효력은 없음

따라서 종참가인에게 대하여는 민사소송법상 기판력이 없고 종참가인은 승소자로 강제집행을 집행하거나 패소자로 강제집행을 당하지 아니한다. 판결의 효력은 당사자 사이의 법률관계에 대하여 판결을 한 것이기 때문이다. 하지만 종참가인은 보조의 목적으로서 그 소송에 참가하였으므로 다음과 같은 특별한 효력이 발생하게 된다.

을. 종참가에 의하여 발생한 소송비용은 종참가인에 대하여도 본소송의 판결에서 이를 재판하는 것이 가능하다. 이 재판에 의하여 강제집행을 하든지 또는 강제집행을 당할 수 있다(민소 제81조 참조).

병. 종참가인과 보조를 받은 주된 당사자 사에에는 그 소송의 확정재판을 부당하다고 주장할 수 없다(민소 제55조 제1항). 따라서 보조를 받은 원고 또는 피고가 패소한 경우에는 종참가인에 대하여 그 확정판결을 원용하여 배상을 구할 경우에 종참가인은 그 판결이 부당하다는 항변을 할 수 없다. 하지만 다음과 같은 예외가 인정된다(민소 제55조 제2항).

一、附隨時訴訟程度에依ᄒᆞ야從叅加人이攻擊防禦의方法을提出ᄒᆞᆷ을得지못ᄒᆞᆫ時　從參加人은訴訟程度를妨沮ᄒᆞᆷ을不得ᄒᆞᆷ이라ᄒᆞᆫ故로附隨當時에旣已攻擊과防禦方法을提出ᄒᆞᆷ을不得ᄒᆞᆯ境遇가有ᄒᆞᆯ지라如此ᄒᆞᆫ境遇ᄂᆞᆫ此를因ᄒᆞ야從叅加人에게不利益을被케ᄒᆞᆯ理가無ᄒᆞᆷ으로其判決에對ᄒᆞ야對抗ᄒᆞᆷ을得ᄒᆞᆷ이라

二、主된當事者行爲에依ᄒᆞ야攻擊防禦의方法을施用ᄒᆞᆷ을妨沮된時　從叅加人行爲와主된當事者行爲가互相牴觸ᄒᆞᆯ時ᄂᆞᆫ從叅加人行爲ᄂᆞᆫ無効라ᄒᆞᆷ은前述ᄒᆞᆫ바ㅣ라如斯ᄒᆞᆫ境遇에도其方法을極盡히行得지못ᄒᆞ얏ᄉᆞ니其不利益을被케ᄒᆞᆯ理가無ᄒᆞᆷ으로其判決에對ᄒᆞ야對抗ᄒᆞᆷ을得ᄒᆞᆷ이라

三、主된原告와被告가從參加人이其當時에不知ᄒᆞᆫ攻擊과防禦의方法을故意나重大過失로施用치아니ᄒᆞᆫ時ᄂᆞᆫ其判決에對ᄒᆞ야對抗ᄒᆞᆷ을得ᄒᆞᆷ이라

以上境遇ᄂᆞᆫ主된當事者에對ᄒᆞ야本訴訟의確定判決이有ᄒᆞᆯ지라도訴訟行

1) 참가 시에 소송정도에 의하여 종참가인이 공격방어방법을 제출하지 못한 때

종참가인은 소송정도를 방해할 수 없으므로 참가 당시 이미 공격과 방어방법을 체출할 수 없는 경우가 있을 수 있다. 이와 같은 경우는 이로 인하여 종참가인에게 불이익을 당하게 할 이유가 없으므로 그 판결에 대하여 부당함으로 대항할 수 있게 된다.

2) 주된 당사자의 행위에 의하여 공격방어방법의 행사가 저지된 때

종참가인의 행위와 주된 당사자의 행위가 상호 저촉되는 때에는 종참가인의 행위는 전술한 바와 같이 무효이다. 이러한 경우에도 종참가인이 공격방어방법을 주된 당사자 때문에 행사할 수 없었으므로 그 불이익을 받게 할 이유가 없다. 따라서 그 판결에 대하여 대항할 수 있는 것이다.

3) 주된 원고와 피고가 종참가인이 그 당시에 알지 못한 공격과 방어의 방법을 고의 또는 중대한 과실로 행사하지 아니한 때에는 그 판결에 대하여 대항할 수 있다.

이상의 경우에는 주된 당사자에 대하여 본소송의 확정판결이 있을지라도 소송행위

爲를未分히行치못홈을理由ᄒᆞ야從參加人은其判決에對ᄒᆞ야對抗홈을得홈이라

第四 從參加人의訴訟擔任及主된當事者의脫退

從參加人은當事者兩方의承諾을得ᄒᆞ야主된當事者에代ᄒᆞ야其訴訟을擔任홈을得홈이라如此ᄒᆞᆫ時ᄂᆞᆫ從參加人은變ᄒᆞ야獨立ᄒᆞᆫ當事者地位에立ᄒᆞᄂᆞ니此境遇에ᄂᆞᆫ補助를被ᄒᆞᆫ主된當事者의申提에依ᄒᆞ야判決로써此訴訟에脫退ᄒᆞ게홈이라故로脫退가有ᄒᆞᆫ時ᄂᆞᆫ全然히當事者의變更인즉從參加人은其訴訟을擔任ᄒᆞᆫ後에ᄂᆞᆫ前當事者가脫退ᄒᆞ기ᄭᆞ지關係ᄂᆞᆫ共同訴訟人의關係가될지라（民訴第五八條）

第三欵 告知參加

告知參加란者ᄂᆞᆫ訴訟當事者一便으로其訴訟에關係가無ᄒᆞᆫ第三者에對ᄒᆞ야訴訟을告知ᄒᆞ야參加홈을催告ᄒᆞ고此에依ᄒᆞ야第三者가其訴訟에參加홈을謂홈이니第三者가其告知에應ᄒᆞ야本訴訟에參加ᄒᆞᆫ時ᄂᆞᆫ從參加와ᄀᆞᆺ치其地位에立홈이라卽從參加ᄂᆞᆫ第三者가自進ᄒᆞ야本訴訟當事者一便을補助코져ᄒᆞᆯ目的으

를 충분히 행사하지 못하였기 때문에 종참가인은 그 판결에 대하여 대항할 수 있는 것이다.

제4 종참가인의 소송담임 및 주된 당사자의 탈퇴

종참가인은 당사자 쌍방의 승낙을 받아 주된 당사자를 대신하여 그 소송을 담임(擔任)할 수 있다. 이와 같은 때에는 종참가인은 종전과 달리 독립된 당사자의 지위를 갖게 된다. 이 경우에는 보조를 받던 주된 당사자의 신청에 의하여 판결로서 그 소송에 탈퇴하게 하여야 한다. 따라서 탈퇴가 있는 때에는 완전히 당사자의 변경이므로 종참가인은 그 소송을 담임한 후에는 전당사자가 탈퇴하기 전까지의 관계는 공동소송인의 관계가 된다(민소 제58조).

제3관 고지참가*

고지참가(告知參加)라 함은 소송당사자 일방이 그 소송에 관계가 없는 제삼자에 대하여 소송을 고지하여 참가함을 최고하고, 이에 의하여 제삼자가 그 소송에 참가하는 것을 말한다. 제삼자가 그 고지에 응하여 본소송에 참가하는 때에는 종참가와 같이 그 지위를 갖게 된다. 즉 종참가는 제삼자가 스스로 본소송의 일방을 보조할 목적으로

* 소송고지(訴訟告知)를 의미한다.

로參加ᄒᆞᄂᆞᆫ者ㅣ나告知參加ᄂᆞᆫ本訴訟當事者一便의告知를依ᄒᆞ야其當事者를補助ᄒᆞᆯ目的으로參加ᄒᆞᄂᆞᆫ者ㅣ라當事者가訴訟告知를ᄒᆞᄂᆞᆫ目的은第三者로써訴訟의參加ᄒᆞᆯ機會를與ᄒᆞ야其補助에依ᄒᆞ야勝訴코져ᄒᆞᆷ에在ᄒᆞ며若敗訴ᄒᆞᆫ時ᄂᆞᆫ告知者와被告知人間의法律關係에其被告知者로自ᄒᆞ야本訴訟行爲를不充分ᄒᆞᆷ을主張치못ᄒᆞ게ᄒᆞᆷ에在ᄒᆞᆷ이라

此訴訟告知ᄂᆞᆫ第三者에對ᄒᆞ야行ᄒᆞᄂᆞᆫ訴訟行爲ㅣ니其關係ᄂᆞᆫ告知者와被告知者間에在ᄒᆞᆷ이라然ᄒᆞ나是ᄂᆞᆫ訴訟法에定ᄒᆞᆫ바裁判上訴訟告知라故로本法에定ᄒᆞᆫ特定의效力이有ᄒᆞ다ᄒᆞᆯ지라蓋實體法規定에依ᄒᆞ야他人의請求를受ᄒᆞᆫ境遇에此에對抗ᄒᆞᆯ機會를與ᄒᆞ기爲ᄒᆞ야第三者에게通知ᄒᆞᆯ義務가有ᄒᆞ니如此ᄒᆞᆫ境遇에當ᄒᆞ야반다시裁判上의通知를不爲ᄒᆞ면其効力이全然히無ᄒᆞ다ᄒᆞᆷ은아니나本法規定에依ᄒᆞ야告知方法을採用ᄒᆞ면一定ᄒᆞᆫ效果를取收ᄒᆞᆯ利益이有ᄒᆞᆷ이라此訴訟告知參加를ᄒᆞ고져ᄒᆞᆷ에ᄂᆞᆫ左의說明ᄒᆞᆯ바의要件을不可不具備ㅣ니其要件을具備ᄒᆞᆫ時ᄂᆞᆫ獨히被告뿐아니라原告도亦此訴訟告知를行得ᄒᆞᆷ이라然ᄒᆞ나實際에ᄂᆞᆫ請求을受ᄒᆞᆫ被告가第三者에게告知ᄒᆞᆯ境遇가常多ᄒᆞᆷ이라

참가하는 경우이다. 고지참가는 본소송의 당사자 일방의 고지에 의하여 그 당사자를 보조할 목적으로 참가하는 것을 말한다. 당사자가 소송고지를 하는 목적은 제삼자에게 소송에 참가할 기회를 주어서 그 보조에 의하여 승소하고자 하는 것이다. 만약 패소한 때에는 고지자와 피고지자 사이의 법률관계에 대하여 피고지자로부터 본소송에서의 행위 불충분을 주장하지 못하게 하려는 것이다.

이 소송고지는 제삼자에 대하여 하는 소송행위이다. 그 관계는 고지자와 피고지자 사이에 존재한다. 이는 소송법에서 정하고 있는 재판상 소송고지인 것이다. 따라서 본법에서 정한 특정한 효력이 있다. 실체법 규정에도 타인의 청구를 받을 경우에 이에 대항할 기회를 주기 위하여 제삼자에게 통지할 의무가 있다. 이와 같은 경우에 재판상 통지를 하지 아니하면 그 효력이 전혀 없다고 할 수 없지만, 본법 규정에 의하여 고지방법을 사용하면 일정한 효과를 얻는 이익이 있게 된다. 이 소송고지참가를 하고자 함에는 다음에 설명하는 요건을 꼭 갖추어야 한다. 그 요건을 구비하는 때에는 특히 피고뿐만 아니라 원고도 역시 소송고지를 할 수 있다. 따라서 실제 청구를 받은 피고가 제삼자에게 고지를 하는 경우가 상당히 많다.

第一　訴訟告知의要件(民訴第五九條)

訴訟告知는第三者를訴訟에參加ᄒᆞ게ᄒᆞ고其補助에依ᄒᆞ야勝訴를期圖ᄒᆞᆯ目的인즉告知의要件도亦是從參加境遇와大槪는同一ᄒᆞᆷ이라

一、本訴訟의權利拘束中에行ᄒᆞᆷ을要ᄒᆞᆷ　告知의目的을言ᄒᆞ면訴의提起後에本案辯論前에告知ᄒᆞᆷ이最其適合ᄒᆞ나法律은權利拘束中에는何時든지此를許ᄒᆞᆫ故로上級審에繫屬ᄒᆞᆫ後라도尚此行得ᄒᆞᆯ지라

二、本訴訟의當事者一便即告知者가敗訴ᄒᆞᆯ時는第三者를對ᄒᆞ야擔保와賠償의請求를行得ᄒᆞᆯ만ᄒᆞᆫ者로自信ᄒᆞ며又其反對로第三者로自ᄒᆞ야請求를受ᄒᆞᆯ疑慮가有ᄒᆞᆫ境遇됨을要ᄒᆞᆷ　如何ᄒᆞᆫ法律關係에當事者의一便이敗訴에因ᄒᆞ야第三者를對ᄒᆞ야請求權이有ᄒᆞᆯ가又其第三者로自ᄒᆞ야請求를受ᄒᆞᆯ가ᄒᆞᆷ은實體法上의問題ㅣ라蓋不可分債務者間、連帶債務者間과又主된債務者及保證人間과賣主及買者間에는如斯ᄒᆞᆫ關係가有ᄒᆞᆯ지라(民法第四二九條第四四二條第四六二條第五六六條等參照)　如斯ᄒᆞᆫ關係가有ᄒᆞᆫ境遇에는法律은他人으로自ᄒᆞ야請求를受ᄒᆞᆫ境遇에第三者를對ᄒᆞ야通知의義務가有ᄒᆞᆷ으

제1 소송고지의 요건(민소 제59조)

소송고지라는 것은 제삼자를 소송에 참가하게 하고 그 보조에 의하여 승소를 얻으려는 목적이므로, 고지의 요건도 역시 종참가와 대체로 동일하다.

1. 본소송의 권리구속 중에 행하여야 함

고지의 목적을 말하면 소의 제기 후에 본안변론 전에 하는 것이 가장 적합하지만 법률은 권리구속 중 언제라도 이를 허용하고 있다. 따라서 상급심에 계속 중에도 이를 할 수 있다고 할 것이다.

2. 본소송의 당사자의 일방 즉 고지자가 패소할 경우에 제삼자에 대하여 담보와 배상을 청구할 만한 자로 믿고 또한 그 반대로 제삼자로부터 청구를 당할 염려가 있는 경우라야 함

어떤 법률관계에 당사자의 일방이 패소로 인하여 제삼자에 대하여 청구권이 있거나 또는 그 제삼자로부터 청구를 당할 실체법상의 문제이다. 불가분채무자 사이 또는 연대채무자 사이거나, 또는 주된 채무자와 보증인 사이, 매도인과 매수인 사이가 여기에 해당한다(민법 제429조, 442조, 제462조, 제566조 등 참조). 이러한 관계가 있을 경우에 법률은 타인으로부터 청구를 당한 경우에 제삼자에 대하여 통지의무가 있다고로規定ᄒᆞ얏스며(民法第四四三條第四六三條等參照)又本法第六百十條의規定에도此通知의義務를負케ᄒᆞᆫ지라此境遇에ᄂᆞᆫ本欵에說明ᄒᆞᆫ바를從ᄒᆞ야告知ᄒᆞᆷ이妥當ᄒᆞᆷ이라

右等境遇에其告知ᄒᆞᆷ을懈怠ᄒᆞ며又其遲延ᄒᆞ야告知ᄒᆞᆫ時ᄂᆞᆫ如何ᄒᆞᆫ結果를生ᄒᆞᆯ가ᄒᆞᆷ도亦是實體上關係에依ᄒᆞ야決ᄒᆞᆯ者ㅣ니라

以上의要件이存在ᄒᆞᆯ時ᄂᆞᆫ告知를受ᄒᆞᆫ者ㅣ其訴訟에旣已參加與否를不顧ᄒᆞ고更히他人에게告知ᄒᆞᆷ을得ᄒᆞᆷ이라

第二　訴訟告知의節次(民訴第六〇條)

訴訟告知ᄂᆞᆫ前述ᄒᆞᆷ과如히第三者에게對ᄒᆞ야行ᄒᆞᆯ者ㅣ나此亦一個訴訟行爲라故로其方法은本訴訟의繫屬ᄒᆞᆫ裁判所에書面을提出ᄒᆞ야此를行ᄒᆞᆷ이라

一、訴訟告知書에記載ᄒᆞᆯ事項

(甲) 告知의理由　此告知의理由를表示ᄒᆞᆷ에ᄂᆞᆫ其關係를不可不明示ᄒᆞ며又其關係를明示ᄒᆞᆷ에ᄂᆞᆫ本訴訟의當事者를表示ᄒᆞ며且其本訴訟의目的物를揭ᄒᆞ야如何ᄒᆞᆫ訴訟됨을明示ᄒᆞᆷ이可ᄒᆞ고告知者와被告知者의關係를又不可

규정하고 있고(민법 제443조, 제463조 등 참조). 또 본법 제610조의 규정에도 통지의무를 부담케 하고 있다. 이 경우에는 본관에서 설명하는 바에 따라 고지하는 것이 타당하다. 이 경우 그 고지를 나태하거나 또는 지연하여 고지한 때에는 어떤 결과가 있을지는 실체법상의 관계에 의하여 결정된다.

이상의 요건이 존재하는 때에는 고지를 받은 자는 그 소송에 참가여부와 관계 없이 다시 타인에게 고지할 수 있다.

제2 소송고지의 절차(민소 제60조)

소송고지라는 것은 전술한 바와 같이 제삼자에 대하여 행하는 것이지만 이것 역시 1개의 소송행위이기 때문에 그 방법은 본소송이 계속된 재판소에 서면으로 제출하여 이를 하여야 한다.

1. 소송고지서에 기재할 사항

갑. 고지의 이유

이 고지의 이유를 표시함에는 그 관계를 필요적으로 명시하여야 하고 또 그 관계를 명시함에는 본소송의 당사자를 표시하며 또 본소송의 목적물을 특정하여 어떤 소송인지를 명시할 수 있다. 고지자와 피고지자의 관계를 반드시

不記載ㅣ니라

乙 本訴訟의程度 卽本案辯論前後와又第一審에繫屬中이든지上級審에繫屬中이됨을揭ᄒᆞᆷ과如ᄒᆞᆫ者ㅣ니라

二、訴訟告知書ᄂᆞᆫ第三者에게送達ᄒᆞ고其謄本을相對者에게交付ᄒᆞᆷ이可ᄒᆞᆷ이라

右의節次를盡守ᄒᆞᆫ時ᄂᆞᆫ此에依ᄒᆞ야訴訟告知가成立ᄒᆞᄂᆞ니此에對ᄒᆞ야相對者ᄂᆞᆫ第三者가參加를不爲ᄒᆞᆷ에限ᄒᆞ야ᄂᆞᆫ異議를主張ᄒᆞᆷ이不可ᄒᆞ며又其告知ᄂᆞᆫ果其告知ᄒᆞᆯ境遇에適合與否도本訴訟에判定ᄒᆞᆯ바ㅣ아니니라何者單히訴訟告知ᄒᆞᆷ에만限ᄒᆞ야ᄂᆞᆫ告知者와被告知者間의關係에止ᄒᆞᆯ섇이니其告知의正當ᄒᆞᆷ과其適當ᄒᆞᆫ時期에告知ᄒᆞᆷ에關ᄒᆞᆫ問提ᄂᆞᆫ告知者와被告知者間訴訟에決ᄒᆞᆯ者ㅣ니라

第三 訴訟告知의效力(民訴第六一條)

訴訟告知만惟言ᄒᆞ면本訴訟에何等의關係도生치아니ᄒᆞᄂᆞᆫ故로告知를因ᄒᆞ야本訴訟進行을妨沮치못ᄒᆞᆷ이라然ᄒᆞ나告知者와被告知者間에ᄂᆞᆫ其効果가生ᄒᆞ

기재하여야 한다.

을. 본소송의 정도

즉 본소송의 변론 전후와 또 제1심에 계속 중인지 상급심에 계속 중인지 같은 것을 써야 한다.

2. 소송고지서는 제삼자에게 송달하고 그 등본을 상대자*에게 교부하여야 한다.

이러한 절차를 준수한 때에는 이에 의하여 소송고지가 성립하게 된다. 이에 대하여 상대자는 제삼자가 참가하지 아니한 경우에는 이의를 주장할 수 없다. 또한 그 고지 결과의 적합 여부도 본소송에서 판정할 것은 아니다. 어떤 자가 단순히 소송고지를 한 것은 고지자와 피고지자의 관계에 그칠 뿐이다. 그 고지의 정당함과 그 시기의 적합 여부는 고지에 관한 문제이므로 고지자와 피고지자 사이의 소송에서 결정하여야 한다.

제3 소송고지의 효력(민소 제61조)

소송고지만을 말한다면 본소송과는 하등의 관계가 생기지 아니한다. 따라서 고지로 인하여 본소송의 진행을 방해할 수 없고 다만 고지자와 피고지자 사이에 그 효과가 발생하고,

* 고지자의 상대자이므로 원고 또는 피고가 될 것이다.

ᄒᆞ되被告知者를强制的으로其訴訟에參加ᄒᆞ게ᄒᆞᆷ은不能ᄒᆞᆯ지라故로被告知者가其訴訟行爲를自行코저ᄒᆞ면任意로參加ᄒᆞᆫ다ᄒᆞᆷ에不可ᄒᆞᆷ이오其告知ᄒᆞᆫ結果ᄂᆞᆫ如左ᄒᆞᆷ이라

一、被告知者가參加ᄒᆞᆯ陳述를行ᄒᆞᆫ時ᄂᆞᆫ爾後로全然히從參加人이되ᄂᆞᆫ故로從參加規定을從ᄒᆞ되參加의申請을第五十六條規定에依ᄒᆞ야提出ᄒᆞᆷ이라然ᄒᆞ나訴訟告知에因ᄒᆞ야參加ᄒᆞᆫ所以로告知者의告知를直時是認ᄒᆞᆫ者ㅣ라ᄒᆞᆷ을不得ᄒᆞᆯ지라此ᄂᆞᆫ告知者被告知者間關係로決ᄒᆞᆯ者ㅣ니라

二、被告知者가既已參加의與否를不問ᄒᆞ고被告知者와告知者間關係에ᄂᆞᆫ本訴訟에對ᄒᆞ야補助를被ᄒᆞᆫ當事者及從參加人間과ᄀᆞᆺ치從參加와同一ᄒᆞᆫ效果를生ᄒᆞᆯ지라是以로訴訟을不充分ᄒᆞᆷ을主張ᄒᆞ며其判決을不當ᄒᆞᆷ을主張치못ᄒᆞᆷ은從參加效力과同一ᄒᆞᆫ바ㅣ니라

右外實體法에依ᄒᆞ야告知의效果를定ᄒᆞᆫ者ᄂᆞᆫ其實體法에不可不終이니라

第四　指名參加

指名參加란者ᄂᆞᆫ被告된者가第三者를催告ᄒᆞ야本訴訟에參加ᄒᆞ게ᄒᆞᆷ을謂ᄒᆞᆷ이

피고지자를 강제적으로 본소송에 참가하게 할 수는 없다. 따라서 피고지자가 그 소송행위를 스스로 하려면 임의로 소송에 참가하여야 한다. 이 고지의 결과는 다음과 같다.

1. 피고지자가 참가를 진술하는 때에는 이후에는 완전히 종참가인 되기 때문에 종참가규정에 따라 참가의 신청을 제56조 규정에 의하여 제출하여야 한다. 그러나 소송고지로 인하여 참가하였다고 하여도 고지자의 고지를 즉시 시인한 경우는 아니므로 시인 여부는 고지자와 피고지자 사이의 관계로 결정하여야 한다.

2. 피고지자가 이미 참가하였는지 여부를 묻지 아니하고 피고지자와 고지자 사이의 관계는 본소송에 대하여 보조를 받은 당사자와 종참가인 사이와 같이 종참가인과 동일한 효과가 발생한다. 따라서 소송의 불충분을 주장하며 그 판결의 부당함을 주장하지 못하는 것은 종참가 효력과 동일하다.

이외에 실체법에 의하여 고지의 효과를 받은 경우는 그 실체법에 따라야 한다.

제4관 지명참가

지명참가(指名參加)라 함은 피고가 제삼자에게 최고(催告)하여 본소송에 참가하게 하는 것을 말한다.

라故로其性質이告知參加와近似ᄒᆞ나其指名ᄒᆞᄂᆞᆫ境遇의權利關係와其目的ᄒᆞᄂᆞᆫ바의差異가大有ᄒᆞᄂᆞ니告知參加와ᄀᆞᆺ치訴訟의補助를求코져홈이안닌즉其訴訟結果ᄂᆞᆫ自己의利害에關係가少홀ᄲᅮᆫ아니라도리여第三者의利害에關係가有홈으로써其第三者로代ᄒᆞ야其訴訟을擔任케ᄒᆞ고自己ᄂᆞᆫ其訴訟에脫退ᄒᆞ야原告에게對ᄒᆞ야義務를履行ᄒᆞᄂᆞᆫ責을免케ᄒᆞ며又第三者에對ᄒᆞ야ᄂᆞᆫ訴訟을十分行ᄒᆞ야勝訴홀責을免케홈에在홈이라此指名을홀境遇ᄂᆞᆫ他人의名으로써物를占有ᄒᆞᄂᆞᆫ者가訴를受ᄒᆞᆫ境遇에在홈인즉全然히主參加의境遇와反對의地位에立홈이라(民訴第六二條)

第一　指名參加의要件

一、第三者의名으로써物를占有ᄒᆞᆫ者가其物上의訴에被告가된時에限홈　假令受寄者(民法第六六〇條參照)又ᄂᆞᆫ賃借人(民法第六一五條參照)의資格으로動産或不動産을占有ᄒᆞᆫ境遇에在ᄒᆞ야原告로自ᄒᆞ야所有權回復의訴를受ᄒᆞᆫ境遇와如ᄒᆞᆫ者ㅣ니如此ᄒᆞᆫ境遇에ᄂᆞᆫ指名홈을得홈이라

二、第三者를指名홈에ᄂᆞᆫ權利拘束後本案의辯論前에行홈을要홈　指名을ᄒᆞ

따라서 그 성질이 고지참가와 매우 유사하지만 지명하는 경우의 권리관계와 그 목적은 큰 차이가 있다. 고지참가와 같이 소송의 보조를 구하는 것이 아니므로 그 소송결과가 자기와 이해관계가 적을 뿐만 아니라 오히려 제삼자의 이해관계가 있다. 제삼자에게 그 소송을 담임케 하고 자신은 그 소송에서 탈퇴하여 원고에 대하여 의무이행을 면하게 되고, 제삼자에 대하여도 소송을 충분히 하여 승소할 책임을 면하게 된다. 이러한 지명을 할 경우는 타인의 이름으로 물건을 점유하는 자가 소송을 당한 경우인데, 주참가와는 완전히 반대의 지위에 서게 된다(민소 제62조).

제1 지명참가의 요건

1. 제삼자의 이름으로 물건을 점유하는 자가 그 물건상의 소의 피고가 된 때에 한함

가령 기부를 받은자(민법 제660조 참조) 또는 임차인(민법 제615조 참조)의 자격으로 동산 또는 부동산의 점유를 하였는데 원고로부터 소유권회복의 소를 제기당한 경우에 지명을 할 수 있다.

2. 제삼자를 지명함에는 권리구속 후 본안의 변론 전에 행함을 요함

지명을 하는

는時期는他의參加와異ᄒᆞ야權利拘束中은何時든지行得ᄒᆞᆯ者ㅣ아니니라故로第一審에訴訟의權利拘束이된後本案의辯論前에此를不可不爲ㅣ니是는無他ㅣ라指名參加는其訴訟에脫退코져ᄒᆞ는目的에在ᄒᆞᆫ所以니라

三、指名은被告만行得ᄒᆞᆷ 原告된者ㅣ指名을行ᄒᆞᆷ이아니니라

第二 指名의節次

被告가第三者를指名ᄒᆞᆷ에는其者를指示ᄒᆞ고且第三者는被告가第三者의名으로써物를占有ᄒᆞᆷ을認ᄒᆞ야其訴訟引受與否의陳述을催告ᄒᆞ는旨를記載ᄒᆞᆫ書面을本案의辯論前에受訴裁判所에提出ᄒᆞ고又其期日을定ᄒᆞ야第三者의呼出을要求ᄒᆞᆷ이니若是節次에適法지아니ᄒᆞ면單純ᄒᆞᆫ通知에止ᄒᆞᆯ뿐이오訴訟上指名의效는無ᄒᆞᆷ이라果是節次에適法ᄒᆞᆫ時는裁判所는期日를定ᄒᆞ야指名의書面을第三者에게送達ᄒᆞ고第三者를呼出ᄒᆞ며且其謄本相對者에개送付ᄒᆞᆷ이라

第三 指名의效力

一、被告가適法으로指名을ᄒᆞᆫ時는第三者가陳述를行ᄒᆞ고又此를行ᄒᆞᆯ期日ᄭᆞ지本案의辯論을拒得ᄒᆞᆷ 此는一個의抗辯이니妨訴의抗辯과相類ᄒᆞᆫ者ㅣ니

시기는 다른 참가와 달리 권리구속 중 언제나 가능한 것이 아니다. 따라서 제1심 소송의 권리구속이 된 후 본안의 변론 전에 이를 하여야 한다. 이는 지명참가는 소송에서 탈퇴하려는 목적이 있기 때문이다.

3. 지명은 피고만이 가능함

원고는 지명을 할 수 없다.

제2 지명절차

피고가 제삼자를 지명함에는 그 자를 지시하고 또 제삼자는 피고가 제삼자의 이름으로 물건을 점유하는 것을 인정하는 것이다. 그 소송인수 여부의 진술을 최고하는 취지를 기재한 서면을 본안의 변론 전에 수소재판소에 제출하고, 또 그 기일을 정하여 제삼자의 출석을 요구하는 것이다. 만약 이 절차가 적법하지 아니한 경우에는 단순히 통지하는 것에 그치고, 소송상 지명의 효력은 없다. 만약 이 절차가 적법한 때에는 재판소는 기일을 정하여 지명의 서면을 제삼자에게 송달하고 제삼자를 소환하며, 또 그 등본을 상대자(相對者)* 에게 송부(送付)하여야 한다.

제3 지명의 효력

1. 피고가 적법하게 지명한 때에는 제삼자가 진술을 하고 또 이를 행할 기일까지 본안의 변론을 거부함

이는 1개의 항변이나 방소항변과 비슷한 것이다.

* 원고를 의미한다.

라

二、指名을受ᄒᆞᆫ第三者는呼出된期日에出頭ᄒᆞ야陳述를行ᄒᆞᆷ

甲　若期日에出頭ᄒᆞ야陳述를不爲ᄒᆞ든지又出頭는ᄒᆞ얏스나被告의主張을爭ᄒᆞᆯ時는被告는原告申提에應ᄒᆞᆷ을得ᄒᆞᆷ　故로自己의占有를解ᄒᆞ야原告에게目的物을引渡ᄒᆞ며又此를使用ᄒᆞᆷ을許ᄒᆞᆯ지라도亦無妨ᄒᆞᄂᆞ니如此ᄒᆞᆫ境遇에는別로判決를受ᄒᆞᆯ必要가無ᄒᆞ나原告는被告의認諾에基ᄒᆞ야認諾判決를受코져ᄒᆞ면此를求ᄒᆞᆷ이可ᄒᆞ고又訴訟費用裁判를受得ᄒᆞᆯ지라然ᄒᆞ나被告는如斯ᄒᆞᆫ境遇라도반다시原告의請求에不可不應ᄒᆞᆯ義務는無ᄒᆞᆫ지라其請求를正當으로不認ᄒᆞ는境遇에在ᄒᆞ야는指名ᄒᆞᆫ第三者의陳述如何를不拘ᄒᆞ고此를爭ᄒᆞᆷ을得ᄒᆞ니此는一般의境遇와ᄀᆞᆺ치原被告間에普通裁判을不可不行이니라

右와如히原被告間의裁判은指名을受ᄒᆞᆫ第三者라도其訴訟을引受치아니ᄒᆞᆫ以上에는此에對ᄒᆞ야直接의効力이無ᄒᆞᆷ이라然ᄒᆞ나指名을受ᄒᆞ고陳述를不爲ᄒᆞ든지又被告의主張을爭ᄒᆞᆫ者는被告에게對ᄒᆞ야原告의請求에應

2. 지명을 받은 제삼자는 소환된 기일에 출석하여 진술을 행하여야 함

갑. 만약 기일에 출석하여 진술을 하지 아니하거나 또는 출석하여 피고의 주장을 다툰 때에는 피고는 원고의 신청에 대응할 수 있음

따라서 자기의 점유를 풀고 원고에게 목적물을 인도하거나 그 사용을 허락하는 것도 무방하다. 이와 같은 경우에는 별도로 판결을 할 필요 없지만, 원고는 피고의 인낙에 기하여 인낙판결을 받으려고 하면 이를 구할 수 있고,* 또 소송비용의 재판을 받을 수 있다. 하지만 피고는 이와 같은 경우라도 반드시 원고의 청구에 꼭 응하여야 할 의무는 없다. 그 청구를 정당하게 인정하지 아니하는 경우에는 지명한 제삼자의 진술과 관계없이 이를 다툴 수 있다. 이는 일반적인 경우와 같이 원고와 피고 사이에 통상의 재판을 하여야 한다.

위와 같이 원고와 피고 사이의 재판은 지명을 받은 제삼자가 그 소송을 인수하지 아니하는 이상 이에 대하여 직접적 효력이 없는 것이다. 따라서 지명을 받고 진술을 하지 아니하든지 또는 피고의 주장을 다투는 경우에는 피고에 대하여 원고의 청구에 응

* 인낙조서에 기한 판결과 같은 효력을 받은 것을 의미하는 것으로 보인다.

ᄒᆞ거나又此에敗訴ᄒᆞᆫ것슬責ᄒᆞᆯ權利가無ᄒᆞᆷ이라

乙　指名을受ᄒᆞᆫ者가期日에出頭ᄒᆞ고被告의主張을正當ᄒᆞᆷ으로認ᄒᆞᆫ時ᄂᆞᆫ被告의承諾를得ᄒᆞ야其訴訟을引受ᄒᆞᆷ을得ᄒᆞᆷ　訴訟의引受ᄂᆞᆫᄒᆞ얏스나아즉被告가訴訟에脫退아니ᄒᆞᆫ間에ᄂᆞᆫ共同訴訟人에關係를存ᄒᆞᆷ이라

第四　第三者引受後被告의脫退

第三者가訴訟을引受ᄒᆞᆫ時ᄂᆞᆫ被告ᄂᆞᆫ訴訟에脫退申提를行得ᄒᆞᄂᆞ니此境遇에裁判所ᄂᆞᆫ形式上終局判決로써被告를脫退케ᄒᆞᆷ이라此脫退가有ᄒᆞᆫ時ᄂᆞᆫ當事者의變更이라ᄒᆞᆯ지며其脫退結果ᄂᆞᆫ如左ᄒᆞᆷ이라

一、第三者ᄂᆞᆫ脫退ᄒᆞᆫ被告訴訟을繼續ᄒᆞᆷ　故로其權利拘束은前被告에對ᄒᆞᆫ訴時로自ᄒᆞ야 存續ᄒᆞ나原告ᄂᆞᆫ 新히起訴ᄒᆞ든지 申提書等을提出치아니ᄒᆞᆷ이라

二、其訴訟의判決은脫退ᄒᆞᆫ被告에게도其効力이有ᄒᆞᆷ　蓋指名을ᄒᆞᆫ被告와指名을受ᄒᆞᆫ第三者間의法律上關係ᄂᆞᆫ指名을被ᄒᆞ야其訴訟에加入ᄒᆞᆫ者ᄂᆞᆫ被告가脫退ᄒᆞ얏스나此를代表ᄒᆞᄂᆞᆫ地位에立ᄒᆞᄂᆞᆫ所以로其効力이有ᄒᆞᆷ이라

하거나 또는 이에 패소할 것을 부담하게 할 권리가 없다.

을. 지명을 받은 자가 기일에 출석하여 피고의 주장이 정당하다고 인정하는 때에는 피고의 승낙을 얻어 그 소송을 인수할 수 있음

소송의 인수를 하였지만 아직 피고가 소송에서 탈퇴하지 아니한 경우에는 제삼자와 피고 사이는 공동소송인의 관계에 있게 된다.

제4 제삼자인수 후 피고의 탈퇴

제삼자가 소송을 인수한 때에는 피고는 소송에서 탈퇴하는 신청을 하고, 이 경우 재판소는 형식적으로 종국판결을 통하여 피고를 탈퇴케 하게 된다. 이러한 탈퇴가 있는 경우에는 당사자의 변경이 있게 된다. 탈퇴의 결과는 다음과 같다.

1. 제삼자는 탈퇴한 피고의 소송을 승계하게 됨

따라서 그 권리구속은 전 피고에 대한 소제기 시부터 존속하게 되며, 원고는 신소를 제기하거나 신청서 등을 제출할 필요가 없다.

2. 그 소송의 판결은 탈퇴한 피고에게도 효력이 있게 됨

지명을 한 피고와 지명을 당한 제삼자 사이의 법률관계는 지명에 의하여 그 소송에 가입한 자는 피고가 탈퇴하였지만 이를 대표하는 지위에 있는 것이므로 그 효력이 양자 모두 미치게 된다.

三、其判決은脫退ᄒᆞᆫ前被告에對ᄒᆞ야도執行ᄒᆞᆷ을得ᄒᆞᆷ이라

第五節 訴訟代理人及補佐人

訴訟代理人이란者는訴訟能力을有ᄒᆞᆫ本人과又其能力을不有ᄒᆞᆫ者의法定代理人으로代理授權을受ᄒᆞ야此等者를代ᄒᆞ야訴訟行爲卽辯論其他訴訟上에關ᄒᆞᆫ行爲를行ᄒᆞ는者를謂ᄒᆞᆷ이라此代理人은法定代理人과又치法律上當然ᄒᆞᆫ代理人과異ᄒᆞᆷ으로써當事者 意思에依ᄒᆞ야 其授權을受ᄒᆞ야 代理人이되는 者ㅣ니라

補佐人이란者는當事者能力을有ᄒᆞᆫ本人과又其能力을不有ᄒᆞᆫ法定代理人이訴訟行爲를自行ᄒᆞ는境遇에此等者와共히法廷에出頭ᄒᆞ야不完全ᄒᆞᆫ辯論을不行ᄒᆞ게ᄒᆞ기爲ᄒᆞ야補佐ᄒᆞ는者를謂ᄒᆞᆷ이라故로補佐人은本人과共히口頭辯論에陳述ᄒᆞᆷ에止ᄒᆞᆯ뿐이오當事者를代理ᄒᆞᆫ者는아닌즉獨立ᄒᆞ야訴訟行爲를行ᄒᆞ는者ㅣ아니니라

第一款 訴訟代理人

元來民事訴訟을行ᄒᆞᆷ에는本人訴訟主義辯護士主義及代書師主義等의區別이

3. 그 판결은 탈퇴한 전 피고에 대하여도 집행할 수 있다.

제5절 소송대리인과 보좌인

소송대리인(訴訟代理人)이라 함은 소송능력을 가진 본인 또는 그 능력이 없는 자의 법정대리인으로부터 대리수권(代理授權)을 받아 이러한 자들을 대신하여 소송행위 즉 변론 또는 기타 소송에 관한 행위를 행하는 자를 말한다. 이 대리인은 법정대리인(法定代理人)과 같이 법률상 당연한 대리인과 달리 당사자 의사에 의하여 그 수권을 받아 대리인이 되는 자이다.

보좌인(補佐人)은 당사자 능력을 가진 본인 또는 그 능력이 없는 자의 법정대리인이 소송행위를 스스로 하는 경우에 이러한 자들과 법정에 함께 출석하여 불완전한 변론을 행하지 않게 하려고 보좌하는 자를 말한다. 따라서 보좌인은 본인과 같이 구두변론에서 진술함에 그칠 뿐이고 당사자를 대리하는 자가 아니므로 독립하여 소송행위를 하는 자는 아니다.

제1관 소송대리인

원래 민사소송을 행함에는 본인소송주의, 변호사주의 내지 대서사주의(代書師主義)*등의 구별이

* 대서사주의에서 대서사라고 함은 법무사(法務士)와 행정사(行政士)를 포함하는 개념으로 보면 된다.

有홈은前述ᄒᆞᆫ바와如ᄒᆞ나日本셔ᄂᆞᆫ古來의代書師訴訟과强制的辯護士訴訟慣例가無ᄒᆞ야同國明治六年에訴荅文例의法律이發布되야訴狀荅書等은全然히代書人으로書寫케홈을定ᄒᆞ얏스나其時民情에適合지못홈으로써同七年에至ᄒᆞ야此를廢止ᄒᆞᆫ後에本人이訴訟行爲를自行ᄒᆞ든지且其如何ᄒᆞᆫ代理人으로써訴訟行爲를代行케홈을當事者意思에自任케ᄒᆞᆫ지라蓋民事訴訟은반다시本人이아니면訴訟行爲를不行홈이라ᄒᆞᄂᆞᆫ性質은不有ᄒᆞᆫ故로代理人으로此를代行케홈은當然ᄒᆞᆯ지라然ᄒᆞ나其代理人을辯護士에게恒常代理케ᄒᆞᄂᆞᆫ强制의當否ᄂᆞᆫ法制上一大問題에屬홈이라本法은從來의慣例와民情을斟酌ᄒᆞ야本人訴訟主義를認ᄒᆞ얏스니本人이訴訟을自行ᄒᆞ지아니홈時에만辯護士에게始依ᄒᆞᄂᆞᆫ折衷主義를採用홈이라地方裁判所以上에ᄂᆞᆫ其代理人을辯護士로定ᄒᆞᆯ지니若其辯護士가不在ᄒᆞᆫ時와區裁判所에ᄂᆞᆫ其他의訴訟能力者로代理人을定得ᄒᆞ게ᄒᆞᆫ지라(民訴第六二條)故로本法은代理人된者에對ᄒᆞ야ᄂᆞᆫ其制限이有ᄒᆞ나其代理人用否에關ᄒᆞ야ᄂᆞᆫ全然히當事者意思에自任홈이라然ᄒᆞ나一二變例가有ᄒᆞ니當事者가演述ᄒᆞᆯ能力이無ᄒᆞ야辯護士로써其演述을代行케홈에被命된時

있음은 전술한 바와 같다.

일본에서는 오래 전부터 내려오던 대서사소송과 강제적 변호사소송의 관례가 없어서, 일본국 메이지 6년(1873년)에 소답문례(訴答文例)의 법률이 제정·공포되어 소장과 답변서 등은 전부 대서인(代書人)이 작성하도록 정하였으나, 당시 국민정서에 맞지 아니하여 메이지 7년이 되어서 이를 폐지한 후에 본인이 소송행위를 스스로 하던지 또는 대리인으로 하여금 대행케 하도록 당사자의 의사에 위임하였다. 모든 민사소송은 반드시 본인이 아니면 행할 수 없다는 성질이 있는 것이 아니므로 대리인에게 이를 대행케 하는 것은 당연하다. 그러나 그 대리인을 변호사에게 항상 대리케 하는 강제 여부는 법제상의 가장 큰 문제 중 하나이다. 본법은 종래의 관례와 국민정서를 참작하여 본인소송주의를 인정하고 있지만, 본인이 소송을 스스로 하지 아니할 때에만 변호사에게 의뢰하는 절충주의를 채용하게 되었다. 지방재판소 이상에서는 그 대리인을 변호사로 정하였고, 다만 변호사가 없는 때와 구재판소에서는 기타의 소송능력자가 대리인이 될 수 있도록 하였다(민소 제63조). 따라서 본법은 대리인이 된 자에 대하여 그 제한이 있지만 대리인을 사용할지 여부는 전적으로 당사자의 의사에 위임하고 있다. 하지만 1-2개의 예외가 있다. 당사자가 연술(演述)할 능력이 없어 변호사에게 그 연술을 대행케 함을 법원으로부터 명령을 받은 때는其强制에依ᄒᆞ야辯護士를不可不代理이며(民訴第一二七條第一項)又代理人을用ᄒᆞᆫ時라도裁判所가本人訊問의證據調를行ᄒᆞᆫ時와(民訴第三六〇條叅照)和解나或事件關係를明白ᄒᆞ게ᄒᆞ기爲ᄒᆞ야當事者本人의出頭을命ᄒᆞᆫ時는(民訴第一一四條第一三二條人訴第一二條第二六條第三九條叅照)當事者本人이自進ᄒᆞ야其辯論에不可不出頭ㅣ니라

右訴訟代理를以下數項에分ᄒᆞ야說明코져ᄒᆞ노라

第一 代理權의授與

訴訟代理權은本人의授權과又其訴訟無能力者에는其法定代理人의授權에依ᄒᆞᆷ이라其訴訟代理權을授與ᄒᆞᆷ은一般代理原則에準據ᄒᆞᆯ者인즉民法規定을從ᄒᆞ야(民法第九九條乃至第一一八條叅照)相對者된當事者及裁判所에對ᄒᆞ야他人에게訴訟代理權을授與ᄒᆞᆫ意思을表示ᄒᆞᆫ時는惟其一便의意思表示로訴訟代理權을生ᄒᆞᆷ이오代理人及其相對者의承諾을不要ᄒᆞᆷ이라然ᄒᆞ나訴訟代理에는本人과代理人間의委任契約이有ᄒᆞᆷ이通例라故로代理人이承諾을不爲ᄒᆞ고其代理人으로訴訟行爲를行ᄒᆞᆷ과如ᄒᆞᆷ은實無ᄒᆞᆯ지니其委任契約은本人과代理

에는 그 명령에 의하여 변호사에게 대리하게 하여야 하며(민소 제127조 제1항) 또한 대리인을 쓰는 때라도 재판소가 본인신문의 증거조사를 할 때(민소 제360조 참조)와 화해나 사건관계를 명백히 하려고 당사자본인의 출석을 명한 때(민소 제114조, 제221조, 인소 제12조, 제26조, 제39조 참조)에는 당사자본인이 스스로 그 기일에 반드시 출석하여야 한다.

소송대리에 대하여 수개 항으로 나누어 설명하도록 하겠다.

제1 대리권의 수여

소송대리권(訴訟代理權)은 본인의 수권(授權) 또는 소송무능력자의 법정대리인의 수권에 의하여 그 소송대리권을 수권하는 것은 대리의 일반원칙에 준거(準據)한 것이다. 즉 민법규정에 따라(민법 제99조 내지 제118조 참조) 상대자가 된 당사자 내지 재판소에 대하여 타인에게 소송대리권을 수여할 의사를 표시한 때에는, 그 일방의 의사표시로 소송대리권이 발생하고 대리인 내지 상대자의 승낙을 요하지 아니한다. 그러나 소송대리는 본인과 대리인 사이의 위임계약이 있음이 통례이다. 따라서 대리인이 승낙하지 아니하면 그 대리인으로 소송행위를 하게 하는 경우는 실제로 없다고 할 것이어서 그 위임계약은 본인과 대리인

人間의內部契約에止홈이오此를決홈에는實體法에依홈이可홀지라故로本法에訴訟代理란者는外部에向ᄒᆞ야第三者에對ᄒᆞ야本人을代理ᄒᆞ는代理關係를定홈에在ᄒᆞ나此代理權의發生은一便에意思로成立홈이라其授權의意思表示에는一定ᄒᆞᆫ形式이無ᄒᆞ나訴訟代理를證明홈에는一定ᄒᆞᆫ書面을要홈이니後에此를說明홀지라故로代理의發生은何等의形式에依홀必要가無ᄒᆞ나訴訟上에訴訟代理를存立ᄒᆞ게홀진대一定ᄒᆞᆫ形式을不可不從行이니라

第二　訴訟代理人될만ᄒᆞᆫ者

當事者가訴訟을躬行치아니ᄒᆞ고代理人을使ᄒᆞ야訴訟을行ᄒᆞ게홈에는其如何ᄒᆞᆫ者로써訴訟代理人을作홀가홈은當事者意思에依ᄒᆞ야定홀者이나左의制限을不可不從行이니若此에違反ᄒᆞ야代理홈에其欠缺이有홀時는裁判所는職權으로써此를調査ᄒᆞ야其代理를無効케홈도有홈이라

一、地方裁判所以上의裁判所에서는辯護士로訴訟代理人을不可不爲니是는前述ᄒᆞᆫ바의折衷主義를採用ᄒᆞᆫ所以라故로其事件이區裁判所의裁判에對ᄒᆞᆫ

사이의 내부계약이 그치게 된다. 이를 결정하는 것은 실체법에 의하게 된다. 결국 본법에서 소송대리라고 함은 외부로 제삼자에 대하여 본인을 대리하여 대리관계를 설정하는데 있으므로 이 대리권의 발생은 일방의 의사로 성립하게 된다.

그 수권의 의사표시는 일정한 형식이 필요하지 아니하지만 소송대리를 증명함에서는 일정한 서면을 요한다. 후에 이를 설명하겠지만 대리의 발생은 하등의 형식에 의할 필요가 없지만, 소송상의 소송대리가 성립하게 하려면 일정한 형식을 따라야만 한다.

제2 소송대리인이 될 수 있는 자

당사자가 소송을 직접 하지 아니하고 대리인을 사용하여 소송을 하려면 어떤 자가 소송대리인으로 할 것인가는 당사자의 의사에 의하여 정하는 자이다. 그러나 다음 제한을 따라야만 한다. 만약 이를 위반하여 대리권의 흠결이 있는 때에는 재판소는 직권으로 이를 조사하여 그 대리를 무효케 할 수 있다.

1. 지방재판소 이상의 재판소에서는 변호사만이 소송대리인이 된다는 것은 전술한 바와 같이 절충중의를 채용하였기 때문이다. 따라서 그 재판이 구재판소의 재판에 대한

上訴로繫屬ᄒᆞᆯ時나訴訟以外의特別申請에屬ᄒᆞᆯ時라도亦同ᄒᆞᆷ이라然ᄒᆞ나次號에說明ᄒᆞᆯ境遇ᄂᆞᆫ變例에屬ᄒᆞ며本號에所謂辯護士를訴訟代理人으로不可不爲라ᄒᆞᆷ에ᄂᆞᆫ職務執行停止에不在ᄒᆞᆫ者(辯護士法參照)ᄂᆞᆫ其何如ᄒᆞᆫ人을選擇ᄒᆞᆷ도 當事者의任意니 他裁判所所屬의 辯護士를選定ᄒᆞᆷ도亦無妨ᄒᆞᆷ이라

二、其裁判所所在地에辯護士가不在ᄒᆞᆯ時ᄂᆞᆫ訴訟能力者의親族이나家人을訴訟代理人으로ᄒᆞ되若此等者가無ᄒᆞᆫ時ᄂᆞᆫ其他訴訟能力者로써訴訟代理人으로委任ᄒᆞᆷ을得ᄒᆞᆷ이라

三、區裁判所에在ᄒᆞ야ᄂᆞᆫ辯護士有無를不拘ᄒᆞ고辯護士와訴訟能力者의親族이나家人을訴訟代理人으로委任ᄒᆞᆷ을得ᄒᆞ며其他訴訟能力者를代理人으로委任ᄒᆞᆷ에ᄂᆞᆫ前號와ᄀᆞᆺ치辯護士不在ᄒᆞᆫ時에限ᄒᆞᆷ이라

區裁判所게如斯히例外를設ᄒᆞᆫ所以ᄂᆞᆫ法律이其事件輕易ᄒᆞᆷ을因ᄒᆞ야簡略ᄒᆞᆫ節次에依ᄒᆞ야訴訟을完結케ᄒᆞᆷ으로認ᄒᆞᆷ에在ᄒᆞᆷ이라

右述ᄒᆞᆷ과갓치辯護士以外의能力者를訴訟代理人으로委任ᄒᆞᆫ境遇에其代理人

상소로 계속된 때이거나 소송 이외의 특별신청에 해당하는 경우라도 역시 동일하다. 그러나 2, 3항에서 설명하는 것은 예외에 속하고 본 항에 소위 변호사를 소송대리인으로 하여야 함에는 직무집행의 정지가 없는 자(변호사법 참조)는 어떤 변호사를 선택하는지 여부는 당사자의 임의이므로 다른 재판소 소속의 변호사를 선정하는 것도 역시 가능하다.

2. 해당 재판소 소재지에 변호사가 없는 때에는 소송능력자의 친족이나 가인(家人)을 소송대리인으로 할 수 있고, 이러한 자도 없을 때에는 기타 소송능력자를 소송대리인으로 위임할 수 있다.

3. 구재판소에 소재하는 변호사 유무를 불구하고 변호사와 소송능력자의 친족 또는 가인을 소송대리인으로 위임할 수 있다. 하지만 기타 소송능력자를 대리인으로 위임하려면 2항과 같이 변호사가 없는 경우에 한한다. 구재판소에 이와 같이 예외를 인정한 것은 법률이 그 사건이 간단하고 쉬워 간략한 절차에 의하여 소송의 완결을 인정하였기 때문이다.

이상에서 설명한 것 같이 변호사 이외의 능력자를 소송대리인으로 위임한 경우에 그 대리인이 이相當ᄒᆞᆫ演述을行ᄒᆞᆯ能力이缺ᄒᆞᆫ時와又裁判所에서辯論을業으로ᄒᆞᄂᆞᆫ者로認ᄒᆞᆫ時ᄂᆞᆫ其演述ᄒᆞᆷ을禁得ᄒᆞᆷ이라(民訴第一一七條參照)此와ᄀᆞᆺ치制限이有ᄒᆞ나特別ᄒᆞᆫ法律規定에依ᄒᆞ야國家를代表ᄒᆞᄂᆞᆫ官廳에서其所屬官吏를使ᄒᆞ야代理人으로委任ᄒᆞᆷ과如ᄒᆞᆷ은其特別法令에依從ᄒᆞᆯ者ㅣ니前述의制限을不受ᄒᆞᆷ이니라(民訴第一四條參照)

右의制限에牴觸치아니ᄒᆞᆷ에限ᄒᆞ야共同訴訟人境遇에此를爲ᄒᆞ야一人의代理人을擇定ᄒᆞ며又一人의當事者境遇에此를爲ᄒᆞ야數人의代理人을擇定ᄒᆞᆷ도得ᄒᆞᆷ이라

第三　訴訟代理人의證明

訴訟代理를訴訟上完全히存在ᄒᆞ게ᄒᆞᆯ진ᄃᆡ訴訟記錄에編入ᄒᆞᆯ만ᄒᆞᆫ書面委任으로써證明아니치못ᄒᆞᆯ지니若此를不爲ᄒᆞᆫ時ᄂᆞᆫ訴訟代理의欠缺로看做ᄒᆞᆷ이라其委任書面은公正証書든지私署証書됨을不拘ᄒᆞ며又其原本을提出ᄒᆞᆷ에不得ᄒᆞᆯ境遇假令數件에訴訟을一人에게代理케ᄒᆞᆫ境遇에委任狀一度가되ᄂᆞᆫ境遇ᄂᆞᆫ其謄本으로提出ᄒᆞᆷ도亦無妨ᄒᆞ며又口頭辯論期日이든지受命判事受託判事의面

상당한 연술능력(演述能力)을 행할 능력이 없을 때 또는 재판소에서 변론을 업으로 하는 자로 인정될 때에는 그 연술을 금지할 수 있다(민소 제127조 참조).

이와 같은 제한이 있지만 특별한 법률규정에 의하여 국가를 대표하는 관청에서 그 소속 관리를 대리인으로 위임하는 것과 같은 것은 그 특별법령에 따라야 하므로 전술한 제한이 적용되지 아니한다(민소 제14조 참조).

이러한 제한에 저촉되지 아니하는 한도에서 공동소송인의 경우에 이를 위하여 1인의 대리인을 정하거나 1인의 당사자의 경우 수인의 대리인을 선임하는 것도 가능하다.

제3 소송대리인의 증명

소송대리를 소송상 완전히 그 존재를 증명하려면 소송기록에 편철할만한 서면으로 위임을 증명하여야 한다. 만약 이를 하지 아니한 때에는 소송대리의 흠결로 간주한다. 그 위임서면은 공정증서(公正證書)이거나 사서증서(私署證書)라도 관계가 없다. 또한 그 원본을 제출하기 어려운 경우, 가령 수 건의 소송을 1인에게 대리케 하여 위임장을 한 번에 작성한 경우에는 그 등본을 제출하여도 무방하며, 구두 변론기일이나 수탁판사의 면전

前에서代理權授與의意思를表示ᄒᆞ야其陳述를調書에記載ᄒᆞ게ᄒᆞᆫ時ᄂᆞᆫ書面으로써証明ᄒᆞᆫ者와同一ᄒᆞᆫ効力이有ᄒᆞᄂᆞ니 即公正証書에依ᄒᆞᆫ委任에 該當ᄒᆞᆷ이라

私署証書로써訴訟代理를証明ᄒᆞᆫ時ᄂᆞᆫ相對者ᄂᆞᆫ其委任狀의署名과調印이果係本人署名捺印인지此를確定ᄒᆞ기爲ᄒᆞ야認証을求ᄒᆞᆷ을得ᄒᆞᄂᆞ니此認証을求ᄒᆞᆷ에ᄂᆞᆫ其理由ᄂᆞᆫ不要ᄒᆞ며且訴訟이如何ᄒᆞᆫ程度에在ᄒᆞᆷ을不問ᄒᆞ고相對者가疑義를生ᄒᆞᆯ時ᄂᆞᆫ恒常認証을求得ᄒᆞᆷ이라然ᄒᆞ나裁判所ᄂᆞᆫ職權으로써此認証을命ᄒᆞᆷ은아니오唯其申提가有ᄒᆞᆷ에限ᄒᆞ야認証ᄒᆞ게ᄒᆞᆷ이니此認証은公証人과相當ᄒᆞᆫ官吏가此를認証ᄒᆞᆷ이라此所謂相當ᄒᆞᆫ官吏가此를認証ᄒᆞᆷ이라ᄒᆞᆷ은裁判所에對照ᄒᆞᆯ만ᄒᆞᆫ書類가存在ᄒᆞᆯ時ᄂᆞᆫ裁判所書記가此를認証ᄒᆞ며又市町村役場에備置ᄒᆞᆫ印鑑簿其他書類에對照ᄒᆞᆯ만ᄒᆞᆫ書類가存在ᄒᆞᆯ時ᄂᆞᆫ市町村長이此를認証ᄒᆞᆷ을意味ᄒᆞᆫ者ㅣ니其認証ᄒᆞᆷ에節次ᄂᆞᆫ別노히規定이無ᄒᆞᆫ즉認証ᄒᆞᆯ吏員의職務에關ᄒᆞᆫ規定을從ᄒᆞᆷ이可ᄒᆞᆯ지라若此認証을行得지못ᄒᆞᆯ時ᄂᆞᆫ適法의代理에其欠缺이有ᄒᆞᆫ者로看做ᄒᆞᄂᆞᆫ結果를生ᄒᆞᆷ이라

에서 대리권수여의 의사표시를 하여 진술을 조서에 기재한 때에는 서면으로 증명한 경우와 동일한 효력이 있다. 즉 공정증서에 의하여 위임한 경우에 해당하기 때문이다.

사서증서로 소송대리를 증명한 때에는 그 위임장의 서명과 날인이 과연 본인의 서명날인인지 여부를 확정하기 위하여 인증을 구하여 얻은 것이다. 이러한 인증을 구함에는 그 이유가 필요 없으며, 또 소송이 어느 정도에 있는지도 묻지 아니한다. 상대자가 의문이 생긴 때에는 항상 인증을 받을 수 있다. 하지만 재판소는 직권으로 이 인증을 명하는 것은 아니고 오직 그 신청이 있는 경우에 한하여 인증하게 할 수 있다. 이 인증은 공증인과 상당한 관리가 이를 인증할 수 있다. 소위 상당한 관리가 인증한다는 것은 재판소에 대조할만한 서류가 있는 때에는 재판소의 서기가 이를 인증하고, 또 시정촌역장(市町村役場)에 비치된 인감부 기타 서류에 대조할 만한 서류가 있는 때에는 시정촌장(市町村長)이 이를 인증하는 경우를 의미한다. 이러한 인증을 하는 절차에 대하여 별도의 규정이 없으므로 인증을 할 관리의 직무에 관한 규정에 따라 하면 된다. 만약 인증을 할 수 없을 때에는 적법한 대리의 흠결이 있는 것으로 간주하는 결과가 발생한다.

第四　訴訟代理의種類

訴訟代理에ᄂᆞᆫ其範圍의廣狹과代理의種類에因ᄒᆞ야區別이有ᄒᆞ니

一、辯護士에依ᄒᆞᆫ訴訟代理及普通訴訟能力者에依ᄒᆞᆫ訴訟代理　此種의別은前述ᄒᆞᆫ바訴訟代理人說明에明白ᄒᆞᆷ이라

二、一般訴訟代理及一部訴訟代理　一部訴訟代理라ᄒᆞᆷ은特定ᄒᆞᆫ訴訟行爲ᄅᆞᆯ代理케ᄒᆞᆷ을謂ᄒᆞᆷ이니假令訴狀提出과故障과抗告等만代理케ᄒᆞᆷ이며一般訴訟代理라ᄒᆞᆷ은特定訴訟行爲ᄅᆞᆯ指示치아니ᄒᆞ고廣義로訴訟ᄅᆞᆯ代理케ᄒᆞᆷ을謂ᄒᆞᆷ이라此代理ᄂᆞᆫ法律上代理權範圍ᄅᆞᆯ定ᄒᆞ고其範圍內에恒常代理權을享有ᄒᆞᆷ이라(民訴第六五條第一項)普通訴訟能力者ᄅᆞᆯ代理人으로定ᄒᆞᆫ時ᄂᆞᆫ一部訴訟代理ᄃᆞᆫ지又一般訴訟代理ᄃᆞᆫ지此ᄅᆞᆯ委任ᄒᆞᆷ을得ᄒᆞᆯ지나辯護士ᄅᆞᆯ訴訟代理로委任ᄒᆞᆫ境遇에ᄂᆞᆫ一般訴訟代理로委任ᄒᆞᆷ이通例인故로一部訴訟代理로委任ᄒᆞᆷ을不得ᄒᆞᄂᆞ니是ᄂᆞᆫ無他ㅣ라法律은辯護士ᄅᆞᆯ代理人으로委任ᄒᆞᆫ時ᄂᆞᆫ其權限을制限ᄒᆞᆯ必要가無ᄒᆞᆷ으로認ᄒᆞᆫ所以니라(民訴第六六條末段)

第五　訴訟代理의範圍

제4 소송대리의 종류

소송대리는 그 범위의 광협(廣狹)과 대리의 종류에 따라 구별이 된다.

1. 변호사에 의한 소송대리와 보통 소송능력자에 의한 소송대리

이 종류에 관하여는 전술한 소송대리인의 설명에서 충분히 하였다.

2. 일반 소송대리와 일부 소송대리

일부 소송대리라고 함은 특정한 소송행위를 대리케 함을 말한다. 가령 소장 제출과 고장(故障)*과 항고 등만 대리케 하는 것이다. 한편 일반 소송대리라고 함은 특정 소송행위를 지시하지 아니하고 광의로 소송을 대리케 함을 말한다. 이 대리는 법률에서 대리권의 범위를 정하고 있고, 그 범위 내에서는 항상 대리권을 행사할 수 있다(법률 제65조 제1항). 보통 소송능력자를 대리인으로 정하는 때에는 일부 소송대리를 하는지 아니면 일반 소송대리를 하는지 위임에서 정하여야 한다. 하지만 변호사에게 소송대리를 위임할 경우에는 포괄적 소송대리가 일반적이므로 일부 소송대리로 그 권한을 제한할 필요가 없다고 정하고 있다(민소 제66조 단서).

제5 소송대리의 범위

* 기일 해태에 따른 판결에 대한 이의 신청을 의미한다.

訴訟代理의範圍는授權趣旨에因ᄒᆞ야定ᄒᆞᆯ者인즉一部訴訟代理는其特定ᄒᆞᆫ訴訟行爲에만代理權이有ᄒᆞᆯ뿐이오一般訴訟代理는法律上當然히其代理範圍에屬ᄒᆞᆷ을明定ᄒᆞ야其範圍에屬ᄒᆞᆫ者는授權上特別히明示를不要ᄒᆞ고代理權이有ᄒᆞᆷ이라

一、訴訟代理의法律上範圍（民訴第六五條第一項）一般訴訟代理는當然히左의代理權을有ᄒᆞᆷ이라

甲　本訴訟에關ᄒᆞ야特別ᄒᆞᆫ代理權範圍에屬지아니ᄒᆞᆫ一切訴訟行爲를行得ᄒᆞᆷ　故로訴를提起ᄒᆞ며答辯을行ᄒᆞ며故障을申提ᄒᆞ야期日에辯護를行ᄒᆞ며形式上訴의取下와從叅加에도亦辯論을行ᄒᆞ며訴訟의告知와指名等에關ᄒᆞᆫ一般行爲를行得ᄒᆞ고且其本訴訟이存在ᄒᆞᆫ以上은訴의變更及擴張의訴訟行爲를行得ᄒᆞ며又其最初에는証書訴訟으로써提起ᄒᆞᆫ者를普通訴訟으로變更ᄒᆞ는行爲도亦是行得ᄒᆞᆷ이라

乙　反訴、主叅加、假差押、假處分에關ᄒᆞᆫ訴訟行爲를行得ᄒᆞᆷ　此等은本訴訟은아니나本訴訟과 互相牽聯이 有ᄒᆞᆫ行爲라 故로此를 行得ᄒᆞ게ᄒᆞᆫ바ㅣ

소송대리의 범위는 수권취지에 따라 정하여 진다. 즉 일부 소송대리는 그 특정한 소송행위에만 대리권이 있을 뿐이고, 일반 소송대리는 법률상 당연히 그 대리범위에 속하는 것을 명확히 정하고 있어 그 범위를 정하는 자는 수권상 특별히 명시할 필요가 없이 대리권이 유효하다.

1. 소송대리의 법률상 범위(민소 제65조 제1항)

일반 소송대리는 다음 사항에 대하여 당연히 대리권을 가지게 된다.

갑. 본소송에 관하여 특별한 대리권 범위에 속하지 아니한 일체의 소송행위를 행함

따라서 소를 제기하고 답변을 하며, 고장을 신청하고 기일에 변론을 행하며, 형식상 소의 취하와 종참가에도 역시 변론을 할 수 있다. 소송의 고지와 지명 등에 관한 일반적 행위를 하고 또한 기본소송이 존재하는 이상 소의 변경 내지 확장을 할 수 있고, 처음 증서소송으로 제기한 것을 통상소송으로 변경하는 것 역시 가능하다.

을. 반소, 주참가, 가압류, 가처분에 관한 소송행위를 행할 수 있음

이것 등은 본소송이 아니지만 본소송과 상호견련이 있는 행위이므로 할 수 있게 하였다.

라

丙 强制執行으로生ᄒᆞᄂᆞᆫ行爲를行得ᄒᆞᆷ　訴訟代理ᄂᆞᆫ判決確定에因ᄒᆞ야終了ᄒᆞᆫ者이나獨히執行에關ᄒᆞ야ᄂᆞᆫ一般訴訟代理人은尙其代理權이有ᄒᆞᆷ으로規定ᄒᆞᆫ지라是以로其代理人은判決에依ᄒᆞ야執行을行得ᄒᆞᆯ뿐아니라其執行에關ᄒᆞᆫ異議申提及異議訴에關ᄒᆞᆫ訴訟行爲도行得ᄒᆞᄂᆞ니此異議ᄂᆞᆫ其裁判所를本訴訟과全異케ᄒᆞ며又或本訴訟當事者以外第三人의訴訟이起ᄒᆞᆯ境遇라도此를行得ᄒᆞᆷ이라然ᄒᆞ나此規定ᄂᆞᆫ注意를要ᄒᆞᆯ点이有ᄒᆞ니日本民事訴訟法은德國訴訟法과異ᄒᆞ야一般訴訟代理의範圍를原則上其一審級에만限ᄒᆞᆫ故로上級審에ᄂᆞᆫ下級審代理權이有ᄒᆞᆫ代理人은當然히代理權을不有ᄒᆞᆫ인즉上級審에셔代理치아니ᄒᆞᆫ一審級의訴訟代理人은上級審確定判決의執行을行ᄒᆞᆯ代理權이有ᄒᆞ다ᄒᆞᆷ을不得ᄒᆞᆯ지라此를要컨ᄃᆡ强制執行上行爲라도當時히代理ᄒᆞᆷ을得ᄒᆞᆯ者ᄂᆞᆫ其執行ᄒᆞᆷ을得ᄒᆞᆯ判決을受ᄒᆞᆫ審級의代理人된者에만限ᄒᆞᆷ이라不可不解釋ᄒᆞᆯ지라

丁 訴訟費用을相對者에게受取ᄒᆞᆷ을得ᄒᆞᆷ　單히其事件의訴訟費用을受

병. 강제집행으로 발생하는 행위를 할 수 있음

소송대리는 판결의 확정으로 종료하는 것이지만 특히 집행에 관하여는 일반 소송대리인은 그 대리권이 그대로 있는 것으로 규정하고 있다. 그래서 그 대리인은 판결에 의하여 집행을 할 수 있을 뿐만 아니라 그 집행에 관한 이의신청 내지 이의의 소에 관한 소송행위도 할 수 있다. 이 이의는 그 재판소가 본 소송과 완전히 다르고 또는 본 소송당사자 이외의 다른 제삼자의 소송이 제기된 경우에도 이를 할 수 있다. 그러나 이 규정은 주의할 점이 있는데 일본 민사소송법은 독일의 민사소송법과 달리 일반 소송대리의 범위를 원칙상 그 심급에만 한정하고 있으므로 상급심에서는 하급심에서 대리권이 있는 대리인이 당연히 대리권을 가지는 것은 아니다. 상급심에 대리하지 아니한 1심급의 소송대리인은 상급심의 확정판결의 집행을 대리권이 있다고 할 수 없다. 이것은 강제집행상 행위에 대하여 당연히 대리할 수 있는 자는 그 집행할 판결을 받은 심급의 대리인이 된 자에 한한다는 것은 해석상 당연하다.

정. 소송비용을 상대자에게 받을 수 있음

단지 그 사건의 소송비용을 받을 수

取홈에止홀뿐이오本債務의辨償을受홈에는 特別호代理授權을 要홈이라

以上은訴訟代理의法律上範圍을說明호지라此範圍는當事者가制限홈을得호나相對者及裁判所에對호야其効가無호니何者오旣已法律上代理의範圍를定호所以라(民訴第六六條第一項)故로相對者가其制限을知호時라도亦同홈이라然호나此는外部에對호야其効가無호다홈에不過홈이오本人과代理人間內部의委任契約關係에는代理人이本人의制限에反호야行爲를行호時는其責을自負홈이有홀지라

二、特別代理의範圍 前此說明호法律上의代理範圍中에는以下의行爲는包含치아니홈인故로如斯호行爲를特別히代理케호고져호면須是特別授權를不可不行이니라(民訴第六五條第二項)

甲 控訴上告再審

乙 復代理人의選定

丙 請求의拋棄認諾和解

있음에 그친다. 본 채무의 변상을 받기 위해서는 특별한 대리수권을 받아야 한다.

이상에서 소송대리의 법률상 범위를 설명하였다. 그 범위는 당사자가 제한할 수 있지만 상대자 및 재판소에 대하여는 그 효력이 없다. 어떤 경우에도 이미 그 법률상 범위를 정하였기 때문이다(민소 제66조 제1항). 따라서 상대자가 그 제한을 알았을 때에도 역시 같다. 하지만 이는 외부에 대하여 그 효력이 없다는 것에 불과하고 본인과 대리인 사이 내부의 위임계약관계에서는 대리인이 본인의 제한에 반하여 행위를 한 경우에는 그 책임을 스스로 부담하여야 한다.

2. 특별대리의 범위

위에서 설명한 법률상 대리의 범위 중에 다음 행위는 포함되지 아니하므로, 이와 같은 행위를 특별히 대리하기 위해서는 필수적으로 특별수권을 받아야 한다(민소 제65조 제2항).

갑. 항소, 상고, 재심
을. 복대리인의 선정
병. 청구의 포기·인낙·화해

右等行爲는一이나或二以上을特別히代理케ᄒᆞᆷ도任意니此를代理케ᄒᆞᆷ에는一般의代理를任ᄒᆞ는委任狀等에併ᄒᆞ야記載ᄒᆞᄃᆞᆫ지又其特別書面으로ᄒᆞᄃᆞᆫ지其委任者의任意니라

第六　數人의訴訟代理人

當事者는同時ᄃᆞᆫ지順次ᄃᆞᆫ지數人으로訴訟行爲를代理케ᄒᆞᆷ을得ᄒᆞᆷ이라如斯의訴訟代理人數人을選任ᄒᆞᆫ時는其代理人은共同ᄒᆞ야訴訟行爲를行ᄒᆞᄃᆞᆫ지各別히分擔ᄒᆞ야此를行ᄒᆞᆯ지라도其効力이有ᄒᆞᄂᆞ니(民訴第六七條)是는法律이規定ᄒᆞᆫ代理權範圍로認ᄒᆞᆫ所以인즉本人과代理人間에此를制限ᄒᆞ야全異ᄒᆞᆫ約定을締結ᄒᆞᆯ지라도相對者及裁判所에對ᄒᆞ야는其効力이無ᄒᆞ고唯其本人과代理人間의內部關係에만其効力이有ᄒᆞᆯ뿐이라如斯히規定ᄒᆞᆷ으로써口頭의供述을實로共同ᄒᆞ야行ᄒᆞ기不能ᄒᆞᆯ時는勿論此를行得지못ᄒᆞᆯ지나若其不然ᄒᆞᆫ時는數人의代理人이共同이나或各別히分擔ᄒᆞ야此를行得ᄒᆞᆷ이라故로代理人의一人이口頭辯論期日에出席ᄒᆞ면他代理人이出頭치아니ᄒᆞᆯ지라도闕席의結果을不生ᄒᆞ며又一人이事實를自白ᄒᆞ면完全ᄒᆞᆫ自白의効力이有ᄒᆞᆷ이라

이러한 행위를 1개 내지 2개, 그 이상을 특별히 대리하게 하는 것도 임의(任意)이나 이를 대리케 하려면 일반의 대리에 필요한 위임장 등에 함께 기재하거나 또는 특별서면으로 하는지 여부는 그 위임자의 자유이다.

제6 수인의 소송대리인

당사자는 동시 또는 순차로 수인으로 하여금 소송행위를 대리하게 할 수 있다. 이와 같이 소송대리인을 수인 선임하는 때에는 그 대리인은 공동으로 소송행위를 하거나 각별로 분담하여 이를 행하여도 그 효력이 있다(민소 제67조). 이는 법률로 대리권의 범위를 인정하였기 때문이다. 즉 본인과 대리인 사이에 이를 제한하여 다른 약정을 체결할지라도 상대자 내지 재판소에 대하여는 그 효력이 없고 오직 그 본인과 대리인 사이의 내부관계로만 효력이 있을 뿐이다. 이와 같이 규정함으로써 구두의 진술을 실제로 공동으로 행하기 어려울 때는 물론할 수 없고, 만약 그렇지 아니할 때에는 수인의 대리인이 공동이나 또는 각별로 분담하여 이를 행하여야 한다. 따라서 대리인 중 1인이 구두변론기일에 출석하면 타 대리인이 출석하지 아니할지라도 결석의 결과가 발생하지 아니하고, 1인이 사실을 자백하면 완전히 자백의 효력이 발생한다.

第七 訴訟代理人의地位

訴訟代理人은訴訟當事者로訴訟行爲를自行홈이아니라唯其當事者의名으로此를代理ᄒᆞ야訴訟行爲를行홈이니代理의結果ᄂᆞᆫ直接으로本人에게其効力이及ᄒᆞᄂᆞᆫ故로訴訟代理人의行爲不行爲를卽本人의行爲不行爲로看做ᄒᆞ며又其裁判도本人의名으로ᄡᅥ宣示홈인즉代理人自已가裁判을受홈이아니라(民訴第六八條) 其効力은代理人이過失에因ᄒᆞᄂᆞᆫ行爲不行爲라도亦同홈이라如斯히代理ᄂᆞᆫ直接의効力을生홈은民法上의代理와同一原則을從ᄒᆞᆫ所以니라(民法第九九條乃至第一一八條叅照)

然ᄒᆞ나此에一例가有ᄒᆞ니即原告나被告된本人이代理人과共히出頭ᄒᆞ야口頭辯論에代理人이行ᄒᆞᆫ事實上陳述에對ᄒᆞ야即時此를繳消ᄒᆞ며又變更ᄒᆞᆫ時ᄂᆞᆫ本人에게對ᄒᆞ야其効가無ᄒᆞᄂᆞ니此變例ᄂᆞᆫ如左홈이라

一、本人은代理人과共히口頭辯論에出頭ᄒᆞᆫ者를要홈 故로書面上의陳述境遇에ᄂᆞᆫ此規定을適用치못홈이라

二、事實上의陳述에만限홈 法律上의点에關ᄒᆞ야ᄂᆞᆫ此를適用홈을不得ᄒᆞ며

제7 소송대리인의 지위

소송대리인은 소송당사자로 소송행위를 스스로 하는 것이 아니고 오직 그 당사자의 이름으로 이를 대리하여 소송행위를 행하는 것이고, 대리의 효과는 직접 본인에게 그 효력이 미친다. 소송대리인의 행위와 불행위는 본인의 행위와 불행위로 간주된다. 또 재판도 본인의 명의로 선고되기 때문에 대리인 자신이 재판을 받은 것이 아니다(민소 제68조). 그 효력은 대리인이 과실로 인한 행위 또는 불행위도 또한 동일하다. 이와 같이 대리는 본인에게 직접의 효력이 발생하는 것은 민법상의 대리와 동일한 원칙을 따르기 때문이다(민법 제99조 내지 제118조 참조).

하지만 이에 대하여 예외가 있다. 즉 원고 또는 피고인 본인이 대리인과 같이 출석하여 구두변론 중에 대리인이 행한 사실상의 진술에 대하여 즉시 이를 취소 또는 변경한 때에는 본인에게 대하여 그 효력이 발생하지 아니한다. 그 예외는 다음과 같다.

1. 본인이 대리인과 같이 구두변론에 참석한 경우이어야 함

따라서 서면상의 진술의 경우에는 이 규정을 적용할 수 없다.

2. 사실상의 진술에 한함

법률상의 점에 대하여는 이를 적용할 수 없고,

自白도此에包含ᄒᆞᆷ이라

三、卽時에繳消나變更ᄒᆞᆷ을要ᄒᆞᆷ　卽時의認否ᄂᆞᆫ本是裁判所意見으로써決ᄒᆞᆯ者ㅣ나要컨ᄃᆡ代理人의事實上陳述後에直其繳消나變更ᄒᆞᄂᆞᆫ境遇를謂ᄒᆞᆷ이라

第八　訴訟代理의消滅

訴訟代理의消滅은本法第六十九條에規定ᄒᆞ얏스나其消滅의原因될一般境遇를規定ᄒᆞᆫ바ㅣ아니라故로訴訟代理의本質과民法上代理의本則에關ᄒᆞᆫ法則과準據ᄒᆞ야此를決ᄒᆞᆷ은極히必要ᄒᆞᆷ으로思量ᄒᆞᄂᆞ니以下訴訟代理의消滅ᄒᆞᄂᆞᆫ一般境遇를區別ᄒᆞ야說明코져ᄒᆞ노라

一、訴訟代理人에게左의原因이有ᄒᆞᆫ時ᄂᆞᆫ其代理가消滅ᄒᆞᆷ이라

甲　訴訟代理人死亡　訴訟代理人된權은當然히相續人의繼承ᄒᆞᆯ바ㅣ아닌故로其死亡에因ᄒᆞ야消滅ᄒᆞᆷ이라

乙　訴訟代理人의訴訟能力喪失과又其資格이消滅ᄒᆞᆫ時　訴訟代理人됨에ᄂᆞᆫ訴訟能力者됨을要ᄒᆞᄂᆞᆫ故로其能力을喪失ᄒᆞ면訴訟代理가消滅되며又

자백도 이에 포함된다.

3. 즉시 취소 또는 변경함을 요함

즉시의 인부는 본래 재판소의 의견으로 결정할 사항이다. 예컨대 대리인의 사실상 진술 후에 바로 취소 또는 변경을 하는 경우를 말한다.

제8 소송대리의 소멸

소송대리의 소멸은 본법 제69조에 규정하고 있지만 그 소멸의 원인이 되는 일반적 경우를 규정한 것이 아니다. 따라서 소송대리의 본질과 민법상 대리의 본칙에 관한 법칙과 준거에 따라 이를 결정하는 것이 매우 필요하다고 사료된다. 이하 소송대리가 소멸하는 일반적 경우를 나누어 설명하도록 하겠다.

1. 소송대리인에게 다음의 원인이 있을 때에 그 대리는 소멸함

갑. 소송대리인의 사망

소송대리인이 되는 권리는 당연히 상속인에게 승계되는 바가 아니므로 그 사망으로 인하여 소멸한다.

을. 소송대리인의 소송능력의 상실 또는 그 자격이 소멸한 때

소송대리인은 소송능력을 갖고 있어야 하므로 그 능력을 상실하면 소송대리가 소멸되며,

辯護士에依ᄒᆞᆯ訴訟에辯護士된資格으로써訴訟代理人된時는其辯護士된資格을失ᄒᆞᆫ時라도亦是代理權이消滅ᄒᆞᆷ이라

二、本人에게左의原因이存在ᄒᆞᆯ時는代理權이有ᄒᆞᆷ이라　此境遇에는其原因이存在로만은直其訴訟代理가消滅치아니ᄒᆞᄂᆞ니此를相對者에게通知ᄒᆞᆫ後에始ᄒᆞ야相對者及裁判所에對ᄒᆞ야其消滅의效力이有ᄒᆞᆷ이라（民訴第六九條）

甲　本人死亡　民法規定에依ᄒᆞ면本人死亡으로써直時代理消滅의原因으로ᄒᆞ얏스나（民法第一一一條參照）訴訟代理에는其通知를要ᄒᆞᄂᆞ니此通知로始ᄒᆞ야消滅ᄒᆞᆷ이라

乙　本人訴訟能力이變更ᄒᆞᆫ時　卽本人이禁治産者된境遇와如ᄒᆞᆫ者ㅣ니此境遇에도通知를要ᄒᆞᆷ이라

丙　本人의法定代理人이訴訟을行ᄒᆞᄂᆞᆫ境遇에其代理權이變更된時即法定代理人의更代나又其代理權의終了ᄒᆞᆫ境遇와如ᄒᆞᆫ者ㅣ라

元來他人으로訴訟行爲를行케ᄒᆞᆷ에는訴訟를自爲ᄒᆞᆯ能力이不可不有ㅣ니

변호사에 의할 소송에서 변호사의 자격이 있어 소송대리인이 된 때에 그 변호사자격을 상실한 때에는 대리권 역시 소멸한다.

2. 본인에게 다음의 원인이 존재하는 때에는 대리권이 소멸함

이 경우에는 그 원인의 존재만으로 바로 그 소송대리가 소멸하는 것이 아니고 이를 상대방에게 통지한 후에 비로소 상대방 내지 재판소에 대하여 그 소멸이 효력이 발생한다(민법 제69조).

갑. 본인 사망

민법 규정에 의하면 본인이 사망하면 즉시 대리의 소멸원인으로 정하고 있지만(민법 제111조 참조), 소송대리에는 통지를 요하기 때문에 그 통지를 하여야 소멸하게 된다.

을. 본인의 소송능력이 변경된 때

즉 본인이 금치산자가 된 경우와 같은 경우인데, 이 경우에도 통지를 요한다.

병. 본인의 법정대리인이 소송을 하는 경우에 그 대리권이 변경된 때 즉 법정대리인이 바뀌었거나 또는 그 대리권이 종료된 경우와 같은 것이다.

원래 타인으로 하여금 소송행위를 하게 하는 것은 소송을 스스로 할 능력이 있어야 한다.

라故로其本人으로訴訟能力을失ᄒᆞ고又其法定代理人이代理權에變更이有ᄒᆞᆫ時ᄂᆞᆫ訴訟代理ᄂᆞᆫ當然히消滅ᄒᆞᆫ者ㅣ나本法은其事實를不知ᄒᆞ고無效ᄒᆞᆫ節次를行ᄒᆞᆷ과如ᄒᆞᆫ弊를避ᄒᆞ기爲ᄒᆞ야其通知ᄒᆞ기ᄭᆞ지ᄂᆞᆫ相對者에對ᄒᆞ야消滅의效力이無ᄒᆞᆫ者로即相對者ᄂᆞᆫ有效ᄒᆞ게其訴訟代理人에對ᄒᆞ야訴訟行爲를行ᄒᆞᆷ을得ᄒᆞ게ᄒᆞᆷ이라本號에依ᄒᆞ야代理權消滅의通知를行ᄒᆞᆫ時ᄂᆞᆫ其訴訟은右通知에因ᄒᆞ야中斷ᄒᆞᆷ이라(民訴第一八三條參照)

三、代理의廢罷　代理의廢罷ᄂᆞᆫ本人의辭任이나又代理人의辭任에因ᄒᆞ야行得ᄒᆞᆷ이라此境遇에도代理廢罷를通知ᄒᆞᆷ에因ᄒᆞ야相對者에게對ᄒᆞ야代理消滅의效가生ᄒᆞᆷ이라然ᄒᆞ나辭任ᄒᆞᆫ訴訟代理人은其消滅後라도本人이自己의權利防衛ᄒᆞᆯ準備를不爲ᄒᆞᆫ間은本人을爲ᄒᆞ야訴訟行爲를行得ᄒᆞᆷ이라(民訴第六九條第三項)此規定은單히代理人이相對者에게對ᄒᆞᄂᆞᆫ權利를定ᄒᆞᆫ者에不過ᄒᆞᆷ이오義務ᄂᆞᆫ아니니라然ᄒᆞ나民法上委任關係에ᄂᆞᆫ此를義務라ᄒᆞᆫ지라故로民法原則을從ᄒᆞ면義務가有ᄒᆞᆫ者ㅣ라不可不稱謂ㅣ니라(民法第六五四條參照)

그러므로 그 본인이 소송능력을 상실하거나 또는 그 법정대리인의 대리권에 변경이 있을 때에는 소송대리는 당연히 소멸하지만, 본법은 그 사실을 알지 못하고 효력이 없는 절차를 하는 것과 같은 폐해를 피하기 위하여 그 통지까지는 상대자에 대하여 효력이 없는 것이다. 즉 상대자는 유효하게 그 소송대리인에 대하여 소송행위를 할 수 있다. 본 항에 의하여 대리권소멸의 통지를 한 때에는 그 소송은 이 통지로 인하여 중단하게 된다(민소 제183조 참조).

3. 대리의 종료*

대리의 종료는 본인의 사임 또는 대리인의 사임으로 인한 것이다. 이 경우에도 대리종료를 통지하여야 상대자에게 대하여 대리소멸의 효력이 발생한다. 하지만 사임한 소송대리인이 그 소멸 후라도 본인이 자기의 권리를 방어할 준비를 하지 못한 동안에는 본인을 위하여 소송행위를 할 수 있다(민소 제69조 제3항). 이 규정은 단순히 대리인이 상대자에 대한 권리를 규정한 것에 불과한 것이고 의무는 아니다. 그러나 민법상의 위임관계에서는 이를 의무라고 하고 있어 민법원칙에 따라 의무가 있는 경우라고 할 것이다(민법 제654조 참조).

* 사임으로 인한 대리의 종료를 원문에서는 폐파(廢罷)라고 하고 있다.

右述ᄒᆞᆫ바代理消滅通知ᄂᆞᆫ當事者로受訴裁判所에通知ᄒᆞᄂᆞᆫ書面을提出ᄒᆞ고裁判所ᄂᆞᆫ此를相對者에게送達ᄒᆞᆷ이라

第九　訴訟代理의欠缺

訴訟代理의欠缺이有ᄒᆞᆫ時ᄂᆞᆫ本人을爲ᄒᆞ야代理人이無ᄒᆞᆷ으로看做ᄒᆞᄂᆞᆫ故로其代理人은有効ᄒᆞ게訴訟行爲를行得지못ᄒᆞᄂᆞ니若其誤謬로訴訟行爲를行ᄒᆞᆯ지라도此ᄂᆞᆫ全然히無効에歸屬ᄒᆞᆷ이라此欠缺은當事者의合意나認諾으로써此를補充ᄒᆞᆷ을不得ᄒᆞᄂᆞᆫ故로裁判所ᄂᆞᆫ職權으로此를不可不調査ㅣ니若代理權이無ᄒᆞᆫ訴訟行爲에基ᄒᆞ야判決ᄒᆞᆫ時ᄂᆞᆫ恒常上告나再審의理由가되며（民訴第四三六條第四六八條參照）且欠缺의結果를區別ᄒᆞ야論究ᄒᆞᆷ이可ᄒᆞ니

一、裁判所ᄂᆞᆫ訴訟代理人欠缺에關ᄒᆞ야訴訟이如何ᄒᆞᆫ程度에在ᄒᆞᆷ을不問ᄒᆞ고職權으로此를不可不調査ㅣ니其調査ᄂᆞᆫ如左ᄒᆞᆷ이라

甲　訴訟代理權이無ᄒᆞᆫ者가起訴ᄒᆞᆫ時ᄂᆞᆫ職權調査結果로其訴를却下ᄒᆞᆷ이라　故로假令相對者가口頭辯論期日에出頭치아니ᄒᆞᆫ時라도判決로써却下의裁判을行ᄒᆞᆷ이可ᄒᆞᄂᆞ니此裁判은口頭辯論期日指定前에裁判長의命

위에서 설명한 바와 같이 대리권소멸 통지는 당사자가 수소재판소에 통지하는 서면을 제출하고 재판소는 이를 상대자에게 송달하여야 한다.

제9 소송대리의 흠결(欠缺)

소송대리의 흠결이 있을 때에는 본인을 위한 대리인이 없는 것으로 간주되기 때문에 그 대리인은 유효하게 소송행위를 할 수 없다. 만약 그러한 오류를 갖고 소송행위를 하면 완전히 무효로 귀결된다. 이 흠결은 당사자의 합의나 인낙(認諾)으로 이를 보충할 수 없으므로, 재판소는 직권으로 이를 조사하여 만약 대리권이 없이 한 소송행위에 기초하여 판결을 한 때에는 통상상소 또는 재심의 사유가 된다(민소 제436조, 제468조 참조). 흠결의 결과를 구별하여 설명하면 다음과 같다.

1. 재판소는 소송대리권의 흠결에 관하여 소송의 정도를 불문하고 직권으로 이를 조사하여야 한다. 그 조사는 다음과 같다.

갑. 소송대리권이 없는 자가 소를 제기한 때에는 직권조사의 결과로 그 소를 각하하여야 한다. 가령 상대자가 구두변론기일에 출석하지 아니한 때에도 판결로서 각하의 재판을 할 수 있다. 다만 이 재판은 구두변론기일 지정 전에 재판장의 명령

令으로써此를却下ᄒᆞᆷ은不可ᄒᆞᆷ으로口頭辯論을開ᄒᆞᆫ後에終局判決로行ᄒᆞᆷ이可ᄒᆞᆷ이라

乙 起訴는有効ᄒᆞ나爾後에至ᄒᆞ야其代理權에欠缺이生ᄒᆞᆫ時는假令口頭辯論期日에其代理人이出頭ᄒᆞ얏슬지라도本人에對ᄒᆞ야는缺席ᄒᆞᆫ境遇와同一ᄒᆞᆷ으로看做ᄒᆞ고相對者의申提가有ᄒᆞ면闕席判決를行得ᄒᆞᆷ이라

二、訴訟代理欠缺의補正 裁判所職權調査의結果로訴訟代理에欠缺이有ᄒᆞᆷ으로認ᄒᆞᆫ境遇라도或事情에因ᄒᆞ야裁判所는其出頭ᄒᆞᆫ者에게費用及損害의保証을立ᄒᆞ게ᄒᆞ고其欠缺을補正ᄒᆞᆷ을條件ᄒᆞ야一時訴訟을行ᄒᆞᆷ을ᄒᆞᄂᆞ니其欠缺補正은一定ᄒᆞᆫ期間을定ᄒᆞ야此를命ᄒᆞ며其期間滿了前에는判決을行得지못ᄒᆞ며其期間內에欠缺을補正ᄒᆞᆫ時는最初에遡及ᄒᆞ야適法ᄒᆞᆫ代理權이有ᄒᆞᆷ으로看做ᄒᆞ니其期間滿了後라도若口頭辯論終結치아니ᄒᆞᆫ以前이면尤其有効ᄒᆞ게此를追完ᄒᆞᆷ을得ᄒᆞᆷ이라(民訴第七〇條)

第二款 補佐人

補佐人이란者는當事者本人과又其法定代理人이訴訟을自行ᄒᆞᆷ에當ᄒᆞ야此와

으로 이를 각하하는 것을 불가하므로 구두변론을 개시한 후에 종국판결로 할 수 있다.

을. 소제기는 유효하나 그 이후 그 대리권의 흠결이 발생한 때에는 가령 구두변론기일에 그 대리인이 출석하였더라도 본인이 결석한 경우와 동일하게 간주하고, 상대자의 신청에 의하여 궐석재판(闕席裁判)을 하게 된다.

2. 소송대리의 흠결에 대한 보정

재판소가 직권조사 한 결과 소송대리권이 흠결된 것이 인정되는 경우에는 혹시 사정이 있어 재판소가 그 출석한 자에게 비용 내지 손해의 보증을 제공하게 하고 그 흠결을 보정하는 것을 조건으로 일시 소송을 하게 할 수 있다. 그 흠결의 보정은 일정한 기간을 정하여 명하여야 하고, 그 기간 만료 전에는 판결을 하지 못한다. 만약 보정기간의 만료 전에 흠결을 보정한 때에는 최초에 소급(遡及)하여 적법한 대리권이 유효한 것으로 간주되고, 그 기간 만료 후에라도 구두변론이 종결되지 아니하였다면 이를 유효하게 추완(追完)할 수 있다(민소 제70조).

제2관 보좌인

보좌인(補佐人)이라 함은 당사자 본인과 그 법정대리인이 스스로 소송을 함에 있어서 이들과

共히口頭辯論期日에出頭ᄒᆞ야權利의伸張即攻擊이나防禦의方法을輕忽히行치아니홈을爲ᄒᆞ야本人等의陳述를補佐ᄒᆞᄂᆞᆫ者를謂홈이라(民訴第七一條)故로辯護士를訴訟代理人으로定ᄒᆞᆫ境遇에ᄂᆞᆫ補佐人을不要ᄒᆞᄂᆞ니補佐人의職務ᄂᆞᆫ單히口頭辯論期日에出頭ᄒᆞ야陳述를行ᄒᆯ뿐이오當事者의代理人은아니즉獨立ᄒᆞ야訴訟行爲를行ᄒᆯ權이無ᄒᆞ며又委任과如ᄒᆞᆫ者도書面委任을不要홈이라然ᄒᆞ나此補佐人됨에ᄂᆞᆫ訴訟能力者됨을要ᄒᆞ며又此補佐人에二種이有ᄒᆞ니

一、辯護士로써補佐人을定ᄒᆞᆫ時　此境遇에ᄂᆞᆫ口頭辯論에共히出頭ᄒᆞ야辯護士某를補佐人으로定ᄒᆞᆫ旨의陳述를行ᄒᆞ든지準備書面中에其旨를記載홈으로可足홈이오裁判所許可를受ᄒᆯ必要가無홈이라

二、辯護士以外의訴訟能力者로補佐人을定ᄒᆞᆫ時　法律은辯護士以外의者라도訴訟能力者가되면此를補佐人으로定홈을得ᄒᆞ게ᄒᆞ얏스나此境遇에ᄂᆞᆫ其補佐人을用ᄒᆞᄂᆞᆫ旨를記載ᄒᆞᆫ書面을裁判所에提出ᄒᆞ야裁判所許可를受홈이可ᄒᆞ나此規定은辯護士가아니오私行으로訴訟辯論을業ᄒᆞᄂᆞᆫ者의出頭ᄒᆯ弊

함께 구두변론기일에 출석하여 권리의 신장 즉 공격이나 방어의 방법을 경솔하게 하지 아니하게 하려고 본인 등의 진술을 보좌하는 자를 말한다(민소 제71조). 따라서 변호사를 소송대리인으로 하는 경우에는 보좌인이 필요 없다고 할 것이다. 보좌인의 직무는 단순히 구두변론기일에 출석하여 진술을 행할 뿐이고 당사자의 대리인이 아니므로, 독립하여 소송행위를 행할 수 없다. 위임과 같은 경우에도 서면위임이 필요하지 아니하다. 하지만 보좌인은 소송능력자이어야 한다. 보좌인은 다음 2가지 종류가 있다.

1. 변호사로 보좌인을 정한 때

이 경우에는 구두변론에 함께 출석하여 변호사 모씨를 보좌인으로 정한다는 취지의 진술을 하든지 아니면 준비서면 중에 그 취지를 기재함으로 가능하고, 재판소의 허부를 받을 필요는 없다.

2. 변호사 이외의 소송능력자를 보좌인으로 정한 때

법률은 변호사 이외의 자라도 소송능력자이면 보좌인으로 정할 수 있다고 하였다. 이 경우에는 그 보좌인을 쓴다는 취지를 기재한 서면을 재판소에 제출하여 재판소의 허가를 받아야 한다. 이 규정은 변호사가 아니고 사적으로 소송상 변론을 업으로 하는 자가 출석하는 폐해를

弊를避코저ᄒᆞᆷ에在ᄒᆞᆷ이라是以로此補佐人은許可를得ᄒᆞᆯ지나其許可ᄂᆞᆫ何時든지繳消ᄒᆞᆷ을得ᄒᆞ며又其演述에能力이欠缺됨으로認ᄒᆞᄂᆞᆫ時ᄂᆞᆫ此를退席ᄒᆞᆷ을命ᄒᆞᄂᆞ니(民訴第一二七條叅照)是ᄂᆞᆫ辯護士를補佐人으로定ᄒᆞᄂᆞᆫ境遇와異ᄒᆞᆫ바ㅣ라

右補佐人은總其辯論을補佐ᄒᆞᆷ에不過ᄒᆞ니陳述以外의行爲假令訴의取下・和解와如ᄒᆞᆫ行爲를行得지못ᄒᆞᆷ이라然ᄒᆞ나其辯論上陳述된境遇에ᄂᆞᆫ事實上陳述이든지法律上論告를不問ᄒᆞ고總其辯論을行得ᄒᆞᄂᆞ니其陳述은當事者가自行ᄒᆞᆫ者로看做ᄒᆞᆷ이나出廷ᄒᆞᆫ當事者本人等이即時에此를繳消나更正ᄒᆞᆫ時ᄂᆞᆫ其効力이無ᄒᆞᆷ이라

第六節　訴訟費用

訴訟費用은權利의伸張과防禦를完全케ᄒᆞ기爲ᄒᆞ야民事訴訟法에關ᄒᆞᆫ公法上의負擔을命ᄒᆞᄂᆞᆫ者ㅣ라民事訴訟은私權保護에在ᄒᆞ니直接으로公益을目的ᄒᆞᆷ이아니라然則其費用은國家의費用으로써支給ᄒᆞᆯ바ㅣ아닌故로民事訴訟에在ᄒᆞ야ᄂᆞᆫ國家ᄂᆞᆫ裁判費用으로訴又ᄂᆞᆫ其他申提에印紙貼用을命ᄒᆞ고其他民事訴

막기 위한 것이다.

이렇게 이 보좌인이 허가를 얻은 경우에도 그 허가는 어느 때라도 취소할 수 있고, 그 연술능력(演述能力)*이 없는 것으로 인정되면 때에는 그 출석을 금할 수 있다(민소 제127조 참조). 이것이 변호사를 보좌인으로 정하는 경우와 다른 점이다.

이상의 보좌인은 전체 변론을 보좌하는 것에 그치고 진술 이외의 행위 가령 소의 취하, 화해와 같은 행위는 할 수 없다. 하지만 변론에서 진술된 경우에는 사실상 진술이든 법률상 논거(論告)*이든 묻지 않고 전체 변론을 할 수 있다. 그 진술은 당사자가 스스로 행한 것으로 간주된다. 다만 출석한 당사자본인 등이 즉시 이를 취소 또는 갱정(更正)한 때에는 그 효력이 없다.

제6절 소송비용

소송비용(訴訟費用)은 권리의 신장과 방어를 완전하게 하기 위하여 민사소송법에 관한 공법상의 부담을 명하는 것이다. 민사소송은 사권보호에 있으므로 직접 공익을 목적으로 하는 것이 아니다. 그렇기 때문에 그 비용은 국가의 비용으로 지급할 것이 아니다. 따라서 민사소송에 있어서 국가는 재판비용으로 소 또는 기타 신청에 인지(印紙)의 첩용(貼用)을 명하고 그 민사소송

* 법정에서 소송행위 등을 할 수 있는 능력을 말한다.

訟에關ᄒᆞ야ᄂᆞᆫ執達吏의職務等에手數料를支給ᄒᆞ게ᄒᆞᆯ뿐아니라此裁判費用外에도尙其証人、鑑定人、通辯等에關ᄒᆞᆫ費用을當事者가支給ᄒᆞ게ᄒᆞ며又其訴訟을爲ᄒᆞ야當事者各自支辨을要ᄒᆞᆯ者ㅣ有ᄒᆞ니此等은其支出當時에當事者가不可不支給이로ᄃᆡ若其費用은總其支出ᄒᆞᆫ各當事者의自辨이라ᄒᆞ면無原因의訴를起ᄒᆞᆫ者와無謂의抗辯을行ᄒᆞᆫ者를爲ᄒᆞ야自己資產은犧牲에至ᄒᆞᆯ지라果爲如此면權利伸張의方路를講究ᄒᆞ며防禦의方法을完全케ᄒᆞ고져ᄒᆞᄂᆞᆫ者ㅣ伴此費用을失ᄒᆞ야完全ᄒᆞᆫ方法을盡得치못ᄒᆞᆯ지니是以로當事者를對等으로視ᄒᆞ야權利保護를完全케ᄒᆞ기爲ᄒᆞ야此訴訟費用의規定을設ᄒᆞᆫ所以라故로本法은訴訟形式에關ᄒᆞᆫ規定外에此費用負擔에對ᄒᆞᆫ當事者間關係를定ᄒᆞ야訴訟上必要ᄒᆞᆫ費用은其費用을入用케ᄒᆞᆫ原因된行爲를惹起케ᄒᆞᆫ者ㅣ負擔ᄒᆞᆷ이可ᄒᆞᆯ規定을設바ㅣ니라

此訴訟費用의負擔을無原因의訴든지抗辯에對ᄒᆞᆫ制裁即刑罰又ᄂᆞᆫ相對者에對ᄒᆞᆫ損害賠償의趣旨로써行得ᄒᆞᆯ法制가不無ᄒᆞ나本法의趣旨ᄂᆞᆫ前에說明ᄒᆞᆫ바와如히完全ᄒᆞᆫ權利의伸張及防禦를爲ᄒᆞ야民事訴訟上의負擔을命ᄒᆞᆷ에在ᄒᆞᆷ이

에 관하여 집달리의 집무 등에 수수료를 지급하게 할 뿐만 아니라, 그 재판비용 외에도 증인, 감정인, 통역 등에 관한 비용을 당사자가 지급하게 하며 또 그 소송을 위하여 당사자 각자가 지급을 요하는 경우도 있다. 이러한 것 등은 그 지출 당시에 당사자가 지급하지 않을 수 없지만 만약 그 지출을 모두 각 당사자가 스스로 내도록 한다면 원인 없이 소를 제기한 자와 무익한 항변을 한 자를 위하여 자기자산을 희생하게 된다. 이러한 결과 권리신장의 방법을 강구하며 방어의 방법을 완전하게 하려는 자는 그 비용을 잃게 되어 완전한 방법을 충분히 이루지 못하게 된다. 그래서 당사자를 대등하게 보아서 권리보호를 완전케 하려고 그 소송비용의 규정을 규정하게 되었다. 따라서 본법은 소송형식에 관한 규정 외에 소송비용에 대한 당사자 사이의 관계를 정하여 소송상 필요한 비용은 그 비용을 발생케 할 원인을 야기케 한 자의 부담으로 하는 규정을 두게 되었다.

이 소송비용의 부담을 원인 없는 소나 항변에 대한 제재 즉 형벌 또는 상대자에 대한 손해배상의 취지로 인정한 법제가 없지는 아니하지만, 본법의 취지는 앞에서 설명한 바와 같이 완전한 권리의 신장 내지 방어를 위하여 민사소송상의 부담을 명하는 데 있다.

라

第一 訴訟費用의範圍

本法에規定ᄒᆞᆫ訴訟費用은裁判費用과裁判外費用을包含ᄒᆞᆷ이라

一、裁判費用이라ᄒᆞᆷ은裁判所行爲에對ᄒᆞ야國庫에納ᄒᆞᆯ訴訟印紙料와國庫의立替金等을謂ᄒᆞᆷ이라

二、裁判外費用이라ᄒᆞᆷ은裁判所行爲에對ᄒᆞ야支辦ᄒᆞᆯ者이아니오訴訟當事者間이나証人鑑定人及通事等을因ᄒᆞ야費入된旅費日當滯在費及書類의筆記料等을謂ᄒᆞᆷ이라

以上費用은權利伸張及防衛에必要ᄒᆞᆫ者에限ᄒᆞᆷ이나其費用負擔裁判에ᄂᆞᆫ此原因을裁判ᄒᆞᆯᄲᅮᆫ인즉其必要與否에ᄂᆞᆫ判定ᄒᆞᆯ者ㅣ아니라故로此等裁判은訴訟費用額確定決定ᄒᆞᆷ에當ᄒᆞ야裁判所意見으로此를定ᄒᆞᆷ이라然則其必要與否를決ᄒᆞᆷ에ᄂᆞᆫ當事者一身事情에據ᄒᆞ야決ᄒᆞᆯ者ㅣ아니오其訴訟性質上必要與否를不可不研究ㅣ니라日本民事訴訟法에ᄂᆞᆫ辯護士訴訟主義를採用치아니ᄒᆞᄂᆞᆫ故로辯護士의報酬ᄂᆞᆫ其必要ᄒᆞᆫ費用內에加ᄒᆞᆷ을不得ᄒᆞ되惟其法律規定에依ᄒᆞ야此

제1 소송비용의 범위

본법에 규정한 소송비용은 재판비용과 재판외비용을 포함한다.

1. 재판비용이라 함은 재판소의 행위에 대하여 국고에 납입할 소송인지료와 국고의 입체금(立替金)* 등을 말한다.

2. 재판외비용이라 함은 재판소의 행위에 대하여 지급하는 것이 아니고, 당사자 사이나 증인·감정인 내지 통역 등으로 인하여 지출되는 여비, 일당, 숙박료 내지 서류의 필기료 등을 말한다.

이상 비용은 권리신장 내지 방어에 필요한 경우에 한하지만 그 비용부담의 재판은 그 원인을 재판할 뿐이고 그 필요 여부를 판정하는 것이 아니다. 따라서 이것 등의 재판은 소송비용액 확정결정을 할 때에 재판소의 의견으로 이를 정한다. 그런데 그 필요 여부를 결정함에 있어서는 당사자의 개인사정에 의하여 결정할 것은 아니다. 그 소송성질상 필요 여부를 검토하여야 한다. 일본 민사소송법에서는 변호사소송주의를 채용하고 있지 아니하므로 변호사의 보수는 그 필요한 비용으로 할 수는 없다. 오직 그 법률규정에 의하여 그것을

* 입체금이란 국가에 미리 납부하는 비용으로 현재 채당금(替當金)이라고 한다.

를許ᄒᆞᆫ時에限ᄒᆞ야ᄂᆞᆫ訴訟費用中에加得ᄒᆞᆷ이라(民訴第一二七條、人訴第三條末項參照)

訴訟費用裁判에全訴訟에對ᄒᆞ야負擔을宣示ᄒᆞᆫ時ᄂᆞᆫ起訴로判決確定ᄭᆞ지總其費用特히該訴訟中에提出ᄒᆞᆫ附隨의申請費用도包含ᄒᆞ며其起訴前이라도本訴訟을ᄒᆞᆷ에必要ᄒᆞᆫ管轄指定申請証據保全申請의費用도亦是包含ᄒᆞᆷ이라然ᄒᆞ나假差押假處分은本訴訟에關係가有ᄒᆞᆯ지라도一個特別訴訟節次에屬ᄒᆞᆷ으로써此等費用은其特別訴訟에別노히裁判ᄒᆞᆷ이相當ᄒᆞᆷ으로思量ᄒᆞ며督促節次의費用訴訟前和解의費用과如ᄒᆞᆫ者ᄂᆞᆫ本訴訟이繫屬ᄒᆞᆫ時ᄂᆞᆫ其訴訟費用의一部로看做ᄒᆞᆷ이라(民訴第三八一條末項第三九一條參照)

第二　訴訟費用의負擔

訴訟費用은敗訴者가負擔ᄒᆞᆷ이本則이라此ᄂᆞᆫ敗訴者가無益의訴와抗辯에因ᄒᆞ야生ᄒᆞᆷ으로看做ᄒᆞᆫ所以나然ᄒᆞ나或勝訴者도此를負擔케ᄒᆞᄂᆞᆫ變例가有ᄒᆞᆷ이라

一、訴訟費用負擔의本則

허가한 때에 한하여 소송비용 중에 넣을 수 있다(민소 제127조, 인소 제3조 단서 참조).

소송비용의 재판에서 전소송에 대하여 부담을 선고하는 때에는 소제기부터 판결확정까지 총비용이고 특히 해당 소송 중에 제출한 부수의 신청비용도 포함하며, 그 소제기 전이라도 본 소송을 함에 필요한 관할지정신청, 증거보전신청의 비용도 역시 포함한다. 그러나 가압류·가처분은 본소송과 관계가 있을지라도 1개의 특별소송절차에 속하기 때문에 이 비용은 그 특별소송절차에서 별도로 재판하는 것이 상당하다고 생각한다. 독촉절차비용과 소송전화해의 비용과 같은 것은 본소송이 계속된 때에는 그 소송비용의 일부로 간주하게 된다(민소 제381조 단서, 제392조 참조).

제2 소송비용의 부담

소송비용은 패소자가 부담하는 것이 원칙이다. 이는 패소자의 무익의 소와 항변으로 발생한 것으로 간주되기 때문이다. 하지만 승소자도 이를 부담하는 예외가 있다.

1. 소송비용 부담의 본칙

甲 敗訴의原告나被告ᄂᆞᆫ第一審에서敗訴ᄒᆞᆷ과上級審에셔敗訴ᄒᆞᆷ을不問ᄒᆞ고全訴訟費用을負擔케ᄒᆞᆷ이라(民訴第七二條第一項)

乙 當事者兩便이其勝敗를共有ᄒᆞᆯ時ᄂᆞᆫ其本請求에關ᄒᆞᆷ과附帶請求에係ᄒᆞᆷ을不問ᄒᆞ며又其本訴의請求와反訴의請求를勿論ᄒᆞ고各當事者ᄂᆞᆫ各自支出ᄒᆞᆫ費用을相消케ᄒᆞ며又其割筭으로此를分擔케ᄒᆞᄂᆞ니其分擔方法은割筭에據ᄒᆞ야分ᄒᆞ든지訴訟上階段에據ᄒᆞ야分ᄒᆞᆷ도亦無妨ᄒᆞ며其相消를ᄒᆞ게ᄒᆞ든지分擔을ᄒᆞ게ᄒᆞ든지ᄒᆞᆷ은裁判所意見에一任ᄒᆞᆷ이라然ᄒᆞ나勝敗가互有ᄒᆞᆫ時ᄂᆞᆫ何如ᄒᆞᆫ方法에依ᄒᆞ야其負擔을分ᄒᆞᆷ은自由나一人에게全訴訟費用을負擔케ᄒᆞᆷ은不得ᄒᆞᆷ이라然ᄒᆞ나唯其一便의要求格外에過分되지아니ᄒᆞ며且別段費用을不生ᄒᆞᄂᆞᆫ時ᄂᆞᆫ一部分敗訴를不拘ᄒᆞ고相對者에게全部費用을負擔케ᄒᆞᆷ을得ᄒᆞᆯ뿐이라(民訴第七三條)

二、訴訟費用分擔의變例　勝訴者됨을不拘ᄒᆞ고訴訟費用을負擔케ᄒᆞᄂᆞᆫ境遇가有ᄒᆞ니

甲 被告가直히原告請求를認諾ᄒᆞ며且被告作爲에因ᄒᆞ야起訴ᄒᆞᆷ에至치아

갑. 패소의 원고나 피고는 제1심에서 패소하거나 상급심에서 패소한 것을 불문하고 전체 소송비용을 부담하게 된다(민소 제72조 제1항).

을. 당사자 쌍방이 그 승패를 공유한 때에는 그 본청구와 부대청구에 관한 것을 불문하고 또한 본소와 반소의 청구를 묻지 않고 각 당사자는 각자 지출한 비용을 상소(相消)하거나* 또는 이를 나누어 분담케 한다. 그 분담방법은 액수를 나누거나 소송상 심급에 근거하여 나누는 것도 무방하다. 상소방법으로 하든지 분담방법으로 하는지 여부는 재판소의 의견에 일임한다. 즉 승패를 공유하는 경우에는 어떠한 방법으로 그 부담을 나누는 것은 자유이지만 1인에게 전체 소송비용을 부담하게 할 수는 없다. 하지만 오직 일방 당사자의 요구가 의외로 과분하지 아니하여 별도의 비용이 발생하지 아니한 때에는 일부 패소한 경우에도 상대자에게 전체 소송비용을 부담하게 할 수 있다(민소 제73조).

2. 소송비용 분담의 예외

승소자임에도 불구하고 소송비용을 부담케 하는 예외가 있다.

갑. 피고가 바로 원고의 청구를 인낙하는 것과 같이 피고의 작위(作爲)로 인하여 본안의 변론에 이르지 아니

---

* 상소는 서로 발생한 비용을 각자 부담하는 방법이다.

니ᄒᆞᆫ時ᄂᆞᆫ原告ᄂᆞᆫ勝訴者됨을不拘ᄒᆞ고訴訟費用의全部를負擔ᄒᆞᆷ이라此에所謂被告作用에因ᄒᆞ야起訴ᄒᆞᆷ에至치아니ᄒᆞᆫ時라ᄒᆞᆷ은假令何等의催促도一無ᄒᆞ고直히起訴ᄒᆞᆫ時와如ᄒᆞᆫ者를謂ᄒᆞᆷ이니如斯ᄒᆞᆫ境遇에ᄂᆞᆫ裁判外에請求ᄒᆞ면直히此에應ᄒᆞ야 其請求를滿足 ᄒᆞ게ᄒᆞᆯ지나 此를不爲ᄒᆞ고不必要ᄒᆞᆫ裁判上保護를求ᄒᆞᆫ境遇니如此ᄒᆞᆫ費用은全然히原告의負擔에歸ᄒᆞ게ᄒᆞᆷ을當然ᄒᆞᆷ이라ᄒᆞᆯ지라 且直히請求를 認諾ᄒᆞᆷ이라ᄒᆞᆷ은 口頭辯論에本案의辯論前認諾ᄒᆞᆷ을謂ᄒᆞᆷ이니故로假令被告가其準備書面即答辯書中에此를爭ᄒᆞᆯ意思를表示ᄒᆞᆫ時라도 口頭辯論에 直히認諾ᄒᆞ면 此規定을適用ᄒᆞᆷ을得ᄒᆞᆯ지라尙此妨訴抗辯을行ᄒᆞᆫ後라도本案辯論前에認諾ᄒᆞ면亦是此를適用ᄒᆞᆷ을得ᄒᆞᆯ지나單히事實을自白만ᄒᆞᆫ境遇에ᄂᆞᆫ此를適用ᄒᆞᆷ을不得ᄒᆞᄂᆞ니故로반다시其請求를認諾ᄒᆞᆫ境遇에만適用ᄒᆞᆷ을得ᄒᆞᆷ이라 (民訴第七四條)

乙 期日과期間을懈怠ᄒᆞ고又自己의過失에因ᄒᆞ야期日變更、辯論延期、辯論續行과期間伸長을行ᄒᆞᆷ에至케ᄒᆞᆫ時에此를因ᄒᆞ야生ᄒᆞᆫ費用은勝訴者됨

한 때에는 원고가 승소하였음에도 소송비용의 전부를 부담하게 된다. 여기에서 피고의 작위로 인하여 소제기에 이르지 아니한 때라 함은 가령 일체의 최고도 없이 바로 소제기를 한 경우와 같은 것을 말한다. 이와 같은 경우에 재판 외에서 청구하면 바로 이에 응하여 그 청구를 만족하게 할 수 있음에도 이를 하지 아니하고 불필요한 재판상 보호를 구하는 경우이기 때문이다. 이와 같은 비용은 완전히 원고의 부담으로 하는 것이 당연하다. 또 바로 청구를 인낙함이라 하는 것은 구두변론에서 본안의 변론 전에 인낙을 함을 말한다. 따라서 가령 피고가 준비서면 즉 답변서 중에 이를 다툴 의사를 표시한 때에도 구두변론에서 바로 인낙하면 이 규정을 적용할 수 있다. 방소항변을 주장한 후라도 본안변론 전에 인낙을 하면 역시 이 규정을 적용할 수 있다. 단순히 사실을 자백한 경우에는 이를 적용할 수 없고, 청구를 인낙한 경우에만 적용할 수 있다(민소 제74조).

을. 기일과 기간을 해태하거나 자신의 과실로 인하여 기일변경, 변론연기, 변론속행과 기간신장을 함에 그친 때에는 이로 인하여 발생한 비용은 승소자임에도

을不拘ᄒᆞ고此를生케ᄒᆞᆫ者에게負擔케ᄒᆞᆷ이라(民訴第七五條)

丙 前號의結果로期日을懈怠ᄒᆞ야闕席判決을受ᄒᆞᆫ時에故障申提를行ᄒᆞ야勝訴에歸ᄒᆞᆯ지라도相對者의不當ᄒᆞᆫ異議에因ᄒᆞ야生ᄒᆞᆫ費用이아닌限度에는其勝訴者됨을不拘ᄒᆞ고闕席判決費用은懈怠者負擔에歸케ᄒᆞᆷ이라(民訴第二六二條)

丁 原狀回復의申提費用은相對者의異議에因ᄒᆞ야生ᄒᆞᆫ費用이아닌限度에는本案의勝訴者됨을不拘ᄒᆞ고其申提人의負擔에歸ᄒᆞᆷ이라(民訴第一七七條第三項)

戊 無益ᄒᆞᆫ攻擊과防禦方法을主張ᄒᆞᆫ原告와被告는其勝訴者됨을不拘ᄒᆞ고裁判所意見으로써其方法의費用을此等者에게負擔케ᄒᆞᆷ을得ᄒᆞᄂᆞ니此裁判所意見은義務가아니오職權이라稱謂ᄒᆞᆯ지라(民訴第七六條)

己 無益ᄒᆞᆫ上訴를行ᄒᆞᆫ者는其上訴費用을負擔ᄒᆞᄂᆞ니(民訴第七七條)此所謂無益ᄒᆞᆫ上訴라ᄒᆞᆷ은控訴上告等을行ᄒᆞ얏스나其效가無ᄒᆞ고形式上理由를據ᄒᆞ야又는實體上理由를基ᄒᆞ야棄却된境遇를謂ᄒᆞᆷ이라元來訴訟費用

불구하고 이를 발생케 한 자에게 부담하게 한다(민소 제75조).

병. 위 항의 결과로 기일을 해태하여 궐석재판을 받은 때에 고장신청을 하여 승소를 하게 된 경우에도 상대자의 부당한 이의로 인하여 발생한 비용이 아닌 한도에서는 승소자임에도 불구하고 궐석재판의 비용은 해태자의 부담으로 한다(민소 제262조).

정. 원상회복의 신청비용은 상대자의 이의로 인하여 발생한 비용이 아닌 한도에서 본안의 승소자임에도 불구하고 그 신청인의 부담으로 한다(민소 제177조 제3항).

무. 무익한 공격과 방어방법을 주장한 원고와 피고는 승소자임에도 불구하고 재판소의 의견으로 그 방법의 비용을 그 주장자에게 부담하게 할 수 있다. 이 재판소의 의견은 의무가 아니고 직권이라고 칭한다(민소 제76조).

기. 무익한 상소를 행한 자는 그 상소비용을 부담한다(민소 제77조). 여기서 무익한 상소라 함은 항소·상고 등을 하였으나 그 효력이 없고, 형식상 이유 또는 실체상 이유로 하였으나 기각된 경우를 말한다. 원래 소송비용의裁判은旣已前審에서宣示가有ᄒᆞ나上訴에關ᄒᆞᆫ費用은此에包含치아니ᄒᆞᆷ으로써上訴에其効가無ᄒᆞ야却下된時ᄂᆞᆫ其判決中에서上訴의費用에對ᄒᆞ야不可不裁判이니라

庚　前審에서主張ᄒᆞᆷ을得ᄒᆞᆯ만ᄒᆞᆫ事實과攻擊防禦의方法等을上級審에至ᄒᆞ야新主張ᄒᆞᆷ으로因ᄒᆞ야勝訴된當事者에게其上訴에關ᄒᆞᆫ費用의全部或幾部를負擔ᄒᆞ게ᄒᆞᆷ을得ᄒᆞᆷ이라(民訴第七八條第二項)是ᄂᆞᆫ前審에서主張ᄒᆞ얏스면上訴를行ᄒᆞᆯ必要가無ᄒᆞᆷ으로裁判所가認定ᄒᆞᆫ境遇에適用ᄒᆞᆯ者ㅣ라要컨ᄃᆡ當事者의過失로全審에서主張을不爲ᄒᆞ야費用을重疊케ᄒᆞᆫ境遇인즉其費用의分擔을ᄒᆞ게ᄒᆞᆷ은當然ᄒᆞᆫ所以니라

三、裁判에依ᄒᆞᆫ敗訴者ᄂᆞᆫ아니오訴訟費用負擔에因ᄒᆞ야敗訴者로準ᄒᆞᆯ境遇卽敗訴者로看做ᄒᆞᆯ境遇가有ᄒᆞ니

甲　訴訟中에訴를取下ᄒᆞᆷ과請求를抛棄ᄒᆞᆫ原告及請求를認諾ᄒᆞᆫ被告ᄂᆞᆫ判決에依ᄒᆞ야敗訴의宣示를受ᄒᆞᆫ者와同一히訴訟費用을負擔ᄒᆞᆷ이라(民訴第七二條第二項)　請求를抛棄나認諾ᄒᆞᄂᆞᆫ境遇에當ᄒᆞ야相對者의申提에依

의 재판은 이미 전심에서 선고한 것이 있으나 상소에 관한 비용은 이에 포함하지 아니하였으므로 상소에서 그 효력이 없이 각하하는 때에는 그 판결 중에 상소비용을 재판하여야 한다.

경. 전심에서 주장할만한 사실과 공격방어의 방법 등을 상급심에 이르러 새롭게 주장함으로 인하여 승소한 당사자에게 그 소송에 관한 비용의 전부 또는 일부를 부담케 할 수 있다(민소 제78조 제2항). 이는 전심에서 주장하였으면 상소를 할 필요가 없다고 재판소가 인정한 경우에 적용하게 된다. 요컨대 당사자의 과실로 전심에서 주장을 하지 못하여 비용을 증가케 한 경우이므로 그 비용을 분담케 하는 것은 당연하다.

3. 재판에 의한 패소자는 아니지만 소송비용의 부담에 있어서 패소자에 준한 경우 즉 패소자로 간주하는 경우이다.

갑. 소송 중에 소를 취하하거나 청구를 포기한 원고 내지 청구를 인낙한 피고는 판결에 의하여 패소를 선고받은 자와 동일하게 소송비용을 부담한다(민소 제72조 제2항). 청구를 포기하거나 인낙하는 경우에는 당연히 상대자의 신청에 의하여

ᄒᆞ야判決을行ᄒᆞᆯ境遇에ᄂᆞᆫ其判決에訴訟費用을因ᄒᆞ야裁判ᄭᆞ지行ᄒᆞᆷ은勿論인즉此規定에依ᄒᆞᆷ은不要ᄒᆞᄂᆞ니本號를適用ᄒᆞᆯ境遇ᄂᆞᆫ拋棄認諾을行ᄒᆞ고此를調書에記載ᄒᆞ야明確ᄒᆞ게ᄒᆞᆫ境遇에만適用ᄒᆞᆷ이라(民訴第一三〇條第二項第一號及第二二九條

乙 支給命令에對ᄒᆞ야異議의申提가有ᄒᆞᆫ境遇에債權者ᄂᆞᆫ其請求가地方裁判所管轄에屬ᄒᆞᆫ者를不拘ᄒᆞ고法律이定ᄒᆞᆫ期間內에起訴치아니ᄒᆞᆫ時ᄂᆞᆫ其督促節次의費用은債權者의負擔에歸ᄒᆞᆷ이라(民訴第三九二條第二項)

丙 上訴의取下를行ᄒᆞᆫ者ᄂᆞᆫ無益ᄒᆞᆫ上訴를行ᄒᆞᆫ者와갓치上訴費用을負擔ᄒᆞᆷ이라(民訴第七七條後段)

丁 當事者가和解를行ᄒᆞᆫ時ᄂᆞᆫ(民訴第一三〇條第二項第一號第二二一條第二八一條參照)其訴訟費用及和解費用은特別契約이無ᄒᆞᆷ에限ᄒᆞ야ᄂᆞᆫ判決에因ᄒᆞ야兩便이互相勝訴된時와同一히相消ᄒᆞᆫ者로看做ᄒᆞᆷ이라(民訴第七九條)

판결을 한 경우에는 그 판결에 소송비용을 같이 재판하는 것은 물론이다. 이 규정에 의할 필요는 없다. 본 항을 적용할 경우는 포기·인낙을 하여 그 조서에 기재하여 명확히 할 경우에만 이를 적용한다(민소 제130조 제2항 제1호, 제229조).

을. 지급명령에 대하여 이의의 신청이 있는 경우에 채권자는 그 청구가 지방재판소의 관할에 속할 경우에 불구하고 법률이 정한 기간 내에 소제기를 하지 아니할 때에는 그 독촉절차의 비용은 채권자의 부담으로 한다(민소 제392조 제2항).

병. 상소의 취하를 한 자는 무익한 상소를 한 자와 같이 상소비용을 부담하게 된다(민소 제77조 후단).

정. 당사자가 화해를 한 때(민소 제130조 제2항 제1호, 제221조, 제381조 참조)는 그 소송비용 내지 화해비용은 특별계약이 없다면 판결로 인하여 상호 승소한 때와 같이 상소(相消)하는 것으로 간주된다(민소 제79조).

四、共同訴訟人間訴訟費用의負擔　共同訴訟人은各々獨立ᄒᆞ야行爲를行ᄒᆞᆷ으로共通의關係가無인즉其訴訟費用에도各自平等分擔케ᄒᆞᆷ을通例라ᄒᆞᄂᆞ니此平等分擔에ᄂᆞᆫ左의變例가有ᄒᆞᆷ이라(民訴第八〇條)

甲　共同訴訟人間의利害가顯著히異ᄒᆞᆯ時ᄂᆞᆫ裁判所ᄂᆞᆫ其利害에應ᄒᆞ야訴訟費用을負擔케ᄒᆞᆷ을得ᄒᆞᆷ이라

乙　共同訴訟人中一人이特別ᄒᆞᆫ攻擊과防禦의方法을提出ᄒᆞᆫ時ᄂᆞᆫ此를因ᄒᆞ야生ᄒᆞᆫ費用은其特別ᄒᆞᆫ主張을行ᄒᆞᆫ者에만負擔케ᄒᆞᆷ이라

丙　法律規定에依ᄒᆞ야費用을共同訴訟人間에連帶債務로負ᄒᆞᆫ境遇에ᄂᆞᆫ其訴訟費用에도連帶의負擔을ᄒᆞ게ᄒᆞᆷ이라

法律에依ᄒᆞ야費用을連帶債務로負ᄒᆞᆫ境遇라ᄒᆞᆷ은他法律에直接으로訴訟費用의連帶負擔을定ᄒᆞᆫ者와如ᄒᆞ나訴訟費用의負擔은主ᄒᆞ야本法에規定ᄒᆞᆫ바ㅣ니他法律에 此負擔을定ᄒᆞᆫ 規定이無ᄒᆞᆫ 故로法律에 依ᄒᆞ야連帶債務를負ᄒᆞᆫ時라ᄒᆞᆷ은其訴訟上의債權債務에一般費用에도連帶의關係가有ᄒᆞᆫ者ᄂᆞᆫ訴訟費用에도連帶負擔을ᄒᆞ게ᄒᆞᄂᆞᆫ精神이라고解釋치아니치못ᄒᆞᆯ

4. 공동소송인 사이 소송비용의 부담

공동소송인은 각각 독립하여 행위를 행하기 때문에 공통의 관계가 없다. 그러므로 그 소송비용도 각자 평등하게 부담하는 것이 통례(通例)이다. 그 평등분담의 예외는 다음과 같다(민소 제80조).

갑. 공동소송인 사이의 이해가 현저히 다른 때에는 재판소는 그 이해에 따라 소송비용을 부담케 할 수 있다.

을. 공동소송인 중 1인이 특별한 공격과 방어의 방법을 제출한 때에는 이로 인하여 발생한 비용은 그 특별한 주장을 한 자에게 부담케 한다.

병. 법률규정에 의하여 비용을 공동소송인 사이에 연대채무로 부담케 하는 경우에는 그 소송비용도 연대로 부담하게 한다.

법률에 의하여 비용을 연대채무로 부담케 한 경우라 함은 다른 법률에 직접으로 소송비용의 연대채무를 정하는 것을 말하지만, 소송비용의 부담은 주로 본법에 규정하고 있고 다른 법률에 그 부담을 정한 규정은 없기 때문에 법률에 의하여 연대채무를 부담케 하는 때라고 함은 그 소송상의 채권채무에 대한 일반비용에도 연대의 관계가 있는 경우에는 소송비용에도 연대부담을 하게 하려는 취지라고 해석치 아니하지 못할 것이다.

지라故로連帶債務者間과不可分債務者間의共同訴訟의訴訟費用은連帶ᄒᆞ야負擔홈을宣示홀者로信ᄒᆞ노라

五、從叅加人에게對ᄒᆞᆫ訴訟費用의負擔　從叅加人과當事者間異議에關ᄒᆞᆫ中間訴訟에ᄂᆞᆫ其中間裁判에其當事者에게訴訟費用負擔의裁判을行ᄒᆞᄂᆞ니本訴訟에ᄂᆞᆫ從叅加人은當事者로判決을受홀者이아니나其訴訟費用에ᄂᆞᆫ一般規定을從ᄒᆞ야敗訴者를補助ᄒᆞᆫ者ᄂᆞᆫ敗訴者의地位로此를負擔케홈이라(民訴第八一條)然ᄒᆞ나從叅加人은補助ᄒᆞᆫ當事者와連帶의負擔을ᄒᆞ게홈이아니오其從叅加를因ᄒᆞ야生ᄒᆞᆫ費用에對ᄒᆞ야負擔홀뿐이니라

六、第三者訴訟費用의負擔

甲　裁判所書記法定代理人訴訟代理人及執達吏가故意나重大ᄒᆞᆫ過失을因ᄒᆞ야無益ᄒᆞᆫ費用을生ᄒᆞ게ᄒᆞᆫ時ᄂᆞᆫ裁判所ᄂᆞᆫ申提에因ᄒᆞ거나又其職權으로써其訴訟費用을負擔케ᄒᆞᄂᆞᆫ決定을行홈을得홈이라元來訴訟費用은其當事者에게負擔을宣示홈은本則이라ᄒᆞ나此境遇ᄂᆞᆫ全히懲戒的으로出ᄒᆞᆫ規定이니(民訴第八三條)其重大ᄒᆞᆫ過失이나故意의有無ᄂᆞᆫ裁判所의意見에

따라서 연대채무자 사이와 불가분채무자 사이의 공동소송의 소송비용은 연대하여 부담을 선고하여야 할 경우라고 믿는다.

5. 종참가자에 대한 소송비용의 부담

종참가자와 당사자 사이의 이의에 관한 중간소송에 따른 그 중간재판에서는 그 당사자에게 소송비용 부담의 재판을 한다. 본소송에서 종참가인은 당사자로 판결을 받는 것이 아니지만 그 소송비용에 관하여는 일반규정에 따라 패소자를 보조하는 자는 패소자의 지위로서 이를 부담케 한다(민소 제81조). 하지만 종참가인은 보조한 당사자와 연대의 부담을 지게 하는 것이 아니고 그 종참가로 인하여 발생한 비용에 대하여 부담케 할 뿐이다.

6. 제삼자의 소송비용 부담

갑. 재판소의 서기, 법정대리인, 소송대리인 내지 집달리가 고의나 중대한 과실로 인하여 무익한 비용을 발생케 한 때에는 재판소는 신청 또는 직권으로 그 소송비용을 부담케 하는 결정을 할 수 있다. 원래 소송비용은 그 당사자에게 부담을 선고하는 것이 원칙이지만, 이 경우는 완전히 징벌적으로 생긴 규정이다(민소 제83조). 그 중대한 과실이나 고의의 유무는 재판소의 의견에

依ᄒᆞ야判斷ᄒᆞᆷ이라

乙 証人及鑑定人이正當ᄒᆞᆫ事由가無ᄒᆞ고呼出期日에出頭치아니ᄒᆞ며又其理由가無ᄒᆞ고証言이나鑑定을拒絶ᄒᆞᆫ時ᄂᆞᆫ裁判所ᄂᆞᆫ此를由ᄒᆞ야生ᄒᆞᆫ費用을此等者에게賠償케ᄒᆞᄂᆞᆫ決定을行ᄒᆞᆷ을得ᄒᆞᆷ이라(民訴第二九四條第三〇二條及第三二八條)

七、檢事가人事訴訟當事者가된境遇에敗訴ᄒᆞᆫ時ᄂᆞᆫ其訴訟費用은國庫가負擔ᄒᆞᆷ이라(人訴第一七條第一六條第一一條第五九條)

檢事ᄂᆞᆫ公益을爲ᄒᆞ야其職務上當事者가됨인즉訴訟費用도檢事一個人의負擔에歸ᄒᆞᆯ바ㅣ아니오國庫의負擔이되ᄂᆞᆫ바ㅣ라

第三 訴訟費用의裁判

訴訟費用負擔의宣示ᄂᆞᆫ權利의伸張과防禦를完全케ᄒᆞ기爲ᄒᆞ야訴訟法의規定에依ᄒᆞ야負擔을命ᄒᆞᄂᆞᆫ者인즉當事者申提가有ᄒᆞᆷ을不待ᄒᆞ고裁判所ᄂᆞᆫ職權으로써費用負擔에關ᄒᆞᆫ前述法則을適用ᄒᆞ야判ᄒᆞᆷ이可ᄒᆞᆷ이라(民訴第二三一條第二項) 此ᄂᆞᆫ本法의不干涉主義의大變例이니尤其當事者ᄂᆞᆫ其訴訟費用

의하여 판단한다.

을. 증인 내지 감정인이 정당한 이유 없이 변론기일에 출석하지 아니하거나 또는 그 이유 없이 증언이나 감정을 거절한 때에는 재판소는 이로 인하여 발생한 비용을 그들에게 배상케 하는 결정을 할 수 있다(민소 제294조, 제302조 내지 제328조).

7. 검사가 인사소송의 당사자가 되어 패소한 때에는 그 소송비용은 국고가 부담한다(인소 제17조, 제21조, 제26조, 제59조). 검사는 공익을 위하여 직무상당사자가 된 것이므로 소송비용도 검사 개인이 부담하는 것이 아니고 국고의 부담이 되는 것이다.

제3 소송비용의 재판

소송비용의 선고는 권리의 신장과 방어을 완전하게 하기 위하여 소송법 규정에 따라 부담을 명하는 것이다. 당사자의 신청유무와 관계없이 재판소는 직권으로 비용부담에 관하여 앞서 설명한 원칙을 적용하여 재판을 할 수 있다(민소 제231조 제2항). 이는 본법이 불간섭주의(不干涉主義)*에 대한 커다란 예외이다. 특히 당사자는 그 소송비용

* 불간섭주의라는 것은 당사자주의(當事者主義)를 의미한다.

의負擔에關ᄒᆞ야事實上이든지法律上의理由를主張ᄒᆞ며且此立證을行홈도無妨ᄒᆞ나訴訟費用으로裁判을行홈에ᄂᆞᆫ本法에訴訟費用의範圍에屬ᄒᆞᆯ者로認ᄒᆞ고且其必要ᄒᆞᆫ費用에만限홈인故로訴訟을因ᄒᆞ야他에特別ᄒᆞᆫ費用을生ᄒᆞᆫ時에當ᄒᆞ야別노히損害賠償의訴로써請求의得否를論홈은民法上規定에依ᄒᆞ야決ᄒᆞᆯ뿐이니如斯ᄒᆞᆫ費用을訴訟費用으로請求홈은不得ᄒᆞ며又其訴訟費用은其裁判所에셔職權으로써此를宣示ᄒᆞᄂᆞᆫ者인즉其裁判所에셔申提치아니ᄒᆞ고他裁判所에向ᄒᆞ야獨立의訴로提起ᄒᆞ야請求홈은不得홈이라

訴訟費用負擔의裁判은判決로行ᄒᆞᆯ境遇와決定으로行ᄒᆞᆯ境遇가有ᄒᆞ며又其費用의負擔은何等의裁判도不要ᄒᆞ고此를法律規定에依ᄒᆞ야當然히負擔ᄒᆞᆯ境遇가有홈으로써左에其區別를示코져ᄒᆞᄂᆞ니

一、判決로써裁判을行ᄒᆞᆯ境遇　一般訴訟에ᄂᆞᆫ終局判決를行ᄒᆞᄂᆞᆫ境遇에ᄂᆞᆫ當事者申提를不待ᄒᆞ고訴訟費用의裁判을行ᄒᆞᄂᆞ니其判決은闕席判決과對席判決를不問ᄒᆞ며又其全部의終局判決과一部의終局判決를勿論ᄒᆞ고此를宣示ᄒᆞᄂᆞᆫ故로合併訴訟과又其本訴及反訴內의一部終局判決를行ᄒᆞᄂᆞᆫ時도其

의 부담에 관하여 사실상 또는 법률상의 이유를 주장하며 또 그 입증을 하여도 무방하지만, 소송비용 재판을 함에 있어서 본법에 소송비용의 범위에 포함될 자로 인정되고 또한 그 필요한 비용에 한정된다. 따라서 소송으로 인하여 다른 특별한 비용이 발생한 때에는 특별히 손해배상의 소로 청구를 할 수 있는지 여부는 민법 규정에 의하여 결정하겠지만 이와 같은 비용은 소송비용으로 청구할 수는 없다. 또 소송비용은 그 재판소에서 직권으로 선고하는 것이므로 그 재판소에 신청하지 않고 다른 재판소에 독립의 소를 청구할 수는 없다.

소송비용의 재판은 판결로 하는 경우와 결정으로 하는 경우가 있다. 또 그 비용의 부담은 다른 재판이 필요 없고 법률규정에 의하여 당연히 부담하는 경우가 있으므로 다음과 같이 나누어 설명하겠다.

1. 판결로서 재판하는 경우

일반소송에서 종국재판을 하는 경우에는 당사자의 신청과 관계없이 소송비용의 재판을 한다. 그 재판은 궐석재판*과 대석재판**을 묻지 아니하며, 또 전부판결 또는 일부판결은 물론이고 소송비용 재판을 선고하게 된다. 따라서 병합소송 또는 본소와 반소에 있어서 일부 종국판결을 하는 때에도 그

* 당사자 일방이 불출석한 상태에서 변론 없이 판결을 하는 경우이다. 자백간주의 판결을 의미한다.
** 양 당사자가 출석하여 변론 후에 판결하는 경우이다.

部分에關ᄒᆞᄂᆞᆫ訴訟費用負擔의裁判을行ᄒᆞᆷ을得ᄒᆞ나此境遇에裁判所ᄂᆞᆫ費用의裁判을後의全部終局判決에讓ᄒᆞᆷ도得ᄒᆞᆷ이라(民訴第二三一條)

上訴의境遇에上訴棄却의終局判決를行ᄒᆞᆯ時ᄂᆞᆫ其上訴ᄂᆞᆫ無益ᄒᆞᆫ上訴가됨으로上訴者로其上訴의訴訟費用을負擔케ᄒᆞᆯ趣旨의宣示를行ᄒᆞᄂᆞ니若其上訴에依ᄒᆞ야前判決의全部나或一部를破毁나廢棄의終局判決을行ᄒᆞᆯ時ᄂᆞᆫ其訴訟各審의總費用裁判을行ᄒᆞᆷ이可ᄒᆞᆷ이라(民訴第七八條第一項)此에一注意를要ᄒᆞᆯ바ᄂᆞᆫ上訴審에서前判決를廢棄나破毁ᄒᆞ야此를原裁判所에差戾ᄒᆞ든지又他裁判所에移送ᄒᆞᆯ時라도尙其總費用裁判을行ᄒᆞᆯᄂᆞᆫ지此差戾判決과移送判決은終局判決이될ᄂᆞᆫ지中間判決이될ᄂᆞᆫ지ᄒᆞᄂᆞᆫ一問題라若終局判決로써各審級의繫屬을離脫ᄒᆞᄂᆞᆫ裁判을意味ᄒᆞᆷ이라ᄒᆞ면此判決은即終局判決이되나訴訟費用의裁判은其事件의終局될裁判을行ᄒᆞᆯ境遇에此判決을行ᄒᆞᆷ이라故로玆에終局判決을行ᄒᆞᆯ境遇에ᄂᆞᆫ訴訟費用의裁判을行ᄒᆞᆷ이可ᄒᆞᆷ이라고規定ᄒᆞᆫ者ᄂᆞᆫ事件의終局을宣言ᄒᆞᆫ判決로不可不解釋ᄒᆞᆯ지라故로差戾判決移送判決의境遇에ᄂᆞᆫ訴訟費用의裁判을行ᄒᆞᆯ者이아니라고信ᄒᆞ노라

부분에 관한 소송비용의 재판을 하게 된다. 이 경우 재판소는 비용의 재판을 나중에 하는 전부의 종국판결에 미루는 것도 가능하다(민소 제231조).

상소의 경우에 상소기각의 종국판결을 할 때에는 그 상소는 무익한 상소가 됨으로 그 상소자에게 그 상소의 소송비용을 부담케 하는 취지의 선고를 하게 된다. 만약 그 상소에 의하여 전 판결의 일부 또는 전부를 파기하는 종국판결을 하는 때에는 그 소송 각심의 총소송비용 재판을 할 수 있다(민소 제78조 제1항). 이에 주의할 것은 상소심에서 전판결을 파기하여 이를 원재판소로 환송하든지 또는 다른 재판소에 이송할 때에도 그 총비용재판을 할 것인지 여부는 그 환송판결과 이송판결이 종국판결인가 아니면 중간판결인지의 문제이다. 만약 종국판결로서 각 심급의 계속을 이탈하는 재판을 의미한다고 하면 이 판결은 종국판결이 되지만, 소송비용의 재판은 그 사건의 종국될 재판을 하는 경우에 하는 것이므로 이에 종국판결을 하는 경우에는 소송비용의 재판을 할 수 있다는 규정은 사건의 종국을 선언하는 판결로 해석할 수 밖에 없으므로 환송판결과 이송판결은 소송비용의 재판을 할 수 있는 경우가 아니라고 믿는다.

訴訟費用의裁判은終局判決에ᄂᆞᆫ一體로此를裁判ᄒᆞᄂᆞᆫ故로中間判決과其訴訟의進行中決定에在ᄒᆞ야ᄂᆞᆫ特別히訴訟費用의裁判을不爲ᄒᆞᄂᆞ니此等事項에도訴訟上費用을要ᄒᆞᆯ바ㅣ有ᄒᆞ나訴訟上必要ᄒᆞᆷ에限ᄒᆞ야終局判決에宣示ᄒᆞᆫ訴訟費用의負擔中에包含ᄒᆞ며其費用額確定決定을行ᄒᆞᆷ에當ᄒᆞ야ᄂᆞᆫ必要與否를調査ᄒᆞ야其額을決ᄒᆞᆷ이라

中間判決에ᄂᆞᆫ訴訟費用의裁判을不爲ᄒᆞᄂᆞᆫ故로假令上訴에關ᄒᆞ야ᄂᆞᆫ終局判決로看做ᄒᆞᆯ만ᄒᆞᆫ妨訴抗辯棄却의判決(民訴第二〇七條第二項參照)又其原因에만關ᄒᆞᆫ判決(民訴第二二八條第二項參照)이라도亦是裁判을不爲ᄒᆞᆷ이라然ᄒᆞ나上訴及强制執行에關ᄒᆞ야終局判決로看做ᄒᆞᆯ만ᄒᆞᆫ裁判(民訴第四九一條第三項參照)에至ᄒᆞ야ᄂᆞᆫ其訴訟은尙此繫屬ᄒᆞᆯ지라도其請求全部에對ᄒᆞ야終局裁判을行ᄒᆞᆷ은勿論이며別노히執行도行ᄒᆞᆷ을得ᄒᆞᆯ者인즉全然히終屋判決에準ᄒᆞ야訴訟費用의裁判을行ᄒᆞᆷ이可ᄒᆞᆷ이라

如斯히中間判決及其訴訟中決定에ᄂᆞᆫ訴訟費用의裁判을不爲ᄒᆞᆷ이나本訴訟과全然히關係가無ᄒᆞᆫ別個의爭에終局裁判을行ᄒᆞᆯ境遇에ᄂᆞᆫ此訴訟費用의裁

소송비용의 재판은 종국판결을 하는 경우에 일체로 재판을 하기 때문에 중간판결과 그 소송의 진행 중의 결정에 있어서는 특별히 소송비용의 재판을 하지 아니한다. 이러한 사항 등에도 소송상 비용이 필요한 바가 있지만 소송상 필요한 한도에서 종국판결에서 선고할 소송비용의 부담 중에 포함하여 그 비용액확정결정을 할 때에 필요 여부를 조사하여 그 액수를 정하게 된다.

중간판결에는 소송비용의 재판을 하지 아니하므로, 가령 상소에 관하여 하는 종국판결로 간주할만한 방소항변의 기각판결(민소 제207조 제2항 참조) 또는 그 원인에 관한 판결(민소 제228조 제2항 참조) 역시 소송비용 재판을 하지 아니한다. 하지만 상소 내지 강제집행에 관하여 종국판결로 간주할만한 재판(민소 제491조 제3항 참조)에 대하여는 그 소송이 계속 중이라도 그 청구의 전부에 대하여 종국판결을 행함을 물론이고 특별히 집행도 할 수 있는 것이므로 완전히 종국판결에 준하여 소송비용의 재판을 하는 것이 가능하다.

이와 같은 중간판결 내지 소송 중 결정은 소송비용의 재판을 하지 않지만 본소송과 전혀 관계가 없는 별개의 다툼에 대한 종국재판을 하는 경우에는 그 소송비용의 재판

判을行홀境遇가有ᄒᆞ니次號에此를述코져ᄒᆞ노라

二、決定으로써行홀境遇 一個訴訟中에行ᄒᆞ는決定에는此에關홀訴訟費用도終局判決에宣示ᄒᆞᆫ訴訟費用負擔의裁判中에包含홀者인즉其決定으로此를裁判홈은不要홀지나決定으로써訴訟費用의負擔을命홀境遇가如左ᄒᆞ니

甲 第三者에게訴訟費用의負擔을命홀境遇니此境遇는總其決定으로써此를裁判홀者인즉前述ᄒᆞᆫ裁判所書記代理人執達吏又는証人鑑定人等에게此負擔을宣示ᄒᆞ는境遇라何者오此境遇는訴訟中當事者가아닌所以니라（民訴第八三條第一九四條第三〇一條第三一八條參照）

乙 訴訟中決定이라도法律規定에依ᄒᆞ야決定과共히訴訟費用의裁判도併行을命홈이有ᄒᆞ니卽從參加의異議에關ᄒᆞᆫ決定과如ᄒᆞᆫ者ㅣ라是亦原當事者間의裁判이아닌所以니라（民訴第八一條）

丙 本訴訟과는全然히別個의訴訟에決定으로써裁判을行홀境遇에는其費用에關ᄒᆞ야訴訟費用負擔의法則을適用ᄒᆞ야此의負擔을命홈을得ᄒᆞᄂᆞ니卽假差押假處分에對ᄒᆞ야決定으로써裁判홀境遇니라（民訴第七〇一條

을 할 경우가 있다. 이를 설명하면 다음과 같다.

2. 결정으로 행하는 경우

1개의 소송 중에 행하는 결정에는 이에 관한 소송비용도 종국판결에 선고한 소송비용부담의 재판 중에 포함하는 것이므로 그 결정에서 소송비용의 재판을 할 필요가 없지만, 결정으로 소송비용의 부담을 명할 경우는 다음과 같다.

갑. 제삼자에게 소송비용을 명할 경우이다. 이 경우는 그 결정에서 소송비용 재판을 하게 된다. 앞에서 설명한 재판소의 서기, 대리인, 집달리 또는 증인, 감정인 등에게 그 부담을 선고하는 경우이다. 이러한 자들은 소송 중 당사자가 아니기 때문이다(민소 제83조, 제294조, 제302조, 제328조 참조).

을. 소송 중 결정이라도 법률규정에 의하여 결정과 같이 소송비용의 재판도 함께 명하는 경우가 있는데, 즉 종참가에 대한 이의에 관한 결정과 같은 것이다. 역시 원래의 당사자 사이의 재판이 아니기 때문이다(민소 제81조).

병. 본소송과 완전히 별개의 소송에 대하여 결정으로 재판을 하는 경우에는 그 비용에 관하여 소송비용의 원칙을 적용하여 그의 부담을 명할 수 있다. 가령 가압류·가처분에 대하여 결정으로 재판을 하는 경우이다(민소 제701조,

(第七五六條參照)

三、裁判을不要ᄒᆞ고法律上當然히訴訟費用을負擔ᄒᆞᆯ境遇　即訴의取下請求의拋棄認諾及和解와上訴取下境遇의上訴費用과如ᄒᆞᆫ者ᄂᆞᆫ裁判을不要ᄒᆞ고法律上其負擔을定ᄒᆞᆷ인즉其負擔方法에關ᄒᆞ야ᄂᆞᆫ前에說明ᄒᆞᆫ바ㅣ라此境遇에ᄂᆞᆫ裁判으로써負擔을命ᄒᆞᆫ바ᄂᆞᆫ아니나其取下拋棄認諾等의有ᄒᆞᆫ事實에基ᄒᆞ야訴訟費用額確定決定을求ᄒᆞ면判決과決定으로써裁判을受ᄒᆞᆫ境遇와同一히必要의費用與否를調査ᄒᆞ야確定決定을行ᄒᆞᆷ이라

四、訴訟費用의裁判에對ᄒᆞᄂᆞᆫ不服　訴訟費用의裁判에對ᄒᆞ야ᄂᆞᆫ不服을申提ᄒᆞᆷ을不許ᄒᆞᄂᆞ니即上訴異議等에對ᄒᆞ야總其不許ᄒᆞᆷ이라(民訴第八二條)如斯히訴訟費用의裁判에만對ᄒᆞ야上訴를不許ᄒᆞᄂᆞᆫ所以ᄂᆞᆫ訴訟費用은元來本案에附屬ᄒᆞᆫ者인즉本案判定에因ᄒᆞ야其結果를生ᄒᆞᄂᆞᆫ者ㅣ니獨히訴訟費用에만對ᄒᆞ야上訴를許ᄒᆞᆫ다ᄒᆞ면此를因ᄒᆞ야本案의當否를審理아니치못ᄒᆞᆯ不便이生ᄒᆞᆯ지며且其裁判에도訴訟費用의裁判을行ᄒᆞᄂᆞᆫ故로此에對ᄒᆞ야復其上訴를許치아니치ᄒᆞᆯ境遇에至ᄒᆞ야訴訟이循回ᄒᆞ야費用에費用을重疊ᄒᆞ

제756조 참조).

3. 재판 없이 법률상 당연히 소송비용을 부담할 경우

즉 소의 취하, 청구의 포기.인낙 내지 화해와 상소취하의 경우에 있어서 상소비용과 같은 것은 재판 없이 법률상 그 부담을 정하게 된다. 그 부담방법에 관하여는 앞에서 설명하였다. 이 경우에는 재판으로 그 부담을 명하는 것이 아니고 그 취하, 포기, 인낙 등이 있다는 사실에 기하여 소송비용액확정의 결정을 구하면 판결과 결정으로 재판을 받은 경우와 같이 필요비용을 조사하여 확정결정을 하게 된다.

4. 소송비용의 재판에 대한 불복

소송비용의 재판에 대하여는 불복을 신청할 수 없다. 즉 상소와 이의 등에 대하여 모두 이를 인정하지 아니한다(민소 제82조). 이와 같은 소송비용의 재판에 대하여만 상소를 인정하지 아니하는 이유는 소송비용은 원래 본안에 부속한 것이고 본안판정 때문에 그 결과가 발생하는 것이므로 특별히 소송비용에 대하여만 상소를 허락한다면 이로 인하여 본안의 당부를 심리하지 못하는 불편이 발생하다. 또 본안재판에서도 소송비용의 재판을 하기 때문에 이에 대하여 반복하여 상소를 허락하지 아니하는 것이다. 소송이 반복되어 비용에 비용을 중첩하는 논結果를生홀지라故로此等의弊를避ᄒᆞ기爲ᄒᆞ야此를不許홈이라然ᄒᆞ나本案에對ᄒᆞ야上訴를行홀時는此와併ᄒᆞ야訴訟費用의裁判에不服을申提홈을得홈은勿論이며若相對者에게上訴를行ᄒᆞᆫ時는其附帶의上訴로訴訟費用의點에만對ᄒᆞ야不服을申提홈을得ᄒᆞᄂᆞ니此境遇에는前段과如히不便을生홈이無홈이라如斯히本案의上訴가有ᄒᆞᆫ時에併ᄒᆞ야其不服을申提홈을得홀뿐아니라其不服의申提가無홀지라도上級裁判所에는原判決의全部又는一部를廢棄나破棄홀時는總其訴訟費用에關ᄒᆞ야도職權으로써相當ᄒᆞᆫ裁判을行홈을得홈은既已說明ᄒᆞᆫ바ㅣ라

第四　訴訟費用額의確定決定

夫訴訟費用의裁判은前에說明ᄒᆞᆫ者와如히其負擔方法을定ᄒᆞ야此를宣示ᄒᆞ나然ᄒᆞ나其數額을定ᄒᆞ야此를命홈이아닌故로其額을定코져홈에는特別ᄒᆞᆫ節次를要ᄒᆞᄂᆞ니此는訴訟費用額의確定決定을行ᄒᆞᄂᆞᆫ節次를設홈所以라然ᄒᆞ나督促節次에執行命令과如ᄒᆞᆫ者는其費用額을命令에明示ᄒᆞᄂᆞᆫ故로此節次를不要ᄒᆞ며(民訴第三九三條第一項參照)又取下抛棄認諾等에因ᄒᆞ야當然히訴訟費

결과가 발생한다. 따라서 이러한 폐단을 피하기 위하여 이를 인정하지 아니한다. 하지만 본안에 대하여 상소를 하는 때에는 이와 같이 소송비용의 재판에 불복할 수 있음은 물론이다. 만약 상대자가 상소를 한 때에는 부대상소로 소송비용의 점에 대하여만 불복을 신청할 수 있다. 이 경우에는 앞서와 같은 불편함이 발생하지 아니한다. 이와 같이 본안의 상소가 있는 때에는 병행하여 불복을 신청할 수 있을 뿐만 아니라 불복의 신청이 없는 경우에도 상급재판소에서는 원판결의 전부 또는 일부를 파기하는 때에는 총 소송비용에 관하여 직권으로 상당한 재판을 할 수 있음은 이미 설명하였다.

제4 소송비용액의 확정결정

소송비용의 재판은 앞에서 설명한 것과 같이 그 부담방법을 정하여 이를 선고한다. 하지만 그 수액을 정하여 선고하는 것이 아니므로 그 액수를 정하기 위해서는 특별한 절차가 필요하다. 이것이 소송비용액의 확정결정을 하는 절차를 만든 이유이다. 그러나 독촉절차에 지급명령과 같은 것은 그 비용을 명령에 명시하기 때문에 이 절차가 필요 없으며(민소 제393조 제2항 참조), 또는 취하, 포기, 인낙 등으로 인하여 당연히 소송비용을

用을負擔홀境遇와如혼者는別노히其負擔을命ᄒᆞ는裁判을不要ᄒᆞ는故로特히此訴訟費用額確定決定에依ᄒᆞ야債務名義(民訴第五六〇條參照)를作홀必要가有홈이라以下訴訟費用額確定決定의節次에關ᄒᆞ야詳述코져ᄒᆞ노라(民訴第八四條)

一、訴訟費用額確定의申請

甲 此申請은執行行爲를行홈을得홀만혼裁判에依홀時에만限ᄒᆞ야此를行홈을得홈이라

執行홈을得홀만혼裁判이란者는確定判決에든지假執行의宣示을附혼終局判決과如혼者를稱謂홈이라(民訴第四五七條參照)然ᄒᆞ나此等裁判에其執行力이有혼正本의提出을行홈을不要ᄒᆞ고執行을行홈을得홀만혼裁判에基ᄒᆞ야申請ᄒᆞ면可ᄒᆞᄂᆞ니其執行을行홈을得홀만혼裁判의與否는裁判所가訴訟記錄에關ᄒᆞ야調査홀者이며其他裁判이아니라도前述의取下拋棄認諾等의境遇에는其事實에基ᄒᆞ야申請을行得홈이라

乙 申請은訴訟이第一審으로繫屬혼裁判所에此를行홈이라

부담하는 경우와 같은 경우에는 특별히 그 부담을 명하는 재판이 필요 없기 때문에 특별히 소송비용액 확정결정에 의하여 집행권원(민소 제560조 참조)을 만들 필요가 있다. 이하에서는 소송비용액 확정결정의 절차를 자세히 설명하겠다(민소 제84조).

1. 소송비용액 확정의 신청

갑. 이 신청은 집행행위를 위하여 재판이 필요한 경우에 한하여 이를 할 수 있다.

집행행위를 위하여 재판이 필요한 경우라는 것은 확정판결 또는 가집행의 선고가 있는 종국판결과 같은 것을 칭하는 것이다(민소 제457조 참조). 하지만 이 재판 등에 그 집행력이 있는 정본의 제출이 필요 없고, 집행행위를 위하여 필요한 재판에 기하여 신청하면 가능하다. 그 집행을 위하여 필요한 재판인지 여부는 재판소가 재판기록을 조사할 경우이며, 재판이 아니라고 하여도 전술한 취하, 포기, 인낙의 경우에는 그 사실에 기초하여 신청할 수 있다.

을. 신청은 소송이 제1심으로 계속한 재판소에 이를 하여야 한다.

第二審이나第三審에셔確定훈裁判에基홀時라도尙第一審裁判所에不可不申請이며取下抛棄認諾의境遇도亦同ᄒᆞ니其所以는元來訴訟記錄은第一審裁判所에保存홈에在홈이라

丙 申請은口頭라도此를行홈을得홈이라

其申請에는費用의計算書相對者에게附與홀計算書의謄本及各個費用額의疏明에必要훈證書를添附홈이可홈이라

二、訴訟費用額確定決定(民訴第八五條)

此決定은口頭辯論을不經ᄒᆞ고此를行得ᄒᆞᄂᆞ니此訴訟費用額確定決定을行홈에關ᄒᆞ야는其費用은果其訴訟上權利의伸張이든지防禦에必要훈與否를調査ᄒᆞ야決定을行ᄒᆞ며且其費用에關ᄒᆞ야는民事訴訟費用法에一定훈額을定홈이有훈者는實際로其規定의額보다多額의支出를行홈이有홀지라도其法定價額에不可不從이니裁判所는此決定을行홈에關ᄒᆞ야必要로認훈時는相對者에게計算書를附與ᄒᆞ야一定의期間을定ᄒᆞ고其期間內에意見를陳述홀趣旨를催告홈을得홈이라

제2심이나 제3심에서 확정된 재판에 기초하여 신청하는 때라도 항상 제1심 재판소에 하여야 하고, 취하, 포기, 인낙의 경우에도 역시 동일하다. 그 이유는 원래 소송기록은 제1심 재판소에 보관하기 때문이다.

병. 신청은 구두로도 할 수 있다.

신청을 함에는 비용에 대한 상세한 계산서와 상대방에게 줄 계산서의 등본 내지 각각 비용액의 소명에 필요한 증서를 첨부할 수 있다.

2. **소송비용액 확정결정**(민소 제85조)

이 결정은 구두변론이 필요 없이 할 수 있다. 그 소송비용액 확정결정을 할 때에는 결국 그 소송상의 권리의 신장 내지 방어에 필요하였는지 여부를 조사하여 결정한다. 또 그 비용에 관하여는 민사소송비용법에서 일정한 금액을 정하고 있는 경우에는 실제로 그 규정의 금액보다 다액을 지출하더라도 그 법정가액에 불가분 따라야 한다. 재판소는 이 결정을 함에 있어서 필요하다고 인정되는 때에는 상대방에게 계산서를 주어 일정한 기간을 주고 그 기간 내에 의견를 진술하라는 취지의 최고를 할 수 있다.

若訴訟費用額確定을行ᄒᆞᆯ基本된裁判으로써訴訟費用의全部나一部를割筭을從ᄒᆞ야分擔ᄒᆞᆷ을命ᄒᆞᆫ時ᄂᆞᆫ裁判所ᄂᆞᆫ반다시相對者에게計筭書를附與ᄒᆞ야一定의期間을定ᄒᆞ고其期間內에意見을陳述ᄒᆞᆯ趣旨를不可不催告ㅣ니此期間內에其相對者가陳述을不爲ᄒᆞᄂᆞᆫ時ᄂᆞᆫ申請書에添付ᄒᆞᆫ計筭書에만依ᄒᆞ야其割筭을定ᄒᆞ고分配ᄒᆞᆷ이라(民訴第八六條)

此訴訟費用額確定決定에對ᄒᆞ야ᄂᆞᆫ即時抗告를行得ᄒᆞᄂᆞᆫ故로此決定은民事訴訟法第五百五十九條第一號에所謂抗告로만不服을申提ᄒᆞᆷ을得ᄒᆞᆯ裁判에該當ᄒᆞᆷ으로써是ᄂᆞᆫ一個의債務名義니此에依ᄒᆞ야强制執行을行得ᄒᆞᆷ이라

第七節 保證(擔保)

訴訟上의保證이란者ᄂᆞᆫ當事者一便의訴訟行爲로相對者에게對ᄒᆞ야生케ᄒᆞᆫ損害를賠償ᄒᆞ기爲ᄒᆞ야擔保를供케ᄒᆞᆷ을謂ᄒᆞᆷ이니要컨ᄃᆡ不當ᄒᆞᆫ主張으로生ᄒᆞᆫ損害에關ᄒᆞ야直者를保護ᄒᆞᆯ目的에在ᄒᆞᆷ이라然ᄒᆞ나訴訟者에게一體로保証을常立케ᄒᆞᆷ은伸權上得當치못ᄒᆞᆫ故로保証을立케ᄒᆞᄂᆞᆫ境遇ᄂᆞᆫ特別ᄒᆞᆫ事項으로損害

만약 소송비용액 확정을 하는 기본 재판에서 소송비용의 전부 또는 일부를 나누어 분담함을 명하는 때에는 재판소는 반드시 상대방에게 계산서를 주고 일정한 기간을 정하여 그 기간 내에 의견을 진술하는 취지를 최고하여야 하고, 그 기간 내에 그 상대방이 진술을 하지 아니한 때에는 신청서에 첨부된 계산서에만 따라 그 분할을 정하여 분배하여야 한다(민소 제86조).

이 소송비용액 확정결정에 대하여 즉시항고를 할 수 있으므로 이 결정은 민사소송법 제559조 제1호상의 항고로만 불복신청을 할 수 있는 재판에 해당한다. 이것은 하나의 집행권원에 해당하여 이것으로 강제집행을 할 수 있다.

제7절 보증(담보)

소송상 보증(保證)이라 함은 당사자 일방의 소송행위로 상대방에 대하여 발생한 손해를 배상하기 위하여 담보(擔保)를 제공하게 하는 것을 말한다. 요컨대 부당한 주장으로 발생한 손해에 관하여 피해자를 보호할 목적이 있는 것이다. 하지만 소송자에게 일체의 보증을 항상 세우게 하는 것은 권리신장에 적당하지 아니하므로, 보증을 세우게 하는 경우에는 특별한 사항으로 손해

를生홀危險이有ᄒᆞᆫ時에만限ᄒᆞ야法律이保証을立케홈이라

第一 保証의種類

訴訟上의保証에ᄂᆞᆫ事件性質에依ᄒᆞ야其保証을命ᄒᆞᄂᆞᆫ境遇와當事者가外國人된時에保証을命ᄒᆞᄂᆞᆫ境遇가有홈이라

一 事件의性質에依ᄒᆞ야保証을立케홀境遇ᄂᆞᆫ如左홈이라

甲 適式의委任이無ᄒᆞ고訴訟代理人으로出頭ᄒᆞᆫ者에게訴訟費用及損害의保証을立케홈이라(民訴第七〇條叅照)

乙 强制執行에關ᄒᆞ야其費用과及執行으로生ᄒᆞᄂᆞᆫ損害를爲ᄒᆞ야保証을立케ᄒᆞᄂᆞᆫ境遇가有홈이라 (民訴第五〇〇條第五〇三條第五一三條第五二二條第二項第五四七條第五四九條第四項第五七四條第六五六條第二項第六五七條第六六四條第六六六條乃至第六六八條第六九四條第三項第七〇五條第七〇六條第七一二條第二項及第七一四條叅照)

丙 假差押假處分에關ᄒᆞ야生ᄒᆞᆫ損害의保證을立ᄒᆞᄂᆞᆫ境遇가有홈이라(民訴第七四一條第七四五條第七四七條第七五九條叅照)

를 발생케 할 위험이 있을 때에 한하여 법률에서 보증을 하도록 한다.

제1 보증의 종류

소송상 보증이라는 것은 사건의 성질에 의하여 그 보증을 명한 경우와 당사자가 외국인일 때에 보증을 명하는 경우가 있다.

1. 사건의 성질에 의하여 보증을 세우게 할 경우는 다음과 같다.

갑. 적식의 위임이 없이 소송대리인으로 출석한 자에게 소송비용 내지 손해의 보증을 세우게 할 수 있다(민소 제70조 참조).

을. 강제집행과 관련하여 그 비용 내지 집행으로 발생하는 손해를 위하여 보증을 하게 하는 경우가 있다(민소 제500조, 제503조, 제513조, 제522조 제2항, 제547조, 제549조 제4항, 제574조, 제656조 제2항, 제657조, 제664조, 제666조 내지 제668조, 제694조 제3항, 제705조, 제706조, 제712조 제2항 내지 제714조 참조).

병. 가압류·가처분에 관하여 발생하는 손해에 대하여 보증을 세우는 경우가 있다(민소 제741조, 제745조, 제747조, 제759조 참조).

二 當事者가外國人되는境遇에保証을立케홀境遇라 外國人이民事訴訟의原告된時는其相對者된被告가訴訟費用에保証을立케홈을申提혼境遇니此에關호야는後段에詳述코져호노라

第二 訴訟上에保証을立호는方法

訴訟上保証을法律上에當然히此를提供홀者이아니오法律規定을從호야裁判所命令으로써此를立케홈이라其保証을立호는方法은法律에當事者의合意로써其保証홀만혼物를定홀境遇와又其裁判所의自由意見에任홀境遇에는物上擔保로호든지對人擔保로호든지此를定호는者의任意라此에云혼바裁判所의自由意見으로其擔保에充分호다홀境遇는第七百四十一條第七百四十五條等의境遇를謂홈이라

如右히當事者의合意와又其裁判所의自由意見에任홀境遇以外에는保証은現金이나有價証券을供托所에供托호고此를行호느니其供托의節次는供托法을不可不從이니라(日本明治三二年法律第一五號供托法參照)此所謂有價証券이란者는株式取引所에서時勢로去來홈을得홀証券을稱謂홈이라 (民訴第八

2. 당사자가 외국인이라서 보증을 세우게 하는 경우이다.

외국인이 민사소송의 원고가 된 때에는 그 상대자인 피고가 소송비용의 보증을 세울 것을 신청한 경우에는 이에 관하여는 다음 제3항에서 상세히 설명하도록 하겠다.

제2 소송상 보증을 세우는 방법

소송상보증은 법률상 당연히 이를 제공하여야 하는 것이 아니고 법률 규정에 근거한 재판소의 명령에 따라 이를 세우게 된다. 그 보증을 하는 방법은 법률에 당사자의 합의로 그 보증을 할 물건을 정하는 경우와 재판소의 자유로운 의견에 따라 임의로 물상담보 또는 대인담보로 정하게 된다. 여기서 재판소의 자유의견으로 그 담보가 충분하다고 할 경우라는 것은 제741조, 제745조 등의 경우를 말한다.

위와 같이 당사자의 합의 또는 재판소의 자유로운 의견에 따라 하는 경우 외에는 보증은 현금이나 유가증권을 공탁소에 공탁함으로 이를 하게 된다. 공탁의 방법은 공탁법에 따라야 한다(일본 메이지 32년 법률 제15호 공탁법 참조). 소위 유가증권이라 함은 주식취인소(株式取引所)*에서 시세로 거래하는 것을 허가받은 증권을 칭하는 말이다(민소 제87조).

* 현재의 증권거래소로 보면 된다.

七條）

有效ᄒᆞᆫ保証을立ᄒᆞᆫ時ᄂᆞᆫ其保証을因ᄒᆞ야當事者에게一種의債務關係를生ᄒᆞᄂᆞ니其關係ᄂᆞᆫ訴訟節次에件ᄒᆞ야當然히消滅ᄒᆞᆯ者이아니라果其保証을立ᄒᆞᆫ損害가全然히發生치아니ᄒᆞ야其保証이消滅ᄒᆞ든지又其損害을生ᄒᆞᆫ所以로充當ᄒᆞᆷ을請求ᄒᆞᆯ가ᄒᆞᆷ은別問題에自屬ᄒᆞᆷ이라

第三　外國人이當事者된境遇에訴訟費用의保証을立ᄒᆞᆯ境遇

訴訟上特別ᄒᆞᆫ事項에損害의危險이有ᄒᆞᆯ時ᄂᆞᆫ法律이此를爲ᄒᆞ야保証을立케ᄒᆞᆷ이有ᄒᆞ나一體로訴訟ᄒᆞᆷ에關ᄒᆞ야保証을立ᄒᆞ게ᄒᆞᆷ은伸權을沮妨ᄒᆞᆷ이니正當이라謂치못ᄒᆞᆯ지라此理由ᄂᆞᆫ內外人에게平等으로權利享有를認ᄒᆞᄂᆞᆫ國에ᄂᆞᆫ外國人된所以로此를除去ᄒᆞᆯ理由가無ᄒᆞᆷ에在ᄒᆞ나日本訴訟法에ᄂᆞᆫ外國人이原告된境遇에ᄂᆞᆫ一般訴訟費用에關ᄒᆞ야保証을立케ᄒᆞᆯ規定을設ᄒᆞᆫ지라是ᄂᆞᆫ學理上果其正當與否ᄂᆞᆫ多少의議論을難免ᄒᆞᄂᆞᆫ바ㅣ라然ᄒᆞ나外國人으로內國에서何等의資產도不有ᄒᆞ고不當ᄒᆞᆫ訴를提起ᄒᆞ야敗訴ᄒᆞᆫ時ᄂᆞᆫ其費用의辨濟를受ᄒᆞᆷ에困難ᄒᆞᆯ지라故로法律이如斯ᄒᆞᆫ危險의境遇를豫想ᄒᆞ야互相間權衡을得케ᄒᆞ기爲

유효한 보증을 세운 때에는 그 보증으로 인하여 당사자에게 일종의 채무관계가 발생한다. 그 관계는 소송절차에 수반하여 당연히 소멸하는 것이 아니라 결과적으로 그 보증을 세운 손해가 최종적으로 발생하지 아니하여 그 보증이 소멸하거나 또는 그 손해가 발생하여 충당할 것을 청구하는 것은 별개의 문제이다.

제3 외국인이 당사자일 경우에 소송비용의 보증을 세우는 경우

소송상 특별한 사정이 있어 손해의 위험이 있는 때에는 법률이 이를 위하여 보증을 세우게 하는 경우가 있다. 소송의 일체에 관하여 보증을 세우게 하는 것은 권리의 신장에 저해가 되기 때문에 정당하다고 할 수 없다. 이런 이유로 내외국인에게 평등하게 권리의 행사를 인정하는 나라에서는 외국인이라는 이유로 보증을 면제할 이유는 없다고 하겠지만, 어찌하였든 일본 민사소송법에서는 외국인이 원고가 된 경우에는 일반 소송비용에 관하여 보증을 하여야 한다는 규정을 두고 있다. 학설상 결과적으로 그 정당성 여부는 다소의 논의를 피하기 어렵겠지만, 그러나 외국인이 국내에서 아무런 재산도 없이 부당한 소를 제기하여 패소한 때에 그 비용의 변제를 받기 곤란하게 된다. 따라서 법률은 이와 같은 위험한 경우를 예상하여 당사자 사이의 균형을 위하여

ᄒᆞ야此를規定ᄒᆞᆫ所以니라(民訴第八八條)

一 訴訟費用에關ᄒᆞᆫ保証은外國人이原告나原告의從叅加人이된境遇에相對者被告의申提가有ᄒᆞᆫ時ᄂᆞᆫ此保證을立ᄒᆞ게ᄒᆞᆷ이니其被告ᄂᆞᆫ內國人과外國人을不問ᄒᆞ고此를申提ᄒᆞᆷ을得ᄒᆞᆷ이라

二 訴訟費用의保證義務免除　左의境遇에ᄂᆞᆫ外國人이原告된時라도保證義務를免除ᄒᆞᆷ이라

甲 國際條約이든지原告의屬ᄒᆞᆫ國의法律에依ᄒᆞ야日本人이同一ᄒᆞᆫ境遇에保證을立ᄒᆞᆯ義務가無ᄒᆞᆫ時　國際條約이든지其外國法律에日本人이其外國에往ᄒᆞ야訴訟을行ᄒᆞᆯ時ᄂᆞᆫ其外國의人民이日本에來ᄒᆞ야訴訟를行ᄒᆞᆯ時라도亦是其義務를不負케ᄒᆞᆷ을意義ᄒᆞᆷ이니是ᄂᆞᆫ互相間義務를均一케ᄒᆞᄂᆞᆫ精神에在ᄒᆞᆷ이라

乙 反訴의境遇(民訴第二〇一條叅照)反訴ᄂᆞᆫ元來相對者가訴를提起ᄒᆞᆫ後에此를對ᄒᆞ야不得已ᄒᆞᆫ境遇에訴를提起ᄒᆞᄂᆞᆫ故로敢히保証을立ᄒᆞ게ᄒᆞᆯ理由가無ᄒᆞᆷ이라

이를 규정하게 되었다(민소 제88조).

1. 소송비용에 관한 보증은 외국인이 원고 또는 원고의 종참가인이 된 경우에 상대자인 피고의 신제(申提)가 있을 때에는 그 보증을 세우게 한다. 이 경우 피고는 내국인과 외국인을 불문하고 이를 신제할 수 있다.

2. 소송비용의 보증의무의 면제

다음의 경우에는 외국인이 원고가 된 때에도 보증의무를 면제한다.

갑. 국제조약 또는 원고가 속한 나라의 법률에서 내국인과 동일하여 보증을 세울 의무가 없을 때

국제조약 또는 그 외국 법률에서 내국인이 그 외국에 가서 소송을 수행할 때에, 또 그 외국인이 국내에 와서 소송을 수행할 때에도 역시 그 의무를 부담하지 아니하는 것을 의미한다. 이는 상호간에 의무를 같게 하려는 정신에 따른 것이다.

을. 반소의 경우(민소 제201조 참조)

반소라는 것은 원래 상대자가 소를 제기한 후에 이에 대하여 부득이 소를 제기하는 것이므로 구태여 보증을 세우게 할 이유가 없다.

丙 証書訴訟及換訴訟의境遇(民訴第四八四條以下參照) 此等의訴訟은 元來特別訴訟節次에屬ᄒᆞ야迅速히事件을完結ᄒᆞ게ᄒᆞᄂᆞᆫ目的이니此所謂 簡易ᄒᆞᆫ訴訟節次ㅣ라故로其主義에基ᄒᆞ야此를例外로保証義務를不負케 ᄒᆞᆷ이라然ᄒᆞ나第四百八十八條의規定에依ᄒᆞ야通常訴訟으로改ᄒᆞᆯ時든지 第四百九十二條의規定에依ᄒᆞ야通常訴訟으로써進行ᄒᆞᆯ時ᄂᆞᆫ保証을立ᄒᆞᆯ 義務가生ᄒᆞᆷ이라

丁 公示催告에基ᄒᆞ야起ᄒᆞᆫ訴의境遇(民訴第七六四條以下參照)此境遇에 도反訴의境遇와同一ᄒᆞᆷ으로相對者의催告에因ᄒᆞ야訴를起ᄒᆞᆷ에至케ᄒᆞᆫ故 로保証을立ᄒᆞᆯ義務를負케ᄒᆞᆯ理由가無ᄒᆞᆷ이라

戊 訴訟上의救助가有ᄒᆞᆫ境遇(民訴第九二條參照)

以上五個의 境遇ᄂᆞᆫ例外로 外國人된原告라도 保証을立ᄒᆞᆯ義務를 免除ᄒᆞᆷ이 라

三 外國人으로保証을立ᄒᆞ게ᄒᆞᆯ節次(民訴第八九條 第九〇條)

甲 此保証은被告의申提에因ᄒᆞ야立ᄒᆞ게ᄒᆞᆷ이니其申提ᄂᆞᆫ訴訟初에行ᄒᆞᆷ이

병. 증서소송(證書訴訟) **내지 환소송**(換訴訟)**의 경우**(민소 제484조 이하 참조)

이와 같은 소송들은 원래 특별 소송절차에 속하기 때문에 신속하게 소송을 완결하는 것을 목적으로 한다. 그것은 간단한 소송절차이기 때문이다. 이러한 원칙에 기초하여 예외적으로 보증의무를 부담하지 아니하게 한 것이다. 제488조의 규정에 의하여 통상소송으로 변경하는 때 또는 제492조의 규정에 의하여 통상소송으로 진행할 때에는 보증을 세울 의무가 발생하게 된다.

정. 공시최고에 기하여 제기된 소(민소 제764조 이하 참조). 이 경우에도 반소와 동일하게 상대자의 최고로 인하여 소의 제기에 이르게 되었으므로 보증의무를 부담케 할 이유가 없다고 할 것이다.

무. 소송상의 구조가 있는 경우(민소 제92조 참조)

이상 5개의 경우는 예외적으로 외국인이 원고라고 하여도 보증의무를 면제하게 된다.

3. **외국인에게 보증을 세우는 절차**(민소 제89조, 제90조)

갑. 이 보증은 피고의 신청으로 인하여 세우게 한다. 이 신청은 소송 초기에 하는 것이

通例나第二審에至ᄒᆞ야도此를行得ᄒᆞ며又其一次保証을立ᄒᆞᆫ後에其擔保가不足이生ᄒᆞᆫ時ᄂᆞᆫ追增保証을立ᄒᆞ게홈도得홈이라

乙 保証을立ᄒᆞ게ᄒᆞᆯ裁判은期間을定ᄒᆞ며且其保証額을一定ᄒᆞ고決定으로써此를命홈이라

丙 保証의額은被告가訴를受홈을因ᄒᆞ야各審級에셔辦出ᄒᆞᆯ訴訟費用額을標準홈이라

四、保証의命을受ᄒᆞᆫ者가決定에定ᄒᆞᆫ期間內에保証을立ᄒᆞ지아니ᄒᆞᆯ時ᄂᆞᆫ被告의申提을因ᄒᆞ야裁判所ᄂᆞᆫ判決로써訴를取下ᄒᆞᆫ者로宣示ᄒᆞ며又其原告가上訴를行ᄒᆞᆫ境遇에ᄂᆞᆫ其上訴를取下ᄒᆞᆫ者로宣示홈이可홈이라

第八節　訴訟上의救助

訴訟上의救助란者ᄂᆞᆫ赤貧ᄒᆞ야裁判費用을支辦ᄒᆞ기不能ᄒᆞᆫ者로써其訴訟上에權利를伸張케ᄒᆞ기爲ᄒᆞ야一時其費用을支辦의寬限을與ᄒᆞᄂᆞᆫ方法이라是其裁判所의行爲ᄂᆞᆫ裁判費用을支辦치아니ᄒᆞ면行치아니ᄒᆞᄂᆞᆫ原則의例外라（民事訴訟用印紙法叅照）單히訴訟費用만云ᄒᆞᆯ時ᄂᆞᆫ裁判費用及裁判外의費用을包

통례이지만 제2심에 이르러서도 이를 할 수 있다. 또 1차 보증 후에 그 담보가 부족한 경우에는 추가 보증을 세우게 할 수도 있다.

을. 보증을 세우는 재판은 기간을 정하여 또 보증액수를 정하여 결정으로 한다.

병. 보증의 액수는 피고가 소송을 당함으로 인하여 각 심급에서 지출한 소송비용액을 표준으로 한다.

4. 보증의 명령을 받은 자가 결정에서 정한 기간 내에 보증을 세우지 아니한 때에는 피고의 신청에 따라 재판소는 판결로 소를 취하한 것으로 선고하며, 또 원고가 상소를 한 경우에는 그 상소를 취하한 것으로 선고한다.

제8절 소송상의 구조

소송상의 구조(救助)라는 것은 매우 가난하여 재판비용을 지출하기 불가능한 자로서 그 소송상의 권리를 행사하기 위하여 일시 그 비용 지급의 기한을 늦추어 주는 방법이다. 이러한 재판소의 행위는 재판비용을 지불하지 아니하면 할 수 없다는 원칙의 예외이다(민사소송인지법 참조). 특히 소송비용만을 말할 때는 재판비용 내지 재판외의 비용을 포함

含홈은前述훈바ㅣ나此에救助를與ᄒᆞᄂᆞᆫ者ᄂᆞᆫ其裁判費用及公吏의費用에만限홈이니其救助ᄂᆞᆫ全然히裁判費用을免除홈이아니오一時其支給을寬限홈에止홈이니其訴訟終了ᄂᆞᆫ追給의責이有홈이라

此救助의方法은貧富를不問ᄒᆞ고同等으로權利를保護ᄒᆞᄂᆞᆫ目的으로出홈이니原被를不問ᄒᆞ며貴賤을勿論ᄒᆞ고平均히此를申請홈을得ᄒᆞ되但外國人에게ᄂᆞᆫ國際法上의關係에依ᄒᆞ야制限이有홀ᄲᅮᆫ이라

訴訟上의救助ᄂᆞᆫ何人이라도此를申請홈을得홀지나法人과如훈者ᄂᆞᆫ此를申請홈을不得ᄒᆞᄂᆞ니何者오ᄒᆞ면此制度ᄂᆞᆫ貧窮훈一個人의權利를保護ᄒᆞᄂᆞᆫ目的으로出훈所以니라然ᄒᆞ나苟其貧民된以上은普通의訴訟에此申請을行得홀ᄲᅮᆫ아니라各個의獨立節次에도亦此를申請홈을得ᄒᆞᄂᆞ니即証據保全의申請督促節次及公示催告節次等境遇에도此를行得홈이라

第一 訴訟上救助의要件

訴訟上救助를申請코져홈에ᄂᆞᆫ左의要件을不可不具備니라(民訴第九一條)

一 本人과及其家族의必要훈生計를害ᄒᆞ지아니ᄒᆞ면訴訟費用을支出치못홀

함은 전술한 바와 같다. 이에 구조를 주는 것은 그 재판비용 내지 공리(公吏)*의 비용에만 한정한다. 이 구조는 완전히 재판비용을 면제하는 것이 아니고 일시지급을 유예하는 것이므로 소송이 종료되면 지급하여야 한다.

이 구조의 방법은 빈부와 관계없이 동등하게 권리를 보호하는 것을 목적으로 생긴 것이다. 원고와 피고, 귀천을 불문하고 평등하게 이를 신청할 수 있다. 단 외국인은 국제법상의 관계에 의하여 제한이 있다. 소송상의 구조는 어떤 사람이라도 이를 신청할 수 있지만, 법인과 같은 경우에는 이를 신청할 수 없다. 이 제도는 가난한 일 개인의 권리를 보호할 목적으로 생긴 것이기 때문이다. 따라서 몹시 가난한 자는 보통의 소송에서 이를 신청할 수 있을 뿐만 아니라 각각의 독립절차에서도 이를 신청할 수 있다. 즉 증거보전의 신청, 독촉절차 내지 공시최고절차 등의 경우에도 이를 할 수 있다.

제1 소송상구조의 요건

소송상구조를 신청하려면 다음 요건을 갖추어야 한다(민소 제91조).

1. 본인과 그 가족의 필요한 생계를 해하지 아니하면 소송비용을 지출하지 못할

---

* 관리(官吏)가 아니면서도 나라의 일을 맡아보는 사람인 공증인(公證人), 집달관(執達官) 등을 의미한다.

境遇며

二 權利의伸張과防禦가輕忽치아니ᄒᆞ며又其主張의勝望이不無ᄒᆞᆫ境遇니救助의申請에ᄂᆞᆫ其攻擊防禦의當否를判斷ᄒᆞᆯ者이아닌故로반다시此를正當으로認ᄒᆞᆫ時에許ᄒᆞᄂᆞᆫ旨趣ᄂᆞᆫ아니나然ᄒᆞ나正當ᄒᆞᆫ理由가有ᄒᆞᆷ을認得ᄒᆞᆷ이必要ᄒᆞ니是ᄂᆞᆫ無用ᄒᆞᆫ主張에對ᄒᆞ야保護를與ᄒᆞᆯ必要가無ᄒᆞᆫ緣故ㅣ라其輕忽의與否와主張勝望의與否ᄂᆞᆫ裁判所意見으로써此를決ᄒᆞᆷ이라

外國人에在ᄒᆞ야ᄂᆞᆫ國際條約과又其所屬의國法律에依ᄒᆞ야日本人이同一ᄒᆞᆫ境遇에訴訟上救助를求ᄒᆞᆷ을得ᄒᆞᆯ境遇에만限ᄒᆞᆷ이라(民訴第九二條)

第二 訴訟上救助의申請

訴訟上救助ᄂᆞᆫ各審級마다各別히此를付與ᄒᆞᄂᆞᆫ故로第一審에起訴코져ᄒᆞ고又ᄂᆞᆫ旣已訴訟이其裁判所에繫屬ᄒᆞᆫ時ᄂᆞᆫ其審級裁判所에此를行ᄒᆞ며第二審에繫屬ᄒᆞᆫ時ᄂᆞᆫ第二審裁判所에此를行ᄒᆞᆷ이라要컨ᄃᆡ其申請은訴訟事件의裁判을受ᄒᆞᆯ裁判所에書面이나口頭로써此를行得ᄒᆞᆷ이라(民訴第九四條第一項)其申請에ᄂᆞᆫ左의諸條件을具備ᄒᆞᆷ을要ᄒᆞᆷ이라(民訴第九三條)

경우이다.

2. 권리의 주장과 방어가 가볍지 아니하며 또한 그 주장이 승소할 가능성이 없지 아니할 경이이다. 구조의 신청은 그 공격방어의 당부를 판단하는 것이 아니므로 반드시 이를 정당하다고 인정되는 때에만 허가하는 것은 아니다. 하지만 정당한 이유가 있다는 것이 인정될 필요는 있다. 이는 쓸데없는 주장을 보호할 필요가 없기 때문이다. 사건의 가벼운지 여부와 주장의 승소가능성 여부는 재판소의 의견으로 이를 결정할 수 있다. 외국인은 국제조약과 그 소속국의 법률에서 내국인이 동일하게 소송상구조를 청구할 수 있는 경우에 한하여 인정된다(민소 제92조).

제2 소송상구조의 신청

소송상구조는 각 심급마다 개별적으로 부여할 수 있으므로, 제1심에 소제기하려고 하거나 또는 이미 소송이 일정한 법원에 계속된 때에는 그 심급 재판소에 이를 신청할 수 있다. 제2심에 계속된 때에는 제2심 재판소에 이를 신청할 수 있다. 예컨대 이 신청은 소송사건의 재판을 받을 재판소에 서면 또는 구두로 할 수 있다(민소 제94조 제1항). 이 신청은 다음의 모든 요건을 구비할 필요가 있다(민소 제93조).

一 訴訟關係와其他節次關係의表示　其他의節次關係라ᄒᆞᆷ은前에說明ᄒᆞᆫ證據保全督促節次의種類니라

二 證據方法의表示

三 身分職業財産與家族의實況과及其納入ᄒᆞᆯ直稅額을開示ᄒᆞ야訴訟費用支辨의無資力을證明ᄒᆞᆯ만ᄒᆞᆫ相當官吏와又其公吏의證明書를添付ᄒᆞᆯ事　此에所謂相當官吏와又其公吏라ᄒᆞᆷ은稅務署의官吏와市町村長等을謂ᄒᆞᆷ이라

外國人에在ᄒᆞ야는日本에住所居所를不有ᄒᆞᆫ者는其住所와居所가有ᄒᆞᆫ外國의管轄官廳의證明書에日本駐在領事의證明을添付ᄒᆞᆯ지며又其日本에住所와居所를有ᄒᆞᆫ外國人된時는日本住所와居所의市町村長의證明書를添付ᄒᆞᆷ이可ᄒᆞ니若此等證明書를添付ᄒᆞ기不能ᄒᆞ든지又其證明書가不完ᄒᆞᆫ時는裁判所는本國領事의認證이有ᄒᆞᆫ本國管轄官廳의證明書의提出ᄒᆞᆷ을命ᄒᆞᆷ을得ᄒᆞᆷ이라(日本明治三二年法律第五〇號參照)

第三　訴訟上救助의效力

訴訟上救助는訴訟費用中裁判費用支辨에一時寬限을與ᄒᆞᆷ에不過ᄒᆞ니裁判上

1. 소송관계와 기타 절차관계의 표시

여기서 기타 절차관계라고 함은 앞서 설명한 증거보전 또는 독촉절차의 종류를 말한다.

2. 증거방법의 표시

3. 신분, 직업, 재산과 가족의 실황 및 납입할 세금 액수를 표시하고, 소송비용을 지급할 수 없는 무자력(無資力)를 증명할 공무원 또는 공공기관 직원의 증명서를 첨부하여야 함

여기에서 공무원 또는 공공기관 직원이라고 함은 세무서 공무원 또는 면장 등을 말한다. 외국인이 국내에 주소 또는 거소를 가지고 있지 아니한 자는 그 주소와 거소가 있는 외국의 관할 관청의 증명서를 국내 주재 영사의 증명을 첨부하여야 한다. 그런데 국내에 주소와 거소를 가지고 있는 외국인은 국내 주소와 거소 소재 면장의 증명서를 첨부할 수 있다. 만약 그 증명서를 첨부하기 어려울 때에는 재판소는 본국 영사의 인증이 있는 본국 관할관청의 증명서의 제출을 명할 수 있다(일본 메이지 32년[1899년] 법률 제50호 참조).

제3 소송상구조의 효력

소송상구조는 소송비용 중 재판비용의 변제를 일시 유예하는 것에 불과하고 재판상

相對者에게對ᄒᆞ야支給ᄒᆞᆯ義務를生ᄒᆞᆫ訴訟費用의負擔에關ᄒᆞ야ᄂᆞᆫ何等의影響도及ᄒᆞᆷ이無ᄒᆞᆷ이라(民訴第九八條)

其權度로一時支辨의寬限을與ᄒᆞᆫ者ᄂᆞᆫ如左ᄒᆞᆷ이라(民訴第九七條)

一 裁判費用(國庫의代入金을包含ᄒᆞᆷ)辨淸의假免除

此費用은前述ᄒᆞᆷ과如히訴訟費用의一部로訴訟用印紙를主指ᄒᆞᆷ이나其他郵便에依ᄒᆞᄂᆞᆫ送達費用公示送達費用과證據調에檢證費用卽判事書記等의實地臨檢에關ᄒᆞᆫ旅費日當滯在費(民事訴訟費用法第二〇條以下參照)도亦此國庫代入金中에包含됨이라

二 訴訟費用의保證을立ᄒᆞᆯ免除 此保證은外國人이原告나或原告의從參加人된境遇에만適用ᄒᆞᆷ이라(民訴第八八條參照)

三 執達吏와辯護士의手數料與代入金辨淸의假免除 是ᄂᆞᆫ裁判所가救助를受ᄒᆞᆫ者의申提에依ᄒᆞ거나職權으로써其者를爲ᄒᆞ야行爲를行ᄒᆞᆯ執達吏를命ᄒᆞ며又訴訟代理나補佐를行ᄒᆞᆯ辯護士를命ᄒᆞᆷ이有ᄒᆞᆷ이라此裁判所의命을被ᄒᆞᆫ執達吏辯護士等은手數料와代入金等을不受ᄒᆞ고各其行爲를行ᄒᆞᆯ義務가

상대방에 대하여 지급할 의무가 발생한 소송비용의 부담에 관하여 아무런 영향을 미치지 아니한다(민소 제98조). 그 조치로 일시 지급유예가 되는 경우는 다음과 같다(민소 제97조).

1. **재판비용**(국고의 대납금을 포함함)**의 납부 일시면제**

이 비용은 앞서 설명한 것과 같이 소송비용의 일부로 소송용 인지를 주로 의미하지만, 기타 우편에 의한 송달비용, 공시송달비용, 증거조사 시의 검증비용 즉 판사와 서기 등의 현장검증에 관한 여비, 일당, 체재비(민사소송인지법 제10조 이하 참조)도 역시 이 국고대납금에 포함된다.

2. **소송비용의 보증 면제**

이 보증은 외국인이 원고이거나 원고의 종참가인이 된 경우에 적용된다(민소 제88조 참조).

3. **집달리*와 변호사의 수수료와 대납금 납부의 일시 면제**

이는 재판소가 구조를 받는 자의 신청 또는 직권으로 그 자를 위하여 행위를 할 집달리 또는 소송대리나 보좌를 하는 변호사에게 명할 수 있다. 이 재판소의 명령을 받은 집달리 또는 변호사 등은 수수료와 대납금 등을 받지 아니하고 각 그 행위를 행할 의무가

* 현재는 집달관(執達官)이라 호칭한다.

有ᄒᆞᆷ이라

第四 訴訟上救助의消滅

訴訟上救助ᄂᆞᆫ左의境遇에其効力을失ᄒᆞᆷ이라(民訴第九五條第九六條)

一 訴訟上救助를繳消ᄒᆞᆯ旨로裁判所의決定이有ᄒᆞᆯ時 訴訟上救助ᄂᆞᆫ此를受ᄒᆞᆯ必要條件即必要ᄒᆞᆫ生計를害ᄒᆞ지아니ᄒᆞ면訴訟費用을支辦ᄒᆞ기不能ᄒᆞᆫ條件이消滅ᄒᆞᆯ時며又其條件으로當初에存在치아니ᄒᆞᆫ事實이顯著ᄒᆞᆯ時며其他事情의變更即權利伸張과防禦의勝望이無ᄒᆞᆫ境遇에至ᄒᆞᆷ과如ᄒᆞᆫ事情이有ᄒᆞᆫ時ᄂᆞᆫ裁判所ᄂᆞᆫ相對者나檢事의申提에依ᄒᆞ거나職權으로써其救助를繳消ᄒᆞᄂᆞᆫ決定을行得ᄒᆞᆷ이니此決定이有ᄒᆞᆫ時ᄂᆞᆫ救助의効力은全然히消滅ᄒᆞᆷ이라

二 訴訟上救助를受ᄒᆞᆫ者ㅣ死亡ᄒᆞᆫ時 訴訟上救助ᄂᆞᆫ本人에게만限ᄒᆞ야此를與ᄒᆞᆷ인즉其本人이死亡ᄒᆞᆫ時ᄂᆞᆫ承繼人의貧困與否를不問ᄒᆞ고其救助ᄂᆞᆫ裁判을不要ᄒᆞ고法律上當然히其効力이消滅ᄒᆞᄂᆞᆫ故로訴訟이完結ᄒᆞᆷ에未至ᄒᆞ고其承繼人이此를續行ᄒᆞᆷ에當ᄒᆞ야尙其依然히貧民되ᄂᆞᆫ時ᄂᆞᆫ更히救助의申請

있다.

제4 소송상구조의 소멸

소송상구조는 다음과 같은 경우에 그 효력을 상실한다(민소 제95조, 제96조).

1. 소송상구조를 취소한다는 취지의 결정이 있는 때

소송상구조는 이를 받을 필요요건이 존재하여야 한다. 하지만 필요한 생계를 해하지 아니하면 소송비용을 지급하기 불능하다는 조건이 소멸된 때 또는 그 조건이 처음부터 존재하지 아니한 사실이 현저할 때, 기타 사정의 변경 즉 권리의 주장과 방어의 승소가능성이 없는 경우와 사정이 존재하는 때에는 재판소는 상대방 또는 검사의 신청 또는 직권으로 그 구조를 취소하는 결정을 할 수 있다. 이 결정이 있는 때에는 구조의 효력이 완전히 소멸하게 된다.

2. 소송상구조를 받은 자가 사망한 때

소송상구조는 본인에게만 한정하여 부여한 것이다. 그 본인이 사망한 때에는 승계인의 빈곤 여부와 관계없이 구조는 별도의 재판 없이 법률상 당연히 그 효력이 소멸된다. 따라서 소송이 완결되지 아니하여 그 승계인이 소송을 속행함에 있어서 역시 빈곤한 때에는 다시 구조의 신청을不可不行이니라如斯히規定ᄒᆞᆫ理由는元來訴訟上의救助는恩惠的으로出ᄒᆞᆷ이니其本人以外의者에는其効力을及지아니ᄒᆞ게ᄒᆞᆷ에在ᄒᆞ며且承繼人된者가반다시前主와同一ᄒᆞᆫ貧民에不在ᄒᆞᆫ所以니라

以上二個中에一이存在ᄒᆞᆫ時는救助의効力은全히消滅ᄒᆞᆷ이라

第五　假完濟를免ᄒᆞᆫ費用額의取立方法

假完濟를免除ᄒᆞᆫ裁判費用은檢事가此를取立ᄒᆞ며又救助를受ᄒᆞᆫ者를爲ᄒᆞ야職務에從事ᄒᆞᆫ執達吏나辯護士의手數料와代入金等은其執達吏나辯護士가此를取立ᄒᆞᆷ이니其方法은左와如ᄒᆞᆷ이라（民訴第九九條第一〇〇條）

一、訴訟이確定判決에依ᄒᆞ거나又는取下（訴ㅣ取下及上訴ㅣ取下를包含ᄒᆞᆷ）一拋棄認諾（民訴第七二條第二項參照）에依ᄒᆞ야完結ᄒᆞ야救助를受ᄒᆞᆫ者의相對者가敗訴에屬ᄒᆞ고訴訟費用을負擔ᄒᆞᆯ境遇에는檢事는其相對者에게直히裁判費用을取立ᄒᆞᆷ을得ᄒᆞ며又執達吏辯護士等도其相對者에게直히手數料와代入金等을取立ᄒᆞᆷ을得ᄒᆞᆷ이라

右檢事又는執達吏辯護士等이費用額의取立ᄒᆞᆷ에關ᄒᆞ야는確定判決又는取

을 하여야 한다. 이와 같이 규정한 이유는 소송상의 구조는 은혜적으로 주는 것이므로 그 본인 이외의 자에게는 그 효력이 미치지 아니하는 것이다. 또한 승계인이 전주와 동일한 빈민이 아닐 수 있기 때문이다.

이상 2개의 건 중 1개가 존재하는 때에는 구조의 효력이 완전히 소멸하게 된다.

제5 임시 변제를 면한 비용액의 추심방법

임시 변제를 면한 재판비용은 검사가 이를 추심하거나 또는 구조를 받는 자를 위하여 직무에 종사한 집달리 또는 변호사의 수수료와 대납금 등은 집달리 또는 변호사가 이를 추심한다. 그 방법은 다음과 같다(민소 제99조, 제100조).

1. 소송이 확정판결에 의하거나 또는 취하(소의 취하 내지 상소의 취하 포함함), 청구의 포기·인낙(민소 제72조 제2항 참조)에 의하여 완결되고 구조를 받은 자의 상대방이 패소하여 소송비용을 부담하는 경우에 검사는 그 상대방에게 직접 재판비용을 추심할 수 있고, 또한 집달리·변호사 등도 그 상대방에게 직접 수수료와 대납금 등의 추심을 받을 수 있다.

검사 또는 집달리·변호사 등이 비용액을 추심함에 관하여는 확정판결 또는 취하,

下抛棄認諾等에基ᄒᆞ야其費用額을定ᄒᆞᄂᆞᆫ申請을行ᄒᆞᆷ을得ᄒᆞ며且申請에關ᄒᆞ야ᄂᆞᆫ第八十四條乃至第八十六條의規定을準用ᄒᆞᆷ이라其費用額을定ᄒᆞᄂᆞᆫ決定을受ᄒᆞ고其決定이確定ᄒᆞᆯ時ᄂᆞᆫ其決定에基ᄒᆞ야相對者에對ᄒᆞ야强制執行을行ᄒᆞᆷ을得ᄒᆞᆷ이라（民訴第五五九條第一號第五一六條以下參照）

二、訴訟上에救助를受ᄒᆞᆫ者가本人及家族의必要ᄒᆞᆫ生計를害치아니ᄒᆞ고費用의完濟를行得ᄒᆞᆯ만ᄒᆞᆫ時ᄂᆞᆫ裁判所ᄂᆞᆫ檢事의申提에依ᄒᆞ거나又ᄂᆞᆫ職權으로써假免除ᄒᆞᆫ裁判費用執達吏辯護士等의手數料及代人金等의完濟를命ᄒᆞᆷ을得ᄒᆞ며其他에救助를受ᄒᆞᆫ本人이死亡ᄒᆞ고其訴訟을承繼ᄒᆞᆫ者가同一의條件으로써救助를受치아니ᄒᆞᄂᆞᆫ時도亦同ᄒᆞᆷ이라

此決定이確定ᄒᆞᆯ時ᄂᆞᆫ檢事又ᄂᆞᆫ執達吏辯護士等은前同一의方法으로써救助를受ᄒᆞᆫ者와又其一般承繼人에對ᄒᆞ야强制執行의方法으로써其費用의取入을行得ᄒᆞᆷ이라

第六 訴訟上救助에關ᄒᆞᆫ裁判

訴訟上救助의申請救助의撤消假免除ᄒᆞᆫ費用完濟及執達史辯護士等의任命에

청구의 포기·인낙 등에 기하여 그 비용액을 정하는 신청을 할 수 있다. 또한 신청에 관하여는 제84조 내지 제86조의 규정을 준용한다. 그 비용액을 정하는 결정을 받고 그 결정이 확정된 때에는 그 결정에 기초하여 상대방에 대하여 강제집행을 할 수 있다(민소 제559조 제1호, 제516조 이하 참조).

2. 소송상의 구조를 받은 자가 본인 내지 가족의 필요한 생계를 해하지 아니하고 비용의 완제를 할 수 있을 때에는 재판소는 검사의 신청 또는 직권으로 임시로 면제한 재판비용, 집달리와 변호사 등의 수수료 내지 대납금 등의 완제를 명할 수 있다. 기타 구조를 받은 본인이 사망하고 그 소송을 승계한 자가 동일한 조건으로 구조를 받지 아니한 때에도 역시 동일하다.

이 결정이 확정된 때에는 검사 또는 집달리·변호사 등은 앞서와 같은 방법으로 구조를 받은 자와 그 일반승계인에 대하여 강제집행의 방법으로 그 비용을 추심할 수 있다.

제6 소송상구조에 관한 재판

소송상구조의 신청, 구조의 취소, 임시 면제한 비용의 완제 내지 집달리·변호사 등의 임명에

關ᄒᆞ야ᄂᆞᆫ裁判所ᄂᆞᆫ口頭辯論의經由를不要ᄒᆞ고決定으로써裁判을行홈이니此等裁判에ᄂᆞᆫ檢事의送付나申提에出ᄒᆞᆫ者이아닌時ᄂᆞᆫ其決定을行ᄒᆞ기前에檢事의意見을不可不聽이니라(民訴第一〇一條)

此等의決定이有ᄒᆞᆫ時ᄂᆞᆫ此에對ᄒᆞ야左의區別을從ᄒᆞ야抗告홈을得홈이라(民訴第一〇二條)

一 訴訟上의救助를與ᄒᆞᄂᆞᆫ決定과救助의繳消를拒ᄒᆞᄂᆞᆫ決定又ᄂᆞᆫ假免除ᄒᆞᆫ費用完濟를命홈을拒ᄒᆞᄂᆞᆫ決定에對ᄒᆞ야ᄂᆞᆫ檢事만抗告홈을行得ᄒᆞᄂᆞ니盖此理由ᄂᆞᆫ救助申請者에게不利益이아니오但國庫에不利益되ᄂᆞᆫ事項에定ᄒᆞᄂᆞᆫ所以니라

二 訴訟上救助를拒ᄒᆞᄂᆞᆫ決定과救助를繳消ᄒᆞᆫ決定과又其假免除ᄒᆞᆫ費用의辦諸을命ᄒᆞᄂᆞᆫ決定과又其執達吏辯護士의附添을命홈을拒ᄒᆞᄂᆞᆫ決定에對ᄒᆞ야ᄂᆞᆫ救助를申請ᄒᆞᆫ者와救助를受ᄒᆞᆫ者에限ᄒᆞ야抗告홈을得ᄒᆞᄂᆞ니此ᄂᆞᆫ前項과反對로國庫에不利益이無ᄒᆞ고救助申請者에만不利益을受ᄒᆞᄂᆞᆫ緣故ㅣ니라

관하여 재판소는 구두변론을 거칠 필요 없이 결정으로 재판을 한다. 이것 등의 재판은 검사의 송부(送付) 또는 신청이 아닌 경우에는 그 결정을 하기 전에 검사의 의견을 들어야 한다(민소 제101조).

이러한 결정이 있는 때에는 이에 대하여 다음에 따라 항고를 할 수 있다(민소 제102조).

1. 소송상의 구조를 부여하는 결정과 구조의 취소를 거부하는 결정 또는 임시 면제한 비용의 완제명령을 거부하는 결정에 대하여는 검사만 항고할 수 있다. 그 이유는 구조신청을 한 자에게 불이익이 되는 것이 아니고 단지 국고에 불이익이 되는 사항이기 때문이다.

2. 소송상구조를 거부하는 결정과 구조를 취소하는 결정 또는 임시 면제한 비용의 변제를 명하는 결정, 집달리·변호사의 보조를 명하는 것을 거부하는 결정에 대하여는 구조를 신청한 자와 구조를 받는 자에 한하여 항고를 할 수 있다. 이는 전 항과 달리 국고에 불이익이 없고 구조를 신청한 자에게만 불이익이 있기 때문이다.

以上抗告는即時抗告는아니로되立法論으로言ᄒᆞ면即時抗告와同一홈으로信ᄒᆞᄂᆞ니何者오此等의決定中에는速히確定케홈을便宜로ᄒᆞᄂᆞᆫ所以니라

第三章 訴訟節次

前一二章에는訴訟의主體된裁判所及當事者에關ᄒᆞᆫ法規를說明ᄒᆞ얏스나從是ᄒᆞ야訴訟節次에關ᄒᆞᆫ規定을說明코져ᄒᆞ노라

日本民事訴訟法에는第一編中에訴訟節次의一章을設ᄒᆞ고一般通則을定ᄒᆞ얏스나第二編에地方裁判所의第一審의訴訟節次中에도亦是一般通則될만ᄒᆞᆫ規定을設홈으로써此를合ᄒᆞ야研究홈이便宜로思料ᄒᆞ노라

此規定은第一審을始ᄒᆞ야 各審級에關ᄒᆞᆫ正式訴訟節次는勿論이며略式訴訟節次及强制執行上訴訟節次에 至ᄒᆞ기ᄭᆞ지 總其節次에 適用ᄒᆞᆯ一般規定이니라

第一節 口頭辯論及準備書面

訴訟이란者는公共ᄒᆞᆫ機關에向ᄒᆞ야權利保護의裁判을請ᄒᆞᄂᆞᆫ方法인즉其訴訟에는裁判所에向ᄒᆞ야裁判의必要ᄒᆞᆫ材料를開示ᄒᆞᄂᆞᆫ節次를要ᄒᆞ니此를稱曰辯

이상의 항고는 즉시항고가 아니다. 그러나 입법론으로 말하면 즉시항고와 동일하다고 믿는다. 어떤 자이든 이것 등의 결정은 신속히 확정케 하는 것이 편리하게 때문이다.

제3장 소송절차

앞서 제1장, 제2장에서는 소송의 주체인 재판소 내지 당사자에 관한 법규를 설명하였다. 이제 소송절차(訴訟節次)에 관한 규정을 설명하도록 하겠다.

일본 민사소송법에는 제1편 제1장에 소송절차를 규정하여 일반통칙(一般通則)을 정하고 있고, 제2편에 지방재판소의 제1심 소송절차 중에도 역시 일반통칙이 될 만한 규정을 두고 있다. 따라서 이를 같이 연구하는 것이 좋다고 생각한다. 이 규정은 제1심을 시작으로 각 심급에 관한 정식 소송절차는 물론이고 약식소송절차 내지 강제집행상의 소송절차에 이르기까지 모든 절차에 적용할 일반규정이다.

제1절 구두변론 내지 준비서면

소송이라는 것은 공공기관에 대하여 권리보호의 방법을 청구하는 방법이다. 즉 그 소송에는 재판소에 대하여 재판에 필요한 재료를 개시(開示)하는 절차가 필요한데, 이를 변론(辯論)이라

論이라謂ᄒᆞᆷ이라此辯論에는書面에據ᄒᆞᆯ者와口頭에基ᄒᆞᆯ者의差別이有ᄒᆞ니本法은訴의裁判을行ᄒᆞᆯ判决裁判所의辯論은口頭로ᄒᆞ고純然ᄒᆞᆫ口頭辯論主義를採用ᄒᆞᆷ이라ᄒᆞᆷ은緖論에說明ᄒᆞᆫ바ㅣ라玆에所謂判决裁判所란者는决定裁判所에相對ᄒᆞᆫ用語ㅣ니訴의裁判ᄒᆞ기爲ᄒᆞ야 組織ᄒᆞᆫ 裁判所를意味ᄒᆞᆷ이라 此判决裁判所의辯論은單히判决의基本되는辯論뿐아니라其訴訟進行中의申請에裁判ᄒᆞᆯ辯論도亦其口頭로行ᄒᆞᆷ이本則이라然ᄒᆞ나特種申請에决定을行ᄒᆞ는辯論에至ᄒᆞ야는 口頭辯論의 經否는裁判所의 意見에任ᄒᆞᆷ이니 口頭辯論主義를嚴守ᄒᆞᆷ은判决裁判所의辯論이라ᄒᆞᆷ도亦其緖論에講述ᄒᆞᆫ바ㅣ라訴訟上申請에는訴의隨從으로本案裁判을爲ᄒᆞ야判决裁判所에셔裁判을行ᄒᆞᆯ境遇와且其特種의申請境遇의 分界가不明確ᄒᆞᆫ 故로法律이 口頭辯論의 經否를明示ᄒᆞᆫ바ㅣ니라

一 口頭辯論을經ᄒᆞᆷ을要ᄒᆞᆯ境遇는判决裁判所가本案의裁判을行ᄒᆞᆯ總境遇와其他追加裁判申提 (民訟第二四四條) 假執行에關ᄒᆞᆫ申提 (民訴第五〇六條第五〇八條) 假差押假處分에對ᄒᆞᆫ異議申提 (民訴第七四五條第七五六

말한다. 이 변론에는 서면에 근거할 경우와 구도에 기초하는 경우로 나뉜다. 본법에서는 소의 재판을 하는 판결재판소의 변론은 구두로 하여 완전히 구두변론주의를 채용하고 있다. 서론(緖論)에서 설명하였지만 여기서 소위 판결재판소라는 것은 결정재판소와 대비되는 용어로서 소에 대한 재판을 위하여 조직된 재판소를 의미한다. 이 판결재판소의 변론은 반드시 판결의 기본이 되는 변론뿐만 아니라 그 소송진행 중의 신청에 따른 재판을 위한 변론도 역시 구두로 하는 것이 원칙이다. 하지만 특별한 종류의 신청에 대한 결정을 위항 변론에서는 구두변론의 경료 여부는 재판소의 의견에 따른다. 구두변론주의를 엄수하는 판결재판소의 변론에 대하여도 역시 서론에서 설명하였다.

소송상신청에는 소에 수반하여 본안재판을 위하여 본안재판소에서 재판을 하는 경우와 특별한 종류의 신청 사이의 한계가 명확하지 아니하기 때문에 법률에서 구두변론을 거쳐야 하는지 여부를 명시하고 있다.

1. 구두변론의 경료가 필요한 경우는 판결재판소가 본안의 재판을 행하는 모든 경우와 기타 추가의 재판신청(민소 제244조), 가집행에 관한 신청(민소 제506조, 제508조), 가압류·가처분에 대한 이의신청(민소 제745조, 제756조)

條」等이라

二　口頭辯論의經否를裁判所意見에任홈을明示호境遇는管轄指定의申請（民訴第二八條」忌避의申請（民訴第三七條」從參加의申請（民訴第五七條」裁判所書記辯護士及執達吏에게費用을負擔케호는申提（民訴第八三條」費用額確定의申請（民訴第八四條第八五條」訴訟上救助의申請（民訴第一〇一條）期日變更期間短縮伸長의申請（民訴第一七一條）訴訟節次中止의申請（民訴第一八五條）判決更正의申請（民訴第二四一條）外國에送達홀時에特히故障期間을定홀境遇（民訴第二五五條）証人鑑定人忌避의申請（民訴第三〇五條第三二二條）証據保全의申請（民訴第三六八條）抗告의境遇（民訴第四六二條）强制執行上의申提나申請（民訴第五〇〇條第五一二條第五四七條第五四三條第五四四條第七三三條第七二四條第七三五條）假差押의申請（民訴第七四一條）公示催告의申請（民訴第七六四條）等이라

如斯히判決裁判所의辯論은口頭辯論主義를從호나一切書面을不用홈은아니

등이다.

2. 구두변론의 경료 여부를 재판소의 의견에 일임함을 명시한 경우는 관할지정의 신청(민소 제28조), 기피의 신청(민소 제37조), 종참가의 신청(민소 제57조), 재판소 서기, 변호사 내지 집달리에게 비용을 부담케 하는 신청(민소 제83조), 비용확정의 신청(민소 제84조, 제85조), 소송상구조의 신청(민소 제101조), 기일변경·기간단축의 신청(민소 제171조), 소송절차 중지의 신청(민소 제185조), 판결경정의 신청(민소 제241조), 외국에 송달할 때에 특히 고장기간(故障期間)을 정한 경우(민소 제255조), 증인·감정인의 기피신청(민소 제305조, 제322조), 증거보전의 신청(민소 제368조), 항고의 경우(민소 제462조), 강제집행상의 신청(민소 제500조, 제512조, 제547조, 제543조, 제544조, 제733조, 제734조, 제735조), 가압류의 신청(제741조), 공시최고의 신청(민소 제764조) 등이다.

이와 같이 판결재판소의 변론은 구두변론주의를 따르지만 일체 서면을 사용하지 아니하는 것은 아니다.

라當事者는書面을互相交換ᄒᆞ야其辯論에準備홈이通例니此書面을稱曰準備書面이라謂홈이라

第一欵 準備書面

口頭辯論主義를從홀지라도當事者는相對者가如何ᄒᆞᆫ主張을홀는지此를豫知치못ᄒᆞ면其攻擊과防禦며又其証據方法을準備치못홀지라若其準備가無ᄒᆞ고且其係爭關係가未定홀時는順序로辯論홈을不得홀지라故로本法에는訴狀中에辯論準備의事項을記載ᄒᆞ고(民訴第一九〇條末項)被告는答辯書를提出ᄒᆞ고(民訴第一九九條)又上訴審에至ᄒᆞ야도控訴狀上告狀等에辯論事項을記載ᄒᆞ고(民訴第四〇一條第四三八條)相對者가答辯書를提出ᄒᆞ고(民訴第四〇四條)其書面의交換에依ᄒᆞ야口頭辯論을準備홈이라(民訴第一〇四條)

準備書面은當事者가彼此에攻擊防禦와證據方法의準備를ᄒᆞ고또裁判官이訴訟上의指揮를適當히홀便宜를供ᄒᆞ는目的에出ᄒᆞᆫ것시오口頭辯論主義를採用ᄒᆞᆫ本法에는此로써判決의基本을ᄒᆞ는것슨아니라口頭辯論에陳述치아니ᄒᆞᆫ事

당사자는 서면을 상호 교환하여 그 변론을 준비하는 것이 통례이고, 이 서면을 칭하여 준비서면이라 한다.

제1관 준비서면(準備書面)

구두변론주의를 따를지라도 당사자는 상대방이 어떤 주장을 하는지 이를 예상하지 못하면 그 공격과 방어 또는 그 증거방법을 준비할 수 없다. 만약 그 준비가 없고 또 그 계쟁관계가 정하여지지 아니할 때에는 차례대로 변론할 수 없게 된다. 따라서 본법에서는 소장에 변론준비의 사항을 기재하고(민소 제190조 후문), 피고는 답변서를 제출하고(민소 제199조), 또 상소심에서도 항소장·상고장 등에 변론사항을 기재하고(민소 제401조, 제438조), 상대방은 답변서를 제출하고(민소 제404조), 그 서면의 교환에 의하여 구두변론을 준비하게 된다(민소 제104조).

준비서면은 당사자가 서로 공격방어와 증거방법을 준비하고 또 재판관이 소송상의 지휘를 적정하게 하는 편의를 제공하는 것을 목적으로 제출하는 것이다. 구두변론주의를 채용한 본법에서는 이로써 판결의 기본으로 하는 것이 아니고 구두변론에서 진술하지 아니한 사항은

項은準備書面에揭載ᄒᆞ야도裁判所의判斷을受ᄒᆞᆯ것슨아니니故로準備書面은提出치아니ᄒᆞ야도敢히失權을生ᄒᆞᆯ것시아니오當事者ᄂᆞᆫ此를提出치아니ᄒᆞ고口頭辯論에至ᄒᆞ야新히攻擊과防禦의方法을提出ᄒᆞᆷ도無妨ᄒᆞ니라

然이나此準備書面에記載치아니ᄒᆞᆫ事項을口頭辯論에至ᄒᆞ야新히主張ᄒᆞᄂᆞᆫᄃᆡ相對者ᄂᆞᆫ豫爲詮索치아니ᄒᆞ면陳述을不能ᄒᆞᆯ時에ᄂᆞᆫ辯論을續行ᄒᆞ야相對者의調査에必要ᄒᆞᆫ期間을置ᄒᆞ고補充의準備書面을提出ᄒᆞ야其準備를ᄒᆞ지아니치못ᄒᆞᄂᆞᆫᄃᆡ至ᄒᆞᄂᆞᆫ事도잇스며ᄯᅩ相對者가闕席ᄒᆞᆫ時에闕席判決을求ᄒᆞ고자ᄒᆞ야도準備업기ᄯᆡ닥에其闕席判決의申提를却下ᄒᆞ게되ᄂᆞᆫ事가잇ᄂᆞ니라（民訴第二五二條）

此等事情을因ᄒᆞ야生ᄒᆞᆫ費用은假令勝訴者가되여도스ᄉᆞ로其負擔을아니치못ᄒᆞᆯ지라（民訴第七五條）故로準備書面은法律上必要條件이아니라도當事者ᄂᆞᆫ自己에게나ᄯᅩ相對者에게必要ᄒᆞᆫ事項을記載ᄒᆞ야裁判所에提出ᄒᆞ고口頭辯論前에豫爲交換ᄒᆞᆷ이可ᄒᆞ니라

準備書面의形式은如左ᄒᆞ니라

준비서면에 기재하여도 재판소의 판단을 받는 것은 아니다. 따라서 준비서면은 제출하지 아니하여도 실권되는 것은 아니다. 당사자는 이를 제출하지 아니하고 구두변론에서 새로운 공격과 방어의 방법을 제출하여도 무방하다.

하지만 준비서면에 기재하지 아니한 사항을 구두변론에 이르러서 새롭게 주장함에 대하여 상대방이 예상할 수 없는 것이나 진술할 수 없을 때에는 변론을 속행하여야 한다. 이 경우 상대방에게 조사에 필요한 기간을 주고 보충의 준비서면을 제출하여 준비하지 아니하면 안 되는 일도 있으며, 상대방이 출석하지 아니한 때에 궐석재판을 구하고자 하여도 준비가 없기 때문에 그 궐석판결의 신청을 각하하게 되는 일도 있다(민소 제252조).

이러한 사정으로 인하여 발생한 비용은 가령 승소자가 되어도 이를 스스로 부담하여야 한다(민소 제75조). 따라서 준비서면은 법률상 필요조건이 아닐지라도 당사자는 자기 또는 상대방에게 필요한 사항을 기재하여 재판소에 제출하고 구두변론 전에 미리 교환하는 것이 가능하다.

준비서면의 형식은 다음과 같다.

相對者ᄂᆞᆫ豫爲詮索치아니ᄒᆞ면陳述을不能ᄒᆞᆯ時에ᄂᆞᆫ辯論을續行ᄒᆞ야相對者의調査에必要ᄒᆞᆫ期間을寘ᄒᆞ고補充의準備書面을提出ᄒᆞ야其準備를ᄒᆞ지아니치못ᄒᆞᄂᆞᆫ데至ᄒᆞᄂᆞᆫ事도잇스며또相對者가闕席ᄒᆞᆫ時에闕席判決을求ᄒᆞ고ᄌᆞᄒᆞ야도準備업기ᄭᆞ닭에其闕席判決의申提를却下ᄒᆞ게되ᄂᆞᆫ事가잇ᄂᆞ니라（民訴第二五二條）

此等事情을因ᄒᆞ야生ᄒᆞᆫ費用은假令勝訴者가되여도스사로其負擔을아니치못ᄒᆞᆯ지라（民訴第七五條）故로準備書面은法律上必要條件이아니라도當事者ᄂᆞᆫ自己에게나또相對者에게必要ᄒᆞᆫ事項을記載ᄒᆞ야裁判所에提出ᄒᆞ고口頭辯論前에豫爲交換ᄒᆞᆷ이可ᄒᆞ니라

準備書面의形式은如左ᄒᆞ니라

一 準備書面에記載ᄒᆞᆯ事項（民訴第一〇五條）

甲 當事者及其法定代理人의氏名、身分職業住所의表示

乙 訴訟物及附屬書類의表示

丙 當事者가口頭辯論에ᄒᆞ고자ᄒᆞᄂᆞᆫ提言即判決을受ᄒᆞᆯ事項의提言과如ᄒᆞᆫ

1. **준비서면에 기재할 사항**(민소 제105조)

갑. 당사자 내지 그 법정대리인의 성명, 직업과 주소의 표시

을. 소송물 내지 부속서류의 표시

병. 당사자가 구두변론에서 하고자 하는 제언(提言) 즉 판결을 받을 사항의 제언과 같은 경우를 말함(민소 제222조)

* 원서의 편집 오류로 인쇄 면수가 잘못되어 228면에서 231면으로 바로 넘버링 되었다. 중복 인쇄된 부분은 번역에서 제외하였다.

者를謂홈(民訴第一二二條)

丁 提言의原因된事實上의關係

戊 相對者의事實上主張에對ᄒᆞᄂᆞᆫ陳述

己 證據方法의開示와相對者의證據方法에關ᄒᆞᆫ陳述

庚 原告被告又其法定代理人의氏名捺印、但外國人에在ᄒᆞ야ᄂᆞᆫ捺印을不要홈(明治三二年法律第五〇號)

辛 年月日及裁判所의表示

準備書面은元來辯論準備를爲홈에不外ᄒᆞᆫ즉事實上의關係ᄂᆞᆫ簡明히記載ᄒᆞᆯ것시나其說明又ᄂᆞᆫ法律上의辯論을記載홈을不許홈(民訴第一〇六條)

二 準備書面에添付ᄒᆞᆯ附屬書類　準備書面에ᄂᆞᆫ左의書類를添付ᄒᆞᆯ지니라(民訴第一〇七條)

甲 訴訟을行ᄒᆞᄂᆞᆫ資格을證ᄒᆞᆯ書類卽法定代理人이訴訟을行ᄒᆞᄂᆞᆫ時ᄂᆞᆫ其法定代理人인줄을證ᄒᆞᆯ書類、後見人이訴訟을行ᄒᆞᆯ境遇와如ᄒᆞᆫ者ᄂᆞᆫ其法定代理人된資格을證ᄒᆞᆯ書類의外에또訴訟行爲에就ᄒᆞ야親族會의同意를證

정. 제언의 원인이 된 사실상의 관계

무. 상대방의 사실상의 주장에 대한 진술

기. 증거방법의 개시(開示)*와 상대방의 증거방법에 관한 진술

경. 원고·피고 또는 그 법정대리인의 성명과 날인, 단 외국인의 경우에는 날인은 필요하지 아니함(메이지 제32년[1899년] 법률 제50호)

신. 연월일 내지 재판소의 표시

준비서면은 원래 변론준비를 위한 것이므로 사실상의 관계를 간단명료하게 기재할 것이지만 그 설명 또는 법률상의 변론을 기재하는 것은 허용되지 아니함(민소 제106조)

2. 준비서면에 첨부할 부속서류

준비서면에는 다음의 서류를 첨부하여야 한다(민소 제107조).

갑. 소송을 수행할 자격을 증명하는 서류 즉 법정대리인이 소송을 수행하는 때에는 그 법정대리인이라는 자격을 증명하는 서류, 후견인이 소송을 진행하는 경우와 같은 때에는 법정대리인이 된 자격을 증명하는 서류 외에

* 열어 보여주는 것으로 설명으로 보면 된다.

ᄒᆞᆯ書類의外에 또訴訟行爲에就ᄒᆞ야親族會에同意를證ᄒᆞᆯ書類(民法第九二九條) 妻가訴訟行爲를行ᄒᆞᄂᆞᆫ時ᄂᆞᆫ其夫의許可를證ᄒᆞᆯ書類(民法第一四條) 又訴訟代理人이訴訟을行ᄒᆞᄂᆞᆫ時ᄂᆞᆫ其資格을證ᄒᆞᆯ委任狀의類를謂ᄒᆞᆷ이라然而其書類ᄂᆞᆫ原本、正本、又謄本을添付ᄒᆞᆯ者이니라

乙 證書의謄本 此ᄂᆞᆫ當事者의手中에存ᄒᆞᆫ것신데準備書面中에主張ᄒᆞᆫ事實을證明ᄒᆞ기爲ᄒᆞ야援用ᄒᆞᆫ證書를謂ᄒᆞᆷ이라其證書가浩繁ᄒᆞᆫ時와또相對者의已爲知了ᄒᆞᆫ것슨證書를表示ᄒᆞ야相對者의請求를因ᄒᆞ야閱覽ᄒᆞ게ᄒᆞᆯ事를記載ᄒᆞᆷ으로足ᄒᆞ고又證書의一部만援用ᄒᆞ야其部分만要用된時ᄂᆞᆫ抄本으로足ᄒᆞ다ᄒᆞᆷ이나然而其抄本은冒頭及其要用의部分만記載ᄒᆞ고其年月日及印章을謄寫ᄒᆞᆫ것스로ᄒᆞᆯ지니라

右附屬書類의外에法律에規定이無ᄒᆞᆯ지라도假令地所狀況의類에關ᄒᆞ야事實上의陳述을言語로顯出ᄒᆞᆷ이不完ᄒᆞᆫ者ᄂᆞᆫ其事實上의陳述을補充ᄒᆞ기爲ᄒᆞ야圖面을附屬書類로提出ᄒᆞᆷ을得ᄒᆞᄂᆞ니라(民訴第三五九條第二項叅照)

準備書面은裁判所에提出ᄒᆞᆯ者外에相對者에게交付ᄒᆞᆯ必要ᄒᆞᆫ員數의謄本假令

소송행위를 함에 친족회의 동의를 증명할 서류(민법 제929조), 처가 소송행위를 하는 때에 그 부(夫)의 허가를 증명하는 서류(민법 제14조), 소송대리인이 소송을 수행하는 때에 그 자격을 증명하는 위임장 등을 의미한다. 당연히 그 서류는 원본(原本), 정본(正本), 또는 등본(謄本)을 첨부하여야 한다.

을. 증서의 등본

이는 당사자가 가지고 있는 것으로 준비서면에서 주장한 사실을 증명하기 위하여 원용한 증서를 말한다. 그런데 그 증서가 크고 수량이 많은 때와 상대방이 이미 알고 있는 증서는 상대방의 청구로 열람하게 할 것을 기재하면 충분하고 또 증서의 일부만을 원용하여 그 부분만을 요약하여 사용한 때에는 초본(抄本)으로 충분하다. 당연히 그 초본은 첫머리 내지 요약한 부분만 기재하고 그 연월일과 인장을 찍어야 한다.

위 부속서류 외에 법률에 규정이 없다고 하여도 가령 장소의 상황과 같은 것에 관하여 사실상의 진술을 언어로 현출하기 완전하지 아니한 경에는 그 사실상의 진술을 보완하기 위하여 도면을 부속서류로 제출할 수 있다(민소 제359조 제2항 참조).

준비서면은 재판소에 제출한 것 외에 상대방에게 교부할 인원수의 등본 가령

共同訴訟에對者가五名이有亨時ᄂᆞᆫ其五通의謄本을裁判所書記課에提出홀것시오又裁判所書記ᄂᆞᆫ職權으로써此ᄅᆞᆯ相對者에게送致홀者라ᄒᆞᄂᆞ니라(民訴第一〇八條)

區裁判所의訴訟節次에在ᄒᆞ야ᄂᆞᆫ簡易主義ᄅᆞᆯ取ᄒᆞᄂᆞᆫ故로全혀準備書面의交換을不要홈(民訴第三七五條第二項)若或豫爲通知치아니ᄒᆞ면此에對ᄒᆞ야相對者가陳述을不能ᄒᆞᄂᆞᆫ事項을主張ᄒᆞ랴고ᄒᆞᄂᆞᆫ時ᄂᆞᆫ準備書面을正式으로交換치아니ᄒᆞ고直接으로相對者게ᄒᆞ야其主張ᄒᆞ라고ᄒᆞᄂᆞᆫ事項을通知홈을得ᄒᆞᄂᆞ니라(民訴第三七六條)

第二款　口頭辯論에關亨訴訟主體의一般行爲

口頭辯論은其期日에至ᄒᆞ야裁判官과書記가法廷에臨ᄒᆞ고廷丁(裁判所搆成法第一〇二條參照)이事件을呼唱홈을依ᄒᆞ야其期日이始홈이오(民訴第一六三條第一項)또裁判長이辯論을開홀旨意ᄅᆞᆯ告ᄒᆞ고當事者가此에應ᄒᆞ야申提ᄅᆞᆯ行홈에依ᄒᆞ야辯論이始홈이니라(民訴第一〇九條第一項第一一〇條第一項)其辯論에ᄂᆞᆫ當事者ᄂᆞᆫ諸般攻擊과防禦의方法을裁判官의面前에서開示

공동소송에서 상대방이 5명인 경우에는 그 5통의 등본을 재판소 서기과에 제출하여야 한다. 또한 재판소 서기는 직권으로 이를 상대방에게 송달하여야 한다(민소 제108조).

구재판소의 소송절차에 있어서는 간이주의를 취하고 있기 때문에 준비서면의 교환은 전혀 필요하지 아니한다(민소 제375조 제2항). 혹시 미리 통지하지 아니하여 이에 대하여 상대방이 진술이 불능할 사항을 주장하려고 하는 때에는 준비서면을 정식으로 교환하지 아니하고 직접 그 상대방에게 주어서 그 주장하는 사항을 통지할 수 있다(민소 제376조).

제2관 구두변론에 관한 소송주체의 일반적 행위

구두변론은 그 기일에 이르러 재판관과 서기가 법정에 출석하고 정리(재판소구성법 제102조 참조)*가 사건을 호명함으로 그 기일이 시작하게 된다(민소 제163조 제1항). 또 재판장이 변론을 개시하는 취지를 말하고 당사자가 이에 따라 신청을 함으로 변론이 시작된다(민소 제109조 제1항, 제110조 제1항). 그 변론에는 당사자는 제반 공격과 방어의 방법을 재판관의 면전에서 개시하고,

* 본문에서는 정정(廷丁)이라 한다.

호고裁判所는訴訟上의法規에從호야辯論을整理호며當事者의攻擊又防禦의方法을聽호야써判斷의基本되는材料를得호는것시라故로口頭辯論上에訴訟의主體되는者의行爲는一面에는此에叅與호는當事者의行爲오他一面에는裁判所의行爲와區別홈을相當홈으로호느니라

第一　當事者의行爲

當事者가口頭辯論에호는普通의行爲를分호면如左호니라

一　判決을受홀事項의申提卽一定의申提를行홈　當事者는口頭辯論에判決을受홀事項의申提를호지아니치못홀거시오此判決을受홀事項의申提는書面에基因호야호지아니치못홀지라若或此에違背호는時는其申提는絕對로無効에歸호는結果를生호느니라（民訴第一九〇條第二項第三號第二二二條）此申提가訴狀答辯書（反證의境遇에限홈）控訴狀上告狀等에記載호것슨此에基호야申提홀것시오其記載가업는것과又는其記載와重要호點에差異호申提는더욱調書에添付홀書面을提出호고此에基因호야申提를호지아니치못홀지니라（民訴第二二二條第二項第三項）如斯히判決을受홀事項

재판소는 소송상의 법규에 따라 변론을 정리하며 당사자의 공격과 방어의 방법을 듣고 판단의 기본이 되는 재료를 얻는 것이다. 따라서 구두변론상에 소송의 주체가 되는 자의 행위는 한면으로는 이에 참여하는 당사자의 행위이고, 다른 면에서는 재판소의 행위와 구별함이 상당하다고 할 것이다.

제1 당사자의 행위

당사자가 구두변론에서 하는 통상의 행위를 나누어 보면 다음과 같다.

1. 판결을 받을 사항의 신청 즉 일정한 신청을 행함

당사자는 구두변론에서 판결을 받을 사항의 신청을 하여야 한다. 이 판결을 받을 사항의 신청은 서면으로 하여야 한다. 만약 이를 위반한 때에는 그 신청은 절대적 무효의 결과가 발생한다(민소 제190조 제2항 제3호, 제222조). 이 신청이 소장, 답변서(반증의 경우에 한함), 항소장, 상고장 등에 기재한 것은 이에 기하여 신청할 것이고, 그 기재가 없거나 그 기재와 중요한 점에 차이가 있는 신청은 조서에 첨부할 서면을 제출하고 이에 따라 신청을 하여야 한다(민소 제222조 제2항, 제3항). 이와 같이 판결을 받을 사항의申提에限ᄒᆞ야書面의基因ᄒᆞ야ᄒᆞ게ᄒᆞᄂᆞᆫ理由ᄂᆞᆫ判決의宣告ᄂᆞᆫ主文의朗讀에依ᄒᆞ야ᄒᆞᆯ法則(民訴第二三四條第一項)과相對的에出ᄒᆞᆫ것신데彼此誤謬업기ᄅᆞᆯ期ᄒᆞᆷ에在ᄒᆞᆷ이라然ᄒᆞ나被告가原告의請求에對ᄒᆞ야單純히此ᄅᆞᆯ爭ᄒᆞᄂᆞᆫ申提即原告의請求却下의申提又ᄒᆞᆫ것은强히書面에基因ᄒᆞᆷ을不要ᄒᆞ고被告ᄂᆞᆫ其請求ᄅᆞᆯ爭ᄒᆞᆯ消極的의明言을ᄒᆞᆷ으로足ᄒᆞ다ᄒᆞᆷ이니要컨ᄃᆡ積極的의申提ᄅᆞᆯᄒᆞᆷ이아니면其誤謬ᄅᆞᆯ惹起ᄒᆞᆯ念慮가無ᄒᆞᆫ緣故니라

又區裁判所에在ᄒᆞ야ᄂᆞᆫ節次ᄅᆞᆯ簡易케ᄒᆞᆷ을爲ᄒᆞ야一定의申提라도强히書面에基因ᄒᆞ야ᄒᆞᆷ을不要ᄒᆞᆷ이라(民訴第三八〇條)

二 事實及法律上의訴訟關係ᄅᆞᆯ演述ᄒᆞᆷ 原告가一定의申提ᄅᆞᆯᄒᆞᆫ後에當事者ᄂᆞᆫ彼此에事實上의演述을ᄒᆞ고또法律上의點에涉ᄒᆞ야訴訟全體의關係ᄅᆞᆯ演述ᄒᆞᆯ것시라ᄒᆞᆷ이라此演述은統히口頭로써ᄒᆞᆯ것시오書類로代爲援用ᄒᆞᆷ을不許ᄒᆞᄂᆞ니라然ᄒᆞ나計算上의關係에ᄂᆞᆫ裁判長의許可ᄅᆞᆯ得ᄒᆞ야計算書ᄅᆞᆯ援用ᄒᆞᆷ을得ᄒᆞ고又文字上의旨趣ᄅᆞᆯ爭ᄒᆞᆯ境遇에ᄂᆞᆫ口頭演述에代ᄒᆞ되其書類의要用되ᄂᆞᆫ部分을朗讀ᄒᆞᆷ을許ᄒᆞᄂᆞ니라(民訴第一一〇條第二項第三項)

의 신청에 한하여 서면으로 하도록 한 이유는 판결의 선고는 주문의 낭독에 의하여야 한다는 법칙(민소 제234조 제1항)과 상대적인 것이지만 이것은 오류를 없게 하려는 것이다. 하지만 피고가 원고의 청구에 대하여 단순히 이를 다투는 신청 즉 원고 청구의 각하를 신청하는 것과 같은 경우는 반드시 서면으로 할 필요가 없고 피고는 그 청구를 다툰다는 것을 소극적으로 명백히 말하면 충분하다. 요건대 적극적인 신청을 하는 것이 아니면 그 오류를 야기할 염려가 없기 때문이다.

구재판소에 있어서는 절차를 간이하게 하기 위하여 어떤 신청이라도 강하게 서면으로 할 필요는 없다(민소 제380조).

2. 사실 내지 법률상의 소송관계를 연술(演述)함

원고가 일정한 신청을 한 후에 이것저것 사실상의 연술을 하고 또 법률상의 점을 거쳐 소송전체의 관계를 연술하게 된다. 이 연술은 모두 구두로 하여야 하고 서류로 대신 원용할 수 없다. 하지만 계산상의 관계는 재판장의 허가를 받아 계산서를 원용할 수 있고, 또 문자상의 취지를 다투는 경우에는 구두연술을 대신하여 그 서류의 주요 부분을 낭독할 수 있다(민소 제110조 제2항, 제3항).

三 相對者의主張ᄒᆞᄂᆞᆫ事實에對ᄒᆞ야陳述을홈　各當事者ᄂᆞᆫ相對者의主張ᄒᆞᆫ事實에對ᄒᆞ야其認否의申提ᄅᆞᆯᄒᆞ지아니치못ᄒᆞᆯ지며其事實은請求의原因된事實임과訴의形式에關ᄒᆞᄂᆞᆫ事實됨을不問ᄒᆞ고諸般의攻擊과防禦又ᄂᆞᆫ證據方法에關ᄒᆞᆫ事實에對ᄒᆞ야陳述을ᄒᆞ지아니치못ᄒᆞᆯ지라此認否의陳述을홈은訴訟上에當事者彼此의義務니라（民訴第一一條第一項）然ᄒᆞ고原告의主張ᄒᆞᆫ事實에對ᄒᆞ야被告의陳述ᄒᆞᄂᆞᆫ防禦方法을答辯이라謂ᄒᆞ니其答辯에ᄂᆞᆫ形式上과實體上의別이有ᄒᆞ며ᄯᅩ實體上의答辯에請求의原因된事實을否認ᄒᆞᄂᆞᆫ答辯과其事實은不爭ᄒᆞᆯ지라도他의權利消滅、義務終了의反對事實을主張ᄒᆞᄂᆞᆫ答辯과又原告의主張을全認ᄒᆞᆯ지라도法律上의請求權이無홈으로抗辯ᄒᆞᄂᆞᆫ것시有ᄒᆞ니其詳細ᄒᆞᆫ事項은答辯의節에講述코져ᄒᆞ노라又相對者의主張에對ᄒᆞ야陳述홈은獨히被告에止ᄒᆞᆯᄲᅮᆫ아니라原告도亦被告의答辯에新ᄒᆞᆫ事實上의主張을ᄒᆞᆯ時ᄂᆞᆫ此에對ᄒᆞ야認否의陳述을ᄒᆞ지아니치못ᄒᆞᆯ지니當事者의一方이相對者의主張에對ᄒᆞ야明確히爭치못ᄒᆞ거나又暗히爭ᄒᆞᄂᆞᆫ意思가出現치아니ᄒᆞᄂᆞᆫ時ᄂᆞᆫ其事實을認ᄒᆞ야自白ᄒᆞᆫ것스로看做ᄒᆞᆯ지니리（民

3. 상대방의 주장하는 사실에 대하여 진술을 함

각 당사자는 상대방의 주장하는 사실에 대하여 그 인부의 신청을 하여야 한다. 그 사실은 청구의 원인된 사실임과 소의 형식에 관한 사실됨을 묻지 않고 제반의 공격과 방어 또는 증거방법에 관한 사실에 대하여 진술하여야 한다. 이러한 인부의 진술을 하는 것은 소송상 당사자 모두의 의무이다(민소 제11조 제1항). 원고의 주장사실에 대하여 피고가 진술하는 방어방법을 답변이라고 한다. 그 답변에는 형식상과 실체상의 구별이 있다. 또 실체상의 답변에는 청구의 원인된 사실을 부인하는 답변과 그 사실은 다투지 않지만 다른 권리소멸, 의무종료의 반대사실을 주장하는 답변과 또는 원고의 주장을 전부 인정할지라도 법률상의 청구권이 없어 항변하는 것이 있다. 그 상세한 사항은 답변의 절에서 설명하겠다. 또 상대방의 주장에 대하여 진술하는 것은 피고뿐만 아니라 원고도 피고의 답변에서 새로운 사실상의 주장을 하는 때에는 이에 대하여 인부의 진술을 하여야 한다. 당사자 일방이 상대방의 주장에 대하여 명확히 다투지 못하거나 또는 묵시적으로 다툰다는 의사가 나타나지 아니한 때에는 그 사실은 자백한 것으로 간주된다

訴第一一一條第二項第三項) 然이나 被人事訴訟에在ᄒᆞ야ᄂᆞᆫ形式上의陳述로써判斷을不爲ᄒᆞ고必히職權으로써干涉ᄒᆞ야眞正ᄒᆞᆫ事實에依ᄒᆞ야裁判을ᄒᆞᆯ것신故로明確히爭치아니ᄒᆞᄂᆞᆫ一事로써自白ᄒᆞᆫ것스로ᄒᆞᄂᆞᆫ法則은此에適用치아니ᄒᆞ고裁判長의 釋明權으로써必히 其認否를明確히 陳述케ᄒᆞ지아니치못ᄒᆞᆯ것시니라 (人事訴訟法第一〇條第二六條第三九條第五九條參照)

四 各當事者ᄂᆞᆫ自己의事實上의陳述을證明ᄒᆞᄂᆞᆫ證據方法及相對者의主張을辯駁ᄒᆞᄂᆞᆫ證據方法을開示ᄒᆞ고또相對者의證據方法에對ᄒᆞᄂᆞᆫ陳述을ᄒᆞᆯ것시니라然而畢竟相爭ᄒᆞᆷ에關ᄒᆞᆫ事實에對ᄒᆞ야ᄂᆞᆫ現實히證據의提言을ᄒᆞ야證據調査를受ᄒᆞᆯ것시니라(民訴第一一三條)

五 各當事者ᄂᆞᆫ口頭辯論에서行ᄒᆞᆯ事를被許ᄒᆞᆫ各種의申請을行ᄒᆞᆷ을得ᄒᆞᄂᆞ니是亦口頭辯論中의一所爲에屬ᄒᆞᄂᆞᆫ것시라假令期日의變更과辯論延期의申請等의類니라

第二 裁判長의行爲

(민소 제111조 제2항, 제3항).

하지만 인사소송을 당한 경우에는 형식상의 진술로 판단할 수 없고 반드시 직권으로 심리하여 진정한 사실에 의하여 재판하여야 한다. 따라서 명확히 다투지 아니하는 사실은 자백한 것으로 하는 법칙은 이에 적용하지 아니하고 재판장의 석명권으로써 반드시 그 인부를 명확히 진술케 하여야만 한다(인사소송법 제10조, 제26조, 제39조, 제59조 참조).

4. 각 당사자는 자기의 사실상 진술을 증명하는 증거방법 내지 상대방의 주장을 논박하는 증거방법을 개시하고 또한 상대방의 증거방법에 대하여 진술하여야 한다. 당연히 서로 다투는 사항에 대하여는 증거신청을 하여 증거조사를 받아야 한다(민소 제213조).

5. 각 당사자는 구두변론에서 할 수 있는 것으로 인정되는 각종 신청을 할 수 있다. 이 역시 구두변론 중에 할 수 있는 하나의 행위라고 할 것이다. 가령 기일의 변경과 변론연기의 신청 등이 그것이다.

제2 재판장의 행위

口頭辯論에裁判機關의홀行爲는裁判長의홀것과裁判所의홀것의二種에分홈을得호니其裁判長의職權에屬홀行爲는如左호니라

一 口頭辯論의指揮權(民訴第一〇九條裁判所構成法第一〇四條參照)〇ㄴ

甲 裁判長은口頭辯論을開호고此를指揮호는職權을有홈

乙 裁判長은發言을許否호는權을有홈 故로辯論에發言을홈에는裁判長의指揮을從홀지니若或其命을不從홀時는發言의禁止를被홈이有호니라

丙 辯論을完全히호고恒常訴訟의終結코자홈에注意홈이니라

丁 裁判長은訴訟關係의釋明權을有홈 故로裁判長은事件에對호야十分의說明을호게호고特히不明瞭호申提와또事實上의主張을釋明호야事件의關係를明白케홈에必要호陳述을호게홀것시라

職權上調査홀點에關호야는當事者의一方이疑心을不起홀지라도此에對호야注意를홀것시니라

如右히釋明을爲호는發問은陪席判事도亦裁判長에게告호고此를行홈을

구두변론에서 재판기관이 할 행위는 재판장이 하는 것과 재판소에서 할 것 2종류로 나눌 수 있다. 재판장의 직권에 속한 행위는 다음과 같다.

1. **구두변론의 지휘권**(민소 제109조, 재판소구성법 제104조 참조)

갑. 재판장은 구두변론을 열고 이를 지휘하는 직권을 가지고 있음

을. 재판장은 발언을 허부하는 권한을 가지고 있음

따라서 변론에서 발언을 하려면 재판장의 지휘에 따라야 하고 만약 그 명령에 따르지 아니할 때에는 발언의 금지를 당할 수 있다.

병. 변론을 완전히 하고 항상 소송을 종결코자 함에 주의하여야 함

정. 재판장은 소송관계의 석명권을 가지고 있음

따라서 재판장은 사건에 대하여 충분히 설명하게 하고 특히 불명료한 신청과 사실상의 주장을 석명하여 사건관계를 명백하게 함에 필요한 진술을 하게 하여야 한다.

직권상 조사하여야 할 점에 관하여는 당사자 일방이 의심하지 아니할지라도 이에 대하여 주의하여야 한다.

위와 같은 석명을 위하여 묻는 것은 배석판사도 재판장에게 말하고 이를 행할

得ᄒᆞᄂᆞ니라然ᄒᆞ나各當事者ᄂᆞᆫ相對者或證人等에對ᄒᆞ야自己가發問ᄒᆞᆷ을不得ᄒᆞ되某事項에對ᄒᆞ야發問ᄒᆞ야釋明ᄒᆞ야둠을必要ᄒᆞᆷ으로認ᄒᆞᆯ時ᄂᆞᆫ其問을發ᄒᆞᆯ事를裁判長에게求ᄒᆞᆷ을得ᄒᆞᆯ지오其問에對ᄒᆞ야荅이無ᄒᆞᆯ時ᄂᆞᆫ相對者에게利益되ᄂᆞᆫ答을行ᄒᆞᆫ者로看做ᄒᆞᆷ에在ᄒᆞᆷ이라

戊 裁判所가口頭辯論에辯論續行의決定을行ᄒᆞᆫ時ᄂᆞᆫ裁判長은其決定에基ᄒᆞ야곳續行의期日을指定ᄒᆞᆷ이라

己 辯論이終結ᄒᆞᆫ줄노認ᄒᆞᄂᆞᆫ時ᄂᆞᆫ口頭辯論을閉鎖ᄒᆞᆷ이라

庚 口頭辯論에基ᄒᆞ야判決及決定을行ᄒᆞᆫ時ᄂᆞᆫ其宣告를行ᄒᆞᄂᆞ니라

二 法廷의秩序維持權　法廷의秩序維持ᄂᆞᆫ裁判長의職權에屬ᄒᆞ니其權限은如左ᄒᆞ니라

甲 婦女와童子又ᄂᆞᆫ相當ᄒᆞᆫ服色을아니ᄒᆞᆫ者를退廷ᄒᆞ게ᄒᆞᆷ을得ᄒᆞ나此境遇에ᄂᆞᆫ其理由를調書에明記치아니치못ᄒᆞᆯ지니라(裁判所搆成法第一〇七條叅照)

乙 辯論을妨害ᄒᆞᄂᆞᆫ者又ᄂᆞᆫ不當ᄒᆞᆫ行狀을ᄒᆞᄂᆞᆫ者를退廷ᄒᆞ게ᄒᆞᄂᆞᆫ權을有ᄒᆞ

수 있다. 하지만 각 당사자는 상대방 또는 증인에 대하여 자기가 물을 수는 없지만 어떤 사항에 대하여 물어서 석명할 필요가 있을 때에는 그 묻고 싶은 것을 재판장에게 구할 수 있다. 그 질문에 대하여 답변이 없을 때에는 상대방에게 이익이 되는 답변을 한 것으로 간주하게 된다.

戊. 재판장이 구두변론에서 변론의 속행을 결정한 때에는 재판장은 그 결정에 따라 바로 속행기일을 지정하게 된다.

己. 변론이 종결하여야 하는 때에는 구두변론을 종결하게 된다.

庚. 구두변론에 기초하여 판결 내지 결정을 하는 때에는 선고를 하게 된다.

2. 법정의 질서유지권

법정의 질서유지는 재판장의 직권에 속하고, 그 권한은 다음과 같다.

甲. 부녀와 아동 또는 상당한 의복을 갖추지 아니한 자를 퇴정하게 할 수 있다. 이 경우에는 그 이유를 조서에 명확히 기재하여야 한다(재판소구성법 제107조 참조).

乙. 변론을 방해하는 자 또는 부당한 행장(行狀, 행동과 언행)을 하는 자를 퇴정하게 하는 권한을 갖고 있다.

니此退廷을命ᄒᆞᄂᆞᆫ境遇에ᄂᆞᆫ其行狀에依ᄒᆞ야句引ᄒᆞ야閉廷ᄒᆞ기ᄭᆞ지留置ᄒᆞᆷ을得ᄒᆞᆷ이라(裁判所構成法第一〇九條參照)

丙 不當ᄒᆞᆫ言語ᄅᆞᆯ用ᄒᆞᄂᆞᆫ辯護士에게對ᄒᆞ야同一事件에對ᄒᆞ야引續ᄒᆞ야陳述ᄒᆞᆷ을禁ᄒᆞᆷ을得ᄒᆞᆷ이라(裁判所構成法第一一一條參照)

此等의法廷의秩序維持權은辯論에參與ᄒᆞᆫ當事者에게든지傍聽人에게對ᄒᆞ야든지此ᄅᆞᆯ行ᄒᆞᆯ것시니旣爲法廷內에入ᄒᆞ야서ᄂᆞᆫ總히裁判長의秩序維持權에不從ᄒᆞᆷ을不得ᄒᆞᄂᆞ니라辯論에參與ᄒᆞᆫ者가秩序維持ᄅᆞᆯ因ᄒᆞ야退廷을當ᄒᆞᆫ時ᄂᆞᆫ相對者의申提에依ᄒᆞ야任意로退廷ᄒᆞᆫ것과同一히取扱ᄒᆞ고ᄯᅩ全혀辯論을不爲ᄒᆞᆫ時ᄂᆞᆫ其期日에出頭치아니ᄒᆞᆫ것스로看做ᄒᆞ야闕席의節次에依ᄒᆞᄂᆞᆫ事도有ᄒᆞ니라(民訴第一一八條第一二五〇條)

第三 裁判所의行爲

受訴裁判所ᄂᆞᆫ口頭辯論에左의職權을有ᄒᆞᆷ

一 訴訟關係ᄅᆞᆯ明瞭케ᄒᆞᄂᆞᆫ權

訴訟關係ᄅᆞᆯ明瞭케ᄒᆞᄂᆞᆫ것시라ᄒᆞ나單히不明瞭ᄒᆞᆫ陳述을釋明ᄒᆞ기爲ᄒᆞᄂᆞᆫ發

이와 같이 퇴정을 명하는 경우에는 그 행장에 따라 구인하여 법정이 끝날 때까지 유치하게 할 수 있다(재판소구성법 제109조 참조).

병. 부당한 언어를 쓰는 변호사에 대하여 동일 사건에 대하여 계속하여 진술함을 금지할 수 있다(재판소구성법 제111조 참조).

이와 같은 법정의 질서유지권은 참여한 당사자이거나 방청인에게 대하여도 행사할 수 있다. 이미 법정 내에 들어와서는 모두 재판장의 법정질서권에 복종하여야만 한다. 변론에 참여한 자가 질서유지를 위하여 퇴정을 당한 때에는 상대방의 신청에 의하여 임의로 퇴정한 것과 동일하게 취급하고 또한 전혀 변론을 하지 아니한 때에는 그 기일에 출석하지 아니한 것으로 간주하여 결석의 절차에 의하는 일도 있다(민소 제128조, 제250조).

제3 재판소의 행위

수소재판소는 구두변론에서 다음과 같은 직권을 가지고 있다.

1. 소송관계를 명료케 하는 권한

소송관계를 명료케 하는 것이라고 하지만 단순히 불명료한 진술을 석명하기 위하여

問權은裁判長에게付與ᄒᆞ엿고此를明瞭케ᄒᆞ기爲ᄒᆞ야某樣行爲를命ᄒᆞᆯ것은裁判所의職權에屬ᄒᆞᄂᆞᆫ것시니라

甲 當事者本人의親身出頭를命ᄒᆞᄂᆞᆫ事 此ᄂᆞᆫ訴訟代理人으로써訴訟을ᄒᆞᄂᆞᆫ境遇에事件의關係를明瞭케ᄒᆞᄂᆞᆫ時에限ᄒᆞᆷ（民訴第一一四條人事訴訟法第一二條第二六條）

乙 職權으로써檢證又ᄂᆞᆫ鑑定을命ᄒᆞᄂᆞᆫ事 檢證이라ᄒᆞᆷ은係爭物이나證據物을實檢ᄒᆞᄂᆞᆫ것신데土地類ᄂᆞᆫ其所在處에就ᄒᆞ야實地臨檢ᄒᆞᆷ이有ᄒᆞᆷ이오又鑑定은特別의智識을要ᄒᆞᄂᆞᆫ事件에就ᄒᆞ야裁判官의考覈을幇助ᄒᆞ기爲ᄒᆞ야其特別ᄒᆞᆫ有識者로意見을陳述케ᄒᆞᆷ에在ᄒᆞ니此等은皆事件의關係를明瞭케ᄒᆞᄂᆞᆫ必要를爲ᄒᆞ야職權으로써此를命ᄒᆞᆷ을得ᄒᆞᄂᆞᆫ것시니라（民訴第一一七條）

丙 當事者의所持ᄒᆞᆫ訴訟記錄이事件의辯論及裁判에關係잇ᄂᆞᆫ것슬提出ᄒᆞ라命ᄒᆞᄂᆞᆫ事 此ᄂᆞᆫ其事件에就ᄒᆞ야自作ᄒᆞᆫ書面의原本과또送達을受ᄒᆞᆫ書類等을指ᄒᆞᆷ이니라（民訴第一一六條）

발문권을 재판장에게 부여하였고, 이를 명료케 하기 위하여 어떤 형태의 행위를 명하는 것으로 이는 재판소의 직권에 속하는 것이다.

갑. 당사자본인의 직접 출석을 명한 경우

이는 소송대리인이 소송을 하는 경우에 사건의 관계를 명료케 하는 경우에 한함(민소 제114조, 인사소송법 제12조, 제26조).

을. 직권으로 검증 또는 감정을 명하는 경우

검증이라 함은 계쟁물이나 증거물을 실제로 검사하는 것인데 토지 종류는 그 소재지에 이르러 실제로 검사하는 것이다. 감정은 특별한 지식을 요하는 사건에 대하여 재판관의 판단을 돕기 위하여 특별한 식견이 있는 자의 의견을 진술하게 하는 것이다. 이러한 것들은 모두 사건의 관계를 명료케 할 필요가 있어 직권으로 이를 명할 수 있다(민소 제117조).

병. 당사자가 소지한 소송기록이 사건의 변론 내지 재판에 관계있는 것을 제출하라고 명한 경우

이는 그 사건에 있어서 스스로 작성한 서면의 원본과 송달받은 서류 등을 말한다(민소 제116조).

丁 當事者의援用ᄒᆞᆫ證書로其手中에存ᄒᆞᆫ것을提出ᄒᆞ라命ᄒᆞᄂᆞᆫ事　此證書라ᄒᆞᆷ에ᄂᆞᆫ簿記도包含ᄒᆞᆷ(民訴第一一五條第一項)

戊 外國語로作ᄒᆞᆫ證書의譯本을提出ᄒᆞ라命ᄒᆞᄂᆞᆫ事　此亦事件의關係를明瞭케ᄒᆞ기爲ᄒᆞᆷ인즉其證書를援用ᄒᆞᆫ時에限ᄒᆞᆷ(民訴第一一五條第二項)

以上은總히訴訟關係를明瞭케ᄒᆞᄂᆞᆫ權에屬ᄒᆞ니라

二 訴訟의整理權

訴訟의整理도裁判所의職權에屬ᄒᆞ니라

甲 一個의訴에數個의請求와又本訴와反訴의分離를命ᄒᆞᄂᆞᆫ事 (民訴第一一八條) 一個의訴에主觀的의併合訴訟即共同訴訟을ᄒᆞ며또客觀的으로數個의請求를併ᄒᆞ야訴ᄒᆞᆷ을得ᄒᆞᆷ은既爲論述ᄒᆞᆫ것신데又本訴의權利拘束이發生ᄒᆞᆫ時ᄂᆞᆫ被告ᄂᆞᆫ此에對ᄒᆞ야反訴를起ᄒᆞᆷ을得ᄒᆞᆷ이라 (民訴第二〇〇條) 如斯히一訴訟에數個請求가有ᄒᆞᆫ境遇에當ᄒᆞ야同時에辯論을ᄒᆞ게ᄒᆞᆷ은도로혀節次의錯亂을做出ᄒᆞᆯ虞慮가有ᄒᆞ니如斯ᄒᆞᆫ境遇에ᄂᆞᆫ口頭辯論中何時든지其辯論의分離를命ᄒᆞᆷ을得ᄒᆞᆷ

정. 당사자가 원용한 증거서류로서 그 수중에 있는 것을 제출하라고 명한 경우

그 증거서류라고 함은 장부도 포함한다(민소 제115조 제1항).

무. 외국어로 작성한 증거서류의 번역을 제출하라고 명한 경우

이 역시 사건의 관계를 명료케 하기 위하여 하는 것이다. 그 증거서류를 원용한 때에 한한다(민소 제115조 제2항).

이상은 모두 소송관계를 명료케 하기 위하여 인정한 권한이다.

2. 소송의 정리권

소송의 정리도 재판소의 권한에 속한다.

갑. 1개의 소에 수개의 청구 또는 본소와 반소의 분리를 명하는 경우(민소 제118조)

한 개의 소에 주관적 병합소송 즉 공동소송을 위하여 또 객관적으로 수개의 청구를 병합하여 소를 제기한 경우(이미 설명하였음) 또는 본소의 소송계속이 발생한 때에는 피고는 이에 대하여 반소를 제기할 경우(민소 제200조)와 같이, 한 개의 소송에 수개의 청구가 있는 때에 동시에 변론을 하게 하는 것이 소송절차를 현저히 교란케 할 염려가 있다면 구두변론 중 언제라도 그 변론의 분리를 명할 수 있다.

乙　當事者의兩方又ᄂᆞᆫ一方이同一히本來一訴로써請求ᄒᆞᆯ만ᄒᆞᆫ數個事件이其裁判所에繫屬ᄒᆞᆫ것슬合併ᄒᆞᆷ을得ᄒᆞᆷ（民訴第一二〇條）此ᄂᆞᆫ法律上에同時에一訴로써請求ᄒᆞᆯ만ᄒᆞᆫ것슬當事者가此를各個로訴出ᄒᆞᆫ境遇에當ᄒᆞ야裁判所ᄂᆞᆫ合併ᄒᆞ야辯論及裁判을ᄒᆞᆷ이相當ᄒᆞ고ᄯᅩ便利ᄒᆞᆷ으로認ᄒᆞᄂᆞᆫ時ᄂᆞᆫ此를合併ᄒᆞ라命ᄒᆞᆷ을得ᄒᆞᆷ이니라

丙　數個의獨立ᄒᆞᆫ攻擊과及防禦의方法에就ᄒᆞ야辯論의制限을命ᄒᆞᆷ（民訴第一一九條）各當事者ᄂᆞᆫ一個의請求에도數個의獨立ᄒᆞᆫ攻擊方法을用ᄒᆞ며ᄯᅩ數個의獨立ᄒᆞᆫ防禦方法을提出ᄒᆞᆷ이有ᄒᆞᆫ데其攻擊又防禦의方法中一個에就ᄒᆞ야辯論ᄒᆞ면其判決을ᄒᆞᆷ에足ᄒᆞᆫ일이往々有ᄒᆞ니如此ᄒᆞᆫ境遇에ᄂᆞᆫ其數個中의一個의攻擊又防禦의方法에만辯論을制限ᄒᆞᆷ을得ᄒᆞ고特히先決問題를決ᄒᆞᆷ으로要用ᄒᆞᄂᆞᆫ攻擊又防禦의方法에就ᄒᆞ야ᄂᆞᆫ此의分離를命ᄒᆞᆷ이可ᄒᆞ니라然而其制限을命ᄒᆞᆫ結果로本案判決을ᄒᆞ기에足ᄒᆞ거든終局判決을ᄒᆞᆯ지라不然ᄒᆞᆫ時ᄂᆞᆫ此獨立ᄒᆞᆫ攻擊又防禦의方法에만就ᄒᆞ야中間判決을ᄒᆞᆯ지니라（民訴第二一七條）

을. 당사자 쌍방 또는 일방이 본래 1개의 소로 같이 청구할 만한 수개의 사건이 그 재판소에 계속된 것에 대하여 병합을 명함(민소 제120조)

이는 법률상 동시에 1개의 소로 청구할 수 있는 것을 당사자가 이를 개별적으로 소를 제기한 경우에 재판소는 병합하여 변론 내지 재판을 하는 것이 상당하고 또 편리하다고 인정하는 때에는 이의 병합을 명할 수 있다.

병. 수개의 독립된 공격과 방어의 방법에 대하여 변론의 제한을 명함(민소 제119조)

각 당사자는 1개의 청구에 있어서 독립된 공격방법을 사용하거나 또는 독립된 방어방법을 제출할 수 있다. 이러한 경우에 그 공격방어의 방법 중 1개에 대하여 변론하면 그 판결을 함에 충분한 경우가 종종 있는 바, 이 경우 그 수개 중 1개의 공격 또는 방어의 방법에만 변론을 제한할 수 있다. 특히 선결문제를 결정하는데 중요한 공격 또는 방어의 방법에 대하여 이의 분리를 명할 수 있다. 당연히 그 제한을 명한 결과로 본안판결을 하기 족한 경우에는 종국판결을 하고, 그것이 어려울 때에는 독립된 공격 또는 방어의 방법에 대하여만 중간판결을 하면 된다(민소 제227조).

丁 辯論의中止를命ᄒᆞᆷ　裁判所가辯論의中止를命ᄒᆞᆷ은他에係屬ᄒᆞᆫ訴訟의結果가本件의裁判에影響을及게ᄒᆞᄂᆞᆫ境遇에此를命ᄒᆞᆷ이라蓋刑事의判決이나其他의訴訟에셔ᄒᆞᄂᆞᆫ裁判이民事의裁判에就ᄒᆞ야羈束力을有ᄒᆞᆫ與否ᄂᆞᆫ重大ᄒᆞᆫ問題나其如何히決ᄒᆞ든지其裁判은事實을決ᄒᆞᆷ에重要ᄒᆞᆫ證據가되ᄂᆞᆫ지라本訴訟의裁判을ᄒᆞᄂᆞᆫ데大影響을及ᄒᆞᆯ境遇가有ᄒᆞᆷ은本是無疑ᄒᆞᆫ事니此等境遇에ᄂᆞᆫ辯論中止를命ᄒᆞᆯ것신데其中止를命ᄒᆞᄂᆞᆫ境遇에二種이有ᄒᆞ니

(イ) 訴訟의全部又ᄂᆞᆫ一部가他에係屬ᄒᆞᆫ訴訟에셔定ᄒᆞᆯ法律關係의成立ᄯᅩ或不成立에係ᄒᆞᆫ時ᄂᆞᆫ其訴訟의完結ᄒᆞ기ᄭᆞ지辯論의中止를命ᄒᆞᆯ것시니라玆에所謂他의訴訟이라ᄒᆞᆷ은通常의司法裁判所에係屬ᄒᆞᆫ訴訟ᄲᅮᆫ이아니라行政裁判所에係屬ᄒᆞᆫ것과其他特別裁判所에係屬ᄒᆞᆫ것슬勿論包含ᄒᆞᆷ이라(民訴第一二一條)

(ロ) 犯罪의嫌疑가有ᄒᆞ야其刑事訴訟의結果가本案의裁判에影響을及케ᄒᆞᆯ時ᄂᆞᆫ其刑事許訟이完結ᄒᆞ기ᄭᆞ지辯論의中止를命ᄒᆞᆯ것시니라(民

정. 변론의 중지를 명함

재판소가 변론의 중지를 명하는 것은 다른 계속된 소송의 결과가 본건의 재판에 영향을 미치는 경우에 이를 명하게 된다. 형사판결이나 기타의 소송에서 하는 재판이 민사재판에 대하여 기속력(羈束力)을 갖는지 여부가 중대한 문제이지만 그것이 어떻게 결정되든지 그 재판은 사실을 확정하는데 중요한 증거가 된다. 본소송을 하는데 큰 영향을 미칠 경우가 있는 것은 본래 의심의 여지가 없는 일이다. 이러한 경우에 변론의 중지를 명하게 된다. 여기에는 2가지 종류가 있다.

(가) 소송의 전부 또는 일부가 다른 곳에 계속된 소송에서 정할 법률관계의 성립 또는 불성립에 관계가 있는 때에는 그 소송의 완결 시까지 변론의 중지를 명하여야 한다. 여기에서 다른 소송이라 함은 통상의 사법재판소에 계속된 사건뿐만 아니라 행정재판소에 계속된 것과 기타 특별재판소에 계속된 것도 당연히 포함된다(민소 제121조).

(나) 범죄의 혐의가 있어 그 형사소송의 결과가 본안의 재판에 영향을 미치게 될 때에는 그 형사소송이 완결될 때까지 변론의 중지를 명하는 것이다(민소

訴第一二二條）此刑事의裁判에羈束되ᄂᆞᆫ與否ᄂᆞᆫ立法上에最重大ᄒᆞᆫ問題니彼佛國에셔ᄂᆞᆫ此에羈束될것스로ᄒᆞ엿스나獨逸에셔ᄂᆞᆫ羈束되ᄂᆞᆫ限에不在ᄒᆞᆷ으로ᄒᆞᆫ지라故로獨逸訴訟法은此境遇에ᄂᆞᆫ中止를命ᄒᆞᆯ것시라規定치아니ᄒᆞ고中止를命ᄒᆞᆷ을得ᄒᆞᆷ이라ᄒᆞ야即裁判所의自由에任ᄒᆞ니라日本大審院에셔ᄂᆞᆫ法文에「中止ᄒᆞᆯ것시라」規定ᄒᆞᆫ故로刑事의裁判에羈束되ᄂᆞᆫ判例어니와此에就ᄒᆞ야ᄂᆞᆫ反對論이有ᄒᆞ니昨今은此判例를改正ᄒᆞ고져ᄒᆞᄂᆞᆫ論者가多ᄒᆞ리라

戊　辯論의分離와合併及中止의決定을繳消ᄒᆞᆷ（民訴一二三條）裁判所ᄂᆞᆫ旣爲命令ᄒᆞᆫ辯論의分離와合併又ᄂᆞᆫ辯論의中止를繳消ᄒᆞᆷ을正當ᄒᆞᆷ으로認ᄒᆞᆫ時ᄂᆞᆫ申提의有無를不拘ᄒᆞ고何時든지此의繳消를命ᄒᆞᆷ을得ᄒᆞᆷ

己　辯論의再開를命ᄒᆞᆷ（民訴第一二四條）裁判長이判決을ᄒᆞ기에足ᄒᆞᆫ줄노認定ᄒᆞᄂᆞᆫ時에ᄂᆞᆫ辯論을閉鎖ᄒᆞᆯ지니라（民訴第一〇九條）然而其評議의結果가尙且辯論을要ᄒᆞᆯ時와또判事中에防碍가有ᄒᆞ야其裁判의評議를盡키不能ᄒᆞᆫ時ᄂᆞᆫ裁判所ᄂᆞᆫ其職權으로其辯論의再開를命ᄒᆞᆷ을得ᄒᆞᄂᆞᆫ것시

제122조). 이 형사재판에 기속되는지 여부는 입법상 매우 중대한 문제인데, 프랑스에서는 이에 기속된다고 하였으나 기속되는 제한이 없다. 따라서 독일 민사소송법에서는 이 경우에 중지를 명하여야 한다고 규정하지 아니하고 중지를 명할 수 있다고 하였다. 즉 재판소의 자유에 일임하였다. 일본 대심원에서는 법문에서 "중지할 것이다"고 규정하였다는 이유로 형사재판에 기속된다는 것이 판례이다. 이에 대하여 반대론이 있고 현재에는 이 판례를 바꾸어야 한다는 것이 다수의 견해이다.

무. 변론의 분리와 병합 내지 중지의 결정을 취소함(민소 제123조)

재판소는 이미 명령한 변론의 분리와 병합 또는 변론의 중지를 취소하는 것이 정당하다고 인정되는 때에는 신청의 유무와 관계없이 언제든지 이의 취소를 명할 수 있다.

기. 변론의 재개를 명함(민소 제124조)

재판장이 판결을 하기 족하다고 인정되면 변론을 종결한다(민소 제109조). 하지만 합의 결과 다시 변론이 필요한 때와 판사 중 반대의견이 있어 그 재판의 합의를 마치기 어려운 때에는 재판소는 직권으로 그 변론의 재개를 명할 수 있다.

라

庚 通事의立會를命홈(民訴第一二五條第一二六條)辯論에叅與ᄒᆞᄂᆞᆫ者即當事者나證人及鑑定人等이國語에不通ᄒᆞᄂᆞᆫ時와又ᄂᆞᆫ此等人이聾者나啞者인ᄃᆡ文字로써理會케ᄒᆞ기不能ᄒᆞᆫ時ᄂᆞᆫ通事를立會케홈이라蓋我法廷의用語ᄂᆞᆫ韓語인故로(裁判所構成法第一一五條叅照)韓語에不通ᄒᆞᄂᆞᆫ者有ᄒᆞᆫ時ᄂᆞᆫ通事를用ᄒᆞᆯ必要가잇다홈이라然이나辯論에參與ᄒᆞᄂᆞᆫ裁判所의職員即判事及書記ᄭᆞ지總數의職員이다外國語에通ᄒᆞᆯ境遇에ᄂᆞᆫ外國語로써口頭辯論을홈을得ᄒᆞᆯ事로홈이라(裁判所構成法第一一八條叅照)

辛 相當ᄒᆞᆫ陳述을ᄒᆞ기不能ᄒᆞᆫ當事者及訴訟代理人에게其後의演述을禁ᄒᆞ며又ᄂᆞᆫ裁判所에셔辯論으로爲業ᄒᆞᄂᆞᆫ訴訟代理人或補佐人에게退斥을命홈(民訴第一二七條)當事者가親히訴訟을ᄒᆞ거나又ᄂᆞᆫ辯護士이아닌訴訟代理人或補佐人이出頭ᄒᆞᆫ時에辯論에臨ᄒᆞ야相當ᄒᆞᆫ陳述을ᄒᆞ기不能홈으로認ᄒᆞᆯ時ᄂᆞᆫ爾後의陳述을禁홈을得ᄒᆞ니此境遇에ᄂᆞᆫ新期日을定ᄒᆞ야辯護士로陳述을ᄒᆞ게홈을命ᄒᆞᆯ것시오ᄯᅩ裁判所에셔辯論으로爲業ᄒᆞᄂᆞᆫ訴訟

경. 통역인의 입회를 명함(민소 제125조, 제126조)

변론에 참여하는 자 즉 당사자나 증인 내지 감정인 등이 국어가 통하지 아니하는 때 또는 그러한 자들이 농아자(聾啞者)로서 문자로 이해시키는 것이 불가능한 때에는 통역인을 입회케 하여야 한다. 한국 법정의 용어는 한국어이므로(재판소구성법 제115조 참조) 한국어에 불통하는 때에는 통역인을 쓸 필요가 있다. 하지만 변론에 참여하는 직원 즉 판사 내지 서기까지 모두 외국어가 가능한 경우에는 구두변론을 하게 할 수 있다(재판소구성법 제118조 참조).

신. 상당한 진술을 하기 어려운 당사자 내지 소송대리인에게 그 이후의 연술을 금하거나 또는 재판소의 변론을 업으로 하는 소송대리인 또는 보좌인의 소송절차 배제를 명함(민소 제127조)

당사자가 직접 소송을 하거나 또는 변호사가 아닌 소송대리인 또는 보좌인이 출석한 경우에 변론을 행함에 상당한 진술을 하기 어렵다고 인정되는 때에는 이후의 진술을 금지할 수 있다. 이 경우에는 새로운 기일을 정하여 변호사에게 진술할 것을 명하여야 한다. 또 재판소에서 변론을 업으로 하는 소송대리인

代理人或補佐人으로出頭ᄒᆞᄂᆞᆫ時ᄂᆞᆫ此의退斥을命ᄒᆞᆷ을得ᄒᆞᆯ지니此ᄂᆞᆫ辯護士以外의人으로辯護士와ᄀᆞᆺ치訴訟으로爲業ᄒᆞᄂᆞᆫ者ᄂᆞᆫ屢々히不正ᄒᆞᆫ行爲로濫訴의弊를生케ᄒᆞᄂᆞᆫ故로法律은此等의禍害를除去코져ᄒᆞᆷ이라

退斥을命ᄒᆞᄂᆞᆫ決定을ᄒᆞᆫ時ᄂᆞᆫ更히新期日을定ᄒᆞ야辯護士로陳述을ᄒᆞ게ᄒᆞᆷ을命치아니치못ᄒᆞᆯ지니 此決定에對ᄒᆞ야ᄂᆞᆫ總히不服을申提ᄒᆞᆷ을不得ᄒᆞᆷ이라

壬 裁判長의指揮上命令이나又ᄂᆞᆫ陪席判事의所問에對ᄒᆞ야辯論에參與ᄒᆞᄂᆞᆫ者即當事者나證人及鑑定人等이異論을主張ᄒᆞᆫ時ᄂᆞᆫ此의決定을ᄒᆞᆷ（民訴第一一三條）是ᄂᆞᆫ口頭辯論中에셔ᄒᆞᄂᆞᆫ裁判長에指揮나又ᄂᆞᆫ陪席判事의所問에對ᄒᆞᄂᆞᆫ異論에만限ᄒᆞᄂᆞᆫ것시오또此異議ᄂᆞᆫ裁判所에셔其當否를直地에決定ᄒᆞᆯ것시니라

癸 公開를禁止ᄒᆞ며法廷의違背者를處分ᄒᆞᆷ（憲法第五九條裁判所構成法第一〇五條第一〇九條參照）辯論公開ᄂᆞᆫ訴訟上의大原則이라ᄒᆞ나安寧秩序又ᄂᆞᆫ風俗에有害ᄒᆞᆷ으로認ᄒᆞᄂᆞᆫ時ᄂᆞᆫ裁判所ᄂᆞᆫ其公開를禁ᄒᆞᆷ을得ᄒᆞ되

또는 보좌인이 출석한 때에는 소송절차에서의 배제를 명할 수 있다. 이는 변호사 이외의 자가 변호사와 같이 소송을 업으로 하는 자는 반복적으로 부정한 행위로 소를 남발하는 해를 일으키므로 법률에서는 이러한 폐해를 없애려는 것이다.

소송절차에서의 배제를 명하는 결정을 하는 때에는 다시 새로운 기일을 정하여 변호사에게 진술을 명하게 하여야 한다. 이 모든 결정에 대하여는 불복을 신청할 수 없다.

임. 재판장의 지휘상의 명령이나 또는 배석판사의 질문에 대하여 변론에 참여하는 자 즉 당사자나 증인 내지 감정인 등이 이론을 주장한 때에는 이를 결정함(민소 제113조)

이는 구두변론 중에 하는 재판장의 지휘 또는 배석판사의 질문에 대한 이의에 한정하는 것이다. 또 이러한 이의는 재판소에서 그 당부를 즉시 결정하여야 한다.

계. 공개를 금지하고 법정에서의 위배자를 처분함(헌법 제59조, 재판소구성법 제105조, 제109조 참조)

변론의 공개는 소송상의 대원칙이다. 하지만 공공의 안녕질서 또는 풍속에 유해함이 인정되는 때에는 재판소는 그 공개를 금지할 수 있다.

此公開禁止는公衆을退廷케ᄒᆞ기前에理由를附ᄒᆞᆫ決定으로此를行치아니치못ᄒᆞᆯ지니라

如是히公開를禁止ᄒᆞᆫ時라도判決의宣示는반다시公開ᄒᆞ고宣示ᄒᆞᆷ을要ᄒᆞᆷ이라

又裁判所는辯論을妨害ᄒᆞ거나又는不當ᄒᆞᆫ行狀을ᄒᆞ야裁判長에게退廷의命을被ᄒᆞᆫ者에對ᄒᆞ야事情을依ᄒᆞ야裁判所搆成法의規定을從ᄒᆞ야（裁判所搆成法第一〇九條）五圓以下의罰金이나五日以內의拘留에處ᄒᆞᆷ을得ᄒᆞᆷ이라

以上은訴訟의整理權에屬ᄒᆞᆫ것시라右第一號第二號에說明ᄒᆞᆫ訴訟關係를明瞭케ᄒᆞ는權과訴訟整理權에基因ᄒᆞᆫ裁判所의行爲는總히決定으로ᄒᆞ고其決定은大概口頭辯論에基因ᄒᆞ는것신즉此를宣示ᄒᆞᆷ을本則이라ᄒᆞᆷ이라（民訴二四五條參照）

三、和解勸誘權

受訴裁判所는訴訟이如何ᄒᆞᆫ程度에在ᄒᆞ든지其口頭辯論에셔和解를試ᄒᆞ며

이 공개금지는 공중을 퇴정케 하기 전에 이유를 붙인 결정으로 이를 하여야만 한다.

이와 같이 공개를 금지하는 때에도 판결의 선고는 반드시 공개하여 선고하여야 한다.

또 재판소는 변론을 방해하거나 또는 부당한 행동을 하여 재판장으로부터 퇴정명령을 받은 자에 대하여 사정에 따라 재판소구성법의 규정에 따라(재판소구성법 제109조) 50원 이하의 벌금이나 5일 이내의 구류에 처할 수 있다.

이상은 소송상 정리권에 속한 것이다. 위에서 설명한 소송관계를 명료케 하는 권한과 소송정리권에 기초한 재판소의 행위는 모두 결정으로 하고, 그 결정은 대체로 구두변론을 거친 것이므로 이를 선고하는 것이 원칙이다(민소 제245조 참조).

3. 화해권유권

수소재판소는 소송의 정도와 관계없이 그 구두변론에서 화해를 시도하며

或受命判事나受託判事를依ᄒᆞ야和解를試케ᄒᆞᆷ을得ᄒᆞᄂᆞ니라然ᄒᆞᆫ데此를爲ᄒᆞ야ᄂᆞᆫ當事者自身의出頭를命ᄒᆞᆷ을得ᄒᆞᆯ지니라(民訴第一三一條)又人事訴訟에在ᄒᆞ야ᄂᆞᆫ和解가될餘地가有ᄒᆞᆯ時ᄂᆞᆫ裁判所ᄂᆞᆫ一個年間訴訟의中止를決定ᄒᆞᆷ을得ᄒᆞᆷ이라ᄒᆞ니라(人事訴訟法第一三條第二六條)

第四　裁判所書記의行爲

本民事訴訟法은口頭辯論主義를採用ᄒᆞᆷ이라ᄒᆞ나一切書面을不用ᄒᆞᆷ이아니라訴訟上의結果ᄂᆞᆫ調書에收錄ᄒᆞᆯ境遇가有ᄒᆞᆷ은緖論에講述ᄒᆞᆫ바이라然而其調書의作成은訴訟行爲에就ᄒᆞ야裁判所書記가作ᄒᆞᆯ것과執行行爲에就ᄒᆞ야執達吏가作ᄒᆞᆯ것시有ᄒᆞ나口頭辯論에至ᄒᆞ야ᄂᆞᆫ裁判所書記가法廷에立會ᄒᆞ야口頭辯論의調書를作ᄒᆞᆯ것시라ᄒᆞᆷ이니此調書를稱ᄒᆞ야法廷調書라ᄒᆞᆷ이라

一　法廷調書

甲　法廷調書에記載ᄒᆞᆯ事項　法廷調書에記載ᄒᆞᆯ事項에ᄂᆞᆫ形式上의事項과實體上의事項의別이有ᄒᆞ니一般法廷調書에ᄂᆞᆫ形式上으로左의事項을揭ᄒᆞᆯ것시라ᄒᆞᆷ이라(民訴第一二九條)

혹은 수명판사나 수탁판사에 의하여 화해를 시도하게 할 수 있다. 따라서 이를 위하여 당사자 본인의 출석을 명할 수 있다(민소 제221조).

또 인사소송에 있어서 화해의 여지가 있는 때에는 재판소는 1년간 소송의 중지를 결정할 수 있다(인사소송법 제13조, 제26조).

제4 재판소 서기의 행위

본 민사소송법은 구두변론주의를 채택하고 있지만 일체 서면을 사용할 수 없다는 것이 아니므로 소송상의 결과를 조서에 적는 경우가 있다는 것은 서론에서 설명한 것과 같다. 그런데 그 조서의 작성은 소송행위와 관련하여 그 재판소 서기가 작성하는 것과 집행행위와 관련하여 집달리가 작성하는 것이 있다. 구두변론에서는 재판소 서기가 법정에 입회하여 구두변론의 조서를 작성하기 때문에 그 조서를 법정조서라고 한다.

1. 법정조서

갑. 법정조서에 기재할 사항

법정조서에 기재할 사항에는 형식상의 사항과 실체상의 사항으로 나누어진다. 일반 법정조서에는 형식상으로 다음 사항을 기재하여야 한다(민소 제129조).

(イ) 辯論의場所와年月日

(ロ) 立會ᄒᆞᆫ職員의氏名　獨히裁判所를搆成ᄒᆞᆫ職員뿐아니라其搆成員이아니라도檢事或通事의立會ᄒᆞᆫ時는其氏名을揭ᄒᆞᆯ것시라ᄒᆞᆷ이라

(ハ) 訴訟物及當事者의表示

(ニ) 出頭ᄒᆞᆫ當事者와法廷代理人、訴訟代理人及補佐人氏名　若當事者中에闕席者가有ᄒᆞᆫ時는其闕席ᄒᆞᆫ事實도揭ᄒᆞᆯ것시라ᄒᆞᆷ이라

(ホ) 據公ᄒᆞ야辯論을ᄒᆞ며又는公開를禁ᄒᆞᆫ事

以上은形式上으로揭ᄒᆞᆯ事項이오實體上의記載事項은辯論의實體를記ᄒᆞᆷ에在ᄒᆞ나當事者의辯論의實體는其要領을記載ᄒᆞ면足ᄒᆞ고强히辯論을ᄒᆞᆫ事實上及法律上의關係를悉爲收錄ᄒᆞ는限에不在ᄒᆞᆷ이라然이나左의事項은반다시調書에記載ᄒᆞ야此를明確히ᄒᆞᆯ지니라(民訴第一三〇條)

(イ) 自白、認諾、拋棄及和解　自白은事實上의事에關ᄒᆞᆫ것시나玆에自白을揭ᄒᆞᆯ것시라ᄒᆞᆫ所以는舊民法證據編에自白으로重要ᄒᆞᆫ一個證據를삼음에在ᄒᆞᆷ이라然ᄒᆞ나舊民法證據編이實施되지아니ᄒᆞ는今日에在ᄒᆞ

(가) 변론의 장소와 연월일

(나) 입회한 직원의 성명

특히 재판소를 구성한 직원뿐만 아니라 그 구성원이 아니라도 검사 또는 통역인이 입회한 때에는 그 성명을 기재하여야 한다.

(다) 소송물과 당사자의 표시

(라) 출석한 당사자와 법정대리인, 소송대리인 내지 보좌인의 성명

만약 당사자 중에 결석자가 있을 때에는 그 결석자를 기재하여야 한다.

(마) 공개 변론 여부 및 공개를 금한 경우

이상은 형식상 기재할 사항이다. 실체상의 기재사항은 변론의 실체를 기재하는 것이다. 당사자의 변론의 실체는 그 중요사항을 기재하면 되고 특히 변론을 한 사실상 내지 법률상의 관계를 적을 필요는 없지만 다음 사항은 반드시 조서에 기재하여 이를 명확히 하여야 한다(민소 제130조).

(가) 자백, 인낙, 포기와 화해

자백은 사실상의 일에 관한 것이지만 이를 기재하여야 한다. 그 이유는 구민법 증거편에서 자백은 중요한 증거의 하나로 하였기 때문이다. 하지만 구민법 증거편이 시행되지 아니하는 지금에는

야ᄂᆞᆫ立法論으로ᄂᆞᆫ玆에自白을加ᄒᆯ必要가無ᄒᆞ니라和解가調書에明確히ᄒᆞᆫ것은强制執行에就ᄒᆞ야執行力이有ᄒᆞᆫ債務名義가될것시라ᄒᆞᆷ이라

(四) 明確히ᄒᆯ規定잇ᄂᆞᆫ申提及陳述　本法에在ᄒᆞ야明確히ᄒᆯ規定은卽第二百二十二條第二百二十三條第二百六十八條第二百六十九條第二百七十二條第三百五十九條第三百八十條第三百八十一條第六百三十九條等의規定이라就中第二百二十二條ᄂᆞᆫ明確히ᄒᆯ明文이無ᄒᆞ나其性質上으로此를明確히ᄒᆯ것신줄은學說이已爲一定ᄒᆞᆫ바이라

(五) 證人及鑑定人의供述　元來當事者의辯論은請求의原因이되면又ᄂᆞᆫ攻擊과防禦의方法이될重要ᄒᆞᆫ陳述의明確히ᄒᆯ規定이有ᄒᆞᆫ者以外ᄂᆞᆫ其要領만揭ᄒᆞ면足ᄒᆞ나證人鑑定人의供述은其供述노써證據를삼을것신즉此等의供述은細大를勿漏ᄒᆞ고總히收錄ᄒᆯ것시라ᄒᆞᆷ이라

(六) 檢證의結果　檢證의際에確定ᄒᆞᆫ事項으로判斷의資料될것은此를明記ᄒᆯ것시라ᄒᆞᆷ이라蓋檢證은裁判官이親히 其物品을檢視ᄒᆞᄂᆞᆫ것신즉

입법론으로는 이 자백을 기재할 필요는 없다. 화해를 조서에 명확히 한 것은 강제집행에 있어서 집행력을 갖는 집행권원*이 될 것이기 때문이다.

(나) 명확히 할 규정이 있는 신청 내지 진술

본법에 있는 명확히 할 규정은 제222조, 제223조, 제268조, 제269조, 제272조, 제359조, 제380조, 제381조, 제639조의 규정이다. 그 중에 제222조는 명확히 할 명문규정은 없지만 그 성질상 이를 명확히 할 것이라는 것이 학설상 통일되어 있다.

(다) 증인 내지 감정인의 공술(供述)**

원래 당사자의 변론은 청구의 원인이 되거나 또한 공격과 방어의 방법이 될 중요한 진술을 명확히 할 규정이 있는 경우 이외는 그 요지만 기재하면 충분하지만 증인·감정인의 공술은 그 공술이 증거가 되는 것이므로 크고 작은 것을 빠짐없이 전체를 수록하여야 한다.

(라) 검증의 결과

검증에서 확정한 사항으로 판단의 자료가 될 것은 이를 명확히 기재하여야 한다. 검증은 재판관이 직접 그 물품을 눈으로 검사하는 것이다.

---

* 본문에서는 채무명의(債務名義)라고 한다.

** 증인이 신문에 응하여 진술한 사실을 말한다.

其結果ᄂᆞᆫ此를裁判所書記에게指示ᄒᆞ야調書에記載케ᄒᆞᆷ을相當ᄒᆞ다ᄒᆞᆷ이라

(ホ) 書面에依ᄒᆞ야調書에添附치아니ᄒᆞᄂᆞᆫ裁判　裁判中에ᄂᆞᆫ判決、決定、及命令을包含ᄒᆞᆷ이라蓋判決에就ᄒᆞ야ᄂᆞᆫ闕席判決以外ᄂᆞᆫ宣示의際에判決主文을作지아님이無ᄒᆞᆫ지라故로書面을作지아니ᄒᆞ고裁判을ᄒᆞᄂᆞᆫ것은專히口頭辯論中에在ᄒᆞ야直爲宣示ᄒᆞᄂᆞᆫ決定、命令等을指ᄒᆞᆫ것시라此等의裁判에就ᄒᆞ야ᄂᆞᆫ裁判長의宣言ᄒᆞᆫ裁判의趣旨를그ᄃᆡ로調書에記載ᄒᆞᆯ것시라ᄒᆞᆷ이니假令컨ᄃᆡ證據決定의類니라

(ヘ) 裁判의宣示　判決의宣示ᄂᆞᆫ第二百三十三條第二百三十五條에依ᄒᆞ고決定의宣示ᄂᆞᆫ第二百四十五條에依ᄒᆞ야行ᄒᆞᄂᆞ니裁判所書記ᄂᆞᆫ其宣示가有ᄒᆞᆷ을調書에記載ᄒᆞᆯ것시라

以上(イ)로브터(ホ)에至ᄒᆞᆷ은法廷調書에當ᄒᆞᆫ實體上의記載事項이나第二百二十三條의規定에依ᄒᆞ야重要ᄒᆞᆫ陳述노明確케ᄒᆞᆷ을要ᄒᆞᄂᆞᆫ事項에就ᄒᆞ야書面을提出ᄒᆞ야此를調書의附錄으로添附ᄒᆞ고特히其旨를調書에記

따라서 그 결과는 이를 재판소 서기에게 지시하여 조서에 기재하는 것이 상당하다.

(마) 서면에 의하고 조서에 첨부하지 아니하는 재판

재판에는 판결, 결정, 명령이 있다. 판결에 있어서 궐석재판 이외는 선고할 때에 판결 주문을 작성하지 않는 것이 없다. 따라서 서면을 작성하지 않고 재판을 하는 것은 오직 구두변론 중에 하는 즉시 선고하는 결정, 명령 등을 지칭하는 것이다. 이러한 재판에 있어서는 재판장이 선언한 재판의 취지를 그대로 조서에 기재하여야 한다. 예컨대 증거결정 같은 것이다.

(바) 재판의 선고

판결의 선고는 제233조, 제235조에 의하고, 결정의 선고는 제245조에 의하여 한다. 재판소 서기는 이 선고가 있다는 것을 조서에 기재하여야 한다.

이상 (가) 내지 (바)까지는 법정조서에 있어서 실체상의 기재사항이다. 제223조의 규정에 의하여 중요한 진술을 명확케 할 사항에 대하여는 서면을 제출하여 이를 조서의 부록으로 첨부하고 특별히 그 취지를 조서에 기재한

載ᄒᆞᆫ時는其書面은調書의一部로看做ᄒᆞ야調書에實體上의事項을記載ᄒᆞᆫ것과同一의効力을有ᄒᆞ는것시라ᄒᆞᆷ이라

乙　調書의讀聞又는閱覽과及職員의署名、捺印　調書의記載事項中明確ᄒᆡᄒᆞᆯ實體上의事項은單히書記의筆記로만其明確ᄒᆞᆷ을期치못ᄒᆞᆯ지라故로甲號中의（イ）乃至（ニ）의部分은法文에此를關係人에게讀聞케ᄒᆞ며또閱覽키爲ᄒᆞ야此를示與ᄒᆞᆯ것시라ᄒᆞᆷ이라然ᄒᆞ고其節次를履行ᄒᆞᆫ後에此를承諾ᄒᆞᆫ事又或承諾지아니ᄒᆞᆯ時는其理由를附記ᄒᆞᆯ것시라ᄒᆞᆷ이라（民訴第一三一條）然ᄒᆞ고其調書에는裁判長及裁判所書記가署名、捺印ᄒᆞᆯ지오若或裁判長이有故ᄒᆞᆯ時는官等이最高ᄒᆞᆫ陪席判事가此에代ᄒᆞ야署名、捺印ᄒᆞᆯ지오區裁判所判事가有故ᄒᆞᆯ時는書記의署名、捺印으로足ᄒᆞ다ᄒᆞᆷ이라（民訴第一三二條）

如斯히裁判所職員의署名捺印을要ᄒᆞ는所以는調書의成立을明確히ᄒᆞ야形式上의證據力을有ᄒᆞ는것신즉此署名捺印으로調書上의要件을삼음에在ᄒᆞᆷ이라

때에는 그 서면은 조서와 일체로 간주되어 조서에 실체상의 사항을 기재한 것과 동일한 효과가 있다고 할 것이다.

을. 조서의 독문(讀聞)* 또는 열람과 직원의 서명, 날인

조서의 기재사항 중 명확히 하여야 할 실체상의 사항은 단순히 서기의 필기만으로 그 명확함을 기대할 수 없다. 따라서 갑호증의 (가) 내지 (라)의 부분은 법문에서 이를 관계인에게 읽어 듣게 하고 또 열람케 하려고 이를 보여주라고 하고 있다. 따라서 그 절차를 이행한 후에 이를 승낙한 사실 또는 승낙하지 아니할 때에는 그 이유를 부기하도록 하고 있다(민소 제131조). 또한 그 조서에는 재판장 내지 재판소의 서기가 서명날인 하여야 한다. 만약 재판장이 유고한 때에는 관등이 가장 높은 배석판사가 이를 대신 서명날인 하여야 한다. 구재판소의 판사가 유고한 때에는 서기의 서명날인으로 충분하다(민소 제132조).

이와 같이 재판소 직원의 서명날인이 필요한 이유는 조서의 성립을 명확히 하여 형식상의 증거력을 있게 하려고 그 서명날인을 조서상의 요건으로 한 것이다.

* 읽고 듣는 것을 의미한다.

丙 法廷調書의證據力 以上講述ᄒᆞᆫ法式에從ᄒᆞ야裁判所書記의作成에係ᄒᆞᆫ法廷調書ᄂᆞᆫ一個公正證書니僞造、變造의證明이有ᄒᆞ기ᄭᆞ지ᄂᆞᆫ完全ᄒᆞᆫ證據力을有ᄒᆞ고獨히完全ᄒᆞᆫ證據力을有ᄒᆞᆯᄲᅮᆫ不是라口辯論을爲ᄒᆞ야規定ᄒᆞᆫ法式의遵守ᄂᆞᆫ此調書로만證ᄒᆞᆷ을得ᄒᆞᆷ이라故로裁判所의構成의正否와辯論公開等이다此調書에만依ᄒᆞ야證明ᄒᆞᆯ것시오此外의書類에依ᄒᆞ야此를證明ᄒᆞᆷ을不許ᄒᆞᆷ이라是以로口頭辯論의法式에就ᄒᆞ야職權上으로其適否를調査ᄒᆞᆯ境遇에當事者間에相爭ᄒᆞᄂᆞᆫ境遇等에ᄂᆞᆫ恒常其調書에만依ᄒᆞ야其法式이適當히行ᄒᆞᆫ與否를決ᄒᆞᆯ것시라ᄒᆞᆷ이라(民訴第一三四條)

二 法廷外의調書 裁判所書記ᄂᆞᆫ法廷調書를作成ᄒᆞᄂᆞᆫ外에又受命判事或受託判事又ᄂᆞᆫ區裁判所判事가法廷外에서審問ᄒᆞᄂᆞᆫ境遇에도此에立會ᄒᆞ야其審問調書를作ᄒᆞᆯ지니此調書를法廷外의調書라謂ᄒᆞᄂᆞ니法廷外의調書에就ᄒᆞ야도其記載事項과作成의節次及證據力等은前에說明ᄒᆞᆫ法廷調書의規則을準用ᄒᆞᆯ것시라ᄒᆞᆷ이라(民訴第一三三條)

右外에裁判所書記ᄂᆞᆫ此法律에從ᄒᆞ야口頭로써ᄒᆞᆷ을得ᄒᆞᆯ訴、抗告、申提、申

병. 법정조서의 증거력

이상에서 살펴본 바와 같은 법적 방식에 따라 재판소의 서기가 작성한 법정조서는 1개의 공정증서이므로 위조 또는 변조가 증명되기 까지는 완전한 증거력을 가지며 특히 완전한 증거력을 가진다는 것이 이상할 것도 없다. 구두변론을 위하여 규정된 법적 방식의 준수는 이 조서로만 증명할 수 있다. 따라서 재판소의 구성의 정부(正否)와 변론의 공개 등은 이 조서에 의하여만 증명된다. 이외의 서류에 의하여 이를 증명하는 것은 허용되지 아니한다. 그러므로 구두변론의 법적 방식에 있어서 직권상 그 적부를 조사할 경우 당사자 사이에 다툼이 있는 경우 등에 있어서 항상 그 조서에 의하여 그 법적 방식의 적당 여부를 결정하여야 한다(민소 제134조).

2. 법정 외의 조서

재판소의 서기는 법정조서를 작성하는 외에 또는 수명판사, 수탁판사, 구재판소 판사가 법정 외에서 심문하는 경우에도 이에 입회하여 그 심문조서를 작성하게 된다. 이 조서를 법정 외 조서라고 한다. 법정 외 조서에 있어서도 그 기재사항과 작성의 절차 내지 증거력 등은 앞서 설명한 법정조서의 규칙을 준용한다(민소 제133조).

이 외에 재판소의 서기는 이 법률에 따라 구두로서 하는 소, 항고, 신제(申提)와 신청,

請、及陳述을ᄒᆞ며又ᄂᆞᆫ證言을相拒ᄒᆞᄂᆞᆫ境遇에ᄂᆞᆫ此의調書를作지아니치못ᄒᆞᆯ지니(民訴第一三五條)此等의事項이口頭辯論中에在ᄒᆞᆫ時ᄂᆞᆫ其口頭辯論調書即法廷調書中에併爲記載ᄒᆞᆷ을得ᄒᆞᆯ지요強히法廷外의調書를作ᄒᆞᆷ을不要ᄒᆞ나口頭辯論以外에서此를行ᄒᆞᆯ時ᄂᆞᆫ特히其調書를作ᄒᆞᆯ것시라ᄒᆞᆷ이라

如斯히口頭辯論以外의事項을口頭辯論에關ᄒᆞᆫ裁判所書記의行爲中에論ᄒᆞᆷ은順序上에相當치못ᄒᆞ나調書라云ᄒᆞᄂᆞᆫ關係로因ᄒᆞ야法律에規定ᄒᆞᆫ順序를從ᄒᆞ야玆에併爲說明ᄒᆞᆷ이라

此法律에口頭로訴ᄒᆞᆷ을得ᄒᆞᆯ境遇ᄂᆞᆫ第二百一條第三百七十四條、口頭의抗告ᄂᆞᆫ第四百五十七條、口頭로ᄒᆞᄂᆞᆫ申提ᄂᆞᆫ第三百八十一條第三百八十八條第五百十七條第七百六十五條、口頭로得爲ᄒᆞᆯ申請은第二十八條第三十五條第四十六條第五十二條第八十四條第九十三條第百七十一條第百八十五條第二百九十五條第三百四條第三百六十六條第三百八十四條第五百九十六條第七百四十條、口頭로得爲ᄒᆞᆯ陳述은第四百十二條、口頭로證言拒絕의申出을得爲ᄒᆞᆷ은第三百條等의規定이라

내지 진술을 하거나 증언을 거절하는 경우에는 이의 조서를 작성하여야 한다(민소 제135조). 이러한 사항이 구두변론 중에 이루어 진 때에는 그 구두변론조서 즉 법정조서 중에 병기할 수 있다. 특별히 법정 외의 조서를 작성할 필요가 있는 것은 아니하지만 구두변론 이외에서 이를 한 때에는 그 조서를 작성하여야 할 것이다.

이와 같이 구두변론 이외의 사항을 구두변론에 관한 재판소의 서기의 행위 중에 논하는 것은 순서상 상당하지 못하지만 조서를 말하는 관계로 인하여 법률에 규정한 순서에 따라 이를 같이 설명한다.

이 법률에 구두로 소를 제기할 수 있는 경우는 제201조, 제374조, 구두의 항고는 제457조, 구두로 하는 신제(申提)는 제381조, 제388조, 제517조, 제765조, 구두로 하는 신청은 제28조, 제35조, 제46조, 제52조, 제84조, 제93조, 제171조, 제185조, 제295조, 제304조, 제366조, 제384조, 제596조, 제740조, 구두로 하는 진술은 제412조, 구두로 증언거절을 신청하는 것은 제300조 등의 규정이 있다.

此等의事項에就ᄒᆞ야調書를作成홈에ᄂᆞᆫ其記載事項과作成의法式은別히法律上에明定ᄒᆞᆫ바無ᄒᆞ나然이나裁判所書記ᄂᆞᆫ其作成을明瞭케ᄒᆞ기爲ᄒᆞ야署名捺印홈이必要ᄒᆞ고其記載事項은一般의通則이無ᄒᆞ나其訴와申提의要件으로揭ᄒᆞᆯ事項은반다시此를記載ᄒᆞᆯ지니例之컨ᄃᆡ口頭의訴에就ᄒᆞ야ᄂᆞᆫ訴狀의要件되ᄂᆞᆫ當事者及裁判의表示와一定의目的物及一定의原因一定의申提等의揭치아니키不得ᄒᆞᆯ類요(民訴第一九〇條)又書面이對頭者에게送達을要ᄒᆞᄂᆞᆫ것슨其對頭者에게交付홈에必要ᄒᆞᆫ謄本도作成치아니키못ᄒᆞᆯ지니라

第二節 送達

當事者又ᄂᆞᆫ裁判所의ᄒᆞᄂᆞᆫ訴訟行爲에其意思를書面으로關係人에게開示홈을要ᄒᆞᄂᆞᆫ境遇가有홈은本法中에隨處規定ᄒᆞᆫ바라然而此書面을交付ᄒᆞ고其交付홈을證ᄒᆞᄂᆞᆫ節次를送達이라謂홈이라故로當事者의申出에書面을對頭者에게送付홈을要ᄒᆞᄂᆞᆫ것슨此節次에從ᄒᆞᆯ지오又裁判所의行爲에特히裁別이當事者에게送達ᄒᆞ야此를知케ᄒᆞᆯ것슨裁判書의送達節次를不盡키不可ᄒᆞ니라
故로送達의目的은書面의送付에依ᄒᆞ야訴訟行爲의表示를ᄒᆞᆯ境遇에適法ᄒᆞᆫ方

이러한 사항에 대하여 조서를 작성함에는 그 기재사항과 작성의 법적 방식은 특별히 법률에서 명확히 정하고 있지 않다. 하지만 재판소의 서기는 그 작성을 명료케 하기 위하여 서명날인이 필요하고, 그 기재사항에 대하여 일반 통칙은 없지만 그 소와 신청의 요건으로 기재할 사항은 반드시 이를 기재하여야 한다. 예컨대 구두의 소에 있어서는 소장의 요건이 되는 당사자 내지 재판소의 표시와 일정의 목적물과 일정한 원인과 신청 등을 기재하지 아니할 수 없다는 것 등이다(민소 제190조). 또한 서면이 상대방에게 송달을 요하는 것은 그 상대방에게 교부할 등본도 작성하여야 한다.

제2절 송달

당사자 또는 재판소가 하는 소송행위에 그 의사를 서면으로 관계인에게 알릴 필요가 있는 경우가 있어 본법에서 이를 규정하고 있다. 그래서 이 서면을 교부하고 그 교부를 증명하는 절차를 송달이라고 한다. 따라서 당사자가 제출한 서면을 상대방에게 송부함을 요하는 것은 이 절차에 따라야 한다. 또한 재판소의 행위에 특히 재판이 당사자에게 송달하여 이를 알려야 할 것은 재판서의 송달절차이다.

따라서 송달의 목적은 서면의 교부에 의하여 소송행위의 표시를 할 경우에 적법한 방법으로

法으로此를施行ᄒᆞ야써裁判上의權利義務를發生케ᄒᆞᆷ에在ᄒᆞ니就中其重要ᄒᆞᆫ事項을揭ᄒᆞ면如左ᄒᆞᆷ

一 訴의提起가有ᄒᆞᆫ時ᄂᆞᆫ訴狀을被告에게送達ᄒᆞ고此에因ᄒᆞ야權利拘束의効力을生케ᄒᆞᆷ(民訴第一九五條)

二 準備書面은對頭者에게送達ᄒᆞ야口頭辯論의準備의効를生케ᄒᆞᆷ(民訴第一〇八條)

三 呼出狀의送達에因ᄒᆞ야期日에出頭를ᄒᆞ게ᄒᆞᄂᆞᆫ効를生케ᄒᆞᆷ(民訴第一六一條、第二四六條로乃至第二四八條第二五八條第二六二條第二九二條第二九四條第三二八條第三六二條第四二八條第四二九條第四三九條等)

四 宣示를不爲ᄒᆞᄂᆞᆫ裁判은其送達노써裁判上의宣言의効를生케ᄒᆞᆷ(民訴第二四五條第二項)

五 裁判의送達에因ᄒᆞ야故障과上訴及再審期間의起期를生케ᄒᆞᆷ(民訴第二五五條第四〇〇條第四三七條第四六六條第四七四條第四九八條)

六 裁判의送達에因ᄒᆞ야執留의効를生케ᄒᆞᆷ(民訴第五九八條第六四四條第

이를 실시하여 재판상의 권리의무를 발생하게 한다. 그 중에 중요한 사항은 다음과 같다.

1. 소의 제기가 있는 때에는 소장을 피고에게 송달하고 이로 인하여 소송계속의 효력이 발생한다(민소 제195조).

2. 준비서면은 상대방에게 송달하여 구두변론 준비의 효력이 발생한다(민소 제108조).

3. 소환장의 송달로 인하여 기일에 출석하게 하는 효력이 발생한다(민소 제161조, 제246조 내지 제248조, 제258조, 제262조, 제292조, 제294조, 제328조, 제362조, 제428조, 제429조, 제439조 등).

4. 선고를 하지 아니하는 재판은 그 송달로 재판상의 선고의 효력이 발생한다(민소 제245조 제2항).

5. 재판의 송달로 인하여 고장(故障)과 상소 내지 재심기간이 시작되는 효력이 발생한다(민소 제255조, 400조, 제437조, 제466조, 제474조, 제498조).

6. 재판의 송달로 인하여 집유(執留)의* 효력이 발생한다(민소 제598조, 제644조,

* 재산을 압류하는 것을 의미한다.

七二七條）

七 通知及催告書의送達에依ᄒᆞ야通知、催告等의効를生케홈（民訴第五九九條第六二四條第六二七條）然이나通知、催告는必히一定ᄒᆞᆫ書面의送達을要홈이아니나書面을適式케送達ᄒᆞ면其効果를確實케홈을得ᄒᆞᆯ지니라

送達의性質及目的이如斯ᄒᆞᆫ故로法律은此를因ᄒᆞ야一定ᄒᆞᆫ法式을定홈으로써特히此의研究를要ᄒᆞ는所以라

第一欵　送達機關及送達의種類

訴訟上書類의送達을要ᄒᆞ는것은裁判所의行爲에書面으로送達을要ᄒᆞ는것시有ᄒᆞ며又當事者의行爲에此의送達을要ᄒᆞ는것시有ᄒᆞ니裁判所의行爲로書類의送達을要ᄒᆞ는것은裁判所의職權으로此의送達을ᄒᆞᆯ것시나當事者의行爲에書類의送達을要ᄒᆞ는것은其裁判所書記의媒介로送達ᄒᆞ는主義와其介入을不要ᄒᆞ고當事者가直接으로送達機關에依賴ᄒᆞ야此를實施ᄒᆞ는主義가有ᄒᆞ니前者는此를間接送達이라謂ᄒᆞ고後者는此를直接送達이라謂홈이라本法은本人訴訟主義를取ᄒᆞᆫ故로間接送達主義를採用ᄒᆞᆫ것은已往緒言에說明ᄒᆞᆫ바라故로

제727조).

7. 통지 내지 최고서의 송달에 의하여 하는 통지, 최고 등의 효력이 발생한다(민소 제599조, 제624조, 제627조). 따라서 통지, 최고는 반드시 일정한 서면의 송달을 요하는 것은 아니지만 서면을 적식으로 송달하면 그 효과를 확실히 얻을 수 있다.

송달의 성질과 목적이 이와 같으므로 법률은 이로 인하여 일정한 법적 방식을 정함으로써 특히 이에 대하여 연구가 필요하다.

제1관 송달기관과 송달의 종류

소송상 서류의 송달이 필요한 것은 재판소의 행위 중 서면으로 송달하여야 하는 것이 있고 당사자의 행위에 그 송달을 요하는 것이 있다. 재판소의 행위로 서류의 송달을 필요로 하는 것은 재판소의 직권으로 이를 송달할 것이지만, 당사자의 행위 중 서류의 송달이 필요한 것은 그 재판소의 서기가 송달하는 주의와 그 개입 없이 당사자가 직접 송달기관에 의뢰하여 이를 실시하는 주의가 있다. 전자는 간접송달이라 하고 후자는 직접송달이라 한다. 본법은 본인송달주의를 취하고 있으므로 간접송달주의를 취하고 있다. 이것은 서언에서 설명하였다. 따라서

裁判所의職權으로送達ᄒᆞᆯ것은勿論ᄒᆞ고當事者의行爲로書類의送達을ᄒᆞ는境遇에도當事者가書類를裁判所에提出ᄒᆞ야裁判所書記의媒介에依ᄒᆞ니即裁判所書記는執達吏에게此를委托ᄒᆞ며又는法律의所定에從ᄒᆞ야其送達을ᄒᆞᆯ것시라ᄒᆞᆷ이라故로送達은本則으로는裁判所書記의職權에屬ᄒᆞᆷ이라（民訴第一三六條第一項）然ᄒᆞ나執達吏의專行에屬ᄒᆞᆯ强制執行에就ᄒᆞ야執達吏가債權者에게執行의委任을受ᄒᆞᆫ時는其執行上의要ᄒᆞ는送達、通知及催告等은執行行爲의一部에屬ᄒᆞ는故로强히裁判所書記의媒介를不要ᄒᆞ고執達吏가直接으로送達ᄒᆞᆷ을得ᄒᆞᆯ것시라ᄒᆞᆷ이라（民訴第五四一條）

第一 送達機關

民事訴訟法에關ᄒᆞᆫ書類의送達機關을分ᄒᆞ면即如左ᄒᆞᆷ

一 裁判所書記　裁判書記는書類送達의職權을有ᄒᆞ엿스나自爲實施ᄒᆞᆷ은極稀ᄒᆞ야普通境遇에는送達吏에게委任ᄒᆞ야ᄒᆞᆯ것시라ᄒᆞᆷ이라

二 送達吏　送達吏에二種이有ᄒᆞ니（民訴第一三六條第四項）

甲 執達吏　元來執達吏는其名稱과如히執行行爲及送達行爲를爲ᄒᆞ야置

재판소의 직권으로 송달하는 것은 물론이고, 당사자의 행위로 서류를 송달하는 경우에도 당사자가 서류를 재판소에 제출하여 재판소 서기의 매개(媒介)에 의하여 즉 재판소 서기는 이를 집달리에게 위탁하거나 또는 법률이 정하는 바에 따라 그 송달을 하게 된다. 따라서 송달의 기본원칙은 재판소의 서기의 직권에 속한다(민소 제136조 제1항). 하지만 집달리의 전권에 속한 강제집행에 있어서는 집달리가 채권자로부터 집행을 위임받은 때에는 그 집행에 필요한 송달, 통지 내지 최고 등은 집행행위의 일부에 속하기 때문에 특별히 재판소 서기의 매개가 필요하지 않고 집달리가 직접 송달을 할 수 있다(민소 제541조).

제1 송달기관

민사소송법상 송달기관을 나누면 다음과 같다.

1. 재판소의 서기

재판소의 서기는 서류송달의 직권을 갖고 있지만 스스로 실시하는 경우는 극히 드물고 보통의 경우에 송달리(送達吏)에서 위임하여 하게 된다.

2. 송달리

송달리에는 2종류가 있다(민소 제136조 제4항)

갑. 집달리

원래 집달리는 그 명칭과 같이 집행행위 내지 송달행위를 위하여

ᄒᆞᆫ吏員인즉（裁判所構成法第九八條參照）送達吏ᄂᆞᆫ裁判所書記의委任을因ᄒᆞ야書類送達을實施ᄒᆞ며又自己의職權에屬ᄒᆞᆫ强制執行上의執行行爲範圍內에在ᄒᆞᆫ送達은其送達을自行ᄒᆞᄂᆞᆫ權을有ᄒᆞᆷ

乙 郵便配達人　裁判所書記가郵便에依ᄒᆞᄂᆞᆫ送達을爲ᄒᆞᆯ時ᄂᆞᆫ其郵便物을送達ᄒᆞᄂᆞᆫ配達人은送達吏로執達吏와同一의節次로써其送達을實施ᄒᆞᄂᆞᆫ者ㅣ라

第二

送達은一般의通則으로ᄂᆞᆫ裁判所書記가送達吏에게委任ᄒᆞ야送達의實施를爲ᄒᆞᆷ이可ᄒᆞᆫ者ㅣ나送達을受ᄒᆞᆯ者의所在에因ᄒᆞ야其種類不一ᄒᆞ니

一 執達吏에게依ᄒᆞᄂᆞᆫ送達　裁判所書記ᄂᆞᆫ執達吏에게委任ᄒᆞ야其送達方法을取ᄒᆞᆷ으로써本則이라ᄒᆞ나其委任을爲ᄒᆞᆷ에ᄂᆞᆫ其管轄內의執達吏될時ᄂᆞᆫ直接으로此를委任ᄒᆞ고他의管轄內에送達ᄒᆞᆯ時ᄂᆞᆫ其地의區裁判所에其委任을囑託ᄒᆞᆷ이可ᄒᆞᆫ者ㅣ라

二 郵便에依ᄒᆞᄂᆞᆫ送達（民訴第一三六條第三項）　此送達은裁判所書記가

배치한 직원이다(재판소구성법 제98조 참조). 송달리는 재판소 서기의 위임으로 서류송달을 실시하며 또는 자신의 직권에 속하는 강제집행상의 집행행위의 범위 내에 있는 송달에 대하여는 스스로 행할 권한이 있다.

을. 우편배달인

재판소의 서기가 우편에 의하는 송달을 하여야 할 때에 그 우편물을 송달하는 배달인은 송달사로서 집달리와 동일한 절차로 그 송달을 실시하는 자이다.

제2 송달의 종류

송달의 일반 통칙은 재판소의 서기가 송달리에게 위임하여 송달을 실시할 수 있다. 그런데 송달을 받는 자의 소재로 인하여 그 종류가 하나가 아니다.

1. 집달리에 의한 송달

재판소의 서기는 집달리에게 위임하여 그 송달방법을 취하는 것이 원칙이다. 그 위임을 함에 있어 그 관할 내의 집달리가 되면 직접 이를 위임하고, 다른 관할 내에 송달을 할 때에는 그곳의 구재판소에 그 위임을 촉탁할 수 있다.

2. 우편에 의한 송달(민소 제136조 제3항)

이 송달은 재판소의 서기가

送達書類를郵便局에交付ᄒᆞ야郵便配達人을送達吏로ᄒᆞ야送達의實施를爲ᄒᆞᄂᆞᆫ方法이니其裁判所의管轄外에送達ᄒᆞᆯ境遇ᄂᆞᆫ執達吏에게對ᄒᆞᄂᆞᆫ委任을其所轄裁判所書記를經ᄒᆞ야委任ᄒᆞᆷ을得ᄒᆞ나또ᄒᆞᆫ此方法에도依ᄒᆞᆷ을得ᄒᆞᆷ이라

三 郵便에付ᄒᆞᄂᆞᆫ送達（民訴第一四三條） 此種의送達은當事者가裁判所의所在地에住居나事務所를不有ᄒᆞ고又假住所의申告도不爲ᄒᆞᆫ境遇에限ᄒᆞ야裁判所書記ᄂᆞᆫ普通의郵便으로送達書類를發送ᄒᆞᄂᆞᆫ方法이니此方法은郵便에依ᄒᆞᄂᆞᆫ送達과如히配達人을送達吏로ᄒᆞ야送達의實施를爲ᄒᆞᆷ이아니오單히郵便物로發ᄒᆞᆷ에因ᄒᆞ야送達의効를有ᄒᆞᄂᆞᆫ者인즉前者와全然相異ᄒᆞᆫ故로此를混同ᄒᆞᆷ이不可ᄒᆞᆫ바ㅣ라然이나此方法에依ᄒᆞᆷ을可得ᄒᆞᆯ境遇라도裁判所書記의意思로써執達吏에게依ᄒᆞ거나又ᄂᆞᆫ郵便에依ᄒᆞᄂᆞᆫ送達을爲ᄒᆞ야도無妨ᄒᆞᆫ바ㅣ라

四 公示送達（民訴第一五六條第一五七條） 此送達은裁判所書記가送達ᄒᆞᆷ이可ᄒᆞᆫ書類를裁判所의揭示場에揭示ᄒᆞ야此를爲ᄒᆞᄂᆞᆫ者ㅣ라然而此를爲

송달서류를 우편국에 교부하여 우편배달인을 송달리로 하여 송달을 실시하는 방법이다. 그 재판소의 관할 외에 송달할 경우는 집달리에 대한 위임을 그 소관 재판소의 서기를 경유하여 위임을 하여야 하지만 또한 다른 방법으로 할 수도 있다.

3. **우편에 회부**(回付)**하는 송달**(민소 제143조)

이 종류의 송달은 당사자가 재판소의 소재지에 주거나 사무소가 없고 또 가주소(假住所)의 신고도 하지 아니한 경우에 한하여 재판소의 서기는 보통우편으로 송달서류를 발송하는 방법이다. 이 방법은 우편에 의한 송달과 같이 배달인을 송달리로 하여 송달의 실시를 하려는 것이 아니고 단순히 우편물을 발송함으로써 송달의 효력이 발생하는 경우이다. 전자와 완전히 다른 이를 혼동해서는 안된다. 하지만 이 방법에 의하여 송달하는 경우에도 재판소 서기의 의사로 집달리에게 의하거나 또는 우편에 의한 송달을 하여도 문제가 없다.

4. **공시송달**(민소 제156조, 제157조)

이 송달은 재판소의 서기가 송달 가능한 서류를 재판소의 게시판에 게시하여 송달을 하는 경우이다. 이 송달을 하기

ᄒᆞᆷ에ᄂᆞᆫ當事者의居所가不明ᄒᆞᆫ時나又ᄂᆞᆫ外國에送達ᄒᆞᆯ境遇에此에準據ᄒᆞᆯ規定이無ᄒᆞ거나비록準據ᄒᆞᆯ規定이有ᄒᆞᆯ지라도到底히送達의効가無ᄒᆞᆯ줄로認ᄒᆞᆯ時에適用ᄒᆞᆯ者ㅣ니 當事者以外者에게 對ᄒᆞ야 此方法에 依ᄒᆞᆷ을不得ᄒᆞᆷ이라

五 囑託에依ᄒᆞᄂᆞᆫ送達（民訴第一五二條、第一五三條、第一五四條、第一五五條） 外國에施行ᄒᆞᆷ이可ᄒᆞᆫ送達及出陣의軍隊又ᄂᆞᆫ服役ᄒᆞᄂᆞᆫ軍艦의乘組員된軍人、軍屬에게對ᄒᆞᄂᆞᆫ送達은當該官廳又ᄂᆞᆫ官吏에게囑託ᄒᆞ야此를爲ᄒᆞᄂᆞᆫ者ㅣ라然而其囑을受ᄒᆞᆫ官廳又ᄂᆞᆫ官吏ᄂᆞᆫ如何ᄒᆞᆫ節次로써書類를交付ᄒᆞ랴ᄒᆞᆷ은別로法律에明示ᄒᆞᄂᆞᆫ바ㅣ無ᄒᆞ나盖其官廳은相當ᄒᆞᆫ節次로써此를交付ᄒᆞᆯ義務가有ᄒᆞᆷ은勿論이라

以上의送達中第一號乃至三號ᄂᆞᆫ裁判所書記의專行에屬ᄒᆞᆷ이니境遇를隨ᄒᆞ야如何ᄒᆞᆫ方法을採用ᄒᆞ든지總히裁判所書記의意見으로此를決ᄒᆞᆷ을得ᄒᆞᆯ지오四號의公示送達은裁判所에서其必要로認ᄒᆞ야許可ᄒᆞᆫ時에限ᄒᆞ야此를行ᄒᆞᆷ을得ᄒᆞᆯ지오又五號의囑託에依ᄒᆞᄂᆞᆫ送達은裁判長이囑託書를發치아니ᄒᆞᆷ이可치아

위해서는 당사자의 거소가 분명하지 아니한 때이거나 또는 외국에 송달할 경우에 이를 준거할 법규가 없다거나 비록 준거할 규정이 있다고 하여도 도저히 송달의 효력이 없는 것으로 인정할 때에 적용하는 것이다. 당사자 이외의 자에 대하여는 이 방법에 의할 수 없다.

5. **촉탁에 의한 송달**(민소 제152조, 제153조, 제154조, 제155조)

외국에 송달의 시행이 가능한 송달 내지 출전한 군대 또는 군복무 중 군함의 승조원이 된 군인과 군속에 대한 송달은 해당 관청 또는 관리에게 촉탁하여 이를 하는 경우이다. 따라서 그 촉탁을 받는 관청 또는 관리는 어떤 절차로 서류를 교부하여야 하는지는 별도로 법률에서 명시하는 바는 없지만 그 관청은 상당한 절차로 이를 교부할 의무가 있는 것은 물론이다.

이상의 송달 중 위 1항 내지 3항은 재판소 서기의 전권에 속하기 때문에 어떤 방법으로 할 것인지는 모두 재판소의 서기의 의견으로 이를 결정하게 된다. 위 4항의 공시송달은 재판소에서 그 필요가 인정되고 허가한 때에 한하여 이를 할 수 있다. 또 5항의 촉탁에 의한 송달은 재판장이 발하여야 한다.

니ᄒᆞᆫ者ㅣ라

第三 送達ᄒᆞᆯ書類

送達ᄒᆞᆯ書類로裁判所의作成ᄒᆞᆯ者特히職權으로써送達ᄒᆞᆯ書類ᄂᆞᆫ送達의職權이有ᄒᆞᆫ裁判所書記가其書面을作ᄒᆞ야此를送達ᄒᆞᆷ이오(民訴第一六一條、第二三八條、第二四五條) 當事者의書面으로相對者에게交付ᄒᆞᆯ必要ᄒᆞᆫ謄本을提出케ᄒᆞ야此를送達ᄒᆞᆯ者ㅣ라(民訴第一〇八條)然而其送達ᄒᆞᆯ書面은一般의境遇에ᄂᆞᆫ謄本을送達ᄒᆞᆷ으로써足ᄒᆞ나法律에特別의規定이有ᄒᆞᆫ境遇에ᄂᆞᆫ正文又ᄂᆞᆫ認證이有ᄒᆞᆫ謄本을送達치아님이可치아니ᄒᆞᄂᆞ니正本送達(民訴第一六一條第二三八條、第四〇八條、第四四四條、第四七三條) 認證謄本의送達(民訴第一五〇條)을爲ᄒᆞᆯ規定이有ᄒᆞᆫ境遇에普通의謄本을送達ᄒᆞᆯ時ᄂᆞᆫ不適式ᄒᆞ나普通의謄本을送達ᄒᆞᆯ境遇에正文又ᄂᆞᆫ認證謄本을送達ᄒᆞᆯ지라도其効力에妨害가無ᄒᆞᆷ이라

當事者數人을爲ᄒᆞ야一人의代理人이有ᄒᆞᆫ時又ᄂᆞᆫ同一當事者를爲ᄒᆞ야數人의代理人이有ᄒᆞᆫ時ᄂᆞᆫ其一人에게送達書類를交付ᄒᆞᆷ으로써足ᄒᆞᆷ이라

제3 송달할 서류

송달할 서류로서 재판소에서 작성하는 것 중에 특히 직권으로 송달할 서류는 송달의 직권이 있는 재판소 서기가 그 서면을 작성하여 이를 송달하여야 한다(민소 제161조, 제238조, 제245조). 당사자의 서면으로 상대방에게 교부할 필요한 서면은 등본을 제출케 하여 이를 송달하여야 한다(민소 제108조). 당연히 그 송달한 서면은 일반의 경우에는 등본을 송달하면 충분하지만, 법률에 특별한 규정이 있는 경우에는 정본 또는 인증등본을 송달하여야 한다. 정본의 송달(민소 제161조, 제238조, 제408조, 제444조, 제473조), 인증등본의 송달(민소 제150조)을 위한 규정이 있는 경우에는 보통의 등본을 송달하는 것은 부적식(不適式)하지만, 보통의 등본을 송달할 경우에 정본 또는 인증등본을 송달하여도 그 효력에는 문제가 없다.

당사자 수인을 위하여 1인의 대리인이 있는 때 또는 동일 당사자를 위하여 수인의 대리인이 있는 때에는 그 1인에게 송달서류를 교부하면 충분하다.

第二欵　送達實施의方法

送達實施의方法은各種의送達에依ᄒᆞ야同一키不能ᄒᆞᆫ故로此를不可不區別ᄒᆞ야說明ᄒᆞᆯ지나就中執達吏에게依ᄒᆞᄂᆞᆫ送達과郵便에依ᄒᆞᄂᆞᆫ送達은總히送達吏에게依ᄒᆞᄂᆞᆫ者로서殆히同一의節次를從ᄒᆞᆯ者인즉此를併論코져ᄒᆞ노라

第一　送達吏에게依ᄒᆞᄂᆞᆫ送達實施의方法

此送達實施의方法은更히此를二種에分ᄒᆞᄂᆞ니

一、普通送達　普通送達이라ᄒᆞᆷ은送達의任에當ᄒᆞᆫ送達吏가送達을受ᄒᆞᆯ者에게對ᄒᆞ야一般의送達을實施ᄒᆞᆯ處所에셔送達ᄒᆞᄂᆞᆫ方法을謂ᄒᆞᆷ이라

甲、送達을受ᄒᆞᆯ者

(イ)本人　送達은此를受ᄒᆞᆯ者即本人에게送達ᄒᆞᆷ을普通이라ᄒᆞᆷ

(ロ)訴訟能力을不有ᄒᆞᆫ當事者에게對ᄒᆞᄂᆞᆫ送達은其法定代理人으로送達을受ᄒᆞᆯ者ㅣ라ᄒᆞᆷ（民訴第一三八條第一項）故로無能力者된本人에게送達ᄒᆞᆯ者ㅣ아니니此를本人에게送達ᄒᆞ여도適式의効가無ᄒᆞᆷ

(ハ)公又ᄂᆞᆫ私의法人及其資格이訴ᄒᆞ거나又ᄂᆞᆫ訴를被ᄒᆞᆷ을可得ᄒᆞᆯ社團及

제2관 송달실시의 방법

송달실시의 방법은 각종의 송달에 동일할 수는 없다. 따라서 이를 나누어 설명하겠다. 그중 집달리에 의한 송달과 우편에 의한 송달은 모두 송달리에게 의하는 것으로서 거의 동일한 절차에 따르게 된다. 이를 나누어 설명하겠다.

제1 송달리에 의한 송달실시의 방법

이 송달실시의 방법은 다시 이를 2가지로 나눈다.

1. 보통송달

보통송달이라 함은 송달을 하는 송달리가 송달을 받을 자에게 일반의 송달을 받은 처소에서 송달하는 방법을 말한다.

갑. 송달을 받을 자

(가) 본인

송달은 이를 받은 자 즉 본인에게 송달함이 통상적이다.

(나) 소송능력이 없는 자에 대한 송달은 그 법정대리인이 송달을 받을 자이다(민소 제138조 제1항). 따라서 무능력자 본인에게 송달할 것은 아니므로 이를 본인에게 하여도 적법한 송달의 효력이 없다.

(다) 공법인 또는 사법인 내지 그 자격이 소를 제기하거나 소를 제기당할 수 있는 사단 또는

財團에對ᄒᆞᆫ送達은其首長又ᄂᆞᆫ事務擔當者에게此를送達ᄒᆞᄂᆞ니若此等人이多數될時ᄂᆞᆫ其中一人에게送達홈이可홈이라然而其資格이訴ᄒᆞ거나又ᄂᆞᆫ訴를被ᄒᆞᆯ社團及財團의意義如何ᄂᆞᆫ前에說明ᄒᆞᆫ바ㅣ有홈으로玆에贅論치아니홈(民訴第一三八條、第二項、第三項)

(ニ)豫備、後備의軍籍에不在ᄒᆞᆫ下士以下의軍人、軍屬에게對ᄒᆞᆫ送達은其所屬長官又ᄂᆞᆫ其隊長으로送達을受ᄒᆞᆯ者ㅣ라홈(民訴第一三九條)
玆에所謂豫備、後備의軍籍에不在ᄒᆞᆫ下士以下의軍人、軍屬이라홈은即現役徵兵에該當ᄒᆞᆫ者이니此等者에게對ᄒᆞᆫ送達은軍規와互相牴觸ᄒᆞᆯ虞가有ᄒᆞᆫ故로其所屬長官又ᄂᆞᆫ隊長에게送達ᄒᆞᆯ者ㅣ라然而其送達을受領ᄒᆞᆫ所屬長官又ᄂᆞᆫ隊長이此를本人에게交付ᄒᆞᆯ節次에對ᄒᆞ야ᄂᆞᆫ法律의規定이無ᄒᆞ나職務上此를交付치아니홈이不可ᄒᆞᆫ바ㅣ라然이나實際上本人에게交付되ᄂᆞᆫ與否ᄂᆞᆫ問ᄒᆞᆯ바ㅣ아니니其長官又ᄂᆞᆫ隊長에게爲ᄒᆞᆫ送達로ᄡᅥ其効力을生ᄒᆞᄂᆞᆫ者ㅣ라

(ホ)囚人에게對ᄒᆞᆫ送達은監獄署長에게送達ᄒᆞᆯ者ㅣ라홈(民訴第一四

재단에 대한 송달은 그 대표자 또는 사무담당자에게 이를 송달하여야 한다. 만약 이러한 사람들이 다수일 때에는 그 중 1인에게 송달하는 것이 가능하다. 그 자격이 소를 제기하거나 제기당할 사단 또는 재단의 의의가 어떠한지는 앞에서 설명하였으므로 여기에서 다시 논하지 아니하겠다(민소 제138조 제2항, 제3항).

(라) 예비, 후비*의 군적에 없는 하사(下士) 이하의 군인, 군속에 대한 송달은 그 소속장관 또는 그 대장이 송달을 받을 자이다(민소 제139조). 여기에서 소위 예비, 후비의 군적에 없는 하사 이하의 군인, 군속이라 함은 이는 현역 징집병에 해당하는 자이고, 이러한 자들에 대한 송달은 군인의 규칙과 서로 저촉할 우려가 있으므로 그 소속장관 또는 대장에게 송달하는 것이다. 따라서 그 송달을 수령한 소속장관 또는 대장이 이것을 본인에게 교부하는 절차에 대하여는 법률의 규정이 없지만 직무상 이를 교부하여야 한다. 그러나 실제로 본인에게 교부하는지 여부는 묻는 것이 아니고 그 장관 또는 대장에게 송달됨으로써 송달의 효력이 발생한다.

(마) 죄수에 대한 송달은 교도소장에게 송달하는 것이다(민소 제140조).

* 후비역(後備役)의 준말로서 예비역을 마치고 복역하던 병력을 말한다.

○條) 玆에所謂四人中에는未決、旣決의四人을包含홈이라然而本人에게直接送達치아니 ᄒᆞ는所以는獄則의衝突을避코져홈에 不外홈이라

(八)訴訟代理人으로써訴訟을爲ᄒᆞᆫ者에게對ᄒᆞ는送達은其代理의範圍內에屬ᄒᆞᆫ事項에對ᄒᆞ야는訴訟代理人으로其送達을受ᄒᆞᆯ者ㅣ라홈此境遇에도本人에게送達ᄒᆞ야 本人이此를 受取ᄒᆞᆯ時는 送達의效가有홈이라(民訴第一四二條)此ㅣ代理人으로써訴訟을爲ᄒᆞᆫ時는訴訟의關係는代理人이料知ᄒᆞ는바인즉本人에게送達홈보다寧히代理人에게送達홈이便利ᄒᆞ다홈에在홈이라

(卜)便宜上送達을受홈을得ᄒᆞᆯ者 (民訴第一四一條) 總代理人은自己의代理ᄒᆞ는財産上의訴訟에對ᄒᆞ거나又代務人即支配人은其商業에關ᄒᆞ는訴訟에對ᄒᆞᆫ書類의送達을受홈을得ᄒᆞᄂᆞ니玆에所謂總理代人이라홈은舊代人規則에規定ᄒᆞᆫ바ㅣ니此를新法典에對照ᄒᆞᆯ時는權限을定치아니ᄒᆞᆫ代理人에該當홈이라(民法第一〇三條)

그런데 소위 죄수 중에 미결, 기결의 죄수를 포함하는 것이다. 본인에게 직접 송달하지 아니하는 것은 교도소 규칙과 충돌되는 것을 피하기 위한 것이다.

(바) 소송대리인으로 소송행위를 하는 자에 대한 송달은 그 범위의 내에 속한 사항에 대하여는 소송대리인이 그 송달을 받을 자이다. 이 경우에도 본인에게 송달하여 본인이 이를 받은 때에는 송달의 효력이 있다(민소 제142조). 대리인이 소송행위를 하는 때에는 소송관계는 대리인이 잘 알고 있으므로 본인에게 송달하는 것보다 대리인에게 송달하는 것이 편리하다고 할 것이다.

(사) 편의상 송달을 받을 수 있는 자(민소 제141조)

총대리인은 자기가 대리하는 재산상의 소송에 대하여 또는 지배인은 그 상업에 관한 소송에 대한 서류의 송달을 받을 수 있다. 이에 소위 총대리인이라 함은 구대인규칙(舊代人規則)에서 규정한 바를 신법전에서 대조해 보면 권한을 정하지 아니한 대리인에 해당한다(민소 제103조).

此二者ᄂᆞᆫ便宜上此를送達ᄒᆞ야도本人에게對ᄒᆞ야送達ᄒᆞᆷ과同一의効가有ᄒᆞ다ᄒᆞᆷ에不過ᄒᆞᆷ이오반다시此에對ᄒᆞ야送達을爲치아니ᄒᆞᆷ이不可ᄒᆞᆫ意義ᄂᆞᆫ아니라

乙、送達을實施ᄒᆞᄂᆞᆫ處所

(イ)送達吏ᄂᆞᆫ送達을受ᄒᆞᆯ者에게對ᄒᆞ야其住所又ᄂᆞᆫ事所에서本人에게對ᄒᆞ야送達을實施ᄒᆞᆷ을本則이라ᄒᆞᆷ其住所又ᄂᆞᆫ事務所를有ᄒᆞᆫ者에게對ᄒᆞ야ᄂᆞᆫ何處에서送達을實施ᄒᆞᆯ與否ᄂᆞᆫ送達吏의意見에任ᄒᆞᆯ지라然이나此兩者가有ᄒᆞᆫ境遇에事務所에서送達을爲코져ᄒᆞ나本人을逢着지못ᄒᆞ거나又事務所에서補充送達(民訴第一四六條)도爲키不能ᄒᆞᆫ時ᄂᆞᆫ更히住所에就ᄒᆞ야送達을試ᄒᆞᆷ을常則이라ᄒᆞᆷ이라(民訴第一四八條但書)若先히住所에就ᄒᆞ야送達을試ᄒᆞ되本人을逢着지못ᄒᆞ고又住所에서補充送達도爲키不能ᄒᆞᆫ時(民訴第一四五條第一項)ᄂᆞᆫ事務所가有ᄒᆞ나更히事務所에就ᄒᆞ야送達을試ᄒᆞᆷ을不要ᄒᆞ고直히預置送達되ᄂᆞᆫ補充送達을爲ᄒᆞᆷ을得ᄒᆞᆷ이라

총대리인과 지배인에게 편의상 송달하여도 본인에게 송달한 것과 동일한 효력이 있다는 것이고 반드시 이들에게 송달하여야 한다는 뜻은 아니다.

을. 송달을 실시하는 장소

(가) 송달리는 송달을 받은 자에 대하여 그 주소 또는 사무소에서 본인에게 송달을 실시하는 것이 원칙이다. 그 주소 또는 사무실에 있는 자에 대하여 어디에서 송달을 실시할지 여부는 송달리의 의사에 따른다. 그러나 이 양자가 있을 경우에 사무소에서 송달하고자 하였으나 본인을 만나지 못하였거나 또는 사무소에서 보충송달(민소 제146조)도 하기 어려울 때에는 다시 주소에서 송달을 시도하는 것이 일반적이다(민소 제148조 단서). 만약 먼저 주소에서 송달을 시도하였으나 본인을 만나지 못하고 또 주소에서 보충송달도 하기 어려운 때(민소 제145조 제1항)에는 사무소가 있어도 다시 사무소에서 송달을 시도할 필요 없이 바로 보충송달로서 예치송달을 할 수 있다.

受訴裁判所의所在地에住所나事務所를有치아니ᄒᆞᆫ原告又被告ᄂᆞᆫ其所在地에假住所를定ᄒᆞ야此를申告ᄒᆞᆷ이可ᄒᆞᆫ者ㅣ니其訴訟에對ᄒᆞᆫ書類의送達은其假住所에서實施ᄒᆞᆷ이可ᄒᆞᆫ者ㅣ라(民訴第一四三條)

(ㅁ)公私의法人又ᄂᆞᆫ其資格이訴ᄒᆞ거나又ᄂᆞᆫ訴를被ᄒᆞᆷ을得ᄒᆞᆯ社團及財團에對ᄒᆞᄂᆞᆫ送達로首長又ᄂᆞᆫ事務擔當者에게爲ᄒᆞᆫ送達은(民訴第一三八條第二項) 特히其事務所가有ᄒᆞᆫ時ᄂᆞᆫ其事務所에서送達을實施ᄒᆞᆯ者ㅣ라其事務所以外에서ᄂᆞᆫ其首長又ᄂᆞᆫ事務擔當者의住所에서爲ᄒᆞ야도此等者가受取를拒絶ᄒᆞᄂᆞᆫ時ᄂᆞᆫ有効의送達을爲ᄒᆞᆷ을不得ᄒᆞᆷ이라(民訴一四四條二項)

(ㅅ)軍人、軍屬에게對ᄒᆞᄂᆞᆫ送達로將官又ᄂᆞᆫ隊長에게爲ᄒᆞᄂᆞᆫ送達(民訴第一三九條) 及囚人에게對ᄒᆞ야監獄署長에게爲ᄒᆞᄂᆞᆫ送達(民訴第一四〇條)은其職務上으로서送達受領者된者인즉別로法文이無ᄒᆞ나其職務를執行ᄒᆞᆯ公署에서送達을實施ᄒᆞᆷ이可ᄒᆞᆫ者ㅣ라

(ㅈ)便宜上送達을實施ᄒᆞᆷ을得ᄒᆞᆯ處所(民訴第一四四條) 何地를不問ᄒᆞ

수소재판소 소재지에 주소나 사무소가 없는 원고 또는 피고는 그 소재지에 가주소(假住所)를 정하여 이를 신고할 수 있고, 그 소송에 대한 서류의 송달은 그 가주소에서 실시하는 것이 가능하다(민소 제143조).

(나) 공법인과 사법인 또는 소를 제기하거나 제소를 당할 수 있는 자격이 있는 사단 내지 재단에 대한 송달은 그 대표자 또는 사무담당자에게 하는 송달은(민소 제138조 제2항) 특히 그 사무소가 있는 때에는 그 사무소에서 송달을 실시한다. 그 사무소 이외로서 그 대표자 또는 사무담당자의 주소에서 하여도 이들이 수취를 거절하는 때에는 유효한 송달을 할 수 없다(민소 제144조 제2항).

(다) 군인, 군속에 대한 송달은 장관 또는 대장에게 하는 송달(민소 제139조), 죄수에게 대하여는 교도소장에게 하는 송달(민소 제140조)은 그 직무상 송달수령자가 된 자이므로 별도로 법에서 규정하고 있지 않지만 그 직무를 집행하는 관공서에 송달을 실시하면 된다.

(라) 편의상 송달을 실시할 수 있는 장소(민소 제144조)

어느 곳을 묻지 않고

고送達을受ᄒᆞᆯ地에在ᄒᆞ야逢着ᄒᆞᆫ處所에서送達을爲ᄒᆞᆷ을得ᄒᆞᆷ이라然이나其者가其地에住所又ᄂᆞᆫ事務所를有ᄒᆞᆫ時ᄂᆞᆫ其以外의處所에在ᄒᆞᆫ送達은此를拒絶ᄒᆞᆷ을得ᄒᆞᄂᆞ니故로此境遇에ᄂᆞᆫ其拒絶이無ᄒᆞᆫ時에限ᄒᆞ야有効의送達을爲ᄒᆞᆷ을得ᄒᆞᆷ이라

法人等에게爲ᄒᆞᄂᆞᆫ送達(民訴第一三八條第二項)은事務所가有ᄒᆞᆫ時ᄂᆞᆫ其事務所에서送達ᄒᆞᆯ지오其以外의地에서ᄂᆞᆫ縱令代表者의住所라도普通送達로爲ᄒᆞᆷ을不得ᄒᆞᆯ處所되ᄂᆞᆫ事ᄂᆞᆫ前述과如ᄒᆞᆫ故로其事務所以外의處所에在ᄒᆞ야ᄂᆞᆫ送達을拒絶ᄒᆞᆷ을得ᄒᆞᄂᆞ니其拒絶이無ᄒᆞᆫ時에限ᄒᆞ야有効의送達을爲ᄒᆞᆷ을得ᄒᆞᆷ이라

二、補充送達

送達을受ᄒᆞᆯ者에對ᄒᆞ야送達을爲ᄒᆞᆯ境遇에在ᄒᆞ야其者를逢着치못ᄒᆞᆫ時又ᄂᆞᆫ送達을爲ᄒᆞ기不能ᄒᆞᆫ時ᄂᆞᆫ左의補充送達을爲ᄒᆞᆷ을得ᄒᆞᄂᆞ니

甲、同居의親族又ᄂᆞᆫ雇人에게爲ᄒᆞᄂᆞᆫ補充送達　住居에서送達을爲ᄒᆞᆯ際에其處所에서送達을受ᄒᆞᆯ者를逢着치못ᄒᆞᆫ時ᄂᆞᆫ長成ᄒᆞᆫ同居의親族又ᄂᆞᆫ雇人

송달을 받을 자를 만난 장소에서 송달이 가능하다. 하지만 그 자가 그 지역에 주소 또는 사무소를 가지고 있는 경우에는 그 이외의 장소에서 하는 송달은 이를 거절할 수 있다. 따라서 이 경우에는 그 거절이 없는 때에 한하여 유효한 송달이 된다.

법인 등에게 하는 송달(민소 제138조 제2항)은 사무소가 있는 때에는 그 사무소에서 송달하여야 한다. 그 이외의 장소에서는 설령 대표자의 주소라도 보통송달을 할 수 없는 곳이라는 것은 앞서 설명한 바와 같다. 따라서 사무소 이외의 장소에서는 송달을 거절할 수 있으므로, 거절이 없는 때에 한하여 유효하게 송달을 할 수 있다.

2. 보충송달

송달을 받을 자에 대하여 송달을 하는 경우에 있어서 그 자를 만나지 못하거나 또는 송달을 하기 불능할 때에는 다음의 경우에는 보충송달을 할 수 있다.

갑. 동거의 친족 또는 고용인에게 하는 보충송달

주거에서 송달을 하는 때에는 그 장소에서 송달을 받을 자를 만나지 못한 때에는 장성한 동거의 친족 또는 고용인에게此를爲ᄒᆞᆷ을得ᄒᆞᆷ(民訴第一四五條)然而其親族又ᄂᆞᆫ雇人이縱令訴訟의相對者된境遇라도此에對ᄒᆞ야爲ᄒᆞᄂᆞᆫ送達은有効ᄒᆞᆷ이라

乙、事務所에在ᄒᆞᆫ雇人等에게爲ᄒᆞᄂᆞᆫ送達　事務所를有ᄒᆞᆫ者에게對ᄒᆞ야其事務所에서送達을爲ᄒᆞᆯ際에同所에서送達을受ᄒᆞᆯ者를逢着치못ᄒᆞᆫ時ᄂᆞᆫ其事務所에在ᄒᆞᆫ營業使用人에게送達을爲ᄒᆞᆷ을得ᄒᆞ며辯護士에게對ᄒᆞ야如此ᄒᆞᆫ境遇가有ᄒᆞᆯ時ᄂᆞᆫ此를事務員에게爲ᄒᆞᆷ을得ᄒᆞᆷ이라(民訴第一四六條)公私의法人又ᄂᆞᆫ社團、財團의事務擔當者된代表者에게其事務所에서送達을爲코져ᄒᆞᆯ際에右와同樣의事情이有ᄒᆞᆯ時ᄂᆞᆫ事務所에在ᄒᆞᆫ役員又ᄂᆞᆫ雇人에게送達ᄒᆞᆷ을得ᄒᆞᆷ이라(民訴第一四七條)

玆에注意를要ᄒᆞᆯ者ᄂᆞᆫ軍人、軍屬에게對ᄒᆞᄂᆞᆫ送達을所屬長官又ᄂᆞᆫ隊長에게爲ᄒᆞ고囚人에게對ᄒᆞᄂᆞᆫ送達을監獄署長에게爲ᄒᆞᄂᆞᆫ境遇에在ᄒᆞ야其官衙에此等의者가有치아니ᄒᆞᆯ時ᄂᆞᆫ如何히ᄒᆞᆷ이可ᄒᆞᆯ가此点에對ᄒᆞ야ᄂᆞᆫ法律에補充送達의規定이無ᄒᆞ나盖此等者ᄂᆞᆫ其職務上으로送達을受ᄒᆞᆷ이可ᄒᆞᆫ者인즉其職務의点으로브터見ᄒᆞ면縱令長官、隊長又ᄂᆞᆫ署長等이不在ᄒᆞᆯ

에게 이를 할 수 있다(민소 제145조). 그런데 그 친족 또는 고용인이 설령 소송의 상대방인 경우라도 이에 대하여 하는 송달은 유효하다.

乙. 사무소에 있는 고용인 등에 대하여 하는 송달

사무소에 있는 자에 대하여 그 사무소에서 송달하는 때에 그 장소에서 송달을 받을 자를 만나지 못한 때에는 그 사무소에 있는 영업사용인에게 송달을 할 수 있고, 변호사에 대하여 이와 같은 경우가 있는 때에는 이를 사무원에게 할 수 있다(민소 제146조). 공법인과 사법인 또는 사단, 재단의 대표자나 사무담당자에게 그 사무소에서 송달을 하고자 할 때에 앞서 본 것과 같은 사정이 존재하면 사무소에 있는 직원 또는 고용인에게 송달할 수 있다(민소 제147조).

그런데 주의를 요하는 것은 군인, 군속에게 하는 송달을 소속 장관 또는 대장에게 하여야 하고, 죄수에게는 교도소장에게 하는 경우에 있어서 그 관공서에 이러한 자들이 없을 때에는 어떻게 하여야 하는가? 이 점에 대하여는 법률에서 보충송달을 규정하고 있지 않다. 하지만 이들은 그 직무상으로 송달을 받는 것이 가능한 것이므로, 설령 장관, 대장 또는 서장 등이 부재할지라도

지라도此에代ᄒᆞ야其職務를執行홈이可ᄒᆞᆫ任에在ᄒᆞᆫ者ᄂᆞᆫ此를代表者로看做ᄒᆞ야普通送達에依ᄒᆞ야送達을爲ᄒᆞᆯ者로信ᄒᆞᄂᆞᆫ바ㅣ라

丙、預置送達　送達을住居에서爲코져ᄒᆞᆯ際에送達을受ᄒᆞᆯ者를逢着치못ᄒᆞᆯᄲᅮᆫ아니라右甲號에서述ᄒᆞᆫ者도不在ᄒᆞᆫ時와送達을受ᄒᆞᆯ者의住所가不明ᄒᆞᆯ時ᄂᆞᆫ其書類를其地의市町村長에게預置送達의告知書를作成ᄒᆞ야住居에貼附ᄒᆞ고隣人二名에게 其旨를 口頭로 通知ᄒᆞ야 써送達ᄒᆞᆫ 者ㅣ라홈이라(民訴第一四五條第二項)

事務所에서送達을爲ᄒᆞᆯ際에送達을受ᄒᆞᆯ者를逢着치못ᄒᆞ고乙號에서述ᄒᆞᆫ바送達을受ᄒᆞᆯ者도逢着치못ᄒᆞᆫ時ᄂᆞᆫ更히住所에就ᄒᆞ야送達을試ᄒᆞᆯ事ᄂᆞᆫ前에說明ᄒᆞᆫ바ㅣ나其住居에서도送達을實施키不得ᄒᆞᆯ時ᄂᆞᆫ前段의節次로써送達홈을得홈이라(民訴第一四八條)

丁、差置送達　普通送達을爲ᄒᆞᆯ境遇와補充送達을爲ᄒᆞᆯ境遇를勿論ᄒᆞ고送達을受ᄒᆞᆯ者가法律上理由업시送達의受所를拒絶ᄒᆞᆯ時ᄂᆞᆫ送達吏ᄂᆞᆫ其交付ᄒᆞᆯ書類를送達ᄒᆞᆯ處所에 差置ᄒᆞ야써 送達의施行을 有効케홈을 得홈이라

이에 대하여 그 직무집행을 대행할 수 있는 자는 이를 대표자로 간주하여 보통송달에 의하여 송달을 할 수 있는 것으로 믿는다.

병. 예치송달

주거에서 송달을 하려고 할 때에 송달을 받을 자를 만나지 못할 뿐만 아니라 위 갑.항에서 설명한 송달을 받을 자도 만나지 못한 때와 송달을 받을 자의 주소가 불명한 때에는 그 서류를 그 지역의 시정촌장에게 예치송달의 고지서를 작성하여 주거에 붙여놓고 부근 사람 2인에게 그 취지를 구두로 통지하여 송달하는 것이다(민소 제145조 제2항).

사무소에서 송달할 때에 송달을 받을 자를 만나지 못하고 위 을 항에서 설명한 송달을 받을 자도 만나지 못한 때에는 다시 주소에서 송달을 시도하여야 함은 앞서 설명하였다. 그런데 그 주거에서도 송달을 실시키 어려운 때에는 앞서의 절차에 따라 송달을 할 수 있다(민소 제148조).

정. 유치송달*

보통송달을 하는 경우와 보충송달을 하는 경우를 포함하여 송달을 받는 자가 법률상의 이유 없이 송달의 수취를 거절한 때에는 송달리는 그 교부할 서류를 송달할 장소에 유치하여서 송달의 실시를 유효케 할 수 있는 것이다

* 본문에서는 차치송달(差置送達).

（民訴第一四九條）

法律上理由가無ᄒᆞ다云々홈은普通送達의境遇에在ᄒᆞ야送達吏가其地에住居又는事務所를有ᄒᆞᆫ者에게對ᄒᆞ야送達을爲코져홈과如홈은送達拒絶의法律上理由가有ᄒᆞ다ᄒᆞᆯ지오又補充送達의境遇에在ᄒᆞ야親族又는雇人이不在ᄒᆞᆫ者에對ᄒᆞ야强히送達코져홈과如홈도또ᄒᆞᆫ送達拒絶의理由가有ᄒᆞ다謂ᄒᆞᆯ지나若此와反ᄒᆞ야普通送達의境遇에在ᄒᆞ야住居又는事務所가無ᄒᆞᆫ地에셔逢着ᄒᆞᆫ時에送達을拒絶ᄒᆞ거나又는補充送達의境遇에在ᄒᆞ야同居의親族、雇人等이送達을拒絶ᄒᆞᆫ時는即法律上의理由가無ᄒᆞᆫ境遇에該當홈이라

三、送達實施의日時（民訴第一五〇條）送達吏가爲ᄒᆞ는送達은日曜日、一般의祝祭日及夜間에此를實施치못홈으로本則이라ᄒᆞ나然이나裁判官의許可가有ᄒᆞᆫ時에限ᄒᆞ야此를實施홈을得ᄒᆞ고郵便에依ᄒᆞ는送達은郵便配達人을送達吏로ᄒᆞ야送達ᄒᆞ는者인즉此規定에從홈이可ᄒᆞ나夜間에는其許可를不要홈이라

(민소 제149조).

법률상 이유가 없다는 것은 보통송달의 경우에 있어서 송달리가 그 주거 또는 사무소에 있는 자에 대하여 다른 곳에서 송달을 하고자 함과 같이 송달거절의 법률상의 이유가 있다거나 또는 보충송달을 함에 있어서 친족 또는 고용인이 없음에도 함부로 송달코자 함과 같이 송달거절의 이유가 있다고 할 것이다. 만약 이와 반대로 보통송달을 함에 있어서 주거 또는 사무소가 없는 자를 만나 송달하려고 하였으나 이를 거절하는 것이다. 이 규정에 거절하거나 또는 보충송달을 함에 있어서 동거의 친족, 고용인이 송달을 거절하는 때에는 법률상 이유가 없는 경우에 해당한다.

3. **송달실시의 일시**(민소 제150조)

송달리가 하는 송달은 일요일, 공휴일 내지 야간에 이를 실시하지 못하는 것이 원칙이다. 하지만 재판관의 허가가 있는 때에 한하여 이를 실시할 수 있다. 우편에 의하는 송달은 우편배달인을 송달리로 하여 송달하는 것이므로 이 규정을 따라야 한다. 하지만 야간에는 허가를 받을 필요가 없다고 할 것이다.

郵便에付ᄒᆞᄂᆞᆫ送達은送達吏에게依ᄒᆞᄂᆞᆫ者ㅣ아닌故로如斯ᄒᆞᆫ制限이無ᄒᆞᆫ바ㅣ라

然而此許可ᄂᆞᆫ受訴裁判所의裁判長、送達地의區裁判所判事又ᄂᆞᆫ受命判事、受托判事의管理中에係ᄒᆞᆫ事件에對ᄒᆞ야ᄂᆞᆫ此等의判事가此를許可ᄒᆞᆯ者ㅣ니其許可의命令은認證된謄本을送達書類와共히此를交付ᄒᆞᆯ者ㅣ라然而此等의許可가無ᄒᆞ고送達을爲ᄒᆞᆫ境遇라도其受取를拒絶치아니ᄒᆞᄂᆞᆫ時ᄂᆞᆫ其送達은有効ᄒᆞᆷ이라

第二、郵便에付ᄒᆞᄂᆞᆫ送達의實施方法

郵便에付ᄒᆞᄂᆞᆫ送達은前에說明ᄒᆞᆷ과如히受訴裁判所의所在地에住居나事務所를有치아니ᄒᆞᆫ原告又ᄂᆞᆫ被告가假住所의申請을不爲ᄒᆞᆫ時에限ᄒᆞ야此를行ᄒᆞᄂᆞᆫ者ㅣ니其方法은裁判所書記自身이나又ᄂᆞᆫ其委任을受ᄒᆞᆫ吏員即執達吏가送達ᄒᆞᆯ書類를普通의郵便에付ᄒᆞ야發送ᄒᆞᆷ에在ᄒᆞᆷ이라此境遇에ᄂᆞᆫ其管理를爲ᄒᆞᆫ吏員은郵便에付ᄒᆞᆫ旨의報告書를作成ᄒᆞᄂᆞ니如斯히送達의節次를爲ᄒᆞᆫ時ᄂᆞᆫ其書類가受取人에게現實이到達된與否ᄂᆞᆫ不問ᄒᆞ고發送ᄒᆞᆫ時로써送達을有効히爲

우편에 회부하는 송달은 송달리에게 하는 것이 아니므로 이와 같은 제한이 없다고 할 것이다.

이 허가는 당연히 수소재판소의 재판장, 송달지의 구재판소 판사 또는 수명판사와 수탁판사의 관리 중에 있는 사건은 해당 판사가 이를 허가하여야 한다. 그 허가 명령은 인증등본을 송달서류와 같이 이를 교부하여야 한다. 이러한 허가 없이 송달이 된 경우라도 그 수취를 거절하지 아니한 때에는 그 송달은 유효하다.

제2 우편에 회부하는 송달의 실시방법

우편에 회부하는 송달은 앞에서 설명한 것과 같이 수소재판소의 소재지에 주거나 사무소를 갖고 있지 아니한 원고 또는 피고가 가주소의 신청을 하지 아니한 때에 한하여 이를 할 수 있다. 그 방법은 재판소 서기 자신 또는 그 위임을 받은 이원(吏員) 즉 집달리가 송달할 서류를 보통의 우편에 회부하여 발송하는 것이다. 이 경우에는 그 관리를 하는 이원은 우편에 회부한다는 취지의 보고서를 작성하여야 한다. 이와 같은 송달절차를 하는 경우에는 그 서류가 수취인에게 현실적으로 도달되었는지를 불문하고 발송 시에 송달이 유효하게 된 것으로

ᄒᆞᆫ者로看做ᄒᆞᆷ이라(民訴第一四三條、第一五一條第三項)其發送後ᄂᆞᆫ如何히其受取人에게交付ᄒᆞᄂᆞᆫ與否ᄂᆞᆫ專히郵便規則에從ᄒᆞᆯ지며其節次ᄂᆞᆫ送達實施의方法에屬치아니ᄒᆞᆷ으로日時、處所等에制限이無ᄒᆞ야日曜日、祝祭日又ᄂᆞᆫ夜間等에送達ᄒᆞ야도無妨ᄒᆞᆯ지며又如何ᄒᆞᆫ處所에셔送達ᄒᆞᆫ든지全혀交付치못ᄒᆞᆫ時라도送達의效力에影響을不及ᄒᆞᄂᆞᆫ바ㅣ라

第三、 公示送達의實施方法

公示送達은如何ᄒᆞᆫ境遇에此를爲ᄒᆞ랴ᄒᆞᆷ은前에說明ᄒᆞᆷ과如ᄒᆞ나要컨ᄃᆡ原告又ᄂᆞᆫ被告의住居가不明ᄒᆞᆫ時나又外國에셔送達ᄒᆞᆯ境遇에到底히送達의效가無ᄒᆞᆯ줄을預知ᄒᆞᆫ時에限ᄒᆞ야此를行ᄒᆞᆯ者ㅣ라然而其送達은原告又ᄂᆞᆫ被告의申請에依ᄒᆞ야裁判所의命令으로써此를許容ᄒᆞ고其命令에基ᄒᆞ야裁判所書記가此를管理ᄒᆞᄂᆞᆫ바ㅣ며職權으로써送達ᄒᆞᆯ書類에對ᄒᆞ야ᄂᆞᆫ申請을不待ᄒᆞ고此를命ᄒᆞᆷ을得ᄒᆞᆷ이라且其送達의方法은送達ᄒᆞᆯ書類(特히判決及決定)를其裁判所의揭示場에貼付ᄒᆞ고又必要로認ᄒᆞᆯ時로認ᄒᆞᆯ時ᄂᆞᆫ其抄本을新聞紙에廣告ᄒᆞ야此를爲ᄒᆞᄂᆞ니其效力은貼付의節次를爲ᄒᆞᆫ日로브터十四日을經過ᄒᆞᆫ日로써送達을

간주하게 된다(민소 제143조, 제151조 제3항).

그 발송 후에는 어떻게 그 수취인에게 교부되었는지 여부는 전적으로 우편규칙에 따르게 되며 그 절차는 송달실시의 방법에 속하지 아니하므로, 그 일시, 장소 등에 제한이 없다. 일요일, 공휴일 또는 야간 등에 송달하여도 무방하다. 또한 어디에서 송달하든지 또는 전혀 교부하지 못하는 때라도 송달의 효력에 영향을 미치지 아니한다.

제3 공시송달의 실시방법

공시송달은 어떤 경우에 이를 하여야 하는지는 앞서 설명한 바와 같다. 요컨대 원고 또는 피고의 주거가 불명한 때나 또는 외국에서 송달할 경우에 도저히 송달의 효력이 없을 것을 예지한 때에 한하여 이를 할 수 있다. 당연히 그 송달은 원고 또는 피고의 신청에 의하여 재판소의 명령으로 이를 허용하고 그 명령에 기하여 재판소의 서기가 이를 관리하는 것이다. 또한 직권으로 송달할 서류에 대하여 신청을 기다리지 아니하고 이를 명할 수 있다. 또한 그 송달방법은 송달할 서류(특히 판결 또는 결정)를 그 재판소의 게시판에 게시하고 필요한 때에는 그 초본을 신문에 광고하여 이를 한다. 그 효력은 게시의 절차를 한 날로부터 14일을 경과한 날부터 송달된

遂ᄒᆞᆫ者로看做ᄒᆞ며又裁判所ᄂᆞᆫ必要로認ᄒᆞᆯ時ᄂᆞᆫ公示送達을命ᄒᆞᆷ에際ᄒᆞ야此로브터長期間을定ᄒᆞᆷ을得ᄒᆞᄂᆞ니此期間을定ᄒᆞᆫ時ᄂᆞᆫ其期間의經過ᄒᆞᆫ日로써送達을爲ᄒᆞᆫ者로看做ᄒᆞ나然이나右ᄂᆞᆫ最初의公示送達의効力이오同一事件에對ᄒᆞ야同一의原告又ᄂᆞᆫ被告에게再度以上公示送達을爲ᄒᆞᆯ時ᄂᆞᆫ十四日의期間을不待ᄒᆞ고其送達은書類의貼付로써此를爲ᄒᆞᆫ者로看做ᄒᆞᆷ이라（民訴第一五六條第一五七條、第一五八條）

第四、囑托에依ᄒᆞᄂᆞᆫ送達의實施方法

囑托에依ᄒᆞᄂᆞᆫ送達에ᄂᆞᆫ左의三個境遇가有ᄒᆞ니

一、外國에在ᄒᆞᆫ本邦公使、公使館의官吏及其家族、從者에게對ᄒᆞᄂᆞᆫ送達은外務大臣에게囑託ᄒᆞ야此를爲ᄒᆞ며（民訴第一五二條）

二、前號以外에外國에셔施行ᄒᆞᆯ送達은外國의官廳과共力의條約이有ᄒᆞᆫ時ᄂᆞᆫ其官廳에囑託ᄒᆞ고又ᄂᆞᆫ多國에駐在ᄒᆞᄂᆞᆫ帝國公使、領事에게囑託ᄒᆞ야此를爲ᄒᆞ며（民訴第一五三條）

三、出陣의軍隊又ᄂᆞᆫ役務에服ᄒᆞᄂᆞᆫ軍艦의乘組員에게對ᄒᆞᄂᆞᆫ送達은上班司令

것으로 간주한다. 또한 재판소는 필요한 때에는 공시송달을 명함에 있어서 이로부터 장기간을 정할 수 있고 그 기간을 정한 때에는 그 기간을 경과한 날에 송달이 된 것으로 간주한다. 위의 설명은 최초의 공시송달의 효력에 관한 것이다. 하지만 동일 사건에 대하여 동일 원고 또는 피고에게 2회 이상 공시소송을 하는 때에는 14일의 기간을 기다릴 필요가 없고 그 송달은 서류의 게시판 게시로써 이를 한 것으로 간주된다(민소 제156조, 제157조, 제158조).

제4 촉탁에 의한 송달의 실시방법

촉탁에 의한 송달은 다음 3가지 경우가 있다.

1. 외국에 있는 본국 공사, 공사관의 관리 및 그 가족, 종자(從子)에 대한 송달은 외무대신에게 촉탁하여 이를 행한다(민소 제152조).

2. 위 1항 이외에 외국에서 시행하는 송달은 외국의 관청과 공조의 조약이 있을 때에는 그 관청에 촉탁하여 하고 또는 외국에 주재하는 본국 공사, 영사에게 촉탁하여 이를 행한다(민소 제153조).

3. 출전한 군대 또는 복무에 종사하는 군함의 승조원에 대한 송달은 상급 사령

官廳에囑托ᄒᆞ야此를爲ᄒᆞᆷ이라(民訴第一五四條)

以上의囑托을爲ᄒᆞᆷ에ᄂᆞᆫ受訴裁判所의裁判長이囑托書를發ᄒᆞ야此를爲ᄒᆞ며其囑托을受ᄒᆞᆫ者가如何ᄒᆞᆫ方法에依ᄒᆞ야其書類를交付ᄒᆞ든지其節次에對ᄒᆞ야ᄂᆞᆫ法律에明示ᄒᆞᆫ바ㅣ無ᄒᆞᆫ故로相當ᄒᆞᆫ節次에依ᄒᆞ야此를交付ᄒᆞᆷ으로써足ᄒᆞ다ᄒᆞᆯ지라然而囑托을受ᄒᆞᆫ官廳이送達을施行ᄒᆞᆫ時ᄂᆞᆫ其旨를裁判所에通知ᄒᆞᆷ을要ᄒᆞᄂᆞ니其送達施行濟의書面으로써囑托에依ᄒᆞᆫ送達은有効히此를送達ᄒᆞᆫ者로看做ᄒᆞᆷ이라(民訴第一五五條)

第五　送達證書

送達에對ᄒᆞ야ᄂᆞᆫ總히送達證書를作成ᄒᆞ야此를訴訟記錄에添付ᄒᆞᆯ者ㅣ나其送達證書ᄂᆞᆫ各種의送達에依ᄒᆞ야不一ᄒᆞᄂᆞ니

一、送達吏에게依ᄒᆞᄂᆞᆫ送達은執達吏에게依ᄒᆞᆷ과郵便配達人에依ᄒᆞᆷ을不問ᄒᆞ고其送達을實施ᄒᆞᆫ送達吏ᄂᆞᆫ其送達證書를作成치아니치못ᄒᆞᄂᆞ니其送達證書에ᄂᆞᆫ左의事項을揭ᄒᆞᆯ者ㅣ라(民訴第一五一條第一項、第二項)

中、送達의處所、年月日時

관청에 촉탁하여 이를 행한다(민소 제154조).

이상의 촉탁을 행하려면 수소재판소의 재판장이 촉탁서를 발부하여 이를 행하며, 그 촉탁서를 받은 자가 어떤 방법으로 그 서류를 교부하는지에 대한 절차를 법률이 명시하고 있지 않다. 따라서 상당한 절차에 따라 이를 교부하면 된다고 할 것이다. 촉탁서를 받은 관청은 당연히 송달을 시행한 때에는 그 취지를 재판소에 통지하여야 한다. 그 송달을 마쳤다는 서면으로써 촉탁에 의한 송달은 유효하게 송달된 것으로 간주한다(민소 제155조).

제5 송달증서(送達證書)

송달에 대하여는 모두 송달증서를 작성하여 이를 소송기록에 첨부한다. 그 송달증서는 각종의 송달에 따라 동일하지 아니하다.

1. 송달리에 의한 송달은 집달리에 의한 경우와 우편배달인에 의한 경우를 묻지 아니하고 그 송달을 실시한 송달리는 그 송달증서를 작성하여야 하고 그 송달증서에는 다음 사항을 기재하여야 한다(민소 제151조 제1항, 제2항).

갑. 송달장소, 연월일시

乙、送達施行의方法　卽普通送達될가又ᄂᆞᆫ補充送達될가其實施의節次如何를記載ᄒᆞ며且受取를拒絶ᄒᆞᆫ時ᄂᆞᆫ其旨를明記ᄒᆞᆯ지며

丙、送達을受取ᄒᆞᆫ者가受取證에其記入을拒絶ᄒᆞ거나又ᄂᆞᆫ此를作成키不能ᄒᆞᆫ時ᄂᆞᆫ其旨를明記ᄒᆞᆯ지며但外國人은署名으로써足ᄒᆞ다ᄒᆞᆷ（明治三二年法律第五〇號參照）

丁、送達吏의署名、捺印

二、郵便에付ᄒᆞᄂᆞᆫ送達에對ᄒᆞ야ᄂᆞᆫ送達ᄒᆞᆯ書類를郵便에付ᄒᆞᆫ吏員의報告書로써送達의證을爲ᄒᆞᆷ이라（民訴第一五一條第三項）

三、公示送達에對ᄒᆞ야ᄂᆞᆫ別로送達證書를作成ᄒᆞ라ᄂᆞᆫ規定이無ᄒᆞ나此送達은書類貼付의日로브터一定의期間을經過ᄒᆞᆫ日로써送達을爲ᄒᆞᆫ者로看做ᄒᆞᆯ者인즉此를管理ᄒᆞᆫ裁判所書記ᄂᆞᆫ其貼付를爲ᄒᆞᆫ日時를明記ᄒᆞᆫ書面을作ᄒᆞ야此를訴訟記錄에添付ᄒᆞ야送達의實施를證ᄒᆞᆯ者ㅣ라

四、囑托에依ᄒᆞᄂᆞᆫ送達에對ᄒᆞ야ᄂᆞᆫ囑托을受ᄒᆞᆫ官廳의送達施行濟의書面으로써送達의證을爲ᄒᆞᆷ이라（民訴第一五五條第二項）

을. 송달실시의 방법

즉 보통송달인지 보충송달인지 그 실시의 절차가 어떠한지 기재하고, 또 수취거절을 한 경우에는 그 취지를 명기하여야 한다.

병. 송달을 받은 자가 수취증서에 그 기입을 거절하거나 또는 이를 작성하기 불능한 때에는 그 취지를 명기하여야 한다. 단 외국인은 서명으로 충분하다(메이지 32년 법률 제50호 참조).

정. 송달리의 서명날인

2. 우편에 회부하는 송달에 대하여 송달한 서류를 우편에 회부한 직원의 보고서로써 소달의 증명을 한다(민소 제151조 제3항).

3. 공시송달에 대하여 별도로 송달증서를 작성하라는 규정이 없으나 그 송달은 서류 게시의 날로부터 일정한 기간이 경과된 날에 송달을 한 것으로 간주할 것이다. 이를 관리하는 재판소의 서기는 그 게시를 한 일시를 명기하는 서면을 작성하여 이를 소송기록에 첨부하여 송달의 실시를 증명한다.

4. 촉탁에 의하는 송달에 대하여는 촉탁을 받은 관청이 송달실시를 마쳤다는 서면으로써 송달을 증명한다(민소 제155조 제2항).

以上의送達證書ᄂᆞᆫ總히適法의送達을遂ᄒᆞᆫ與否를證ᄒᆞᆯ唯一의書面이니裁判所도此에依ᄒᆞ야適式의呼出節次가有ᄒᆞᆫ與否와適式의書類交付된與否를調査ᄒᆞ야若適式의呼出이無ᄒᆞᆫ事ㅣ不明ᄒᆞᆫ時ᄂᆞᆫ縱令當事者가闕席ᄒᆞᆯ지라도闕席判決을爲ᄒᆞᆷ을不得ᄒᆞ며(民訴第一五四條第一號)又當事者도其適式된呼出이無ᄒᆞᆫ事를理由로ᄒᆞ야懈怠치아니ᄒᆞᆫ事由를證ᄒᆞᆷ을得ᄒᆞᆯ지라(民訴第二九八條但書)

玆에一問題되ᄂᆞᆫ바ᄂᆞᆫ其送達의實施가不適式ᄒᆞ나此를受取ᄒᆞᆫ者가異議를述치아니ᄒᆞ고其送達에應ᄒᆞ야訴訟行爲를爲ᄒᆞᆫ時ᄂᆞᆫ後日에其送達의不適式된事를主張ᄒᆞᆷ을得ᄒᆞᆯ與否가是라此點에對ᄒᆞ야ᄂᆞᆫ期日의呼出에關ᄒᆞᄂᆞᆫ呼出狀의送達과如ᄒᆞᆷ은其不適式의送達된事를主張치아니ᄒᆞ고任意로出頭ᄒᆞ야辯論ᄒᆞ면異議를主張ᄒᆞᄂᆞᆫ權利를拋棄ᄒᆞᆫ者로看做ᄒᆞ야後日其適式의主張ᄒᆞᆷ을不得ᄒᆞᆯ지나不變期間의起算點된裁判의送達又ᄂᆞᆫ辯論을經치아니ᄒᆞᆫ裁判의送達과如ᄒᆞᆷ은當事者가任意로權利를拋棄ᄒᆞ야適式의送達이無ᄒᆞᆷ을適式의送達이有ᄒᆞᆫ者로看做ᄒᆞᆷ을不得ᄒᆞᄂᆞ니故로其實施의節次가不適法ᄒᆞᆫ時ᄂᆞᆫ恒常送達이無ᄒᆞᆫ者ㅣ라謂치아니치못ᄒᆞᆯ者ㅣ라要컨ᄃᆡ不適式의送達을當事者가任意로受取ᄒᆞ야此

이상의 송달증서는 모두 적법한 송달을 수행하였는지 여부를 증명하는 유일의 서면이다. 재판소는 이에 의하여 적식의 호출절차가 있는지 여부와 적식의 서류가 교부되었는지 여부를 조사하여 만약 적식한 호출이 없거나 불명한 때에는 설령 당사자가 결석한 경우에도 궐석판결을 할 수 없다(민소 제254조 제1호). 또한 당사자도 그 적식한 호출이 없다는 이유로 기일의 출석에 해태한 사실이 없다는 것을 증명할 수 있다(민소 제398조 단서). 그런데 한 가지 문제되는 것은 그 송달의 실시가 부적식하지만 이를 받은 자가 이의를 하지 아니하고 그 송달에 따라 소송행위를 한 때에는 나중에 그 송달의 부적식을 주장할 수 있는가 여부이다. 이 점에 대하여는 기일의 출석에 관하여 소환장의 송달과 같이 그 부적식하게 송달된 사실을 주장하지 않고 임의로 출석하여 변론하면 이의를 주장하는 권리를 포기한 것으로 간주하여 후에 그 부적식의 주장을 할 수 없다. 그러나 불변기간의 기산점이 되는 재판의 송달 또는 변론을 경료하지 아니한 재판의 송달과 같은 것은 당사자가 임의로 적식의 송달이 없는 것을 적식의 송달이 있는 것으로 간주할 수는 없다. 따라서 그 실시의 절차가 부적식한 때에는 항상 송달이 없는 것으로 된다. 예컨대 부적식의 송달을 당사자가 임의로 수취하여 이에에依ᄒᆞ야訴訟行爲를進行ᄒᆞᆫ時는當事者의權利抛棄를許ᄒᆞᆫ境遇에는此를有効로ᄒᆞᆷ을得ᄒᆞ나其有効히抛棄ᄒᆞᆷ을不得ᄒᆞᆯ事項即裁判所의職權으로써調査ᄒᆞᆯ事項에對ᄒᆞ야는其送達은此를有効로ᄒᆞᆷ을不得ᄒᆞᆷ이라

第三節 期日及期間

訴訟上의行爲는法律上此를爲ᄒᆞᆯ時期를定ᄒᆞ야써訴訟을一定ᄒᆞᆫ時期에進行ᄒᆞᆷ을期ᄒᆞᆷ이니其訴訟行爲에關ᄒᆞᆫ時期에는期日及期間의二種이有ᄒᆞᆫ바ㅣ라期日이라ᄒᆞᆷ은裁判所에서訴訟의主体가共히訴訟行爲를爲ᄒᆞᄂᆞᆫ時期를謂ᄒᆞᆷ이니即口頭辯論其他取調를爲ᄒᆞᄂᆞᆫ日時와如ᄒᆞᆷ이是오期間이라ᄒᆞᆷ은裁判所에서ᄒᆞᄂᆞᆫ行爲에만不止ᄒᆞ고當事者又는裁判所가訴訟上各個에爲ᄒᆞᆯ行爲에對ᄒᆞ야一定의時間을經ᄒᆞ야此를爲ᄒᆞᆯ時期를謂ᄒᆞᆷ이니即控訴期間、上告期間、故障期間、即時抗告期間、答辯書差出期間等과如ᄒᆞᆷ이是라

期日及期間은共히訴訟行爲를爲ᄒᆞ야其訴訟의進行에對ᄒᆞ야順序가有ᄒᆞᆫ終局을期ᄒᆞᄂᆞᆫ趣旨에出ᄒᆞᄂᆞᆫ者ㅣ니一定의時期에從ᄒᆞ야訴訟行爲를爲케ᄒᆞᄂᆞᆫ精神이라故로若當事者가其期日又는期間을懈怠ᄒᆞᄂᆞᆫ時는訴訟行爲를爲ᄒᆞᆯ權利를

따라 소송행위를 진행한 때에는 당사자의 권리포기가 인정되는 경우에는 이를 유효하게 할 수 있지만, 그 유효한 포기가 인정되지 아니한 사항 즉 재판소의 직권으로 조사할 사항에 대하여는 그 송달은 유효하게 할 수 없다.

제3절 기일과 기간

소송상의 행위는 법률상 이를 행할 시기를 정하여 소송을 일정한 시기에 진행하는 과정이다. 그 소송행위에 관한 시기에는 기일과 기간의 2종류가 있다.

기일이라 함은 재판소에서 소송의 주체가 함께 소송행위를 하는 시기를 말한다. 즉 구두변론 기타 증거조사를 하는 일시와 같은 것이다. 기간이라 함은 재판소에서 하는 행위에만 그치지 아니하고 당사자 또는 재판소가 소송상 각개로 하는 행위에 대하여 일정한 시간을 경과하여 이를 행할 시기를 말한다. 즉 항소기간, 상고기간, 고장기간, 즉시항고기간, 답변서 제출기간 등과 같은 것이다.

기일과 기간은 모두 소송행위를 위하여 그 소송의 진행에 대하여 순서가 있어 종국의 과정을 나타내는 취지이고, 이는 일정한 시기에 따라 소송행위를 하게 하려는 정신이 있는 것이다. 따라서 만약 당사자가 그 기일 또는 기간을 해태하는 때에는 소송행위를 할 권리를

傷失ᄒᆞᄂᆞᆫ結果가生ᄒᆞᆷ이通例니是卽終局的의規定됨이라

第一欵　期日

期日에對ᄒᆞ야ᄂᆞᆫ左의各項에區別ᄒᆞ야論코져ᄒᆞ노라

第一、期日의指定

期日은法定ᄒᆞᆷ이아니오裁判官이定ᄒᆞᆯ者ㅣ나此ᄅᆞᆯ指定ᄒᆞᆷ에ᄂᆞᆫ一定의法規에從ᄎᆡ아니ᄒᆞᆷ이不可ᄒᆞᆫ바ㅣ라

一、指定을爲ᄒᆞᄂᆞᆫ者　期日의指定은受訴裁判所의裁判長이此ᄅᆞᆯ定ᄒᆞᆷ을本則이라ᄒᆞ나但特例로他의裁判官이指定ᄒᆞᄂᆞᆫ境遇가有ᄒᆞᆫ바ㅣ라

甲、裁判長이定ᄒᆞᄂᆞᆫ期日　其重要ᄒᆞᆫ者ᄂᆞᆫ辯論期日（民訴第一九三條、第三七七條、第四〇三條、第四四〇條）證據調査의期日（民訴第二七八條）判決言渡期日（民訴第二三三條）準備節次施行期日（民訴第二六七條）等類가是라

乙、裁判長以外의裁判官이定ᄒᆞᄂᆞᆫ期日　卽受命判事又ᄂᆞᆫ受托判事ᄂᆞᆫ其受命又受托의範圍內에限ᄒᆞ야特別히裁判長과同一ᄒᆞᆫ職權으로써期日을定

상실하는 결과가 발생하는 것이 일반적이다. 이것은 종국적인 규정인 것이다.

제1관 기일

기일에 대하여는 다음과 같이 각항을 나누어 설명하겠다.

제1 기일의 지정

기일은 법에서 정하고 있지 않고 재판관이 정한다. 이를 지정함에는 일정한 법규에 따라 하여야 한다.

1. 지정을 하는 자

기일의 지정은 수소재판소의 재판장이 이를 정하는 것이 원칙이다. 다만 특례로 다른 재판관이 지정하는 경우가 있다.

갑. 재판장이 정하는 기일

매우 중요한 것은 변론기일(민소 제193조, 제377조, 제403조, 제440조), 증거조사의 기일(민소 제278조), 판결 선고기일(민소 제233조), 준비절차 시행기일(민소 제267조) 등이 있다.

을. 재판장 이외의 재판관이 정하는 기일

즉 수명법관 또는 수탁판사는 그 수명 또는 수탁의 범위 내에서 특별히 재판장과 동일하게 직권으로 기일을 정할

ᄒᆞᆷ을得ᄒᆞᄂᆞ니例如準備節次施行期日(民訴第二六九條)証據調査의期日(民訴第二七八條、第二八〇條)等이是오其他執行에關ᄒᆞ야ᄂᆞᆫ執行機關된裁判所의裁判官이期日을定ᄒᆞᄂᆞᆫ바ㅣ有ᄒᆞ니即競賣期日、競落期日(民訴第六五七條)配當期日(民訴第六九三條)等類가是라

二、期日指定의方法 期日을指定ᄒᆞᆷ에ᄂᆞᆫ是時로써此를定ᄒᆞᄂᆞᆫ者ㅣ며(民訴第一五九條)此期日은日曜日及一般의祝祭日에ᄂᆞᆫ此를定치아니ᄒᆞᆷ이本則이나不得已ᄒᆞᆫ境遇에對ᄒᆞ야此等의日에도定ᄒᆞᆷ을得ᄒᆞᆷ이라(民訴第一六〇條)玆에所謂一般의祝祭日이라ᄒᆞᆷ은前에陣述ᄒᆞᆷ과如히一地方의祭日과如ᄒᆞᆷ도包含ᄒᆞ며又期日을定ᄒᆞᆷ에對ᄒᆞ야法律上一定의猶豫期間이有ᄒᆞᆫ者ᄂᆞᆫ其期間을置ᄒᆞ야此를指定치아니ᄒᆞᆷ이不可ᄒᆞᆫ바ㅣ라(民訴第一九四條、第二三三條第三七七條)

第二、期日의呼出

期日은裁判官이此를指定ᄒᆞ야當事者로ᄒᆞ야곰其期日에出頭ᄒᆞᆯ機會를與ᄒᆞ기爲ᄒᆞ야此를知케ᄒᆞᄂᆞ니其節次ᄂᆞᆫ普通呼出의方法에依ᄒᆞᆯ지라然而呼出은期日

수 있다. 예를 들어 준비절차 시행기일(민소 제269조), 증거조사기일(민소 제278조, 제280조) 등이 그것이다. 기타 집행에 관하여는 집행기관인 재판소의 재판관이 기일을 정하는 경매기일, 경락기일(민소 제657조), 배당기일(민소 제693조) 등이 그것이다.

2. 기일지정의 방법

기일을 지정함에는 일시로서 이를 정한다(민소 제159조). 그 기일은 일요일과 공휴일에는 이를 정하지 아니하는 것이 원칙이다. 부득이 한 경우에는 이 날에도 잡을 수 있다. (민소 제160조). 여기에서 일반의 공휴일이라 함은 앞서 설명한 것과 같이 한 지방의 제일(祭日)과 같은 것도 포함한다. 또한 기일을 정함에 있어서 법률상 일정한 유예기간이 있는 경우에는 그 기간을 고려하여 이를 지정하여야 한다(민소 제194조, 제233조, 제377조).

제2 기일의 통지*

기일은 재판관이 이를 지정하여 당사자에게 그 기일에 출석할 기회를 주기 위하여 알리는 것이다. 그 절차는 보통 통지의 방법에 의한다. 통지는 당연히 기일을

* 본문에서는 호출(呼出)이라고 한다.

을指定ᄒᆞᆫ者即裁判長의命을從ᄒᆞ야裁判所書記가呼出狀의正本을作ᄒᆞ야此를當事者에게送達ᄒᆞᆷ이常例라然이나在廷ᄒᆞᆫ者에게對ᄒᆞ야期日을定ᄒᆞ야出頭를命ᄒᆞᆫ時ᄂᆞᆫ呼出狀의送達을不要ᄒᆞ고其告知로써足ᄒᆞ며（民訴第一六一條）又執行上에在ᄒᆞ야期日을公告ᄒᆞᆫ時ᄂᆞᆫ特呼出을不要ᄒᆞᄂᆞᆫ境遇가有ᄒᆞᆫ바ㅣ라（民訴第六五八條）然而其如何ᄒᆞᆫ境遇를不問ᄒᆞ고期日의指定은總히裁判의一에屬ᄒᆞᆷ이라

第三、期日의開始及其處所

期日은總히裁判所內에셔開ᄒᆞᆷ을本則이라ᄒᆞ나然이나例外의境遇가卽實地에臨ᄒᆞ야檢証ᄒᆞᄂᆞᆫ時나（民訴第一一七條、第三五七條）又ᄂᆞᆫ裁判所에出頭ᄒᆞ기除碍가有ᄒᆞᆫ証人의所在地에就ᄒᆞ야訊問ᄒᆞᄂᆞᆫ境遇（民訴第二九六條、第三一八條）及証據物의現在地에就ᄒᆞ야証人又ᄂᆞᆫ鑑定人을訊問ᄒᆞᄂᆞᆫ境遇와如ᄒᆞᆷ은裁判所外에셔期日을開ᄒᆞᆷ을得ᄒᆞᆷ이라（民訴第一六二條）

然而其期日을開始ᄒᆞᆷ에ᄂᆞᆫ事件의呼上으로써始ᄒᆞᄂᆞ니（民訴第一六三條第一項）抑呼上된者ᄂᆞᆫ期日의開始를告知ᄒᆞ야當事者의出頭ᄒᆞᆫ與否를確實히ᄒᆞᄂᆞᆫ

지정하는 자 즉 재판장의 명령에 따라 재판소의 서기가 소환장의 정본을 작성하여 이를 당사자에게 송달하는 것이 상례이다. 그러나 재정하는 자에 대하여 기일을 정하여 출석을 명령한 때에는 소환장의 송달이 필요 없고, 그 고지로 충분하다(민소 제161조). 또한 집행에 있어서 기일을 공고한 때에는 특별히 소환이 필요하지 아니한 경우가 있다(민소 제658조). 어떤 경우를 불문하고 기일의 지정은 모두 재판의 하나에 속한다.

제3 기일의 개시와 그 장소

기일은 전부 재판소 내에서 열리는 것이 원칙이다. 하지만 예외의 경우로서 현장에 임하여 검증을 하는 때나(민소 제117조, 제357조), 또는 재판소에 출석하기 어려운 증인의 소재지에서 심문을 하는 경우(민소 제296조, 제318조), 증거물의 현재지에서 증인 또는 감정인을 신문하는 때와 같은 경우에는 재판소 외에서 기일을 열 수 있다(민소 제162조).

그러나 기일을 개시할 때에는 먼저 사건을 부름으로서 시작한다(민소 제163조 제1항). 이렇게 하는 것은 기일의 개시를 고지하여 당사자의 출석 여부를 확실히 하는

方法이오最重要ᄒᆞᆫ事項에屬지아니홈이라然而裁判所內에셔期日을開ᄒᆞᆫ時ᄂᆞᆫ裁判長의指揮에從ᄒᆞ야廷丁이事件의呼上을爲ᄒᆞ며(裁判所搆成法第一〇二條) 且裁判所書記가自爲呼上ᄒᆞ야도無妨홈이라此呼上이無ᄒᆞᆫ間은縱令指定된期日의時間에到來ᄒᆞ야도아직此로써期日의開始가有ᄒᆞ다爲홈을不得ᄒᆞᆯ지며又呼上에因ᄒᆞ야期日에開始가有ᄒᆞ야도當事者의申請이有치아니ᄒᆞ면아직此로써口頭辯論을開始ᄒᆞᆫ者ㅣ라爲홈을不得ᄒᆞᆯ지라(民訴第一一〇條)然이나期日이一朝開始된時ᄂᆞᆫ아직辯論의開始가無ᄒᆞ야도既히期日을變更ᄒᆞᆯ機會를經過ᄒᆞᆫ者임으로써因ᄒᆞ야辯論을爲코져아니ᄒᆞ거나又ᄂᆞᆫ辯論을爲홈을得지못ᄒᆞᆯ境에ᄂᆞᆫ當事者ᄂᆞᆫ辯論의延期를求ᄒᆞᄂᆞᆫ外에ᄂᆞᆫ他道가無ᄒᆞᆫ바ㅣ라

然而此期日을開始ᄒᆞᆫ時에當事者의一方이出頭치아니ᄒᆞ야도아직懈怠의結果를生ᄒᆞᄂᆞᆫ者ㅣ아니오其期日의終에至ᄒᆞ기ᄭᆞ지出頭ᄒᆞ야辯論을不爲ᄒᆞᆫ時ᄂᆞᆫ玆에期日懈怠라謂ᄒᆞᆯ者ㅣ라(民訴第一六三條第二項)

第四、期日의變更、辯論의延期及辯論의續行

裁判所ᄂᆞᆫ不得已ᄒᆞᆫ境遇에申請에依ᄒᆞ거나又ᄂᆞᆫ職權으로써一次指定ᄒᆞᆫ期日을

방법이고 가장 중요한 사항이다. 그러나 재판소 내에서 기일을 여는 때에는 재판장의 지휘에 따라야 정리가 사건을 부르게 된다(재판소구성법 제102조). 또 재판소의 서기가 스스로 사건을 호명하는 것도 무방하다. 이러한 부름이 없는 사이에 설령 지정된 기일의 시간이 도래하여도 기일의 개시가 있다고 할 수 없다. 또는 호명으로 인하여 기일이 개시되었다고 하여도 당사자의 신청이 없다면 아직 이것으로 구두변론이 개시되었다고 할 수 없다(민소 제110조). 그러나 만일 기일에 개시된 때에는 아직 변론의 개시가 없다고 하여도 이미 기일을 변경할 기회를 가진 자이므로 변론을 하지 아니하거나 또는 변론을 할 수 없을 경우에는 변론의 연기를 구할 수밖에 없다. 그러나 그 기일이 개시한 때에 당사자 일방이 출석하지 아니하여도 아직 해태의 결과가 발생한 것이 아니고 그 기일이 끝날 때까지 출석하여 변론하지 아니한 때에 이를 기일의 해태하고 한다(민소 제163조 제2항).

제4 기일의 변경, 변론의 연기와 속행

재판소는 부득이 한 경우에 신청 또는 직권으로 1차 지정한 기일을

變更ᄒᆞ며辯論을延期ᄒᆞ며又ᄂᆞᆫ辯論續行의期日을定ᄒᆞᆷ을得ᄒᆞᄂᆞ니（民訴第一六九條）玆에期日의變更이라ᄒᆞᆷ은期日을呼上ᄒᆞ야此를開始ᄒᆞ기以前에其期日을變更ᄒᆞᆷ을謂ᄒᆞᆷ이오辯論의延期라ᄒᆞᆷ은事件을呼上ᄒᆞ야期日을開ᄒᆞᆫ時라도辯論을爲치아니ᄒᆞ고更히新期日을定ᄒᆞ야辯論을延期ᄒᆞᆷ을謂ᄒᆞᆷ이오又辯論의續行이라ᄒᆞᆷ은旣히一次辯論을爲ᄒᆞᆫ時라도卽日에此를終結치못ᄒᆞᆷ으로次回에續行ᄒᆞ야辯論ᄒᆞᆷ을謂ᄒᆞᆷ이라

期日의變更、辯論의延期及辯論의續行은申請에依ᄒᆞ거나又ᄂᆞᆫ職權으로써此를爲ᄒᆞᆷ을得ᄒᆞ나其決定을爲ᄒᆞᆷ은裁判所의權이오次에期日을定ᄒᆞᆷ은裁判長의權內에爲ᄒᆞᆷ이라

申請에依ᄒᆞ야期日의變更、辯論의延期及辯論의續行을爲ᄒᆞᆷ은左의節次에依ᄒᆞᄂᆞ니

一、期日의變更、辯論의延期及辯論의續行은共히當事者合意의申請이有ᄒᆞᆫ時ᄂᆞᆫ恒常此를許容ᄒᆞᄂᆞᆫ者ㅣ며

二、辯論의延期及辯論의續行은一方의申請이라도相當ᄒᆞᆷ을認ᄒᆞᆯ時ᄂᆞᆫ此를許

변경하거나 변론을 연기하며, 또는 변론의 속행기일을 정할 수 있다(민소 제169조). 여기에서 기일의 변경이라 함은 기일을 호명하여 이를 개시하기 전에 그 기일을 변경하는 것을 말한다. 변론의 연기라 함은 사건을 호명하여 기일을 개시하였다고 하여도 변론을 하지 아니하고 다시 신기일을 정하여 변론을 연기하는 것을 말한다. 또한 변론의 속행이라 함은 이미 1차 변론을 한 때라도 그날에 이를 종결하지 못하고 다음 기회에 속행하여 변론을 하는 것을 말한다.

기일의 변경, 기일의 연기와 변론의 속행은 신청 또는 직권으로서 이를 할 수 있다. 그 결정은 재판소의 권한이고 기일을 정하는 것은 재판장의 권한으로 한다.

신청에 의한 기일의 변경, 기일의 연기와 변론의 속행을 하는 것은 다음 절차에 의한다.

1. 기일의 변경, 변론의 연기와 변론의 속행은 모두 당사자가 합의하여 신청할 때에는 이를 허용하는 것이다.

2. 변론의 연기와 변론의 속행은 일방의 신청이라도 상당하다고 인정될 때에는 이를 허용

ᄒᆞᆯ者ㅣ며

三、合意가無ᄒᆞᆫ期日變更의申請은顯著ᄒᆞᆫ理由가有ᄒᆞᆫ時에限ᄒᆞ야此를許ᄒᆞ며合意가無ᄒᆞᆫ同一期日의再度變更申請은相對者를審問ᄒᆞᆫ後에此를許容ᄒᆞᆯ지니若相對者가異議를主張ᄒᆞᄂᆞᆫ時ᄂᆞᆫ變更의必要를証明ᄒᆞᆫ時에限ᄒᆞ야此를許ᄒᆞᆯ者ㅣ라然이나訴訟代理人이障碍에因ᄒᆞ야同一期日의再度變更申請은一方의申請으로ᄂᆞᆫ如何ᄒᆞᆫ障碍가有ᄒᆞᆯ지라도此를不許ᄒᆞᆯ者ㅣ며（民訴第一七一條）

四、期日變更의申請은書面又ᄂᆞᆫ口頭로써此를爲ᄒᆞᄂᆞ니其理由를疏明케아니ᄒᆞᆷ이不可ᄒᆞ며期日變更申請의裁判은合意가無ᄒᆞᆫ再度申請이有ᄒᆞᆫ時ᄂᆞᆫ相對者를審問ᄒᆞᆫ境遇外에ᄂᆞᆫ口頭辯論을經ᄒᆞ야此를爲ᄒᆞᆷ을得ᄒᆞᆷ이라然而其申請却下의裁判에對ᄒᆞ야ᄂᆞᆫ不服의申請을不得ᄒᆞᄂᆞᆫ바ㅣ라

第二欵　期間

期間이라ᄒᆞᆷ은前述ᄒᆞᆷ과如히裁判所又ᄂᆞᆫ當事者가訴訟行爲를爲ᄒᆞᆷ에對ᄒᆞ야遵守ᄒᆞᆯ一定의時間이라本法中行爲에對ᄒᆞ야時期를定ᄒᆞᆫ者ㅣ甚多ᄒᆞ나其中에單

할 것이다.

3. 합의가 없는 기일변경의 신청은 현저한 이유가 있는 때에 한하여 이를 허용한다. 합의가 없는 동일한 기일에 대한 재도(再度) 기일변경의 신청은 상대방을 심문한 후에 이를 허용하여야 한다. 만약 상대방이 이의를 주장하는 때는 변경의 필요를 증명한 때에 한하여 이를 허용하여야 한다. 그러나 소송대리인이 장애(障礙)로 인하여 동일 기일에 대한 재차 기일변경의 신청은 일방의 신청으로는 어떠한 장애가 있을지라도 이를 불허하여야 한다(민소 제171조).

4. 기일변경의 신청은 서면 또는 구두로써 이를 하여야 하고, 그 이유를 소명하여야 한다. 기일변경 신청의 재판은 합의가 없는 재도 기일변경의 신청은 상대방을 신문하는 경우 외에는 구두변론을 경료하여 이를 할 수 있다. 그러나 그 신청을 각하하는 재판에 대하여는 불복의 신청을 할 수 없다.

제2관 기간

기간이라 함은 앞서 설명한 것 같이 재판소 또는 당사자가 소송행위를 함에 있어서 준수할 일정한 시간을 말한다. 본법 중에 행위에 대하여 시기를 정한 것은 매우 많지만 그 중에 단순히

히裁判所의內部事務에關ᄒᆞ야直正ᄒᆞᆫ訴訟行爲로看做치못ᄒᆞᆯ者ㅣ不尠ᄒᆞ니例如判事가裁判書類를書記에게交付ᄒᆞᄂᆞᆫ期間과如ᄒᆞᆷ이是오（民訴第二三七條第二項）其他控訴裁判所가訴訟記錄의送付를求ᄒᆞᄂᆞᆫ期間（民訴第四三一條）及抗告裁判所가抗告狀을送付ᄒᆞᄂᆞᆫ期間과如ᄒᆞᆷ이此에屬ᄒᆞᆫ바ㅣ라然而如斯ᄒᆞᆫ期間은單히裁判機關에對ᄒᆞᄂᆞᆫ訓令的의規定에不過ᄒᆞ고訴訟行爲에關ᄒᆞᄂᆞᆫ期間과同視ᄒᆞᆯ者ᄂᆞᆫ아니라時或前者가後者에關ᄒᆞᆫ規定을準用ᄒᆞᄂᆞᆫ事ㅣ有ᄒᆞ나此를遵守치아니ᄒᆞᆯ時ᄂᆞᆫ職員이其責任을負ᄒᆞᆯ뿐이오訴訟上에ᄂᆞᆫ何等의影響을不及ᄒᆞᆯ者ㅣ라故로本款에在ᄒᆞ야ᄂᆞᆫ主ᄒᆞ야訴訟行爲에關ᄒᆞᄂᆞᆫ期間만說明코져ᄒᆞ노니其期間에ᄂᆞᆫ數多의種類가有ᄒᆞᆫ바ㅣ라

第一、期間의種類

訴訟行爲에關ᄒᆞᄂᆞᆫ期間에ᄂᆞᆫ法律上의期間과裁判上의期間即裁判官이定ᄒᆞᆯ期間의二種이有ᄒᆞ니此等의期間에ᄂᆞᆫ一定ᄒᆞᆫ時間에訴訟行爲를爲ᄒᆞᄂᆞᆫ者와一定ᄒᆞᆫ時間을置ᄒᆞ야其期間後에訴訟行爲를爲ᄒᆞ거나又ᄂᆞᆫ此를有効히成立케ᄒᆞᄂᆞᆫ者ㅣ有ᄒᆞᆷ이라抑訴訟行爲에關ᄒᆞᄂᆞᆫ期間은其期間內에行爲를爲ᄒᆞᆷ을常例라

재판소의 내부사무에 관하여 직접 정한 소송행위로 간주치 못할 경우가 적지 않다. 예컨대 판사가 재판서를 서기에게 교부하는 기간과 같은 것이다(민소 제237조 제2항). 기타 항소재판소가 소송기록의 송부를 구하는 기간(민소 제431조)과 항고재판소가 항고장을 송부하는 기간과 같은 것이 이에 속한다. 그런데 이와 같은 기간은 단순히 재판기관에 대하여 훈령적인 규정에 불과하고 소송행위에 관한 기간과 같이 볼 것은 아니다. 혹시 전자가 후자에 관한 규정을 준용하는 일이 있지만 이를 준수하지 못한 때에는 직원이 그 책임을 부담할 뿐이다. 소송상 아무런 영향을 미치지 아니한다. 따라서 본관에서에서는 주로 소송행위에 관한 기간만을 설명하겠다. 그 기간은 다수의 종류가 있다.

제1 기간의 종류

소송행위에 대한 기간에는 법률상의 기간과 재판상의 기간 즉 재판관이 정하는 기간이라는 2가지로 나눌 수 있다. 이러한 기간에는 일정한 시간에 소송행위를 하는 경우와 일정한 시간을 두고 그 기간 후에 소송행위를 하거나 또는 이를 유효하게 성립케 하는 경우가 있다. 보통 소송행위에 관한 기간은 그 기간 내에 행위를 하는 것이 일반적이다.

ᄒᆞ나時或訴訟行爲에對ᄒᆞ야一定ᄒᆞᆫ時間을置ᄒᆞ야其期間後에在ᄒᆞ야만有効히訴訟行爲를爲ᄒᆞᆷ을得ᄒᆞᄂᆞᆫ者ㅣ有ᄒᆞᄂᆞ니後者에屬ᄒᆞᄂᆞᆫ者ᄂᆞᆫ例如訴狀送達後口頭辯論期日ᄭᆞ지應訴期間으로二十日의時間을存ᄒᆞᆷ과如ᄒᆞᆷ이오（民訴第一九四條）又ᄂᆞᆫ公示送達에對ᄒᆞ야其貼付日로브터十四日을經過ᄒᆞᆫ後에有効히送達이有ᄒᆞᆫ者ㅣ라ᄒᆞᆷ과如ᄒᆞᆷ이是라（民訴第一五八條）

又其期間에ᄂᆞᆫ伸縮을許ᄒᆞᆯ者와不許ᄒᆞᆯ者ㅣ有ᄒᆞ며且期間을遵守치아니ᄒᆞᄂᆞᆫ行爲ᄂᆞᆫ絶對的無効로ᄒᆞᆯ者와不然ᄒᆞᆯ者卽其規定은當事者의利益을爲ᄒᆞ야定ᄒᆞᆫ期間인ᄃᆡ其利益을抛棄ᄒᆞᆯ지라도訴訟行爲의効力에影響이無ᄒᆞᆫ者ㅣ有ᄒᆞ니如斯ᄒᆞᆫ期間은數種에區別ᄒᆞᆷ을得ᄒᆞᆯ지나玆에其最重要ᄒᆞᆫ者를區分說明ᄒᆞᆯ진ᄃᆡ左와如ᄒᆞᆷ이라

期間
- (一)法律上의期間
  - (甲)不變期間
  - (乙)不變期間以外의期間
- (二)裁判上의期間
  - (甲)裁判所가定ᄒᆞᄂᆞᆫ期間
  - (乙)裁判長이定ᄒᆞᄂᆞᆫ期間

하지만 혹시 소송행위에 대하여 일정한 시간을 두고 그 기간 후에 유효하게 소송행위를 할 수 있는 경우가 있다. 후자에 속한 것의 예는 소장 송달 후 구두변론기일까지 응소기간으로 20일의 시간을 둔 것과 같은 것이다(민소 제194조). 또는 공시송달에 대하여 그 게시일로부터 14일을 경과한 후에 유효한 송달이 있다고 함과 같은 것이다(민소 제158조).

또한 기간의 신축을 허용하는 경우와 불허하는 경우가 있고, 또 기간을 준수하지 아니하는 행위는 절대적 무효로 하는 경우와 그렇지 아니한 경우 즉 그 규정은 당사자의 이익을 위하여 정한 기간으로 그 이익을 포기할지라도 소송행위의 효력에 영향이 없는 경우가 있다. 이와 같은 기간은 여러 종류로 구별할 수 있지만 이곳에서는 그중 가장 중요한 것을 구분하여 설명하면 다음과 같다.

〈기간〉

(1) 법률상의 기간	(2) 재판상의 기간
(갑) 불변기간	(갑) 재판소가 정하는 기간
(을) 불변기간 이외의 기간	(을) 재판장이 정하는 기간

一、法律上의期間　法律上의期間이라홈은法律에規定혼바期間이니不變期間과不然혼期間의二種이有홈이라

甲、不變期間　不變期間이라홈은其期間을法律에定홀뿐아니라特히不變期間으로明定혼者에限ᄒᆞᄂᆞ니（民訴第一六八條第三項）此期間은公益上理由로반다시其期間內에訴訟行爲를ᄒᆞ기爲ᄒᆞ야定혼期間이니此를遵守치아니ᄒᆞᄂᆞᆫ時ᄂᆞᆫ絶對的無效의結果를生ᄒᆞᄂᆞᆫ者ㅣ라故로此期間의遵守與否ᄂᆞᆫ裁判所에셔職權으로써調査ᄒᆞ야法律上의伸長以外에ᄂᆞᆫ當事者의合意나又ᄂᆞᆫ裁判官의職權으로도此를伸縮홈을不許ᄒᆞᄂᆞᆫ者ㅣ며（民訴第一七〇條第一項）且裁判所의休暇（裁判所構成法第一二八條）及訴訟을休止ᄒᆞ기爲ᄒᆞ야其進行의停止를不得홈이오（民訴第一六八條第一項、第一八八條）唯訴訟節次의中斷及中止의境遇에限ᄒᆞ야其進行을停止홀뿐이니라（民訴第一八六條）不變期間의性質이如斯홈으로써此를懈怠혼時ᄂᆞᆫ不變期間의原狀回復의理由가有ᄒᆞᄂᆞ니（民訴第一七四條）其申請을許혼境遇外에ᄂᆞᆫ全然失權의結果를生ᄒᆞᄂᆞᆫ者ㅣ라然而本法中不變期

1. 법률상의 기간

법률상의 기간이라 함은 법률에서 규정한 기간으로 불변기간과 불변기간 이외의 기간이라는 2가지 종류가 있다.

갑. 불변기간

불변기간이라 함은 그 기간을 법률에서 정할 뿐만 아니라 특별히 불변기간으로 명정한 경우에 한한다(민소 제168조 제3항). 그 기간은 공익상 이유로 반드시 그 기간 내에 소송행위를 하기 위하여 정한 기간이다. 이를 준수치 아니하는 때에는 절대적 무효의 결과가 발생하게 된다. 따라서 그 기간의 준수 여부는 재판소에서 직권으로 이를 조사하여 법률상 신장 외에는 당사자의 합의나 재판관의 직권으로도 이를 신축할 수 없는 것이다(민소 제170조 제1항). 또한 재판소의 휴가(재판소구성법 제128조) 내지 소송을 휴지하기 위하여 그 진행의 정지를 할 수 없다(민소 제168조 제1항, 제188조). 오직 소송절차의 중단 내지 중지의 경우에 한하여 그 진행을 정지할 수 있을 뿐이다(민소 제186조). 불변기간의 성질이 이와 같기 때문에 이를 해태한 때에는 불변기간의 원상회복의 이유가 있어야 한다(민소 제174조). 그 신청을 허가한 경우 외에는 완전히 실권의 결과가 생기는 것이다. 그러므로 본법 중 불변기간

間으로明定ᄒᆞᆫ事項은故障期間（民訴第二五五條）控訴期間（民訴第四〇〇條）上告期間（同第四三七條）即時抗告期間（同第四六六條）再審期間（同第四七四條）除權判決不服申請의期間（同第七七五條）仲裁判斷繳消訴의期間（同第八〇四條）等이是라此ᄂᆞᆫ總히法定의期間이오裁判官이定ᄒᆞᄂᆞᆫ期間에ᄂᆞᆫ不變期間되ᄂᆞᆫ者ㅣ無ᄒᆞ나惟公示送達로써闕席判決을送達ᄒᆞᄂᆞᆫ境遇에在ᄒᆞ야裁判所ᄂᆞᆫ通常의期間보다長期되ᄂᆞᆫ故障期間을定ᄒᆞᄂᆞᆫ事가有ᄒᆞᆫ바ㅣ라（民訴第二五五條第四項）然이나此故障期間은裁判官이定ᄒᆞᄂᆞᆫ期間이오不變期間에屬치아니ᄒᆞᄂᆞᆫ바ㅣ라

乙、不變期間以外의法律上期間　此期間에屬ᄒᆞᄂᆞᆫ者ㅣ甚多ᄒᆞᄂᆞ니例如不變期間의原狀回復申請期間（民訴第一七五條）辯論期日指定期間及答辯書差出期間（同第一九四條、第一九九條、第四〇三條、第四四〇條）追加裁判申請期間（同第二四二條第五〇八條）支拂命令에對ᄒᆞᄂᆞᆫ異議申請期間（同第三八六條）此에因ᄒᆞ야出訴ᄒᆞᄂᆞᆫ期間（同第三九一條）差押命令에對ᄒᆞᄂᆞᆫ陳述期間（同第六〇九條）配當에關ᄒᆞᄂᆞᆫ起訴證明期

으로 명백히 규정한 사항은 고장기간(민소 제255조), 항소기간(민소 제400조), 상고기간(민소 제437조), 즉시항고기간(민소 제466조), 재심기간(민소 제474조), 제권판결불복신청의 기간(민소 제775조), 중재판정취소의 소의 기간(민소 제804조) 등이다. 이는 모두 법정의 기간이다. 재판장이 정하는 기간 중 불변기간이 되는 경우는 없다. 하지만 공시송달로 궐석재판을 송달하는 경우에 있어서만은 재판소가 통상의 기간보다 장기의 고장기간을 정하는 경우가 있지만(민소 제255조 제4항), 이 고장기간은 재판관이 정하는 기간이고 불변기간에 속하지는 아니한다.

을. 불변기간 이외의 법률상의 기간

이 기간에 속하는 경우는 매우 많다. 예를 들면 불변기간의 원상회복 신청기간(민소 제175조), 변론기일의 지정기간 내지 답변서 제출기간(민소 제194조, 제199조, 제403조, 제440조), 추가재판의 신청기간(민소 제242조, 제508조), 지급명령에 대한 이의신청기간(민소 제386조), 이로 인한 출소기간(민소 제391조), 압류명령에 대한 진술기간(민소 제609조), 배당에 관한 제소증명기간

間（同第六三三條）競賣續行申請期間（同第六五六條）强制管理人의計算에關ᄒᆞᄂᆞᆫ異議申請期間（同第七一五條）假差押、假處分命令의執行着手期間（同第七四九條）公示催告新期日申請期間（同第七七一條）仲裁人選定期間（同第七八九條）等類가是라然而此等期間中에ᄂᆞᆫ伸縮을許ᄒᆞᆯ者와不許ᄒᆞᆯ者又其期間을遵守치아니ᄒᆞᆷ으로訴訟行爲가絶對的으로無效에歸ᄒᆞᄂᆞᆫ者와不然ᄒᆞᆫ者의區別이有ᄒᆞ나此ᄂᆞᆫ各個條項에對ᄒᆞ야研究ᄒᆞᆯ者임으로玆에省畧ᄒᆞ노라

丙、法律上의期間에付ᄒᆞᄂᆞᆫ里程猶豫期間　法律上의期間은法律에一定ᄒᆞᆫ期間을定ᄒᆞ고所在地의遠近을依ᄒᆞ야時間을區別ᄒᆞᆫ規定이無ᄒᆞᆫ故로其所在地가遠隔ᄒᆞᆫ者ᄂᆞᆫ此期間을遵守ᄒᆞ기不能ᄒᆞᆷ으로於是乎法律은法定期間에限ᄒᆞ야里程의遠近을從ᄒᆞ야猶豫의期間을附加ᄒᆞᄂᆞᆫ者ㅣ니盖裁判官이定ᄒᆞᄂᆞᆫ期間에至ᄒᆞ야ᄂᆞᆫ如斯ᄒᆞᆫ事情을斟酌ᄒᆞ야期間을定ᄒᆞᄂᆞᆫ者임으로此種의期間을附加ᄒᆞᆷ은法律上期間에限ᄒᆞᄂᆞᆫ바ㅣ라然而期間은裁判所의所在地에住居치아니ᄒᆞᄂᆞᆫ原告又ᄂᆞᆫ被告에게對ᄒᆞ야ᄂᆞᆫ其住居地와裁判所々

(민소 제633조), 경매속행의 신청기간(민소 제656조), 강제관리인의 계산에 관한 이의신청기간(민소 제715조), 가압류, 가처분명령의 집행착수기간(민소 제749조), 공시최고 신기일 신청기간(민소 제771조), 중재인의 선정기간(민소 제789조) 등이 있다. 그런데 이러한 기간 중에 신축을 허용하는 경우와 이를 허용하지 아니하는 경우 또는 그 기간을 준수치 아니하면 소송행위가 절대적으로 무효로 되는 것과 그렇지 아니한 것으로 구별된다. 이는 각 조항에서 연구할 것이므로 여기에서는 이를 생략하기로 한다.

병. 법률상의 기간에 부여하는 유예기간의 정도

법률상의 기간은 법률에 일정한 기간을 정하고 있어 소재지의 원근에 따라 시간을 구별하는 규정이 없기 때문에 그 소재지가 매우 먼 경우에는 그 기간을 준수하기 불능하므로 여기에 관하여 법률은 법정기간에 한하여 거리의 원근에 따라 유예의 기간을 부가하고 있다. 하지만 재판관이 정하는 기간에서는 이와 같은 사정을 참작하여 기간을 정하기 때문에 이와 같이 기간을 부가하는 것은 법률상의 기간에 한정한다.

그러므로 재판소의 소재지에 주거치 아니하는 원고 또는 피고에 대하여 그 주거지와 재판소

在地의距離에從ᄒᆞ야海陸路八里마다一日을伸長ᄒᆞ야八里以外의端數가三里를超過ᄒᆞᄂᆞᆫ時ᄂᆞᆫ此를一日에計算ᄒᆞ고若外國에住居를有ᄒᆞᆫ時ᄂᆞᆫ裁判所ᄂᆞᆫ特히附加期間을定ᄒᆞᆷ을得ᄒᆞᄂᆞᆫ바ㅣ라(民訴第一六七條)

二、裁判官이定ᄒᆞᄂᆞᆫ期間　裁判官이定ᄒᆞᄂᆞᆫ期間이라ᄒᆞᆷ은裁判所又ᄂᆞᆫ裁判長에게相當ᄒᆞᆫ期間을定ᄒᆞᄂᆞᆫ事를委任ᄒᆞᄂᆞᆫ境遇를謂ᄒᆞᆷ이라

甲、裁判所가定ᄒᆞᄂᆞᆫ期間　本法中裁判所의意見으로써期間을定ᄒᆞᄂᆞᆫ境遇가甚多ᄒᆞᄂᆞ니第四十五條、第七十條、第八十五條、第八十六條、第九十條、第百九十二條、第二百四條、第二百五十五條、第二百七十五條、第二百八十八條、第三百四十條、第三百四十一條、第三百四十五條、第三百五十二條、第五百四十七條、第六百五十三條、第六百五十五條及第七百七十六條等이是라

乙、裁判長이定ᄒᆞᄂᆞᆫ期間　本法에在ᄒᆞ야裁判長이定ᄒᆞᄂᆞᆫ期間은訴狀欠缺補正의期間、應訴期間及答辯書差出期間等이是라(民訴第一九二條、第二〇三條)

소재지의 거리에 따라 바다와 육지 8리마다 1일을 신장하여 8리 이외의 단수가 3리를 초과하는 때에는 이를 1일로 계산하고, 만약 외국에 주거하는 때에는 재판소는 특별한 부가기간을 부여할 수 있다(민소 제167조).

2. 재판관이 정하는 기간

재판관이 정하는 기간이라 함은 재판소 또는 재판장에게 상당한 기간을 정하는 일을 위임한 경우를 말한다.

갑. 재판소가 정하는 기간

본법 중에 재판소의 의견으로 기간을 정하는 경우가 매우 많다. 제45조, 제70조, 제85조, 제86조, 제90조, 제192조, 제204조, 제255조, 제275조, 제288조, 제340조, 제341조, 제345조, 제352조, 제547조, 제653조, 제655조 내지 제776조 등이다.

을. 재판장이 정하는 기간

본법에서 재판장이 정하는 기간은 소장 흠결의 보정기간, 응소기간 내지 답변서 제출기간 등이 있다(민소 제192조, 제203조).

第二、期間의進行

期間의進行에도法律上의期間과裁判上의期間이不同ᄒᆞᄂᆞ니

一、期間의起期　法律上의期間에ᄂᆞᆫ其起期도亦法律의明示ᄒᆞᆫ바에從ᄒᆞᆯ者ㅣ며又裁判上의期間의起期ᄂᆞᆫ其期間을定ᄒᆞᆫ書類의送達로써始ᄒᆞ고其送達을不要ᄒᆞᄂᆞᆫ境遇에在ᄒᆞ야ᄂᆞᆫ期間의言渡로써始ᄒᆞᄂᆞᆫ者ㅣ라然이나期間을定ᄒᆞᆯ際에此보다短ᄒᆞᆫ起期를定ᄒᆞᆫ時ᄂᆞᆫ其起期에從ᄒᆞᆷ은勿論이라（民訴第一六四條）

二、期間進行의停止　期間은其種類의如何를不問ᄒᆞ고訴訟節次의中斷、中止에依ᄒᆞ야其進行을停止ᄒᆞ며（民訴第一八六條）又不變期間에不在ᄒᆞᆫ者又ᄂᆞᆫ休暇事件（裁判所構成法第一二八條、第一二九條）에不關ᄒᆞᆫ者ᄂᆞᆫ法律上의期間됨과裁判上의期間됨을不問ᄒᆞ고裁判所의休暇에依ᄒᆞ야其期間의進行을停止ᄒᆞᆷ이라（民訴第一六八條）

三、期間의計算法　此計算法은民法의期間計算法과同一ᄒᆞᄂᆞ니（民訴第一三八條以下）期間의計算에時로써計算ᄒᆞᄂᆞᆫ者ᄂᆞᆫ即時로브터起算ᄒᆞ고又日

제2 기간의 진행

기간의 진행에도 법률상의 기간과 재판상의 기간이 같이 아니하다.

1. 기간의 시기(始期)

법률상의 기간에는 그 시작하는 시점도 역시 법률에 명시한 바에 따라야 한다. 재판상의 기간의 시기는 그 기간을 정하는 서류의 송달로서 시작되고, 그 송달의 필요가 없는 경우에는 기간의 선고로 시작된다. 그러나 기간을 정할 때에 그보다 짧게 시기를 정한 때에는 그 시기에 따라야 함은 물론이다(민소 제164조).

2. 기간진행의 정지

기간은 그 종류를 묻지 않고 소송절차의 중단, 중지에 의하여 그 진행이 정지된다(민소 제186조). 또 불변기간에 자리에 없는 자 또는 휴가사건(재판소구성법 제128조, 제129조)에 관계하지 아니한 자는 법률상의 기간과 재판상의 기간에 관계없이 재판소의 휴가에 의하여 그 기간의 진행이 정지된다(민소 제168조).

3. 기간의 계산법

이 계산법은 민법의 기간 계산법과 동일하다(민소 제138조 이하). 기간의 계산과 관련하여 시로써 계산하는 경우에는 즉시부터 계산하고, 또 일로써

로써計算ᄒᆞᄂᆞᆫ者ᄂᆞᆫ初日은算入치아니ᄒᆞᆷ이라（民訴第一六五條）然而一日의期間은二十四時로ᄒᆞ고一個月의期間은三十日로ᄒᆞ며一年의期間은曆에從ᄒᆞ야其期間의最終의日이日曜日又ᄂᆞᆫ祝祭日되ᄂᆞᆫ時ᄂᆞᆫ其日은期間에算入치아니ᄒᆞᄂᆞ니 卽其翌日로써 其期間의 最終日이라 ᄒᆞᆷ이라（民訴第一六六條）

第三、期間의伸縮

期間中不變期間은一切此를伸縮ᄒᆞᆷ을不許ᄒᆞ나其他의法定期間及裁判上의期間은申請에因ᄒᆞ거나又ᄂᆞᆫ不得已ᄒᆞᆫ境遇에在ᄒᆞ야ᄂᆞᆫ職權으로써此를伸縮ᄒᆞᆷ을得ᄒᆞᄂᆞ니

一、當事者의合意의申請이有ᄒᆞᆫ時ᄂᆞᆫ不變期間又ᄂᆞᆫ法律上의期間으로伸縮을不許ᄒᆞᄂᆞᆫ期間外에ᄂᆞᆫ此를伸縮ᄒᆞᆷ을得ᄒᆞ며

二、合意가無ᄒᆞ고當事者의一方이申請ᄒᆞᆫ時라도顯著ᄒᆞᆫ理由가有ᄒᆞᆫ時ᄂᆞᆫ期間의伸縮을爲ᄒᆞᆷ을得ᄒᆞ나其期間은裁判上의期間又ᄂᆞᆫ不變期間以外의法律上期間으로此法律에在ᄒᆞ야特히伸縮을許ᄒᆞᆫ者에限ᄒᆞᄂᆞ니其特히伸縮을許ᄒᆞᆫ

계산하는 경우에는 초일은 산입하지 아니한다(민소 제165조). 그러고 1일의 기간은 24시간으로 하고, 1개월의 기간은 30일로 하며, 1년의 기간은 역(曆)에 따른다. 그 기간의 최종일이 일요일 또는 공휴일인 경우에는 그 날은 기간에 산입하지 아니한다. 즉 그 익일을 기간의 최종일로 한다(민소 제166조).

제3 기간의 신축

기간 중 불변기간은 일체 이를 신축할 수 없다. 그 외의 법정기간 내지 재판상의 기간은 신청이 있거나 또는 부득이한 경우에 직권으로 이를 신축할 수 있다.

1. 당사자의 합의로 신청이 있는 때에는 불변기간 또는 법률상의 기간으로 신축을 허용하지 아니하는 기간 외에는 이를 신축할 수 있다.

2. 합의가 없고 당사자 일방이 신청한 때라도 현저한 이유가 있는 때에는 기간의 신축을 할 수 있다. 그 기간은 재판상의 기간 또는 불변기간 이외의 법률상의 기간으로 이 법률에서 특별히 신축을 허가한 경우에 한한다. 특별히 신축을 허락한

境遇라ᄒᆞᆷ은即第二百三條、第三百八十六條、第四百三條、第四百四十條等의規定이是라

三、同一期間에再度의伸縮도ᄯᅩᄒᆞᆫ合意가有ᄒᆞᆫ時는此를許ᄒᆞᆷ은勿論이나合意가無ᄒᆞ고再度伸縮의申請은相對者를審問ᄒᆞᆫ後에此를許容ᄒᆞᆯ지니若相對者가異議를主張ᄒᆞ는時는特히伸縮의必要를証明ᄒᆞᆫ時에限ᄒᆞ야此를許ᄒᆞᆯ者ㅣ며訴訟代理人의障碍에基因ᄒᆞᆫ同一期間의再度伸縮은相對者의合意가有ᄒᆞᆫ時가아니면如何ᄒᆞᆫ差支가有ᄒᆞᆫ時라도此를許치아니ᄒᆞ는者ㅣ라

四、期間變更의申請은期日變更의申請과同一히書面又는口頭로써此를爲ᄒᆞᄂᆞ니其理由는疏明케아니ᄒᆞᆷ이不可ᄒᆞᆷ이라其申請에對ᄒᆞ는裁判은口頭辯論을經ᄒᆞ야此를爲ᄒᆞᆷ을得ᄒᆞ며其申請却下의裁判에對ᄒᆞ야는不服의申請을不得ᄒᆞᆷ이라(民訴第一七一條)

五、伸縮ᄒᆞᆫ期間은前期間의滿了로브터起算ᄒᆞᆯ者ㅣ라

第四節　懈怠의結果及原狀回復

第一款　訴訟行爲懈怠의結果

규정에는 제203조, 제386조, 제403조, 제440조 등이 있다.

3. 동일 기간 내에 재도(再度)의 신축도 합의가 있는 때에는 이를 허용함은 물론이다. 합의가 없는 재도 신축의 신청은 상대방을 심문한 후에 이를 허용하게 된다. 만약 상대방이 이의를 주장하는 때에는 특별히 신축의 필요를 증명한 때에 한하여 허용할 수 있다. 소송대리인의 장애로 인한 동일 기간 내의 재도의 신축은 상대방과 합의가 있는 때가 아니면 어떠한 사유가 있을 경우라도 이를 허용해서는 안 된다.

4. 기간변경의 신청은 기일변경의 신청과 동일하게 서면 또는 구두로서 이를 할 수 있다. 그 이유를 소명하여야 한다. 그 신청에 대한 재판은 구두변론을 경료하여야 한다. 신청에 대한 각하의 재판은 불복할 수 없다(민소 제171조).

5. 신축한 기간은 전 기간의 만료로부터 기산한다.

제4절 해태의 결과 내지 원상회복

제1관 소송행위 해태의 결과

前節에서說明홈과如히訴訟行爲는終局的의趣旨로써此를爲홀時期를定ᄒᆞ는故로반다시其時期에從치아니홈이不可ᄒᆞᄂᆞ니若其時期를懈怠ᄒᆞᆫ時는其結果로訴訟行爲를爲ᄒᆞ는權利를喪失홈을一般이라ᄒᆞᄂᆞ니是卽訴訟行爲의懈怠에因ᄒᆞ는普通의結果됨이오或種의訴訟行爲의懈怠에對ᄒᆞ야는法律은特別ᄒᆞᆫ結果를付ᄒᆞ는者ㅣ有ᄒᆞᄂᆞ니例如本人訊問의期日에其本人이出頭치아니ᄒᆞ는時는相對者의主張ᄒᆞᆫ事實을正當홈으로認홈과如홈이오(民訴第三六三條)又訴의變更에對ᄒᆞ야異議를陳述치아니ᄒᆞ고辯論을ᄒᆞᆫ時는其訴의變更을承諾ᄒᆞᆫ者로看做ᄒᆞ며(民訴第一九五條第二項第三號但書)且訴訟節次休止後一年內에期日指定의申請을不爲ᄒᆞᆫ時는訴를取下ᄒᆞᆫ者로看做홈과如홈이라(民訴第一八八條末項)蓋訴訟行爲를懈怠홈으로承諾又는推定의結果를生ᄒᆞ며或은其他訴訟上의效果를發生케ᄒᆞ는境遇가有ᄒᆞᄂᆞ니此等의特別된各個의結果에在ᄒᆞ야는其各個의事項에對ᄒᆞ야研究홀者ㅣ나其一般의懈怠의結果됨과特別의結果됨을不問ᄒᆞ고此의發生及其結果의回復等에對ᄒᆞ야種々의區別이有홈이라(民訴第一七三條)

앞의 절(節)에서 설명한 것과 같이 소송행위는 종국적 취지로서 이를 행할 시기를 정하는 것이므로, 반드시 그 시기에 따라야만 한다. 만약 그 시기를 해태하는 때에는 그 결과 소송행위를 할 수 있는 권리를 상실하게 되는 것이 일반적이다. 즉 소송행위의 해태에 따른 보통의 결과이다. 일정한 종류의 소송행위의 해태에 대하여는 법률에서 특별한 결과를 부과하는 경우도 있다. 예컨대 본인신문의 기일에 그 본인이 출석하지 아니한 때에는 상대방의 주장한 사실을 정당한 것으로 인정하는 것과 같이 본다(민소 제363조). 또 소의 변경에 대하여 이의를 진술하지 아니하고 변론을 한 때에는 그 소의 변경을 승낙한 것으로 간주하며(민소 제195조 제2항, 제3항 단서), 소송절차 휴지 후에 1년 내에 기일지정신청을 하지 아니한 때에는 소를 취하한 것으로 간주하는 효과가 있다(민소 제188조 마지막 항). 소송행위를 해태함으로 승낙 또는 추정의 결과가 발생하며 또는 기타 소송상의 효과를 발생케 하는 경우가 있다. 이들의 특별한 각개의 결과가 있는 것은 그 각개의 사항에 대하여 연구하여야 하지만, 그 일반의 해태의 결과와 특별의 결과를 불문하고 이의 발생 내지 그 결과의 회복 등에 대하여 종류마다 구별이 있다(민소 제173조).

一、訴訟行爲懈怠의結果는當然히發生홈이本則이라故로此를爲ᄒᆞ야는豫히相對者의注意홀事와又는相對者의呼出을不要ᄒᆞ는者ㅣ라然이나本法에在ᄒᆞ야는其失權홈으로相對者의申請을要홀特別의規定을設혼者ㅣ有ᄒᆞ니卽口頭辯論期日을懈怠홈으로闕席判決을爲홈과如홈은相對者의申請에因ᄒᆞ야此를爲홀者ㅣ며尙且此와類似혼者ㅣ甚多홈이라（民訴第九〇條、第一二八條、第一七八條、第一八三條、第二四六條乃至第二四八條、第二六三條、第二六五條、第二七一條、第三九三條、第四二八條、第四四四條、第四九二條、第六三七條）

二、懈怠의結果에因ᄒᆞ는失權其他特別된結果는絶對的되는者와且後日에此를追完又는回復의途를與ᄒᆞ는者ㅣ有홈이라（民訴第四五條、第七〇條、第一七四條、第二〇六條、第二五五條、第二七五條、第二八四條、第二八八條、第四一五條）然而其追完又回復의方法은懈怠혼訴訟行爲의種類에依ᄒᆞ야同一치아니ᄒᆞ니期日의懈怠에因ᄒᆞ야闕席判決을受혼境遇의回復은故障의申請方法에依ᄒᆞ며（民訴第二五五條）不變期間의懈怠에因혼

1. 소송행위 해태의 결과는 당연히 발생하는 것이 원칙이다. 따라서 이를 위하여 미리 상대방의 주의할 일과 또는 상대방의 출석이 필요하지 아니한 것이다. 그러나 본법에서는 그 실권을 하려면 상대방의 신청이 필요한 특별한 규정을 정하는 경우가 있다. 즉 구두변론기일을 해태함으로 궐석재판을 하려면 상대방의 신청에 의하여 이를 하는 것이다. 또 이와 유사한 경우가 매우 많다(민소 제90조, 제128조, 제178조, 제183조, 제246조 내지 제248조, 제263조, 제265조, 제271조, 제393조, 제428조, 제444조, 제492조, 제637조).

2. 해태의 결과로 인한 실권 기타 특별한 결과는 절대적인 경우와 후일 이를 추완 또는 회복의 길을 주는 경우가 있다(민소 제45조, 제70조, 제174조, 제206조, 제255조, 제275조, 제284조, 제288조, 제415조). 그런데 그 추완 또는 회복의 방법은 해태한 소송행위의 종류에 따라 동일하지 아니하다. 기일의 해태로 인하여 궐석재판을 받는 경우의 회복은 고장의 신청방법에 의하며(민소 제255조), 불변기간의 해태로 인한

回復은原狀回復의方法에依ᄒᆞ며（民訴第一七四條）當事者의一方이出頭치아니ᄒᆞᆷ으로証據調査ᄒᆞ기不能ᄒᆞᆫ時의追完은特別의疏明에依ᄒᆞ야更히証據調査을受ᄒᆞᆷ과如ᄒᆞᆫ（民訴第二八四條第二項）類가是라其回復又ᄂᆞᆫ追完을爲ᄒᆞᆷ에對ᄒᆞ야前述과如히特別된疏明을要ᄒᆞᄂᆞᆫ境遇와故障과如히何等의疏明을不要ᄒᆞᄂᆞᆫ境遇가有ᄒᆞᆷ이라

又失權의結果ᄂᆞᆫ單히一審級에만止ᄒᆞᄂᆞᆫ者와訴訟의全局에及ᄒᆞᄂᆞᆫ者ㅣ有ᄒᆞ니攻擊又ᄂᆞᆫ防禦方法、証據提出의時期를懈怠ᄒᆞᆫ者와如ᄒᆞᆷ은其審級에在ᄒᆞ야ᄂᆞᆫ此를提出ᄒᆞᆷ을不許ᄒᆞ나上級審에至ᄒᆞ야ᄂᆞᆫ此를提出ᄒᆞᆷ을得ᄒᆞᄂᆞᆫ事ㅣ有ᄒᆞ며（民訴第二一〇條、第二一四條、第四一五條）此와反ᄒᆞ야口頭辯論期日의懈怠、上訴及故障期間懈怠와如ᄒᆞᆷ은失權의結果가訴訟의全局에及ᄒᆞᄂᆞᆫ者ㅣ니라

第二款　不變期間懈怠의原狀回復

前述ᄒᆞᆷ과如히訴訟行爲의懈怠의結果ᄂᆞᆫ追完又ᄂᆞᆫ此를回復ᄒᆞᆷ에各種의境遇에依ᄒᆞ야不同ᄒᆞ나本款에說明코져ᄒᆞᄂᆞᆫ者ᄂᆞᆫ오직不變期間을懈怠ᄒᆞᆫ時의原狀回

회복은 원상회복의 방법에 의하고(민소 제174조), 당사자의 일방이 출석치 아니함으로 증거조사가 불능한 때의 추완은 특별한 소명에 의하여 다시 증거조사를 하게 된다(민소 제284조 제2항). 그 회복 또는 추완을 함에 있어서 앞서 설명한 것과 같이 특별한 소명을 요하는 경우와 고장과 같이 아무런 소명 없이 하는 경우가 있다.

또한 실권의 결과는 단순히 1심급에만 그치는 경우와 소송의 전부에 미치는 경우가 있다. 공격 또는 방어방법, 증거의 제출시기를 해태한 경우와 같은 것은 그 심급에서만 그 제출을 불허하지만, 상급심에서는 이를 제출할 수 있다(민소 제210조, 제214조, 제415조). 이에 반하여 구두변론기일의 해태, 상소 내지 고장기간의 해태와 같은 것은 실권의 결과가 소송의 전부에 미치게 된다.

제2관 불변기간 해태의 원상회복

앞서 설명한 바와 같이 소송행위 해태의 결과는 추완 또는 이를 회복함에 있어서 각종의 경우에 따라 다르다. 본관에서 설명하고자 하는 것은 오직 불변기간을 해태한 때의 원상회복

復의方法뿐이라

元來不變期間은他의期間과如히或事情에依ᄒᆞ야此를伸縮ᄒᆞᆷ을不許ᄒᆞ나然이나此期間은上訴、故障等訴訟全局의運命에影響될期間임으로써眞實當事者의過失이아니오其期間을遵守ᄒᆞ기不能ᄒᆞᆫ時ᄂᆞᆫ此를救濟ᄒᆞᆯ方法이無치못ᄒᆞᆯ지니是卽本款에在ᄒᆞ야攻究코져ᄒᆞᄂᆞᆫ特別의規定이有ᄒᆞᆫ所以라

一、原狀回復의原因　不變期間의原狀回復은左의條件中一에該當ᄒᆞᆯ時에限ᄒᆞ야此를申請ᄒᆞᆷ을得ᄒᆞᆷ이라(民訴第一七四條)

甲、天災其他不可避ᄒᆞᆯ事變으로不變期間을遵守ᄒᆞ기不能ᄒᆞᆫ時　例如震災、水災、火災等으로裁判所와當事者의居所間의交通이遮斷ᄒᆞᆫ時又ᄂᆞᆫ戰爭、惡疫流行等으로其交通을禁ᄒᆞᆫ境遇와如ᄒᆞᆷ이是니要컨대不可抗力에因ᄒᆞ야其期間內에訴訟行爲를爲키不能ᄒᆞᆫ境遇를謂ᄒᆞᆷ이라

乙、當事者의過失에不在ᄒᆞ고闕席判決의送達을不知ᄒᆞᆷ으로故障期間을遵守ᄒᆞ기不能ᄒᆞᆫ時　故障에對ᄒᆞ야ᄂᆞᆫ前號의外에오히려本號의原因에由ᄒᆞ야도原狀回復을許ᄒᆞᆯ者ㅣ니是卽闕席判決은一方의陳述뿐으로써判決ᄒᆞ

의 방법뿐이다.

원래 불변기간은 다른 기간과 같이 사정에 따라 이를 신축하는 것이 인정되지 아니한다. 하지만 그 기간은 상소, 고장 등 소송 전반의 운명에 영향을 미치는 기간이므로 진실로 당사자의 과실 없이 그 기간을 준수하기 불능한 때에는 이를 구제할 방법이 없지 아니하기 때문에 본관에서 연구하고자 하는 특별한 규정이 있다.

1. 원상회복의 원인

불변기간의 원상회복은 다음 조건 중 하나에 해당하는 경우에 한하여 이를 신청할 수 있다(민소 제174조).

갑. 천재 또는 기타 불가피한 사변(事變)으로 불변기간을 준수하기 불능한 때

예컨대 지진, 수재, 화재 등으로 재판소와 당사자의 거소 사이의 교통이 차단된 때 또는 전쟁, 악성 전염병의 유행 등으로 그 교통을 금지한 경우와 같은 것이다. 즉 불가항력으로 인하여 그 기간 내에 소송행위를 하는 것이 불능한 경우를 말한다.

을. 당사자의 과실 없이 궐석판결의 송달을 알지 못하여 고장기간을 준수하기 불능한 때

고장에 대하여는 위 갑 항 외에 오히려 본항에 따라 원상회복을 허락할 것이다. 이것은 궐석판결은 일방의 진술만으로 판결을 하는는者인즉此를容易히確定케홈은對席判決과比較홀時는其危險이多大흔緣故라然而其送達을不知흐는境遇는補充送達又는郵便에付흐는送達及公示送達의境遇에多흐나然이나本號에在흐야는過失에不在흐고故障期間을遵守키不能흔境遇를要件으로흐는故로送達의當時에此를不知흐야도其故障期間內에此를知흔者ㅣ된時는原狀回復의申請을不許홀者ㅣ라

二、原狀回復申請의期間　原狀回復申請의期間은其障碍가止흔日로브터起算흐야十四日의期間內에其申請홈을要흐느니此障碍가止흔日이라홈은前에說明흔天災其他不可抗力의境遇에其事由가消滅흐야當事者가行爲를홈을得홈에至흔日을謂홈이오又闕席判決의送達을不知흔境遇에在흐야其送達이有흔事를知흔日을謂홈이니卽此等의日브터起算흐야申請人은其事實을疏明케아니홈이不可흔바ㅣ라

此回復申請期間은其性質이殆히不變期間에準홀者ㅣ라然而法律은此를不變期間으로規定치아니흐고오직當事者의合意뿐으로는此를伸縮홈을不得

것이므로 이를 용이하게 확정케 하는 것은 대석판결과 비교할 때에 그 위험이 매우 크기 때문이다. 그러나 그 송달을 알지 못한 경우는 보충송달 또는 우편에 회부하는 송달 내지 공시송달의 경우가 많으므로, 본항에 있어서 과실 없이 고장기간의 준수가 불능한 경우를 요건으로 한다. 따라서 송달 당시에 이를 알지 못하여도 그 고장기간 내에 이를 알게 된 때에는 원상회복을 신청할 수 없다.

2. 원상회복신청의 기간

원상회복신청의 기간은 그 장애가 그친 날로부터 기산하여 14일의 기간 내에 그 신청을 함을 요한다. 그 장애가 그친 날이라고 함은 앞에서 설명한 천재 또는 기타 불가항력의 경우에 그 사유가 소멸하여 당사자가 행위를 할 수 있는 날을 말한다. 또 궐석재판의 송달을 알지 못한 경우에 있어서는 그 송달이 있다는 것을 알게 된 날을 의미한다. 즉 이 등의 날로부터 기산하고, 신청인은 그 사실을 소명하여야 한다.

그 회복신청기간은 그 성질이 거의 불변기간에 준하는 것이다. 그러나 법률은 이를 불변기간으로 규정하고 있지 아니하고 오직 당사자의 합의만으로는 이를 신축할 수 없다고

ᄒᆞᆷ이라規定ᄒᆞᆫ所以ᄂᆞᆫ若其期間을不變期間으로規定ᄒᆞᄂᆞᆫ時ᄂᆞᆫ原狀回復에對ᄒᆞ야重히原狀回復을不許ᄒᆞᆷ을不得ᄒᆞᆷ에至ᄒᆞᆯ지라故로法律은回復의回復을不許ᄒᆞᆫ다ᄂᆞᆫ原則에基因ᄒᆞ야不變期間되ᄂᆞᆫ用語를避ᄒᆞᆫ者ㅣ라然則其性質上當事者의同意로써其伸縮을不許ᄒᆞᆯᄲᅮᆫ아니라裁判所의職權으로도또ᄒᆞᆫ此를伸縮ᄒᆞᆷ을不許ᄒᆞᄂᆞᆫ法意로解釋ᄒᆞᆷ이相當ᄒᆞᆷ으로信ᄒᆞ노라然이나不變期間으로規定치아니ᄒᆞᆷ으로써裁判所의休暇에因ᄒᆞ야期間의進行을停止치아니ᄒᆞᆷ이不可ᄒᆞᆫ바ㅣ라(民訴第一六八條)

此期間은不變期間의終으로브터起算ᄒᆞ야滿一個年內에만存在ᄒᆞᆯ者임으로旣히一個年을經過ᄒᆞᆫ時ᄂᆞᆫ如何ᄒᆞᆫ理由가有ᄒᆞᆫ時라도此申請을不許ᄒᆞ며又此一個年의期間은此伸縮을不許ᄒᆞᆯ者ㅣ라故로天災等이一個年以上을繼續ᄒᆞ거나又ᄂᆞᆫ闕席判決의送達이有ᄒᆞᆫ事를一個年以上을不知ᄒᆞᆫ時ᄂᆞᆫ絕對的此를不許ᄒᆞᄂᆞ니此ㅣ本人에게ᄂᆞᆫ極히不幸을與ᄒᆞᆷ이나法律은一個年으로써此를限度로ᄒᆞᆷ이라如斯히制限ᄒᆞᄂᆞᆫ所以ᄂᆞᆫ元來原狀回復되ᄂᆞᆫ者ᄂᆞᆫ萬不得已ᄒᆞᆫ境遇에在ᄒᆞ야恩惠的으로與ᄒᆞᄂᆞᆫ救濟方法인즉若制限업시此를許ᄒᆞᄂᆞᆫ時ᄂᆞᆫ

규정한 이유는 만약 이 기간을 불변기간으로 규정하는 때에는 원상회복에 대해여 중요한 원상회복을 허용하지 못하게 된다. 따라서 법률은 회복의 회복을 불허한다는 원칙에 기인하여 불변기간이라는 용어를 피한 것이다. 그런즉 그 성질상 당사자의 동의로써 그 신축을 허용하지 아니할 뿐만 아니라 재판소의 직권으로도 또한 이를 신축하는 것을 허용하지 아니하는 법의로 해석함이 상당하다고 믿는다. 그러나 불변기간으로 규정치 아니함으로써 재판소의 휴가로 인하여 기간의 진행을 정지하지 아니할 수 없다(민소 제168조).

그 기간은 불변기간이 종료한 때로부터 기산하여 만 1년 내에만 존재할 것이다. 이미 1년을 경과한 때에는 어떤 이유로도 그 신청을 허가할 수 없고 또한 1년의 기간은 그 신축을 할 수 없다. 따라서 천재 등이 1년 이상 계속 되거나 또는 궐석재판이 있는 사실을 1년 이상 동안 알지 못한 때에는 절대적으로 이를 불허하게 된다. 이는 본인에게 큰 불행을 주는 것이지만 법률은 1년을 그 한도로 하고 있다. 이와 같이 제한하는 이유는 원래 원상회복이 되는 것은 매우 예외적인 경우에 은혜적으로 부여하는 구제방법이기 때문이다. 만약 제한 없이 이를 허용하는 때에는

判決의確定鞏固되지못ᄒᆞᆯ嫌이有ᄒᆞᆫ所以라(民訴第一七五條)

三、原狀回復의申請 此申請은書面에依ᄒᆞ야此를爲ᄒᆞᄂᆞ니特히左의事項을具備ᄒᆞᆷ을要ᄒᆞᆷ

甲、原狀回復의原因된事實

乙、原狀回復의疏明方法 此疏明은裁判官으로ᄒᆞ야곰原狀回復의原因을信用케ᄒᆞᆷ에足ᄒᆞᆯ手段을開始ᄒᆞᆷ에在ᄒᆞᆷ이며若此에直接의證據가有ᄒᆞ면其證據를開始ᄒᆞᆷ도無妨ᄒᆞ나此ㅣ證據調査ᄒᆞᄂᆞᆫ限에만不在ᄒᆞᆷ이라(民訴第二二〇條)

丙、回復ᄒᆞᆯ訴訟行爲의追完 原狀回復의申請은其申請과共히追完ᄒᆞᄂᆞᆫ訴訟行爲를ᄒᆞᆷ이可ᄒᆞᄂᆞ니原狀回復이理由가有ᄒᆞᆫ者ㅣ될時ᄂᆞᆫ進ᄒᆞ야其追完ᄒᆞᆯ訴訟行爲를進行ᄒᆞᆷ을通例라ᄒᆞᄂᆞ니例如控訴의不變期間을懈怠ᄒᆞᆫ時ᄂᆞᆫ第四百一條의規定에在ᄒᆞ야控訴狀을作成ᄒᆞ야原狀回復의申請과共히此를提出ᄒᆞ며故障의不變期間을懈怠ᄒᆞᆫ時ᄂᆞᆫ第二百五十六條의規定에依ᄒᆞ야故障申請書를作ᄒᆞ야此와共히提出ᄒᆞᄂᆞᆫ類等이是라

판결의 확정이 공고히 되지 못할 염려가 있기 때문이다(민소 제175조).

3. 원상회복의 신청

이 신청은 서면으로 하여야 하고, 다음 사항을 구비하여야 한다.

갑. 원상회복의 원인이 된 사실

을. 원상회복의 소명방법

이 소명은 재판관으로 하여금 원상회복의 원인을 믿을 수 있는 수단을 제출하여야 한다. 만약 직접증거가 있으면 이를 제출하여도 무방하지만 이를 증거조사 하여야만 하는 것은 아니다(민소 제220조).

병. 회복한 소송행위의 추완(追完)

원상회복의 신청은 그 신청과 함께 추완하는 소송행위를 하는 것이 가능하다. 원상회복이 이유가 있을 때에는 나아가 그 추완할 소송행위를 진행하는 것이 통례이다. 예컨대 항소의 불변기간을 해태한 때에는 제401조의 규정에 따라 항소장을 작성하여 원상회복의 신청과 동시에 이를 제출하며, 고장의 불변기간을 해태한 때에는 제256조의 규정에 의하여 고장신고서를 작성하여 이와 함께 제출하는 등이다.

四、原狀回復申請에對ᄒᆞᆫ管轄裁判所　原狀回復에對ᄒᆞᆫ管轄裁判所ᄂᆞᆫ追完ᄒᆞᆯ訴訟行爲에對ᄒᆞ야裁判權을有ᄒᆞᆫ裁判所니卽不變期間을懈怠치아니ᄒᆞ고其訴訟行爲를爲ᄒᆞᆯ管轄裁判所에此를申請ᄒᆞᆷ을謂ᄒᆞᆷ이라例如故障의不變期間을懈怠ᄒᆞ야原狀回復을申請ᄒᆞᆷ에ᄂᆞᆫ闕席判決을ᄒᆞᆫ裁判所에此를申請ᄒᆞ며控訴의不變期間을懈怠ᄒᆞ야原狀回復의申請을ᄒᆞᆷ에ᄂᆞᆫ控訴裁判所에此를申請ᄒᆞ며又上告의不變期間을懈怠ᄒᆞ야原狀回復의申請을爲ᄒᆞᆷ에ᄂᆞᆫ上告裁判所에此를申請ᄒᆞᄂᆞᆫ類가是라

卽時抗告의不變期間을懈怠ᄒᆞ야原狀回復을申請ᄒᆞᄂᆞᆫ境遇에限ᄒᆞ야例外로抗告裁判所에此를申請ᄒᆞᆷ을得ᄒᆞᆯ뿐아니라原裁判所에向ᄒᆞ야도申請書를提出ᄒᆞᆷ을得ᄒᆞᄂᆞ니如斯히規定ᄒᆞᆫ理由ᄂᆞᆫ元來抗告ᄂᆞᆫ第四百五十七條의規定에依ᄒᆞ야不服申請이有케ᄒᆞᆫ裁判所에對ᄒᆞ야抗告를提出ᄒᆞᆷ이通例됨인故로此에準據ᄒᆞᆫ者ㅣ라然而此境遇에ᄂᆞᆫ原裁判所ᄂᆞᆫ其申請에만對ᄒᆞ야裁判을爲ᄒᆞᆯ者ㅣ나此裁判을爲ᄒᆞᆷ에對ᄒᆞ야ᄂᆞᆫ反對說이有ᄒᆞᆯ지도不知ᄒᆞᄂᆞᆫ바ㅣ라

五、原狀回復申請에對ᄒᆞᆫ訴訟節次及裁判　原狀回復의申請이有ᄒᆞᆫ時의訴訟

4. 원상회복신청의 관할 재판소

원상회복에 대한 관할 재판소는 추완할 소송행위에 대하여 재판권을 가지고 있는 재판소이다. 즉 불변기간을 해태치 아니하고 그 소송행위를 할 관할 재판소에 이를 신청하는 것을 말한다. 또한 고장의 불변기간을 해태하여 원상회복을 신청함에는 궐석재판을 한 재판소에 이를 신청하며, 항소의 불변기간을 해태하여 원상회복의 신청을 함에는 항소재판소에 이를 신청하고, 또한 상고의 불변기간을 해태하여 원상회복의 신청을 하는 경우에는 상고재판소에 이를 신청하여야 한다.

즉시항고의 불변기간을 해태하여 원상회복을 신청하는 경우에 한하여 예외적으로 항고재판소 뿐만 아니라 원재판소에 신청서를 제출할 수도 있다. 이와 같이 규정한 이유는 원래 항고는 제457조의 규정에 의하여 불복신청을 하게 한 재판소에 항고를 제출하는 것이 통례이므로 이를 준거한 것이다. 그래서 이 경우에는 원재판소는 그 신청에 대하여만 재판을 하는 것이다. 이 재판을 함에 대하여 반대설이 있을지라도 알지 못할 바이다.

5. 원상회복신청에 대한 소송절차 내지 재판

원상회복의 신청이 있을 때에 소송

節次ᄂᆞᆫ二種에分ᄒᆞᄂᆞ니(民訴第一七七條)

甲、原狀回復의申請에對ᄒᆞᆫ訴訟節次即其申請의當否를定ᄒᆞᄂᆞᆫ辯論이是며

乙、追完ᄒᆞᄂᆞᆫ訴訟行爲에對ᄒᆞᆫ訴訟節次即原狀回復을許ᄒᆞᆫ後本案의訴訟行爲에在ᄒᆞᆫ辯論이是라

右二個의訴訟節次ᄂᆞᆫ一般히此를合併ᄒᆞ야爲ᄒᆞᆷ을本則이라ᄒᆞ나然이나裁判所의意見으로ᄡᅥ原狀回復의許否에對ᄒᆞᆫ辯論及裁判에만此를制限ᄒᆞᆷ을得ᄒᆞᄂᆞ니如斯히辯論及裁判을分離ᄒᆞ야ᄒᆞᄂᆞᆫ境遇에在ᄒᆞ야原狀回復을許치아ᄂᆞᆯ者로認ᄒᆞᄂᆞᆫ時ᄂᆞᆫ終局判決로ᄡᅥ其原狀回復의申請을却下ᄒᆞᆯ者ㅣ며又其申請을理由가有ᄒᆞᆷ으로認ᄒᆞᆯ時ᄂᆞᆫ尙히追完ᄒᆞᄂᆞᆫ訴訟行爲即本案에對ᄒᆞᄂᆞᆫ辯論을不爲ᄒᆞᆷ을不得ᄒᆞᄂᆞᆫ故로其原狀回復의申請을許ᄒᆞᄂᆞᆫ裁判은中間判決로ᄡᅥ此를爲ᄒᆞᆯ者ㅣ라然而其原狀回復의申請을却下ᄒᆞᆫ終局判決에對ᄒᆞ야ᄂᆞᆫ直時上訴ᄒᆞᆷ을得ᄒᆞ나其申請을許ᄒᆞᄂᆞᆫ中間判決에對ᄒᆞ야ᄂᆞᆫ本案의裁判에對ᄒᆞᄂᆞᆫ上訴와共히不服을申請치아니ᄒᆞ면獨立ᄒᆞ야上訴ᄒᆞᆷ을得치못ᄒᆞᆷ이라(民訴第三九七條、第四三三條)

절차는 2종류로 나뉜다(민소 제177조).

갑. 원상회복신청에 대한 소송절차 즉 신청의 당부를 정하는 변론을 하고,

을. 추완하는 소송행위에 대한 소송절차 즉 원상회복을 허용한 후에 본안의 소송행위에 대하여 변론을 하게 된다.

이상 2개의 소송절차는 일반적으로 이를 병합하여 하는 것이 원칙이다. 하지만 재판소의 의견으로 원상회복의 허부에 관한 변론 내지 재판으로 이를 제한하는 것이 가능하다. 이와 같이 변론 내지 재판을 분리하여 하는 경우에는 원상회복을 허용치 아니하는 것으로 인정되는 때에는 종국판결로 그 원상회복의 신청을 각하하게 된다. 또 신청이 이유 있는 것으로 인정될 경우에는 오히려 추완하는 소송행위 즉 본안에 대한 변론을 하여야 한다. 따라서 원상회복의 신청을 허가하는 재판은 중간판결로서 이를 하는 것이다. 그러나 그 원상회복의 신청을 각하한 종국판결에 대하여는 즉시 상소할 수 있다. 하지만 그 신청을 허가하는 중간판결에 대하여는 본안의 재판에 대한 상소와 함께 불복신청을 하여야 하고, 독립하여 상소를 할 수 없다(민소 제397조, 제433조).

此原狀回復申請의許否에對혼辯論及裁判又는其裁判에對ᄒᆞ는不服申請에對ᄒᆞ야追完ᄒᆞ는訴訟行爲에在ᄒᆞ야行홀規定에從홀者ㅣ라故로其由請許否의對ᄒᆞ는裁判에對혼不服의申請도追完홀訴訟行爲의裁判으로不服을申請홈을得홀時에限ᄒᆞ야此를爲홈을得ᄒᆞᄂᆞ니例如控訴에付ᄒᆞ는原狀回復許否의裁判에對ᄒᆞ야는上告홈을得ᄒᆞ나上告에付ᄒᆞ는原狀回復許否의裁判에對ᄒᆞ야는速히不服을申請홀道가無홈이라

且原狀回復을申請혼者가口頭辯論期日에出頭치아니혼時는一般의規定에從ᄒᆞ야闕席判決을爲홈은勿論이오其闕席判決에對ᄒᆞ야는故障을申請홈을不許ᄒᆞᄂᆞ니若此를許ᄒᆞ는時는懈怠혼者가懈怠를奇貨可居로ᄒᆞ야訴訟을遲延케홈에至홀지라然이나第三百九十八條但書의規定에在혼條件이有혼時는控訴又는上告홈을得홀지며此와反ᄒᆞ야原狀回復의申請을爲혼者의相對者가口頭辯論에闕席ᄒᆞ야闕席判決을受혼時는此를再度의懈怠라謂홈을不得홈인즉此闕席判決에對ᄒᆞ야는一般의規定에從ᄒᆞ야故障의申請을爲홈을得홈이라

이 원상회복신청의 허부에 대한 변론 내지 재판, 또는 그 재판에 대한 불복신청에 따른 추완의 소송행위를 함에 필요한 규정에 따라야 한다. 따라서 그 신청의 허부에 대한 재판에 대한 불복의 신청도 추완할 소송행위의 재판에 대하여 불복신청할 수 있을 때에 한하여 이를 할 수 있다. 예컨대 항소에 수반된 원상회복 허부의 재판에 대하여는 상고를 할 수 있지만 상고하는 원상회복 허부의 재판에 대하여 신속하게 불복할 방법은 없다.

또 원상회복을 신청한 자가 구두변론기일에 출석하지 아니한 때에는 일반의 규정에 따라 궐석재판을 하는 것은 물론이다. 그 궐석재판에 대하여는 고장의 신청을 하는 것이 허용되지 아니한다. 만약 이를 허용하는 때에는 해태한 자가 이를 기회로 삼아 소송을 지연케 할 수 있다. 그러나 제398조 단서의 규정에 있는 조건이 있는 때에는 항소 또는 상고를 할 수 있다. 이에 반하여 원상회복을 하는 상대방이 구두변론에 결석하여 궐석재판을 받은 때에는 이를 재도(再度)의 해태라고 할 수 없어 그 궐석재판에 대하여는 일반규정에 따라 고장의 신청을 할 수 있다.

原狀回復의申請에關ᄒᆞᄂᆞᆫ訴訟費用은其申請許否의如何를不拘ᄒᆞ고申請人의負擔으로ᄒᆞᄂᆞ니是卽第二百六十二條의規定과同一의精神에出ᄒᆞᆫ者로恩惠的의申請을許ᄒᆞᆷ에因ᄒᆞᆫ者ㅣ라然이나此ㅣ單히原狀回復의申請에關ᄒᆞᄂᆞᆫ費用에만限ᄒᆞᄂᆞᆫ者오追完ᄒᆞᄂᆞᆫ訴訟行爲에關ᄒᆞᄂᆞᆫ費用은其敗訴者의負擔에歸ᄒᆞᆷ은勿論이라

原狀回復의申請이有ᄒᆞᆯ지라도旣히確定된判決의强制執行에ᄂᆞᆫ何等의影響을不及ᄒᆞᆷ이通例나但申請에因ᄒᆞ야 一時其執行의停止를命ᄒᆞᆷ은有ᄒᆞᆷ이라

（民訴第五〇〇條）

第五節　訴訟節次의停止

訴訟은一旦此를開始ᄒᆞᆫ時ᄂᆞᆫ其節次를進行ᄒᆞ야速히完結ᄒᆞᆷ을盡力ᄒᆞᆷ이通例나然이나或事由에依ᄒᆞ야其進行을停止치아니ᄒᆞᆷ을不得ᄒᆞᆯ境遇가有ᄒᆞᄂᆞ니是卽本節에在ᄒᆞ야攻究ᄒᆞᆯ事項이라然而其節次의停止中法律上當然히停止ᄒᆞᄂᆞᆫ者를中斷이라云ᄒᆞ고裁判으로써停止ᄒᆞᄂᆞᆫ者를中止라云ᄒᆞ며又當事者의意思에因ᄒᆞ야停止ᄒᆞᄂᆞᆫ者를休止라云ᄒᆞᆷ이라

원상회복의 신청에 관한 소송비용은 그 신청 허부에 관계없이 신청인의 부담으로 한다. 이는 제262조의 규정과 동일한 취지에 따른 것으로 은혜적으로 신청을 허락한 것이기 때문이다. 그러나 이것이 단순히 원상회복의 신청에 관한 비용에 한하는 것이고, 추완하는 소송행위에 관한 비용은 패소자의 부담으로 하는 것을 물론이다.

원상회복의 신청이 있다고 하여도 이미 확정된 판결의 강제집행에는 어떤 영향도 미치지 아니하는 것이 원칙이다. 다만 신청에 따라 일시 그 집행의 정지를 명할 수는 있다(민소 제500조).

제5절 소송절차의 정지

소송은 일단 이를 개시하면 그 절차를 진행하여 신속하게 완결함에 최선을 다하는 것이 통례이다. 하지만 어떤 사유에 의하여 그 진행을 정지할 수밖에 없는 경우가 있으니, 그러므로 본절에서 이를 연구할 사항이다. 그런데 그 절차의 정지 중 법률상 당연히 정지하는 것을 중단이라고 하고, 재판으로 정지하는 것을 중지라고 한다. 또 당사자의 의사로 인하여 정지하는 것을 휴지(休止)라고 한다.

第一欵 訴訟節次의中斷

中斷이라ᄒᆞᆷ은前에說明ᄒᆞᆷ과如히當事者의意思如何를不拘ᄒᆞ며裁判官의裁判을不待ᄒᆞ고或事實의發生에因ᄒᆞ야法律上當然히停止ᄒᆞᄂᆞᆫ者를云ᄒᆞᆷ이라

第一、中斷의原因

訴訟中斷은左의原因에因ᄒᆞ야中斷ᄒᆞᆷ이라

一、當事者의死亡ᄒᆞᆫ時 此境遇에ᄂᆞᆫ承繼人이訴訟節次를繼受ᄒᆞ기ᄭᆞ지此를中斷ᄒᆞᄂᆞ니(民訴第一七八條) 此中斷은死亡의時로브터發生ᄒᆞ야當事者가此를知ᄒᆞ며不知ᄒᆞᆷ을不拘ᄒᆞ고其結果를生ᄒᆞᄂᆞᆫ者ㅣ라

若其遺産에對ᄒᆞ야管理人의任命이有ᄒᆞᆫ時ᄂᆞᆫ其任命을相對者에게通知ᄒᆞ고又ᄂᆞᆫ相對者가管理人에게節次의續行을通知ᄒᆞ기ᄭᆞ지中斷ᄒᆞ며遺産에對ᄒᆞ야破産의開始가有ᄒᆞᆫ時ᄂᆞᆫ破産法에依ᄒᆞ야節次의繼受가有ᄒᆞ기ᄭᆞ지中斷ᄒᆞᆯ者ㅣ라(民訴第一八一條)

然이나訴訟代理人으로ᄡᅥ訴訟을爲ᄒᆞᆫ時ᄂᆞᆫ本人의死亡에因ᄒᆞ야當然히中斷의結果를生ᄒᆞᆷ이아니오死亡에因ᄒᆞᆫ代理權의消滅을相對者에게通知ᄒᆞᆫ後에

제1관 소송절차의 중단

중단이라 함은 앞에서 설명한 것과 같이 당사자의 의사와 관계없이 재판관의 재판을 기다리지 아니하고 일정한 사실의 발생으로 인하여 법률상 당연히 정지하는 것을 말한다.

제1 중단의 원인

소송중단은 다음의 원인으로 중단된다.

1. 당사자가 사망한 때

이 경우에는 승계인이 소송절차를 승계하기까지 이를 중단한다(민소 제178조). 이 중단은 사망 시부터 발생하고 당사자가 이를 알고 있는지 여부와 관계없이 그 결과가 발생한다.

만약 그 유산에 대하여 관리인의 임명이 있는 때에는 상대방에게 통지하거나 또는 상대방이 관리인에게 절차의 속행을 통지하기까지 중단된다. 유산에 대하여 파산절차가 개시된 때에는 파산법에 의하여 절차의 계수가 있을 때까지 중단된다(민소 제181조).

하지만 소송대리인이 소송을 하는 때에는 본인의 사망으로 인하여 당연히 중단되는 결과가 발생하지 아니한다. 사망으로 인한 대리권의 소멸을 상대방에게 통지한 후에

中斷의効果를生ᄒᆞᄂᆞᆫ者ㅣ라）民訴第六九條參照）

玆에所謂當事者라稱ᄒᆞᄂᆞᆫ者中에ᄂᆞᆫ法人은包含치아니ᄒᆞᄂᆞ니法人은縱令解散ᄒᆞᆯ지라도其淸算을爲ᄒᆞᆷ에ᄂᆞᆫ오히려法人으로認ᄒᆞᆯ者ㅣ라（民訴第七四條以下參照）從來法定代理人의代理權은消滅ᄒᆞᆯ지라도淸算人이此에代ᄒᆞ야法定代理人으로ᄒᆞᆯ者인즉次에說明ᄒᆞᆯ（三）의適用을受ᄒᆞᆷ에至ᄒᆞᆯ지며此와反ᄒᆞ야從參加人又ᄂᆞᆫ共同訴訟人은本號에所謂當事者中에包含ᄒᆞᆷ이라然이나從參加人이死亡ᄒᆞᆫ境遇에ᄂᆞᆫ從參加의關係만中斷ᄒᆞᆷ에不過ᄒᆞᄒᆞ며又共同訴訟人中의一人이死亡ᄒᆞᆫ時ᄂᆞᆫ其死亡ᄒᆞᆫ者에對ᄒᆞ야만訴訟節次를中斷ᄒᆞ고他의共同訴訟人에게影響을不及ᄒᆞᆷ이通例라何者오各共同訴訟人은個々의獨立ᄒᆞᆫ當事者의地位에立ᄒᆞᆫ者ㅣ되ᄂᆞᆫ所以라（民訴第四九條）然이나法律關係를合一ᄒᆞ야確定ᄒᆞᆯ境遇에限ᄒᆞ야總共同訴訟人中一人의死亡에因ᄒᆞ야其訴訟節次를中斷ᄒᆞᆯ者ㅣ라此點에對ᄒᆞ야ᄂᆞᆫ異論이不無ᄒᆞ나苟其權利關係를合一ᄒᆞ야確定ᄒᆞᆯ者ㅣ된以上은其一人의訴訟節次만中斷ᄒᆞ고他者의訴訟節次를進行ᄒᆞᆷ을不得ᄒᆞᄂᆞ니現時大審院判決例에도此說을採用ᄒᆞᆷ이라

중단의 효과가 발생한다(민소 제69조 참조).

여기에서 당사자라고 칭하는 자 중에 법인은 포함되지 아니한다. 법인은 설령 해산될지라도 그 청산을 하는 경우에는 법인으로 인정된다(민소 제74조 이하 참조). 종래 법정대리인의 대리권은 소멸할지라도 청산인이 이에 대신하여 법정대리인이 되기에 다음에 설명할 (3)의 적용을 받게 된다. 이에 반하여 종참가인 또는 공동소송인은 본 항의 당사자에 포함된다. 그러나 종참가인이 사망한 경우에는 종참가인의 관계만 중단됨에 불과하고 또 공동소송인 중 1인이 사망한 때에는 그 사망한 자에 대하여만 소송절차가 중단되고 다른 공동소송인에게 영향이 미치지 아니하는 것이 통례이다. 각 공동소송인은 개개의 독립한 당사자의 지위를 가진 자이기 때문이다(민소 제49조). 하지만 법률관계를 합일하여 확정할 경우에 한하여 모든 공동소송인 중 1인의 사망으로 그 소송절차가 중단된다. 이 점에 대하여 이론이 없다. 다만 그 권리관계를 합일하여 확정할 경우인 이상 그 1인의 소송절차만을 중단하고 다른 자의 소송절차를 진행할 수는 없다. 현재 대심원 판결도 이 견해를 따르고 있다.

又其承繼人이라ᄒᆞᆷ은當事者의死亡에因ᄒᆞ야其權利義務를承繼ᄒᆞᆯ者를云ᄒᆞᆷ이니卽其承繼人은一般承繼人뿐아니라遺贈에依ᄒᆞ야特定의財産을承繼ᄒᆞᄂᆞᆫ特定承繼人이라도其承繼ᄒᆞᆯ財産이訴訟의目的物이된時ᄂᆞᆫ此를繼受ᄒᆞ기ᄭᆞ지中斷ᄒᆞᆯ者ㅣ라

玆에一個注意ᄒᆞᆯ事項은訴訟의目的物이承繼人이承繼ᄒᆞ기不能ᄒᆞᆫ者도亦此節次에依ᄒᆞ야中斷ᄒᆞᆷ을得ᄒᆞᆯ가例如當選訴訟又ᄂᆞᆫ專屬의身分에關ᄒᆞᄂᆞᆫ訴訟은如何히ᄒᆞᆯ가此種事件中婚姻事件、緣結事件及私生子否認事件에對ᄒᆞ야ᄂᆞᆫ人事訴訟節次中에規定（人訴第二條、第二六條、第二九條參照）이有ᄒᆞᆫ故로此等의事件은其規定에從ᄒᆞᆯ者ㅣ나其他의境遇에在ᄒᆞ야ᄂᆞᆫ此를決ᄒᆞᆯ法文이無ᄒᆞᄂᆞ니彼當選訴訟의境遇에當事者의一方이死亡ᄒᆞᆫ時ᄂᆞᆫ日本大審院에셔ᄂᆞᆫ中斷의方法을不依ᄒᆞ고其訴訟은消滅ᄒᆞᆫ者ㅣ라ᄒᆞᆫ裁判例를採ᄒᆞ얏시나然이나此點에對ᄒᆞ야도오히려攻究치아니ᄒᆞᆷ이不可ᄒᆞ며又一個注意ᄒᆞᆯ事ᄂᆞᆫ日本에셔ᄂᆞᆫ死亡에因ᄒᆞᆫ外에隱居又ᄂᆞᆫ入夫婚姻에因ᄒᆞ야相續을開始ᄒᆞ며財産을承繼ᄒᆞᄂᆞᆫ境遇가有ᄒᆞᆫ故로此境遇에도中斷及承繼의節次가有ᄒᆞᆷ을

또 그 승계인이라 함은 당사자의 사망으로 인하여 그 권리의무를 승계할 자를 말한다. 즉 그 승계인에는 일반승계인 뿐만 아니라 유증에 의하여 특정의 재산을 승계하는 특정승계인이라도 그 승계할 재산이 소송의 목적물이 된 때에는 이를 계수하기까지 중단된다.

이에 한 가지 주의할 사항은 소송의 목적물이 승계인이 승계하기 불능한 경우에도 역시 절차가 중단된다. 예컨대 당선소송 또는 일신전속에 관한 소송은 어떻게 할 것인가? 이러한 종류의 사건 가운데 혼인사건, 약혼사건 내지 친생자부인사건에 대하여는 인사소송절차 중의 규정(인소 제2조, 제26조, 제29조 참조)이 있으므로 이러한 사건은 이 규정에 따른다. 기타의 경우에 있어서는 이를 결정할 법문이 없으므로 당선소송을 당한 경우에 당사자의 일방이 사망한 때에는 일본 대심원에서는 중단의 방법을 따르지 않고 그 소송은 소멸한다고 하였다. 이 점에 대하여도 연구하지 아니할 수 없다. 또 한 가지 주의할 점은 일본에서는 사망 외에 은거(隱居)* 또는 입부혼인(入夫婚姻)으로 인하여 상속을 개시하여 재산을 승계하는 경우가 있으므로, 이 경우에도 중단 내지 승계의 절차가 있음이

* 은거사건이라 함은 호주가 질병이나 사고로 그 직능을 수행할 수 없을 경우에 본인 또는 친족회가 그 대행자를 선임하는 제도를 말한다.

相當ᄒᆞ다ᄒᆞ나本法에在ᄒᆞ야ᄂᆞᆫ其節次를缺ᄒᆞᆫ故로如斯ᄒᆞᆫ相續開始의境遇에在ᄒᆞ야ᄂᆞᆫ訴訟節次의中斷을適用ᄒᆞᆷ을不得ᄒᆞᆯ者인즉訴訟中의事態의變更으로其請求를棄却ᄒᆞᆷ에至ᄒᆞᆯ지라然이나此點에在ᄒᆞ야도亦攻究ᄒᆞᆯ問題되ᄂᆞᆫ바ㅣ니라

二、當事者가破産宣告를受ᄒᆞᆫ時　此境遇에在ᄒᆞ야ᄂᆞᆫ其訴訟의目的이破産財團에關ᄒᆞᆫ者ㅣ된時ᄂᆞᆫ破産法에從ᄒᆞ야其節次를受繼又ᄂᆞᆫ破産節次가終了ᄒᆞᆷ에至ᄒᆞ기ᄭᆞ지訴訟節次를中斷ᄒᆞᆷ이라(民訴第一七九條)

盖破産者ᄂᆞᆫ破産宣告에因ᄒᆞ야 自己의財産을 管理及處分ᄒᆞᄂᆞᆫ權을失ᄒᆞ며(舊商法第九八五條參照) 債權者ᄂᆞᆫ獨立ᄒᆞ야請求ᄒᆞᄂᆞᆫ權을失ᄒᆞᄂᆞᆫ者인故로(舊商法第九八七條參照) 其節次를中斷ᄒᆞᆯ者ㅣ라ᄒᆞᄂᆞ니此中斷은財産權에關ᄒᆞᄂᆞᆫ訴訟으로特히破産財團에關ᄒᆞᄂᆞᆫ境遇에限ᄒᆞᄂᆞᆫ者ㅣ오身分上의訴訟又ᄂᆞᆫ財産、財團에關係를不有ᄒᆞᆫ訴訟은此節次를適用ᄒᆞᆯ限에不在ᄒᆞᆷ이라然而其如何ᄒᆞᆫ請求가破産財團에關係有無ᄂᆞᆫ破産法의規定에從ᄒᆞ야研究ᄒᆞᆯ者ㅣ며(舊商法第九九七條以下參然)且破産法의規定에從ᄒᆞ야其節次를

상당하다고 하지만 본 법에서는 그 절차를 흠결하고 있으므로 이와 같은 상속개시의 경우에 있어서는 소송절차의 중단을 적용할 수 없고 소송 중의 사태의 변경으로 그 청구를 기각하여야 한다. 하지만 이 점에 대하여도 역시 연구할 문제라고 본다.

2. 당사자가 파산선고를 받은 때

이 경우에 있어서는 그 소송의 목적이 파산재산에 관련된 때에는 파산법에 따라 그 절차를 수계하거나 또는 파산절차가 종료될 때까지 소송절차가 중단된다(민소 제179조).

모든 파산자는 파산선고로 인하여 자기 재산을 관리 내지 처분하는 권한을 상실하며(구상법 제985조 참조), 채권자는 독립하여 청구하는 권리를 상실하기 때문에(구상법 제987조 참조) 그 절차를 중단하여야 한다. 이 중단은 재산권에 관한 소송으로 특히 파산재단에 관한 경우에 한정한다. 신분상의 소송 또는 재산과 재단에 관계없는 소송은 이 절차를 적용하지 아니한다. 따라서 어떤 청구가 파산재단에 관련이 있는지 유무는 파산법의 규정에 따라 연구할 바이다(구상법 제997조 이하 참조). 한편 파산법의 규정에 따라 그 절차를

繼受ᄒᆞᆫ다ᄒᆞᆷ은管財人의任命이有ᄒᆞ야其管財人이訴訟을繼續ᄒᆞᆷ을云ᄒᆞᆷ이라(舊商法第九八五條第三項參照)

三、當事者가訴訟能力을失ᄒᆞ거나又ᄂᆞᆫ法定代理人의死亡及其代理權을失ᄒᆞᆫ時 此境遇에ᄂᆞᆫ法定代理人又ᄂᆞᆫ後任法定代理人이其就任ᄒᆞᆷ을相對者에게通知ᄒᆞ거나又相對者가節次의續行을其代理人에게通知ᄒᆞ기ᄭᆞ지訴訟節次를中斷ᄒᆞᆷ이라(民訴第一八五條)

然이나訴訟代理人으로써訴訟을爲ᄒᆞᆫ境遇에ᄂᆞᆫ其理由를因ᄒᆞ야當然이中斷의結果를生ᄒᆞᆷ이아니오代理權의消滅을相對者에게通知ᄒᆞᆷ에因ᄒᆞ야中斷의効果를始生ᄒᆞᆷ이라(民訴第一八三條)

四、訴訟代理人으로訴訟을爲ᄒᆞᆫ境遇에在ᄒᆞ야當事者가死亡ᄒᆞ거나訴訟能力을失ᄒᆞ거나又ᄂᆞᆫ法定代理人이死亡ᄒᆞ거나其代理權을失ᄒᆞᆫ時 此境遇에ᄂᆞᆫ以上의原因에因ᄒᆞ야 訴訟代理의消滅을 相對者에게 通知ᄒᆞᆫ時 로브터承繼人、法定代理人、管理人、自身又ᄂᆞᆫ其任命ᄒᆞᆫ新訴訟代理人이訴訟의繼受를爲ᄒᆞ기ᄭᆞ지其節次를中斷ᄒᆞᆷ이라(民訴第六九條第一八三條)

계수한다 함은 관재인의 임명이 있고 그 관재인이 소송을 계속하는 것을 말한다(구상법 제985조 제3항 참조).

3. 당사자가 소송능력을 상실하거나 또는 법정대리인의 사망 내지 그 대리권을 상실한 때

이 경우에는 법정대리인 또는 후임 법정대리인이 그 취임을 상대방에게 통지하거나 또는 상대방이 절차의 속행을 그 대리인에게 통지하기까지 소송절차가 중단된다(민소 제185조). 그러나 소송대리인이 소송을 한 경우에는 그 사유만으로 당연히 중단의 결과가 발생하는 것이 아니고 대리권의 소멸을 상대방에게 통지하여야 중단의 효과가 처음으로 발생하게 된다(민소 제183조).

4. 소송대리인이 소송을 한 경우에 있어서 당사자가 사망하거나 소송능력을 상실하거나 또는 법정대리인이 사망하거나 그 대리권을 상실한 때

이 경우에는 이상의 원인으로 인하여 소송대리의 소멸을 상대방에게 통지한 때로부터 승계인, 법정대리인, 관리인, 자신 또는 그 임명된 신임 소송대리인이 소송의 계수를 할 때까지 그 절차가 중단된다(민소 제69조, 제183조).

五、戰爭其他不可避ᄒᆞᆯ事變에因ᄒᆞ야裁判所事務를停止ᄒᆞᆫ時　此境遇에ᄂᆞᆫ其停止中訴訟節次를中斷ᄒᆞᆷ이라（民訴第一八二條）

玆에所謂不可避ᄒᆞᆯ事變이라ᄒᆞᆷ은暴動、震災、火災、水災와如ᄒᆞᆫ天災又ᄂᆞᆫ惡疫流行等卽不可抗力에因ᄒᆞ야裁判所가共務를執ᄒᆞ기不能ᄒᆞᆫ境遇를云ᄒᆞᆷ이니其原因이永遠히繼續ᄒᆞᄂᆞᆫ時ᄂᆞᆫ裁判所構成法第十條의規定에依ᄒᆞ야他裁判所로써管轄裁判所로指定케ᄒᆞᆷ을申請ᄒᆞᆯ지니其裁判所의指定이有ᄒᆞᆫ時ᄂᆞᆫ訴訟節次中斷은終了ᄒᆞᆯ者ㅣ라

第二、中斷의効果

中斷은左의効果를生ᄒᆞᄂᆞ니

一、訴訟節次의中斷은各期間卽不變期間을始ᄒᆞ야總法律上의期間及裁判上의期間進行을停止ᄒᆞ며終了後에至ᄒᆞ야全期限의進行을始ᄒᆞᄂᆞᆫ効果를生ᄒᆞᆷ이라

然이나第百八十八條第三項、第四百七十四條第二項及第七百七十五條第二項의期間과如ᄒᆞᆷ은訴訟節次中의期間이아님으로써其期間을停止ᄒᆞᄂᆞᆫ限

5. 전쟁 또는 기타 불가피한 사정으로 인하여 재판소의 사무가 정지된 때

이 경우에는 그 정지 중에는 소송절차가 중단된다(민소 제182조).

여기에서 불가피한 사정이라 함은 폭동, 지진, 화재, 수재와 같은 천재 또는 악성 전염병의 유행 등의 불가항력으로 인하여 재판소가 공무를 집행하기 불가능한 경우를 말한다. 그 원인이 오래 계속되는 때에는 재판소구성법 제10조의 규정에 의하여 다른 재판소를 관할 재판소로 지정해 줄 것을 신청할 수 있고, 그 재판소의 지정이 있는 때에는 소송절차의 중단은 종료된다.

제2 중단의 효과

중단은 다음과 같은 효과가 발생한다.

1. 소송절차의 중단은 각각의 기간 즉 불변기간으로부터 모든 법률상의 기간 내지 재판상의 기간의 진행이 정지하고, 사유가 종료된 후에야 모든 기한의 진행이 시작하는 효과가 발생한다.

그러나 제188조 제3항, 제474조 제2항 내지 제775조 제2항의 기간과 같은 것은 소송절차 중의 기간이 아니므로 그 기간이 정지되지

에不在홈이라

二、裁判所及當事者는訴訟節次中斷中은本案의訴訟行爲을爲홈을不得ᄒᆞᄂᆞ니若此를爲ᄒᆞᆫ時는相對者에게對ᄒᆞ야其効가無홈에不過홈인즉相對者가質責權을抛棄ᄒᆞᄂᆞᆫ時는有効히成立홈을得홀지며又其行爲를不爲홈은中斷中에在ᄒᆞᆫ本案의行爲에만止ᄒᆞ고繼受의節次를爲ᄒᆞᄂᆞᆫ行爲에妨害가無홈은勿論이며且口頭辯論終結後에中斷의原因이生ᄒᆞᆫ時는爾後當事者의爲ᄒᆞᆫ行爲가無ᄒᆞᆫ故로裁判所는其以前에爲ᄒᆞᆫ辯論에基因ᄒᆞ야裁判을爲홈이無妨ᄒᆞᆫ者ㅣ라

第三、中斷ᄒᆞᆫ訴訟節次의開始

此節次의開始는中斷의原因에依ᄒᆞ야不一ᄒᆞᄂᆞ니

一、當事者의死亡에因ᄒᆞ야中斷ᄒᆞᆫ時　此境遇에는承繼人이其訴訟의繼受를因ᄒᆞ야節次를開始ᄒᆞᄂᆞᆫ者ㅣ니其繼受는書面을裁判所에提出ᄒᆞ야此를相對者에게送達ᄒᆞ야爲홀者ㅣ라（民訴第一七八條、第一八七條）若承繼人이其繼受를懈怠ᄒᆞᆫ時는相對者는其繼受를強制ᄒᆞ기爲ᄒᆞ야裁判所에申請ᄒᆞ야

아니한다.

2. 재판소 내지 당사자는 소송절차 중단 중에는 본안의 소송행위를 할 수 없다. 만약 이를 한 때에는 상대방에 대하여 그 효력이 없다고 할 것이다. 그러나 상대방이 책문권을 포기한 때에는 유효하게 성립될 수 있다. 또 그 행위를 하지 아니함은 중단 중의 본안의 행위에만 그치고 계수의 절차를 위한 행위는 방해하지 아니함은 물론이다. 또 구두변론 종결 후에 중단의 원인이 발생한 때에는 이후 당사자의 행위가 없기 때문에 재판소는 그 이전의 변론에 기초하여 재판을 하는 것은 문제가 없다.

제3 중단된 소송절차의 개시

이 절차의 개시는 중단의 원인에 따라 일치하는 것은 아니다.

1. 당사자의 사망으로 인하여 중단된 때

이 경우에는 승계인이 그 소송을 계수하여 절차를 개시하는 것이다. 그 계수는 서면을 재판소에 제출하고 이를 상대방에게 송달하여야 한다(민소 제178조, 제187조). 만약 승계인이 그 계수를 해태한 때에는 상대방은 그 계수를 강제하기 위하여 재판소에 신청하여

訴訟節次의繼受及本案의辯論을爲코져承繼人의呼出을求홈을得홈이라

其中斷의原因이判決後故障期間又는上訴期間內에發生ᄒᆞᆫ時는單히繼受ᄒᆞ기爲ᄒᆞᄂᆞᆫ辯論期日을定ᄒᆞ야呼出홈을求ᄒᆞᆯ者ㅣ니此繼受에關ᄒᆞᄂᆞᆫ節次는中間訴訟으로此에對ᄒᆞᆫ特別의節次를履ᄒᆞᆯ者ㅣ라其繼受及本案의辯論期日에雙方이出頭ᄒᆞ야承繼人이其承繼를不爭ᄒᆞᄂᆞᆫ時는其訴訟을繼受ᄒᆞᆫ者로ᄒᆞ야別히判決을爲홈을不要ᄒᆞ고直時本案의辯論을爲홈을得홈이라

若其繼受에爭이有ᄒᆞᆫ時又는判決言渡後의中斷으로繼受ᄒᆞ기만爲ᄒᆞ야辯論期日을定ᄒᆞᆫ時는其承繼人되ᄂᆞᆫ與否를判決ᄒᆞᆯ지며其承繼人됨을認ᄒᆞᆫ時는一個의中間判決을爲ᄒᆞᆯ지니縱令本案判決言渡後에裁判ᄒᆞᆫ時라도此에對ᄒᆞ야는終局判決과共히不爲ᄒᆞ면獨立ᄒᆞ야上訴홈을不得홈이라

若承繼人으로不認ᄒᆞᄂᆞᆫ旨의裁判을爲ᄒᆞᆯ時는其判決은訴訟當事者와第三者의關係를裁判ᄒᆞᆯ者인즉終局判決로써此를爲치아니홈이不可ᄒᆞᆫ바ㅣ라

承繼人으로指示된者가其期日에出頭치아니ᄒᆞᄂᆞᆫ時는裁判所는相對者의申請에因ᄒᆞ야闕席判決로써訴訟節次를繼受ᄒᆞᆫ者로言渡ᄒᆞᆯ者ㅣ며又其期日은

소송절차의 계수 내지 본안의 변론을 위하여 승계인의 출석을 구할 수 있다. 그 중단의 원인이 판결 후 고장기간 또는 상소기간 내에 발생한 때에는 단순히 계수하기 위한 변론기일을 정하여 출석을 구하는 것이다. 이 계수에 관한 절차는 중간소송으로 이에 대하여 특별한 절차를 진행하는 것이다. 그 계수 내지 본안의 변론기일에 쌍방이 출석하여 승계인이 그 승계를 다투지 아니하는 때에는 그 소송을 계수하는 자로 하여 특별히 판결을 하는 것은 필요하지 아니하고 즉시 본안의 변론을 하게 할 수 있다. 만약 그 계수에 다툼이 있을 때 또는 판결선고 후의 중단으로 계수만을 위하여 변론기일을 정한 때에는 그 승계인이 되는지 여부는 판결을 하여야 한다. 그 승계인 됨을 인정할 때에는 1개의 중간판결로 하여야 하고, 설령 본안판결 후에 재판을 하는 때라도 이에 대한 상소는 본안판결 즉 종국판결과 같이 하여야 하고 독립하여 할 수는 없다.

만약 승계인을 인정하지 아니하는 재판을 한 때에는 그 판결은 소송당사자와 제삼자의 관계를 재판한 것이므로 종국판결로 이를 하여야만 한다.

승계인으로 지시된 자가 그 기일에 출석하지 아니한 때에는 재판소는 상대방의 신청에 의하여 궐석판결로서 소송절차를 계수한 자로 선고할 것이고 또는 그 기일은

繼受及本案의辯論期日이나承繼人된者가闕席ᄒᆞᄂᆞᆫ時ᄂᆞᆫ繼受ᄒᆞᆫ点에만對ᄒᆞ야判決을爲ᄒᆞ고本案에對ᄒᆞᄂᆞᆫ辯論은其故障期間辯論後各故障의申請이有ᄒᆞ야故障의節次가完結ᄒᆞᆫ後本案의辯論을爲ᄒᆞᄂᆞᆫ判決을ᄒᆞᆯ者ㅣ라故로此境遇에ᄂᆞᆫ其懈怠ᄂᆞᆫ本案의辯論에影響을不及ᄒᆞᄂᆞ니如斯히規定ᄒᆞᆫ理由ᄂᆞᆫ繼受의有無ᄂᆞᆫ全혀豫案의問題됨으로써此를先決ᄒᆞᄂᆞᆫ바ㅣ며其闕席判決이有ᄒᆞᆫ時ᄂᆞᆫ故障의結果에依ᄒᆞ야變更을生ᄒᆞ나不知ᄒᆞᆫ所以로直히本案의終局判決을爲ᄒᆞᆷ은不確實ᄒᆞ다ᄒᆞᆷ에在ᄒᆞᆷ이라此와反ᄒᆞ야對席判決을爲ᄒᆞᆫ時ᄂᆞᆫ繼受의点에對ᄒᆞ야中間判決을爲ᄒᆞ야도裁判所ᄂᆞᆫ其判決에羈束될者임으로써（民訴第一四〇條）恰似히確定判決과如히認ᄒᆞ야本案의終局判決을爲ᄒᆞᆷ을得ᄒᆞᆷ이라

二、當事者의破産에因ᄒᆞᆫ中斷의境遇　此境遇에在ᄒᆞ야ᄂᆞᆫ破産管財人이繼受의申請을爲ᄒᆞᆯ者이니法律上明文이無ᄒᆞ나前號와如히繼受의節次ᄂᆞᆫ書面에依ᄒᆞᆷ이相當ᄒᆞᆷ이라（舊商法第九八五條第三項叅照）然而破産管財人이繼受를怠ᄒᆞᆫ時에對ᄒᆞ야規定ᄒᆞᆫ바ㅣ無ᄒᆞ나元來管財人은公吏로서破産主任官

계수 내지 본안의 변론기일이지만 승계인 된 자가 결석한 때에는 계수한 점에 대하여만 판결하고 본안에 대한 변론은 그 고장기간 변론 후에 각 고장의 신청이 있어 고장의 절차가 완결된 후에 본안을 위한 판결을 할 것이다. 따라서 이 경우에는 그 해태는 본안의 변론에는 영향을 미치지 아니한다. 이렇게 규정한 이유는 계수의 유무는 예비적 안건의 문제이고 본안에 선결하는 것이다. 그 궐석재판이 있는 때에는 고장의 결과에 의하여 변경될 수도 있으므로 바로 본안의 종국판결을 하는 것은 불확실함이 있기 때문이다. 이와 반하여 대석판결을 할 때에는 승계의 점에 대하여 중간판결을 하여도 재판소는 그 판결에 기속될 것이므로(민소 제140조), 확정판결과 유사하게 인정하여 본안의 종국판결을 할 수 있는 것이다.

2. 당사자의 파산으로 인한 중단의 경우

이 경우에는 파산관재인이 계수의 신청을 할 자이므로 법률상 명문의 규정은 없지만 위 1항과 같이 계수의 절차는 서면에 의함이 상당하다(구상법 제985조 제3항 참조). 그런데 파산관재인이 계수를 태만히 한 때에 대하여 별도의 규정은 없지만 원래 관재인은 공리(公吏)로서 파산주임관의監督을受ᄒᆞ야其職務를行ᄒᆞᆯ者인즉相對者가委托이無ᄒᆞ야도相當ᄒᆞᆫ時間에在ᄒᆞ야繼受를爲ᄒᆞᆯ者로認ᄒᆞᄂᆞᆫ故ㅣ니라

三、當事者가訴訟能力을失ᄒᆞ거나法定代理人이死亡又ᄂᆞᆫ代理權이消滅ᄒᆞᆷ에因ᄒᆞ야中斷이有ᄒᆞᆫ時　此境遇에ᄂᆞᆫ新法定代理人이其任命을相對者에게通知ᄒᆞᆷ에因ᄒᆞ야節次를開始ᄒᆞᆷ이라

法定代理人이此通知를不爲ᄒᆞᆫ時라도以上에說明ᄒᆞᆷ과如히辯論을不要ᄒᆞ고單히相對者ᄂᆞᆫ此代理人에게訴訟을續行ᄒᆞᆷ을通知ᄒᆞᆷ으로써訴訟節次를開始ᄒᆞᄂᆞᆫ者ㅣ라

又當事者의死亡에因ᄒᆞᄂᆞᆫ中斷의境遇로셔遺產에對ᄒᆞ야管理人의任命이有ᄒᆞᆫ時라도亦此節次에依ᄒᆞ야繼受를爲ᄒᆞᆯ者ㅣ며其通知ᄂᆞᆫ何時던지受訴裁判所에通知書를提出ᄒᆞ야此를相對者에게送達치아니ᄒᆞᆷ이不可ᄒᆞᆯ者ㅣ라

四、訴訟代理人에依ᄒᆞ야訴訟을爲ᄒᆞᄂᆞᆫ境遇에當事者의死亡、訴訟能力의消滅、法定代理人의死亡又ᄂᆞᆫ其代理權의消滅에因ᄒᆞᄂᆞᆫ中斷은其結果가承繼人이繼受를爲ᄒᆞᆯ境遇ᄂᆞᆫ一號를準用ᄒᆞ고法定代理人又ᄂᆞᆫ管理人이繼受를爲

의 감독을 받으며 그 직무를 행하는 자이므로 상대방의 위임이 없다고 하여도 상당한 시간 동안 계수를 할 자로 인정되기 때문이다.

3. 당사자가 소송능력을 상실하였거나, 법정대리인이 사망 또는 대리권이 소멸함으로 인하여 중단된 때

이 경우에는 신임 법정대리인이 그 임명을 상대방에게 통지함으로써 절차를 개시한다.

법정대리인이 그 통지를 하지 아니한 때에도 이상에서 설명한 것과 같이 변론을 할 필요가 없고 단순히 상대방은 그 대리인에게 소송을 속행함을 통지함으로써 소송절차를 개시하게 된다.

또 당사자의 사망으로 인한 중단의 경우로서 유산에 관하여 관리인의 임명이 있을 때에는 역시 그가 그 절차에 의하여 계수를 할 자이며, 그 통지는 언제든지 수소재판소에 통지서를 제출하여 이를 상대방에게 송달하여야만 한다.

4. 소송대리인에 의하여 소송을 하는 경우에 당사자의 사망, 소송능력의 소멸, 법정대리인의 사망 또는 그 대리권의 소멸로 인한 중단은 그 결과 승계인이 승계를 한 경우에는 위 1항을 준용하고, 법정대리인 또는 관리인이 계수를

ᄒᆞᄂᆞᆫ境遇에ᄂᆞᆫ二號를準用ᄒᆞ야其繼受ᄒᆞᆷ에因ᄒᆞ야節次를開始ᄒᆞᆷ이라

五、裁判所가執務를不爲ᄒᆞᆷ에因ᄒᆞᄂᆞᆫ中斷의境遇 此境遇에在ᄒᆞ야ᄂᆞᆫ其障碍의原因이止ᄒᆞᆷ에因ᄒᆞ야進行ᄒᆞ며其後에在ᄒᆞ야ᄂᆞᆫ當事者何者든지期日指定의申請을爲ᄒᆞᆯ者ㅣ라

第二欵 訴訟節次의中止

訴訟節次의中止라ᄒᆞᆷ은或事實의發生에因ᄒᆞ야當事者의申請又ᄂᆞᆫ裁判所의職權으로써裁判上其節次를停止ᄒᆞᆷ을云ᄒᆞᆷ이라

第一、中止의原因

裁判所ᄂᆞᆫ左의境遇에在ᄒᆞ야ᄂᆞᆫ當事者의申請에因ᄒᆞ거나又ᄂᆞᆫ職權으로써訴訟節次를中止ᄒᆞᆯ決定을爲ᄒᆞᆯ者ㅣ라

一、當事者가戰時兵役에服ᄒᆞᄂᆞᆫ時又ᄂᆞᆫ官廳의布令、戰爭其他의事變에因ᄒᆞ야受訴裁判所와交通이絕ᄒᆞᆫ地에在ᄒᆞᆫ時 此境遇에在ᄒᆞ야ᄂᆞᆫ其原因이消滅ᄒᆞ기ᄭᆞ지訴訟節次의中止를命ᄒᆞᆷ을得ᄒᆞᆷ이라(民訴第一八四條)

例如當事者의一人이軍人又ᄂᆞᆫ軍屬으로써戰時非常의召集에應ᄒᆞᆷ과又ᄂᆞᆫ惡

하는 경우에는 위 2항을 준용하여 이를 계수하여 절차를 개시하게 된다.

5. 재판소가 직무를 하지 아니함으로 인한 중단의 경우

이 경우에 있어서는 그 장애의 원인이 그치면 절차가 진행하게 되고 그 후에 있어서는 당사자 중 누구라도 기일지정의 신청을 할 수 있다.

제2관 소송절차의 중지

소송절차의 중지라고 함은 어떤 사실의 발생으로 인하여 당사자의 신청 또는 재판소의 직권으로 재판상의 절차를 정지하는 것을 말한다.

제1 중지의 원인

재판소는 다음의 경우에 당사자의 신청 또는 직권으로 소송절차를 중지하는 결정을 한다.

1. 당사자가 전시 병역에 복무하는 때 또는 관청의 포고령, 전쟁 또는 기타의 사변으로 수소재판소와 교통이 두절되어 있는 곳에 있을 때

이 경우에는 그 원인이 소멸하기까지 소송절차의 중지를 명할 수 있다(민소 제184조).

예컨대 당사자의 일방이 군인 또는 군속으로 전시 비상의 소집에 응하거나 또는 악성 전염병이 유행하여

疫이流行ᄒᆞᆷ으로檢疫條例가實施된時와或은震災、火災、戰爭等不可避ᄒᆞᆯ事變으로通行이杜絶된境遇와如히裁判所에서公務를止ᄒᆞ야中斷의原因된境遇가아니라도當事者가裁判所에出頭ᄒᆞ기不能ᄒᆞᆫ時는訴訟節次의中止를命치아니ᄒᆞᆷ을不得ᄒᆞ는類가是라

二、主參加의提起가有ᄒᆞᆫ時 此境遇에는本訴訟節次를主參加의權利拘束이終ᄒᆞᆷ에至ᄒᆞ기ᄭᆞ지中止ᄒᆞᆷ을得ᄒᆞᆷ이라(民訴第五二條)

三、人事訴訟節次中離婚及離緣의訴訟에對ᄒᆞ야和解의餘望이有ᄒᆞᆫ時는裁判所는職權으로써一個年間訴訟의中止를決定ᄒᆞᆷ을得ᄒᆞᆷ이라(人訴第一三條第二六條)

第二 中止의申請及其決定

訴訟節次中止의申請은其訴訟을繼續ᄒᆞ는裁判所에書面又는口頭로써此를爲ᄒᆞᆷ을得ᄒᆞᄂᆞ니(民訴第一三五條參照)此裁判은旣히判決言渡가有ᄒᆞᆫ後라도亦然ᄒᆞ며其申請의許容與否와又職權으로써中止의決定을爲ᄒᆞᆯ與否는論을不竢ᄒᆞ고總히口頭辯論을經ᄒᆞ야決定으로써此를爲ᄒᆞᆷ을得ᄒᆞᆯ者ㅣ라(民

검역조례가 실시된 때 또는 지진, 화재, 전쟁 등 불가피한 사정으로 교통이 두절된 경우와 같은 경우에 재판소에서 공무를 못하여 중단의 원인이 된 경우가 아니라도 당사자가 재판소에 출석하기 불능한 때에는 소송절차의 중지를 명하지 아니할 수 없다.

2. 주참가의 제기가 있는 때

이 경우에는 본 소송절차를 주참가의 소송계속이 종료될 때까지 중지를 할 수 있다(민소 제52조).

3. 인사소송절차 중 이혼 내지 파혼의 소송이 화해가 될 가능성이 있는 때에는 재판소는 직권으로 1년 동안 소송의 중지를 결정할 수 있다(인소 제13조, 제26조).

제2 중지의 신청 내지 그 결정

소송절차 중지의 신청은 그 소송이 계속된 재판소에 서면 또는 구두로 이를 할 수 있다(민소 제135조 참조). 이 재판은 이미 판결이 선고된 후에도 역시 가능하다. 그 신청의 허용 여부와 직권으로 중지를 결정할 수 있는지 여부는 따지지 아니하고 모두 구두변론을 거쳐 결정으로 이를 할 수 있다

訴第一八五條)

然而其中止를拒絕ᄒᆞ는決定에對ᄒᆞ야는即時抗告를許ᄒᆞ며(民訴第一八九條)中止를許ᄒᆞ는決定에對ᄒᆞ야는普通의期間이無히抗告를許ᄒᆞᆯ者ㅣ니(民訴第一八九條) 是中止를拒絕ᄒᆞ는決定을爲ᄒᆞᆫ時는訴訟節次는依前進行ᄒᆞᆯ者인故로決定을速히確定케ᄒᆞ야節次進行를爲ᄒᆞᆯ者ㅣ되는與否를確定ᄒᆞᆯ必要가有ᄒᆞ며此와反ᄒᆞ야中止를命ᄒᆞ는決定은其訴訟節次를進行케ᄒᆞᆯ者인즉速히決定을確定케ᄒᆞᆯ必要가無ᄒᆞ다ᄒᆞᆷ에在ᄒᆞᆫ지라然이나主參加의境遇에는中止를命ᄒᆞ는決定도또ᄒᆞᆫ速히確定케ᄒᆞᆯ必要가有ᄒᆞᆫ故로法律은特히此境遇에는即時抗告를爲ᄒᆞᆯ者ㅣ라ᄒᆞᆷ이라(民訴第五一一條)

此等의中止에關ᄒᆞ는節次는訴訟節次를中止ᄒᆞᆷ에不在ᄒᆞ고辯論만中止ᄒᆞ는境遇(民訴第一二一條、第一二二條) 又는辯論及裁判을中止ᄒᆞ는境遇(民訴第四六七條) 及公示催告節次의中止를命ᄒᆞ는境遇(民訴第七七〇條) 等에도性質上適用ᄒᆞᆷ을可得ᄒᆞᆯ限에는此規定을相當히適用ᄒᆞᆯ者ㅣ라(民訴第一八九條)

(민소 제185조).

그러고 그 중지를 거절하는 결정에 대하여는 즉시항고를 할 수 있고(민소 제189조), 중지를 허가하는 결정에 대하여는 항고기간이 없는 보통항고를 인정한다(민소 제189조). 이 중지를 거절하는 결정을 하는 때에는 이전 절차에 따라 진행할 것이므로 결정을 신속하게 확정케 하여 절차 진행을 할 것인지 여부를 확정할 필요가 있다. 반대로 중지를 명하는 결정은 그 소송절차를 진행케 하는 것이므로 속히 결정을 확정케 할 필요가 없다고 할 것이다. 그러나 주참가의 경우에는 중지를 명하는 결정 또한 속히 확정할 필요가 있기 때문에 법률은 특히 이 경우에 즉시항고를 하도록 하였다(민소 제52조).

이러한 것들의 중지에 관한 절차는 소송절차를 중지함이 없이 변론만을 중지하는 경우(민소 제121조, 제122조) 또는 변론 내지 재판을 중지하는 경우(민소 제467조), 공시최고절차의 중지를 명하는 경우(민소 제770조) 등에도 성질상 적용이 가능한 한도에서 이 규정을 상당히 적용할 수 있다(민소 제189조).

第三、中止의效果及中止ᄒᆞᆫ節次의開始

中止의效果는中斷의境遇와全然同一홈으로써更히玆에贅論ᄒᆞᆯ바ㅣ無ᄒᆞ며中止ᄒᆞᆫ節次의開始는其原因이終了ᄒᆞᆫ後中止의激消를申請ᄒᆞ며裁判所의激消決定을受ᄒᆞᆫ後口頭辯論期日의指定을申請ᄒᆞ야節次를開始ᄒᆞ는者ㅣ라

第三款　訴訟節次의休止

訴訟節次의休止라홈은當事者의合意에因ᄒᆞ야訴訟節次를停止ᄒᆞ는者를云홈이니訴訟은一旦其提起가有ᄒᆞᆫ後라도此를進行ᄒᆞᆯ與否는진실로當事者의任意오裁判所는當事者의意思에反ᄒᆞ야强히訴訟의進行을干涉ᄒᆞᆯ者ㅣ아닌故로訴訟의程度가如何홈을不問ᄒᆞ고當事者의合意로써訴訟節次를休止홈을得홈이라

第一、休止의原因

訴訟節次의休止에는明示의 合意에出ᄒᆞᆫ 者와默示의 合意에出ᄒᆞᆫ 者가有ᄒᆞ니

（民訴第一八八條）

一、明示의休止　當事者는分明ᄒᆞᆫ契約으로써有期又는無期로訴訟節次를休

제3 중지의 효과 내지 중지된 절차의 개시

중지의 효과는 중단의 경우와 완전히 동일하므로 다시 이를 논할 바는 아니다. 중지된 절차의 개시는 그 원인이 종료한 후에 중지의 취소를 신청하여 재판소의 취소결정을 받아 구두변론기일의 지정을 신청하여 절차를 개시하는 것이다.

제3관 소송절차의 휴지

소송절차의 휴지(休止)라고 함은 당사자의 합의에 의하여 소송절차를 정지하는 것을 말한다. 소송은 제기된 후에도 이를 진행할지 여부는 당사자의 자유로운 뜻에 달려있다. 재판소는 당사자의 의사에 반하여 강하게 소송의 진행을 간섭할 것은 아니다. 따라서 소송의 정도가 어떤지를 묻지 아니하고 당사자의 합의로 소송절차의 휴지를 할 수 있다.

제1 휴지의 원인

소송절차의 휴지에는 명시의 합의가 있는 경우와 묵시의 합의가 있는 경우가 있다(민소 제188조).

1. 명시의 휴지

당사자는 분명한 계약으로 일정한 기간 또는 기간의 정함이 없이 소송절차를 휴지할

止홈을得ᄒᆞᄂᆞ니有期되ᄂᆞᆫ時ᄂᆞᆫ其期間이滿了ᄒᆞ기ᄭᆞ지節次를休止ᄒᆞ며又無되ᄂᆞᆫ時ᄂᆞᆫ當事者의一方이適當ᄒᆞᆫ時期로認ᄒᆞ야期日指定의申請을爲ᄒᆞ기ᄭᆞ지節次를休止홈이라然而其休止ᄂᆞᆫ裁判所의行爲로도停止ᄒᆞᆯ者인즉別段의法律上明文이無ᄒᆞ야도其合意가된時ᄂᆞᆫ書面又ᄂᆞᆫ口頭로써此를裁判所에申請홈을相當ᄒᆞ다홈이라

二、默示의休止　口頭辯論期日에當事者雙方이出頭치아니ᄒᆞᄂᆞᆫ時ᄂᆞᆫ法律은雙方이共히訴訟의進行을望치아니ᄒᆞᄂᆞᆫ意思로써暗히合意된者로看做ᄒᆞ야訴訟節次를休止ᄒᆞ야更히何者가期日指定의申請을爲ᄒᆞ기ᄭᆞ지右의節次를停止ᄒᆞᆯ者ㅣ며又口頭辯論期日에當事者가出頭ᄒᆞ야도辯論을不爲ᄒᆞᄂᆞᆫ時又ᄂᆞᆫ辯論을不爲홈으로退廷ᄒᆞᆫ時ᄂᆞᆫ出頭치아니ᄒᆞᆫ者로看做ᄒᆞ야此規定을適用홈에至홈이라(民訴第一一五〇條)

第二、休止의効果及休止ᄒᆞᆫ節次의開始

明示의休止됨과默示됨을不問ᄒᆞ고其休止의効果ᄂᆞᆫ不變期間에影響을不及ᄒᆞᄂᆞ니是其不變期間되ᄂᆞᆫ者ᄂᆞᆫ元來公益上으로設ᄒᆞᆫ者임으로當事者의合意로써

수 있다. 기간이 있는 때는 그 기간이 만료하기까지 절차를 휴지하며 또는 기간의 정함이 없는 때는 당사자 일방이 적당한 시기로 인정하여 기일지정의 신청을 할 때까지 절차를 휴지라고 한다. 그런데 그 휴지는 재판소의 행위로도 정지할 수 있으므로 특별한 명문상의 규정이 없다고 하여도 그 합의가 된 때에는 서면 또는 구두로 이를 재판소에 신청하는 것이 상당하다고 하겠다.

2. 묵시의 휴지

구두변론기일에 당사자 쌍방이 출석하지 아니한 때에는 법률은 쌍방 모두 소송의 진행을 바라고 있지 아니하는 의사로 묵시적으로 합의한 것으로 간주하여 소송절차를 휴지하여 다시 당사자 중 누군가가 기일지정의 신청을 할 때까지 그 절차를 정지하는 것이다. 또 구두변론기일에 당사자가 출석하여도 변론을 하지 아니한 때 또는 변론을 하지 아니하고 퇴정한 때에는 출석하지 아니한 것으로 간주하여 이 규정을 적용하게 된다(민소 제250조).

제2 휴지의 효과 내지 휴지한 절차의 개시

명시 또는 묵시의 휴지를 묻지 아니하고 그 휴지의 효과는 불변기간에 영향을 미치지 아니한다. 이 불변기간이라는 것은 원래 공익상 이유로 규정된 것이므로 당사자의 합의로써

變更ᄒᆞᆷ을許ᄒᆞᆯ性質에不在ᄒᆞᆫ故ㅣ라是以로判決言渡가有ᄒᆞ며其送達後故障又는上訴의期間에在ᄒᆞ야休止를爲ᄒᆞᆫ時는中斷及中止의境遇와相異ᄒᆞᄂᆞ니其不變期間을遮斷ᄒᆞᆯ者ㅣ아니라然而明示의休止는其合意의趣旨에從ᄒᆞ야休止ᄒᆞᆯ者이나默示의休止에至ᄒᆞ야는無際限으로期日指定의申請을待ᄒᆞ는時는訴訟의終局되는期가無ᄒᆞᆯ지라故로法律은休止로推定ᄒᆞᆫ日로브터一年內에期日指定의申請을爲ᄒᆞ야節次를續行ᄒᆞ는意思表示를不爲ᄒᆞ는時는訴訟을爲ᄒᆞᆯ意思가無ᄒᆞᆫ者로看做ᄒᆞ야本訴及反訴를取下ᄒᆞᆫ者로看做ᄒᆞᆯ者ㅣ라（民訴第一八八條末項）

上訴中되는時는上訴를取下ᄒᆞᆫ者로ᄒᆞᄂᆞ니第一審節次中에在ᄒᆞ야訴를取下ᄒᆞᆫ者로推定된時는後日에更히再訴ᄒᆞᆷ이無妨ᄒᆞ나（民訴第二〇六條第二項第六號參照）上訴에至ᄒᆞ야는上訴를取下ᄒᆞᆫ者로看做ᄒᆞᆫ時는更히訴求ᄒᆞᆯ道가無ᄒᆞᆷ이라（民訴第三九九條第四五九條參照）

以上陳述ᄒᆞᆫ以外는中斷、中止와同樣되는效果를生ᄒᆞ야休止中은裁判所及當事者가共히訴訟行爲를有効히ᄒᆞᆷ을不得ᄒᆞᆷ은勿論이며休止ᄒᆞᆫ訴訟節次를開始

변경할 성질이 아니기 때문이다. 따라서 판결 선고가 있고 그 송달 후 고장 또는 상소기간 중에 휴지를 하는 때에는 중단 내지 중지의 경우와 다르므로 그 불변기간을 차단하는 것은 아니다. 그러므로 명시의 휴지는 그 합의의 취지에 따라 휴지를 하는 것이고 묵시의 휴지는 시간의 제한 없이 기일지정의 신청을 기다리는 때에는 소송의 종국이 되는 시기가 없게 된다. 따라서 법률은 휴지는 추정한 날로부터 1년 내에 기일지정의 신청을 위한 절차를 속행하는 의사표시를 하지 아니한 때에는 소송을 할 의사가 없는 것으로 간주하여 본소 내지 반소를 취하한 것으로 간주한다(민소 제188조 후단).

상소 중에 휴지한 때에는 상소를 취하한 것으로 하며, 제1심 절차 중에 1년이 경과되어 소를 취하한 것으로 추정된 때에는 후일에 다시 재소를 제기할 수 있다(민소 제206조 제2항 제6호 참조). 상소절차 중에 상소취하 한 것으로 간주되는 때에는 다시 청구할 방도가 없다(민소 제399조, 제459조 참조).

이상에서 설명한 이외에는 중단, 중지와 같은 형태의 효과가 발생한다. 휴지 중에는 재판소 내지 당사자 모두 소송행위를 유효하게 할 수 없음은 물론이다. 휴지된 소송절차를 개시홈에는明示의休止로ᄒᆞ야有期되는時는其期限後에當事者로브터口頭辯論期日指定의申請을爲ᄒᆞᆯ지오其他의境遇에는何時든지當事者로브터口頭辯論期日의申請을爲ᄒᆞ야써訴訟節次를進行ᄒᆞᆯ者ㅣ니라

民事訴訟法第一編　完

함에는 명시의 휴지로서 그 기간이 있는 때에는 그 기한 후에 당사자가 구두변론기일의 지정신청을 하게 되고, 기타의 경우에는 언제든지 당사자가 구두변론기일의 신청을 하여 소송절차를 진행하게 된다.

민사소송법 제1편

초판 발행 1쇄 2025년 4월 30일

지은이 최진
옮긴이 정영환
펴낸곳 고려대학교출판문화원
www.kupress.com
kupress@korea.ac.kr
(02841) 서울특별시 성북구 안암로 145
Tel 02-3290-4230, 4232
Fax 02-923-6311
찍은곳 (주)대한프린테크

ISBN 979-11-6956-112-9 93360

값 48,000원
※ 잘못 만들어진 책은 바꿔 드립니다.